LESEN

Lese- und Arbeitsbuch
für den Literatur- und Sprachunterricht

DARSTELLEN

Neue Ausgabe A
7. Schuljahr
herausgegeben von Franz Hebel

BEGREIFEN

Dieser Band wurde erarbeitet von
Gabriele Behler, Gerd Brenner, Ingrid von Engelhardt,
Jürgen Hannig, Franz Hebel, Gudrun Kaden, Helwig Kuhl,
Ulrike Ladnar, Bernhard Rank, Guido Stein, Gudrun Wietusch

Cornelsen

Verlagsredaktion: Ingeborg Busack, Ingeborg Herchen
Typografische Beratung und Einbandgestaltung: Juergen Seuss, Niddatal
Illustration des Einbandes: Gertraud Baudy, Hamburg
Grafiken: Gertraud Baudy, Hamburg, Klaus Becker, Frankfurt am Main, Franziska Seifert, Hamburg

Dieses Werk berücksichtigt die Regeln
der reformierten Rechtschreibung und Zeichensetzung.
Bei den Fremdtexten S. 132 f., 142 und 237 f. haben die Rechteinhaber
der Anpassung widersprochen.

1. Auflage ✔ Druck 5 4 3 2 Jahr 01 2000 99 98

Alle Drucke dieser Auflage können
im Unterricht nebeneinander verwendet werden.

Druck: Cornelsen Druck, Berlin

ISBN 3-464-62029-8

Bestellnummer 620298

gedruckt auf säurefreiem Papier, umweltschonend hergestellt
aus chlorfrei gebleichten Faserstoffen

Inhaltsverzeichnis

Erster Arbeitskreis: Schule

LESEN UND VERSTEHEN

SPRECHEN UND SCHREIBEN

UNTERSUCHEN UND BEGREIFEN

*Versdichtung

Zweiter Arbeitskreis: Erfahrungen in der Fremde

LESEN UND VERSTEHEN

SPRECHEN UND SCHREIBEN

UNTERSUCHEN UND BEGREIFEN

Dritter Arbeitskreis: Die Welt im Bild

LESEN UND VERSTEHEN

SPRECHEN UND SCHREIBEN

UNTERSUCHEN UND BEGREIFEN

Vierter Arbeitskreis: Feindliche Natur?

LESEN UND VERSTEHEN

SPRECHEN UND SCHREIBEN

UNTERSUCHEN UND BEGREIFEN

Fünfter Arbeitskreis: Ist das wahr?

LESEN UND VERSTEHEN

SPRECHEN UND SCHREIBEN

UNTERSUCHEN UND BEGREIFEN

Sechster Arbeitskreis: Theater spielen

LESEN UND VERSTEHEN / SPRECHEN UND SCHREIBEN

Siebter Arbeitskreis: Gedichte und Balladen

LESEN UND VERSTEHEN / SPRECHEN UND SCHREIBEN

Zum Üben

Zum Nachschlagen

GRAMMATIK ZUM NACHSCHLAGEN UND ÜBEN

Marianne Werefkin Herbst (Schule; 1907)

Erster Arbeitskreis: Schule

Peter Weiss Nicht versetzt

Peter Weiss wurde 1916 geboren. Er wuchs in Berlin und Bremen auf. Im Jahre 1934 emigrierte er zunächst nach England. Danach studierte er an der Kunstakademie in Prag, lebte später als Maler in der Schweiz, von wo aus er 1939 nach Schweden ging. Dort lebte er bis zu seinem Tode 1982 als Schriftsteller, Maler und Filmregisseur. Von seinen Werken sind neben den Theaterstücken „Die Verfolgung und Ermordung Jean Paul Marats“ und „Die Ermittlung“ besonders die beiden autobiografischen Romane „Abschied von den Eltern“ und „Fluchtpunkt“ bekannt geworden.

Ich kam mit dem Schulzeugnis nach Hause, in dem ein schrecklicher Satz zu lesen war, ein Satz, vor dem mein ganzes Dasein zerbrechen wollte. Ich ging mit diesem Satz große Umwege, wagte mich nicht mit ihm nach Hause, sah immer wieder nach, ob er nicht plötzlich verschwunden war, doch er stand immer da, klar und deutlich. Als ich schließlich doch nach Hause kam, weil ich nicht die Kühnheit hatte mich als Schiffsjunge nach Amerika anheuern zu lassen, saß bei meinen Eltern Fritz W. Was machst du denn für ein betrübtes Gesicht, rief er mir zu. Ist es ein schlechtes Zeugnis, fragte meine Mutter besorgt, und mein Vater blickte mich an, als sehe er alles Unheil der Welt hinter mir aufgetürmt. Ich reichte das Zeugnis meiner Mutter hin, aber Fritz riss es mir aus der Hand und las es schon und brach in schallendes Gelächter aus. Nicht versetzt, rief er und schlug sich mit seiner kräftigen Hand auf die Schenkel. Nicht versetzt, rief er noch einmal, während meine Eltern abwechselnd ihn und mich verstört anstarrten, und zog mich zu sich heran und schlug mir auf die Schultern. Nicht versetzt, genau wie ich, rief er, ich bin viermal sitzen geblieben, alle begabten Männer sind in der Schule sitzen geblieben. Damit war die Todesangst zerstäubt, alle Gefahr war vergangen. Aus den verwirrten Gesichtern meiner Eltern konnte sich keine Wut mehr hervorarbeiten, sie konnten mir nichts mehr vorwerfen, da ja Fritz W., dieser tüchtige und erfolgreiche Mann, alle Schuld von mir genommen hatte und mich dazu noch besonderer Ehrung für würdig hielt.

1 Wie beurteilst du den letzten Satz dieses Ausschnittes aus Peter Weiss' Lebensbericht?

2 Werden sich die Eltern mit der Aussage von Fritz W. zufrieden geben? Erzähle, wie die Eltern deiner Meinung nach reagieren könnten.

Herbert Jhering Die schlechte Zensur

Brecht, der schwach im Französischen war, und ein Freund, der schlechte Zensuren im Lateinischen hatte, konnten Ostern nur schwer versetzt werden, wenn sie nicht noch eine gute Abschlussarbeit schrieben. Aber die lateinische Arbeit des einen fiel ebenso mäßig aus wie die französische des anderen. Darauf radierte der Freund mit einem Federmesser einige Fehler in der Lateinarbeit aus und meinte, der Professor habe sich wohl verzählt. Der aber hielt das Heft gegen das Licht, entdeckte die radierten Stellen, und eine Ohrfeige tat das Übrige. Brecht, der nun wusste, so geht das nicht, nahm rote Tinte und strich sich noch einige Fehler mehr an. Dann ging er zum Professor und fragte ihn, was hier falsch sei. Der Lehrer musste bestürzt zugeben, dass diese Worte richtig seien und er zu viel Fehler angestrichen habe. „Dann“, sagte Brecht, „muss ich doch eine bessere Zensur haben.“
Der Professor änderte die Zensur und Brecht wurde versetzt.

Worin unterscheidet sich dieser Text inhaltlich von dem von Peter Weiss?
Nenne Merkmale, an denen man den Unterschied erkennt.

Emil Zopfi Der Notenskandal

Renés Vater besitzt einen Arrow. So heißt der Kleincomputer, den er für seine Arbeit braucht. Am Computer ist ein Modem angeschlossen. Das ist ein Gerät, mit dem der Computer übers Telefon mit anderen Computern verbunden werden kann.
„Datenfernübertragung nennt man das unter Profis“, sagt René.
Marc nickt. Und ob sie Profis sind! Im Computerunterricht sechs Komma null[1]. In den anderen Fächern ... na ja ... Besonders in deutscher Grammatik sind sie nicht gerade Stars ...
„Also los“, sagt René. „Versuchen wir einmal Daten fernzuverarbeiten.“
Er wählt die Nummer des Schulsekretariats.
„Schulhaus Mittelstraße, Sekretariat“, flötet eine Stimme.
„Hier Statistisches Amt“, meldet René. „Wir benötigen Daten aus Ihrem Schulcomputer für eine Auswertung. Verbinden Sie uns doch bitte mit dem System.“
„Wie bitte? Was benötigen Sie?“
„Ihre Notendateien für eine statistische Erhebung! Schalten Sie jetzt bitte Ihr Modem ein, dann können Sie den Hörer wieder auflegen. Die Übertragung der Daten geschieht dann automatisch.“

1 Der Verfasser ist Schweizer. In der Schweiz bedeutet die Note 6,0 = sehr gut und dementsprechend 1,0 = ungenügend.

„Ach so ... ja ... Moment bitte ...“

Es knackt im Telefonhörer. Dann ertönt ein leises Pfeifen.

„Okay!“, ruft Marc aus. „Wir sind online.“

Der Skandal ist perfekt. Wilhelm Egli, Deutschlehrer an der Mittelstraßschule, beschuldigt in seinem Bericht an den Regierungsrat die Schuldirektion der Notenfälschung. Egli, von Anfang an ein erklärter Gegner des neuen Schulcomputers, behauptet, er könne auf Grund von eingegebenen Noten nachweisen, dass die vom Computer berechneten Durchschnitte falsch sind. Und das in mindestens zwei Fällen. Die Sache dringt an die Öffentlichkeit.

„Notenskandal durch Deutschlehrer aufgedeckt!“, titelt die Sensationszeitung „Blitz“. Und schreibt weiter: „Wo führt das hin, wenn nicht einmal unsere Schulcomputer mehr kopfrechnen können.“

Im großen Rat wird der Kredit für hundert neue Schulcomputer, der praktisch beschlossene Sache war, plötzlich in Frage gestellt. Der Erziehungsdirektor muss schließlich handeln. Er setzt eine Kommission von Fachleuten unter Leitung des bekannten Informatikers Dr. August Zahnd ein.

Wilhelm Egli sitzt vor dem Bildschirm des Schulcomputers. Rund um ihn herum ist die gesamte Lehrerschaft der Mittelstraßschule versammelt. Die Computerbefürworter links, die Computergegner rechts, beim Fenster. Schuldirektor Krummenacher in der Mitte. Die Mitglieder der regierungsrätlichen Untersuchungskommission sitzen im Halbkreis auf Stühlen. Ein Typ in Jeansanzug, Turnschuhen und Kettchen am Arm steht breitspurig neben Egli. Es ist heiß im Raum. Der Deutschlehrer schwitzt.

Nun sagt der Turnschuhtyp zu Wilhelm Egli: „So, jetzt führen Sie uns diese Notenauswertung einmal vor, Herr Wilhelm ... äh ... Herr Egli ...“

„Jawohl, Herr ... Herr Doktor ...“, stottert der Deutschlehrer. Mit zittrigen Fingern beginnt er auf den Bildschirmtasten zu tippen. Der Turnschuhtyp, tatsächlich der bekannte Dr. August Zahnd, schaut ihm aufmerksam zu.

„Was machen Sie jetzt, Herr ... äh ...“

„Ich starte die Noteneingabe.“

Auf dem Schirm erscheint eine Eingabemaske.

Name:	**Suter**
Vorname:	**Marc**
Fach:	**Deutsch**
Note 1:	**5**
Note 2:	**3**

„Das genügt“, kommandiert Zahnd. „Und nun will ich die Auswertung sehen.“

„Jawohl, Herr Doktor.“

Die Mitglieder der regierungsrätlichen Untersuchungskommission beugen sich gespannt vor. Direktor Krummenacher wischt sich mit einem gelben Taschentuch über die Stirn.

DURCHSCHNITT: 4,5

Alle starren die Zahl an, die auf dem Bildschirm blinkt.

„Fünf plus drei gleich acht. Geteilt durch zwo gleich vier“, murmelt der Schuldirektor halblaut. „Tatsächlich ...“

„Sehen Sie. Ich habe Recht gehabt!“ Triumphierend sieht Wilhelm Egli in die Runde.

Die Computerbefürworter tuscheln. Die Computergegner beim Fenster lachen halblaut. Und Zahnd platzt los, schlägt sich auf die Schenkel, macht Luftsprünge, dass seine Armkettchen klirren.

„Mich schält’s! Ein blödsinniger Programmfehler. Und deswegen setzt man eine Untersuchungskommission ein. So was gehört tatsächlich in den ‚Blitz‘!“

Da tritt ein Lehrer vor, einer der Computerbefürworter, ihr Anführer sozusagen, fixiert Zahnd mit einem finsteren Blick: „Doktor Beda Aufdermaur, diplomierter Mathematiker. Ich habe dieses Programm geschrieben. In der Sprache BASIC. Das Programm läuft seit einem Jahr fehlerfrei!“

„Und wie erklären Sie sich das da, Herr Beda ... äh ...“

„Doktor Aufdermaur!“

„... Herr Aufdermaur ...“

Zahnd zeigt auf den Bildschirm, wo die Zahl 4,5 immer noch friedlich blinkt. „Meinen Sie, der Computer habe wirklich das Kopfrechnen verlernt?“

Aufdermaur läuft rot an. Die Mitglieder der Untersuchungskommission machen sich Notizen.

Zahnd schlägt vor: „Holen Sie doch einmal diesen Marc Suter. Der Bursche interessiert mich.“

Wilhelm Egli meint dazu: „Bei René Kern ist es dasselbe. Auch bei ihm stimmt der Durchschnitt nie.“

„Noch besser! Holen Sie beide! Verstehen die was von Computern?“

„Im Fach Computer sind sie die Besten“, gibt Aufdermaur kleinlaut zu.

„Aber in deutscher Grammatik leider Nullen“, seufzt Wilhelm Egli.

„Aha!“ Zahnd kratzt sich in seinen langen Haaren, schiebt den Deutschlehrer vom Bildschirm weg. Er beginnt auf den Tasten zu spielen. Es piepst. Computerkode rollt über den Bildschirm.

„Mein Programm!“, sagt Aufdermaur stolz.

„Das sehe ich“, wirft Zahnd ein. „Kein Meisterwerk. Spaghettikode sagt man unter Profis.“

„Das ist eine Frechheit! Das lasse ich mir nicht bieten!“, ruft der Mathematiklehrer aus. „Herr Direktor ...“

Doch Direktor Krummenacher hebt beide Hände hoch, was bedeutet: Ruhe bitte, meine Herren.

Zahnd angelt sich einen Stuhl. Nun hat er einen Programmteil auf dem Bildschirm, der ihn außerordentlich interessiert. Seltsame, unverständliche Computerzeichen. „Mikrokode“, murmelt er: „Potztausend, da waren Profis am Werk.“

Er ist so versunken in seine Entdeckung, dass er nicht einmal bemerkt, wie man zwei Schüler durch die Tür in den Raum schiebt. Erst als sie links und rechts des Bildschirms Aufstellung nehmen, nimmt er sie wahr. Und muss gleich laut herauslachen. Die beiden stehen so belämmert da, als werde ihnen nun gleich der Prozess gemacht.

„Schaut mal auf den Schirm“, sagt er. „Seht euch mal dieses herrliche Stück Mikrokode an.“

Die beiden betrachten den Bildschirm. Dann sehen sie sich an.

Zahnd wendet sich an den Mathematiker: „Gehört das auch zu Ihrem Programm, Herr Beda?“

Aufdermaur bekommt einen roten Kopf. „Ich ... hm ... ich verstehe gar nicht, was diese Zeichen bedeuten ... damit konnte ich mich noch nicht befassen, bisher ... leider ... aus Zeitgründen ...“

Marc und René beginnen zu grinsen.

„So, ihr zwei Schlaumeier“, sagt Zahnd. „Nun erklärt ihr mal den Herren da, wie ihr diesen Computer überlistet habt.“

Er nickt ihnen aufmunternd zu.

René sagt zögernd: „Also, wir haben den Arrow meines Papas online geschaltet ...“

„Ach. Wie denn?“

„Mit einem Modem natürlich“, fällt ihm Marc ins Wort. „Mit einem Modem sind wir ins System eingestiegen, haben einen Patch in die Systemsoftware gemacht, eine kleine Routine assembliert und ins Betriebssystem eingelinkt ...“

Zahnd nickt: „Weiter?“

„Mikrokode: If Note kleiner vier then Note gleich vier und so weiter. No Problem. Etwa zwanzig Statements.“

Die Herren der regierungsrätlichen Untersuchungskommission haben aufgehört Notizen zu machen. Direktor Krummenacher wischt sich wieder und wieder mit dem gelben Taschentuch über seine Stirn. Und Dr. Beda Aufdermaur versteckt sich in der hintersten Ecke des Raums, hinter den Computergegnern.

Zahnd führt wieder einen Tanz auf. „Spitze!“, ruft er immer wieder aus. „Absolute Spitze! Ich könnte euch als Systemprogrammierer brauchen!“

Wilhelm Egli schneidet eine Grimasse. „Leider kann ich nicht folgen. Ehrlich gesagt, ich habe kein Wort verstanden. Könnte mir das jemand ins Deutsche übersetzen?“

„Gute Übung für die nächste Deutschstunde!“, schlägt Zahnd vor. „Ich glaube, Marc und René würden begeistert mitmachen.“

Marc und René nicken eifrig.

„Nehme die Anregung zur Kenntnis“, sagt Egli.

„Und was machen wir nun?“, fragt der Schuldirektor.

Einer der Herren der Untersuchungskommission steht auf. „Ich glaube, die zwei Schüler haben mit ihrem Jux etwas Wichtiges gezeigt. Die Daten im Schulcomputer sind nicht genügend gesichert. Und die Programme sind mangelhaft.“
„Richtig“, sagt Zahnd. Nun redet er, wie es sich für den Präsidenten einer regierungsrätlichen Kommission gehört. „Ich schlage deshalb vor, dass die beiden beim Verbessern der Programme mithelfen müssen. Dass sie das können, haben sie ja bereits bewiesen, oder?“
Ein strahlender Marc und ein strahlender René rufen im Chor: „Klar! Wir sind schließlich Profis!“
Schuldirektor Krummenacher findet im Augenblick keine Worte. Doch er nickt. Und wischt sich noch die letzten Schweißtropfen von der Stirn.

1 Beschreibe, wie die Geschichte beginnt und wie sie endet. Vergleiche sie mit anderen Texten dieses Arbeitskreises.

2 Wie ist in der Erzählung das Verhältnis zwischen Schülern und Lehrern?

3 „Gute Übung für die nächste Deutschstunde!“, sagt Herr Dr. Zahnd (Zeile 124). Beschreibe mit eigenen Worten, wie Marc und René den Schulcomputer überlistet haben. Dazu versetzen sich zwei von euch in die Rolle der beiden Computerfreaks und erklären dies abwechselnd, aber „auf Deutsch“.

4 „Das geht mir zu gut aus“, meinte Andrea und schrieb einen anderen Schluss. Versuche es auch.

5 Mädchen und Computer: Diskutiert eure Erfahrungen.

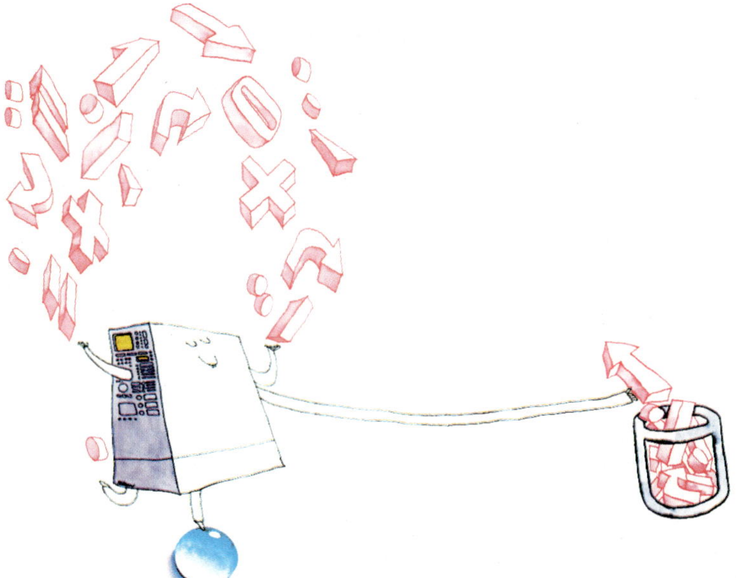

Zeichnung: *Peter von Treschkow*

Eveline Hasler Lektionen

Schau während der Schulstunden
fleißig aus dem Fenster, Kind,
lerne die Lektionen des Kastanienbaums im Schulhof
durch seine Äste hindurch
erfährst du vom
Wesen der Wolken

Merke dir die Lektion
der unscheinbaren
nach Brosamen pickenden Vögel
die mit einem Flügelschlag
über Mauern und Gitter sind

Lerne
von den Dornen
versteckt unter den Blättern
der Hecke

Merke: Die Fenster
sind das Wichtigste
in einem Schulzimmer!
Widerstehe der Versuchung
die Wirklichkeit deinem
Kopf anzupassen.

Oskar Schlemmer Unterricht (1928)

Ein Bild betrachten

1 Welche Unterrichtssituation wird auf dem Bild dargestellt?

2 Beobachte genau, welche Formen auf dem Bild vorkommen und wie sie miteinander verbunden sind. Wie verstehst du sie?

3 Beschreibe das Bild, indem du von deiner Lösung der Aufgaben 1 und 2 ausgehst.

4 Statt einer Bildbeschreibung kannst du auch eine Bilderzählung versuchen. Dann nimm das Bild als Darstellung einer Situation, die du schon einmal erlebt hast, und erzähle von deinem Erlebnis, soweit das Bild damit übereinstimmt.

Benjamin Franklin Zweierlei Schulen

Der Amerikaner Benjamin Franklin (1706–1790) war ein sehr vielseitiger Mann. Nach seinen beruflichen Anfängen – er war Setzerlehrling – übernahm er bald eine eigene Druckerei und wurde Zeitungsherausgeber. Schon als Vierzigjähriger war Franklin wohlhabend genug um sich vom Geschäft zurückziehen zu können. In der Folgezeit gab er sich seinen verschiedenen Interessen hin; und auf allen Gebieten leistete er Hervorragendes. So erfand er als Physiker den Blitzableiter und den Kondensator; als Schriftsteller hat er bedeutende Werke hinterlassen; als Politiker gehörte er zu den Unterzeichnern der amerikanischen Verfassung und war Gesandter seines Landes in Frankreich.

Beim Vertrag von Lancaster in Pennsylvania[1], anno 1744, zwischen der Regierung Virginias[2] und den Sechs Völkern[3], teilten die Bevollmächtigten Virginias den Indianern in einer Rede mit, dass es in Williamsburg ein College mit einer Stiftung für die Erziehung indianischer Jugendlicher gebe; und wenn die Häuptlinge der Sechs Völker ein halbes Dutzend ihrer Söhne zu diesem College schickten, würde die Regierung Sorge tragen, dass ihnen nichts fehle und dass sie in allem dem, was die weißen Männer wissen, unterwiesen würden.
Der Sprecher der Indianer erwiderte:
Wir wissen, dass Ihr das Wissen, das an diesen Orten gelehrt wird, hoch schätzt und dass die Versorgung unserer jungen Männer bei Euch sehr kostspielig für Euch wäre. Wir sind deshalb überzeugt, dass Ihr uns mit Eurem Vorschlag Gutes erweisen wollt, und wir danken Euch von Herzen.
Aber Ihr, die Ihr klug seid, müsst wissen, dass verschiedene Völker unterschiedliche Auffassungen von den Dingen haben; und Ihr werdet es uns deshalb nicht verübeln, wenn unsere Vorstellung von dieser Art Bildung zufällig nicht mit der Euren übereinstimmt. Wir haben einige Erfahrungen darin gesammelt; mehrere unserer jungen Leute wurden früher in den Colleges der nördlichen Provinzen erzogen; sie wurden in allen Euren Wissenschaften unterrichtet; aber als sie zu uns zurückkamen, waren sie schlechte Läufer, wussten nicht mehr, wie man im Wald lebt, konnten weder Kälte noch Hunger ertragen, wussten nicht, wie man eine Hütte baut, einen Hirsch erlegt oder einen Feind tötet, sprachen schlecht unsere Sprache, waren deshalb weder zu Jägern noch zu Kriegern noch zu Beratern tauglich; sie waren zu überhaupt nichts mehr nutz.
Wir sind Euch nichtsdestoweniger für Euer freundliches Angebot zu Dank verpflichtet, obgleich wir es nicht annehmen können, und um unsere Dankbarkeit zu bezeigen werden wir, wenn die Herren Virginias uns ein Dutzend ihrer Söhne schicken wollen, für deren Erziehung sorgen, sie in allem unterrichten, was wir wissen, und Männer aus ihnen machen.

1 Diskutiert über die Antwort des Indianersprechers. – Was will er durch seine Antwort die Regierung lehren?

1 *Pennsylvania:* amerikanischer Bundesstaat
2 *Virginia:* amerikanischer Bundesstaat
3 *Sechs Völker:* Zusammenschluss von sechs indianischen Stämmen

2 Spielt: Ein junger Indianer fragt euch nach dem „Sinn“ eures Lehrstoffs.

3 Erzähle: *Was ich in der Schule alles lernen möchte.*

4 Warum wird nur über Männer gesprochen?

Adelheid Popp Meine Kinderjahre

Adelheid Popp (1869–1939) wurde als 15. Kind einer armen Weberfamilie geboren. Nach nur dreijährigem Schulbesuch begann sie als Dienstmädchen, dann als Näherin und später als Fabrikarbeiterin in Wien zu arbeiten. 1885 wurde sie Sozialdemokratin. Im Jahre 1892 begründete sie die „Arbeiterinnen-Zeitung“ mit und prägte in den folgenden Jahren die österreichische Frauenbewegung entscheidend. Nach 1918 war sie im Parteivorstand der SPÖ (= Sozialdemokratische Partei Österreichs) und wurde Parlamentsabgeordnete.

Schließlich wurde mir das Knöpfeaufnähen gelehrt und ich nähte nun Perlmutterknöpfe auf Silber- und Goldpapier. Das war jetzt immer meine Beschäftigung, wenn ich aus der Schule kam und auch an schulfreien Tagen. Wenn ich hundertundvierundvierzig Knöpfe, zwölf Dutzend, aufgenäht hatte, so hatte ich einen und einen halben Kreuzer verdient. Auf mehr als 27 Kreuzer in der Woche habe ich es nicht gebracht.
Am Neujahrstag musste ich in unserem Dorfe und in die Umgebung Neujahr wünschen gehen. Das war eine von der ärmsten Bevölkerung geübte Sitte. Man ging nur zu den als wohlhabend oder reich bekannten Familien und sagte dort einen Wunsch auf, wofür man eine Belohnung erhielt. Ich fürchtete mich aber entsetzlich vor den Hunden, die die Häuser der Reichen bewachten, aber ich war doch bemüht möglichst viel Geld nach Hause zu bringen. Oft ging ich zu einer Tür hinein, wo soeben ein anderes, ebenso missbrauchtes Kind herausging. Starb ein Schulkind aus einer reicheren Familie, so wurde eine Anzahl armer Kinder bestimmt, die dem Sarge in einem besonderen Zuge zu folgen hatten. Dafür bekam man zehn Kreuzer Belohnung. Einmal, als ich meiner schlechten Schuhe wegen nicht in die Schule ging, schickte die Lehrerin zu uns, dass ich doch zum Begräbnis einer reichen Mitschülerin kommen solle, da ich für diese Teilnahme den hierfür ausgesetzten Betrag erhalten würde. Und ich ging den weiten, schmutzigen, aufgeweichten Weg mit meinen Schuhen, die keine Sohlen mehr hatten, um diese wenigen Kreuzer zu bekommen. [...]
Als ich von der Schule mein Übersiedlungszeugnis erhalten hatte, das mich für reif erklärte in die vierte Volksschulklasse überzutreten, war das meine ganze geistige Ausrüstung für das Leben voll Arbeit, das ich nun zu beginnen hatte. Nie hat jemand Einspruch erhoben, dass ich der gesetzlichen achtjährigen Schulpflicht entzogen wurde. Bei der Polizei war ich gar nicht angemeldet. Da meine Mutter nicht schreiben konnte, musste ich die Meldezettel ausfüllen. Ich hätte mich selbstverständlich in die Rubrik: Kinder einzutragen gehabt, da ich mich aber für kein Kind mehr hielt, ich war ja schon Arbeiterin, so ließ ich diese Rubrik unausgefüllt und blieb polizeilich unangemeldet. Andere Leute beachteten diese Unterlassung auch nicht.

Wir zogen in die Stadt zu einem alten Ehepaar in eine kleine Kammer, wo in einem Bett das Ehepaar, im andern meine Mutter und ich schliefen. Ich wurde in einer Werkstätte aufgenommen, wo ichTücher häkeln lernte; bei zwölfstündiger fleißiger Arbeit verdiente ich 20 bis 25 Kreuzer im Tage. Wenn ich noch Arbeit für die Nacht nach Hause mitnahm, so wurden es einige Kreuzer mehr. Wenn ich frühmorgens um 6 Uhr in die Arbeit laufen musste, dann schliefen andere Kinder meines Alters noch. Und wenn ich um 8 Uhr abends nach Hause eilte, dann gingen die anderen gut genährt und gepflegt zu Bette. Während ich gebückt bei meiner Arbeit saß und Masche an Masche reihte, spielten sie, gingen spazieren oder sie saßen in der Schule. Damals nahm ich mein Los als etwas Selbstverständliches hin, nur ein heißer Wunsch überkam mich immer wieder: mich nur einmal ausschlafen zu können. Schlafen wollte ich, bis ich selbst erwachte, das stellte ich mir als das Herrlichste und Schönste vor. Wenn ich dann manchmal das Glück hatte schlafen zu können, dann war es erst kein Glück, dann war Arbeitslosigkeit oder Krankheit die Veranlassung. Wie oft an kalten Wintertagen, wenn ich abends die Finger schon so erstarrt hatte, dass ich die Nadel nicht mehr führen konnte, ging ich zu Bett mit dem Bewusstsein, dass ich morgens umso früher aufstehen müsse. Da gab mir die Mutter, nachdem sie mich geweckt, einen Stuhl in das Bett, damit ich die Füße warm halten konnte, und ich häkelte weiter, wo ich abends aufgehört hatte. In späteren Jahren überkam mich oft ein Gefühl grenzenloser Erbitterung, dass ich gar nichts, so gar nichts von Kinderfreuden und Jugendglück genossen hatte. [...]

Ich war im zwölften Jahr, als sich meine Mutter entschloss mich in eine Lehre zu geben. Ich sollte einen Beruf erlernen, von dem noch angenommen wurde, dass ein besserer Verdienst bei Fleiß und Geschicklichkeit zu erzielen sei, das Posamenteriegewerbe[1]. Natürlich konnte ich wieder, meines schulpflichtigen Alters wegen, nur zu einer Zwischenmeisterin kommen. Zwölf Stunden im Tage musste ich aus Perlen und Seidenschnüren Aufputz für Damenkonfektion herstellen. Ich erhielt keinen fixen Lohn, sondern jeder neue Artikel wurde genau berechnet, wie viel davon in einer Stunde zu machen sei, und dafür wurden fünf Kreuzer bezahlt. Hatte man größere Übung erlangt und dadurch die Möglichkeit mehr zu verdienen, so reduzierte die Meisterin, mit der Begründung, dass auch der Fabrikant weniger bezahle, den Lohn. Unaufhörlich, ohne sich auch nur eine Minute Ruhe zu gönnen, musste man arbeiten. Dass dies von einem Kinde in meinem Alter schließlich nicht zu erwarten war und auch von keinem anderen zu leisten ist, weiß jeder, der selbst beurteilen kann, was zwölf Stunden anhaltender Arbeit überhaupt zu bedeuten haben. Mit welchem Verlangen sah ich immer nach der Uhr, wenn mich die zerstochenen Finger schon schmerzten und wenn ich mich am ganzen Körper ermüdet fühlte. Und wenn ich dann endlich nach Hause ging, an schönen warmen Sommertagen oder im bitterkalten Winter, musste ich oft, wenn viel zu tun war, noch Arbeit für die Nacht nach Hause nehmen. Darunter litt ich am meisten, weil es mich um die einzige Freude brachte, die ich hatte.[2]

Wie sieht Adelheid die Schule? Wie siehst du sie? Erkläre Unterschiede.

1 *Posamenterie* von *Posamenten* (franz.): Besatzwaren, z. B. Bänder, Borten, Fransen, Litzen, Quasten, Schnüre
2 Diese Freude war das Lesen.

Luise Rinser Schulverweis

Luise Rinser wurde 1911 in Pitzling/Bayern geboren. Im Jahre 1981 – mit 70 Jahren – legte sie ihre Autobiografie[1] „Den Wolf umarmen" vor, in der sie von den ersten 35 Jahren ihres Lebens erzählt: von ihrer Kindheit in der oberbayerischen Dorfheimat, ihrer Erziehung und ihrer Ausbildung, ihrer Tätigkeit als Lehrerin und Autorin, ihrer Ehe und ihren Erfahrungen im Nationalsozialismus. Ihr Mann fiel im Krieg, sie selbst kam als Gegnerin des NS-Regimes ins Gefängnis.
Dieser Autobiografie ist der folgende Textausschnitt entnommen; in ihm berichtet Luise Rinser über ihren Aufenthalt im Kloster Wessobrunn.

Unter den Papieren, die ich nach dem Tod meines Vaters bekam, ist ein Brief vom 9. März 1926, in dem meinem Vater mitgeteilt wird, dass ich aus dem kleinen Internat, dem „Heim Maria Treu", in dem meine Eltern mich, die Dreizehnjährige, untergebracht hatten, zu meinem und ihrem Unheil, hinausgeworfen wurde. Warum? „... dass das Betragen Ihrer Tochter auch in diesem Trimester[2] sehr häufig Anlass zur Klage bietet. Sie äußerte sich wiederholt unzufrieden über die Verköstigung, wozu wirklich kein Grund vorliegt, ist streitsüchtig mit ihren Mitschülerinnen und kommt mir bei jeder geringsten Rüge dermaßen keck und ungezogen entgegen, dass ich mich veranlasst sehe ihr am 15. März zu kündigen. Auch sehe ich mich den andern Heimkindern gegenüber vepflichtet (mein Vater, der Schulmeister, kreidete mit einem Bleistiftstrich das fehlende R an), derartige renitente[3] Elemente zu entfernen, da solche Beispiele doch auf die Umgebung abfärben. Hedwig Kölker, Vorsteherin."
Was war wirklich geschehen? Es stimmt, ich war aufsässig. Es stimmt, ich hatte mich über das schlechte Essen beschwert, das taten alle immerzu, ich tat es eines Tages offen. Wir zwanzig Mädchen zwischen dreizehn und siebzehn waren im Vorplatz versammelt vor dem täglichen Spaziergang nach Tisch (paarweise die Isar hinunter und wieder heimwärts). Das Essen war besonders schlecht gewesen, ich erinnere mich genau an diese Pfannkuchen aus Mehl, Salz und Wasser, mit Spinat gefüllt, die wie aus Sägemehl gemacht schmeckten. „Mehlpatzen" nannten wir sie. Wir bekamen sie nicht hinunter, wir durften sie nicht stehen lassen, wir versteckten sie in unsern Tischschubladen um sie später heimlich herauszuholen und in den Hinterhof zu werfen, nicht in den Abfalleimer, denn dort konnten sie gefunden werden. Wir

1 *Autobiografie:* Beschreibung des eigenen Lebens
2 *Trimester:* ein Teil in einem dreiteiligen Studienjahr
3 *renitent:* aufsässig, widerspenstig

alle murrten. Aus meinen Kinderbriefen an meine Eltern lese ich, dass vorher schon einmal der Vater einer älteren Schülerin, ein Rosenheimer Oberstudiendirektor Abel, sich erlaubt hatte eine Protestaktion gegen das Fräulein Kölker zu starten des schlechten Essens wegen. Sonderbarerweise hatte ich meinen Vater gebeten sich nicht daran zu beteiligen, denn so schlecht sei das Essen nun auch wieder nicht. Warum aber nun die Szene im Vorplatz? Ich rief plötzlich: Ja, wir müssen den Fraß essen, unsre Eltern zahlen für gutes Essen, und das Fräulein Kölker hat sich jetzt schon die zweite Zimmereinrichtung gekauft von diesem Geld.
So?, sagte eine eisig wütende Stimme und jemand schlug mir mit dem Metallbügel der Handtasche auf den Kopf. Die Vorsteherin. Keins der anderen Mädchen stellte sich auf meine Seite. Sie verließen sich auf den Herrn Abel. Nur ich nicht. Mir ging es ja auch gar nicht ums Essen. Ich kleine Asketin[4] konnte, bis auf die feuchten „Mehlpatzen", alles essen, auch wenn's mich würgte. Mir ging es um die Ungerechtigkeit, das war's. Sollten wir hungern, nun gut, wenn's nötig war. Aber dass *die* sich dafür ... nein, *das* ertrug ich nicht. Und dass ich das sah und sagte, das ertrug *die* nicht. So schrieb sie denn an meinen Vater jenen Brief und ich flog aus dem „Heim Maria Treu". Ich, das renitente Element. Ich hatte auch vorher schon einmal zu rebellieren versucht, mit Recht: Jedes Jahr ein- oder zweimal erschien die Prinzessin Pilar, unter deren Patronat[5] das Heim stand. Worin bestand dieses Patronat? Anscheinend nur darin, dass die Prinzessin im Reitanzug erschien, uns, die zur Begrüßung Aufgestellten, schneidig fragte, ob's uns gut gehe oder ob wir Beschwerden hätten, eine Frage, welche die Vorsteherin beantwortete, ehe wir ein Wort hätten sagen können: „Sehr gut geht's uns, Durchlaucht[6]", worauf die Durchlaucht mit der Reitpeitsche an ihre Flanke klopfte und kehrtmachte. Einmal sagte ich halblaut: „Wenn die wüsste ..." Ein eisiger Blick der Vorsteherin machte mich schweigen. Da war ich noch zu kurz erst im Heim. [...]
Ich lese jenen Brief der Vorsteherin an meinen Vater nach über einem halben Jahrhundert wieder. War ich denn streitsüchtig, war ich keck, war ich wirklich so schwierig?
Ich glaube, es stimmt. Ich ging immer auf die Barrikaden, wenn mir oder andern, gleichviel, Unrecht geschah. Das war für viele unbequem, für mich selber auch. Ich war sicher auch herrschsüchtig, das bin ich immer noch, wenn auch mit Maßen, und wenn's auch dafür eine Erklärung gibt, so doch keine rechte Entschuldigung: Ich bin sehr ungeduldig, und wenn andre nicht gleich begreifen oder handeln, reiße ich das Wort und die Sache an mich. Aber für die andern war ich gut dafür, die Kastanien aus dem Feuer zu holen und die heißen Schuleisen anzufassen: Vier Jahre lang war ich Klassensprecherin und schlug mich, soweit das damals möglich war, mit den Lehrern herum.

1 Wie beurteilt Luise Rinser aus der Rückschau die Vorsteherin und sich selbst? Stelle entsprechende Aussagen einander gegenüber.

2 Woran erkennt man, dass die Verfasserin ihr eigenes Leben beschreibt?

4 *Asket:* enthaltsam lebender Mensch
5 *Patronat:* Schirmherrschaft
6 *Durchlaucht:* Anrede für Fürsten

Barbara König Die verpasste Chance

Barbara König wurde 1925 in Reichenberg im damaligen Böhmen (heute Tschechische Republik) geboren. Nach dem Zweiten Weltkrieg floh sie nach Bayern. Zunächst arbeitete sie als Journalistin, dann als Schriftstellerin; sie schrieb Romane und Hörspiele.
1938 wurde das Sudetenland, zu dem ihre böhmische Heimat gehörte, von deutschen Truppen besetzt und dem Deutschen Reich angeschlossen. In dem Text „Die verpasste Chance", der 1984 erschien, schildert sie ihre Schulzeit im Dritten Reich. Der hier abgedruckte Textausschnitt beginnt mit den Veränderungen, die sich aus der neuen politischen Situation ergaben.

Wir wechselten die Schule; zusammen mit den anderen Mädchen zog ich aus dem gemischten Realgymnasium in die neue Oberschule für Mädchen, und im Gegensatz zu meinen klagenden Mitschülerinnen gefiel mir dieser Umzug. In unserer Familie gab es außer mir keine Mädchen, ich war mit einem Bruder und vier Cousins aufgewachsen, von Karl May und Tom Shark bis zu Messerwerfen und Jiu-Jitsu hatte ich alles aufgenommen, was ein Junge braucht, nun, fand ich, war es Zeit, die Welt der Mädchen kennen zu lernen.
Dass dieser Zeitpunkt ausgerechnet mit der ersten großen BDM[1]-Welle zusammenfiel, war mein Pech. Noch war es nicht Zwang, sondern eine Ehre, in diesen Bund aufgenommen zu werden, die Mädchen rissen sich darum, man sprach von Rangabzeichen, Knoten und Schnürchen. Ich war durchaus bereit dazuzugehören und ich hätte auch dazugehört, wenn nicht zweierlei mich davon abgehalten hätte: Das Erste waren die sehr rhythmischen Lieder, die den Verstand benebelten, ein Effekt, der mich erst stutzig und dann widerspenstig machte. Ich wollte diesen Zauber nicht, ich hatte ja gerade erst mein Hirn entdeckt. Der zweite Punkt war die schier unaussprechliche Öde, die von den „Heimabenden" ausging und mich beängstigte. Ob es um völkische Ideale, Rassendenken oder Führertreue ging – das Ganze strömte einen Geruch selbstgerechter Bravheit aus, der mir zutiefst widerstrebte; ich ging nicht mehr hin.
Obwohl ich im Gruppenleben versagt hatte, blieb mein gutes Verhältnis zu den Mitschülerinnen bestehen, ob sie im BDM waren oder nicht. Niemand versuchte mich zu beeinflussen, genauso wenig wie unsere einzige jüdische Mitschülerin aus der Klassengemeinschaft ausgeschlossen wurde. Politische Einstellung, so schien es, war immer noch Privatsache.

1 *BDM:* Bund Deutscher Mädel, Jugendorganisation im Dritten Reich

Das betraf auch die Lehrerinnen. Dass die meisten von ihnen Parteiabzeichen trugen, war mir gleichgültig, wenn sie nur fesselnd waren oder zumindest sympathisch.

Mit unserem Klassenvorstand, einer kleinen, blondierten, durch ein Hüftleiden behinderten Dame, verband mich ein jahrelanger zärtlicher Kampf wegen meiner Weigerung Geschichte und Erdkunde zu lernen, der sich erst bei unserem Wiedersehen nach dem Krieg zu meinen Gunsten entschied: „Du hast ganz Recht gehabt“, sagte sie, „dass du das nicht lernen wolltest.“

Dr. G. H. war die beste Lehrerin, die ich je gekannt habe; sie unterrichtete die naturwissenschaftlichen Fächer mit einer Leidenschaft, die ganze Jahrgänge von Schülerinnen mitriss. Und ich könnte schwören, dass ihr Ton anders wurde, trocken, distanziert, wenn sie von den biologischen Theorien der Nazis sprach: Man brauchte da nicht mitzudenken. Sie war es auch, die die Hand aufs Herz legte – womit sie gleichzeitig ihr Parteiabzeichen verdeckte – und sagte: „Ich kann es nicht verantworten, Ihnen den genialen Schöpfer der Psychoanalyse[2] zu verschweigen“, und „Sigmund Freud“ an die Tafel schrieb. Das ließ mich aufmerken: eine persönliche Verantwortung außerhalb der Vorschriften? Daran hatte ich noch nicht gedacht.

Die Frau, deren Ehrgeiz darin zu liegen schien, die Grundsätze des NS-Regimes so getreu wie möglich auf unsere Schule zu übertragen, die uns zu Führerreden im Turnsaal versammelte und unseren Blick auf das allgegenwärtige Hakenkreuz lenkte, war Dr. K., die Direktorin. Sie war eine starke Persönlichkeit. Groß, ein wenig vorgeneigt, das grau melierte Haar zu einem unordentlichen Knoten aufgesteckt, ein Paket Bücher unter dem Arm, von einer losen Strickweste umweht, die hellen, scharfen Augen überall, so fegte sie durch die Gänge unserer Schule, und wenn sie den Arm zum Führergruß hochriss, dann war das mehr als eine bloße Geste, dann war das Autorität[3]. Wahrscheinlich hat sie Hunderten von Mädchen das Zerrbild einer Weltanschauung vermittelt, das ihnen wie ein hartnäckiges Gift noch Jahre und Jahrzehnte zu schaffen machen sollte, und doch, absurd[4] genug, war sie es, die mich das Zweifeln lehrte, den ersten Schritt zur bewussten Kritik.

Wir hatten sie in Deutsch, und Deutsch war mein Glanzfach. Sie förderte mich. Sie ermutigte meine kleinen Gedichte und das, was sie mein kritisches Denkvermögen nannte, sie lobte meine Arbeiten, auch wenn sie das nationale Thema verfehlten, sie ließ mich wachsen. Dann geschah die Sache mit dem Hausaufsatz. Wir sollten an einem großen Mann der deutschen Geschichte die nationalen Wesenszüge darstellen, Vaterlandsliebe, Willenskraft und wie sie alle hießen. Ich weiß, dass ich zuerst Bismarck nehmen wollte, ihn aber dann zu zeitraubend fand und statt seiner Hitler wählte. An dieser sauber ausgesägten Kunstfigur war jede deutsche Tugend mühelos aufzuhängen, in einer halben Stunde war ich fertig, ich brauchte ja nur wiederzugeben, was ich aus der Direktorin eigenem Munde wusste. Umso erstaunter war ich,

2 *Psychoanalyse:* Verfahren zur Untersuchung und Behandlung von seelischen Störungen, von Sigmund Freud Ende des 19. Jahrhunderts entwickelt. Die nationalsozialistische Regierung verbot schon 1933 die Lehre und Anwendung der P., denn Freud war Jude.

3 *Autorität:* hohes Ansehen, Geltung

4 *absurd:* widersinnig

als sie mich nach der nächsten Stunde an ihr Pult rief. Vor ihr lag mein Aufsatz. Sie wartete, bis die anderen gegangen waren, legte die Hand auf das Heft und fragte: „Warum hast du das geschrieben?“ Ich wusste keine Antwort. „Ausgerechnet du“, sagte Dr. K., schüttelte den Kopf, stand auf und ging.

Dieses knappe Wort löste in mir Gedanken aus, die ich bis dahin vermieden hatte. Eine Lawine unterdrückter Wahrnehmungen und Erinnerungen brach über mich herein, eine Zeit der Verwirrung begann: Wie war das? Der Judentempel hatte gebrannt und man hatte uns weisgemacht, dass dies ein „Aufstand deutschen Blutes gegen die jüdischen Volksverderber“ gewesen sei. Ich wusste, dass das nicht stimmte, denn mein Bruder hatte Stunden vor dem Brand zufällig mit angesehen, wie Feuerwehrleute Schlangen aus Werg[5] um die Kuppel der Synagoge legten; außer ein paar verblüfften Zuschauern hatte es kein Publikum gegeben, von Aufstand konnte keine Rede sein. Ich hatte diese Lüge hingenommen und mich nur für die Frage interessiert: Was fühlt ein Feuerwehrmann, der gezwungen ist Feuer zu legen, statt es zu löschen?

Da war so viel Ungereimtes; Nachbarn flüsterten Gerüchte: Soundso hatte einen politischen Witz erzählt, Soundso war verhaftet worden. – Ein Hitlerjunge hatte seine Eltern denunziert, die Eltern wurden nach Bautzen gebracht. Das Zuchthaus Bautzen sei in ein Konzentrationslager umgewandelt worden. Das Wort war mir neu, und eine Zeit lang glaubte ich, es handele sich dabei um ein Lager, in dem die Gegner des Regimes zur Konzentration, d. h. zur Besinnung, gebracht werden sollten. [...]

Dagegen traf ich Dr. K., meine frühere Direktorin, in den fünfziger Jahren in Düsseldorf, nicht lange vor ihrem Tod. Ich sagte: „Sie wissen gar nicht, wie viel ich Ihnen verdanke. Erinnern Sie sich an meinen Hitler-Aufsatz?“ Aber sie wollte nicht davon sprechen und, was ich nie für möglich gehalten hätte: Sie errötete sogar. Ich fragte nicht weiter, und das war mein Fehler, denn nun hat sie mir wieder einen Zweifel gelassen, noch dazu einen, der niemals geklärt werden wird: Ist sie errötet, weil ich sie an ihre Nazizeit erinnerte, oder aber, weil sie damals, vielleicht ein einziges Mal, ihren Führer verriet?

P. S. Gerade als ich diesen Bericht abschloss, kam ein Anruf aus Frankfurt, es war meine beste Schulfreundin, die ich seit 1944 nicht mehr gesprochen hatte, weil sie bis vor kurzem in der DDR lebte. Ihr Vater war, wie sie mir jetzt erst sagte, in Auschwitz umgekommen. Ich fragte sie nach der Direktorin – ob sie es gewusst hat? „Offiziell nicht“, sagte sie, „aber kurz nachdem mein Vater verhaftet worden war, hat sie mich zu sich gerufen und gesagt: ‚Wenn du einmal Hilfe brauchst, komm zu mir.‘“ – Es scheint, dass der obige Zweifel sich wider Erwarten nun doch noch geklärt hat.

Auch in diesem Text beschreibt eine Autorin ihre Erlebnisse und Erfahrungen während ihrer Schulzeit. Wie beeinflusste die politische Situation im Dritten Reich die Schulsituation, insbesondere die Beziehungen zwischen den Menschen?

5 *Werg:* Abfall aus kurzen Bastfasern

Ingeborg Drewitz Aber wir müssen uns wehren

Ingeborg Drewitz (1923–1986) wurde gleich nach dem Abitur 1941 zum Arbeitsdienst eingezogen und erlebte in Berlin die Schrecken des Krieges und der nationalsozialistischen Diktatur. In den fünfziger Jahren veröffentlichte sie ihre ersten Werke, in denen die Vergangenheitsbewältigung sowie die Probleme der jungen Generation wichtige Themen waren. Der folgende Abschnitt ist ihrem Roman „Gestern war heute“ entnommen.

Sie hat das Gas angezündet und hält die Hände über den blaugelben Flammenkranz. Sie spürt die Wärme in den Handtellern. Tröstlich. Dann setzt sie die Äpfel auf, nimmt die Tüte mit den Zimtstangen aus dem Gewürzfach, bricht eine durch und wirft sie in den Topf, faltet die Tüte wieder zusammen und legt sie ins Fach zurück. Sie atmet tief ein. Zimt, Nelken, Majoran, Vanille, Zitronenöl, Mandeln, Pfeffer und Pfefferminz, Muskatnuss. Blumenfelder und gelber Himmel, schwarzgrüne Wildnis, Unvorstellbares, rote Wüsten und silbrige Moose, Süden und Norden, behutsam schließt sie das Gewürzfach wieder. Das Schnattern eines Wasserrohres, die Stimmen in der Küche eine Treppe höher, das Gurgeln des Wassers, in dem die Äpfel garen, machen die Bilder zunichte. Und doch nicht ganz. Sie lächelt. Vielleicht gibt es das: ein Sonnenblumenfeld, die großen Blumenköpfe, die sich dem Licht zuwenden. Vielleicht gibt es das: moosüberzogenes, feuchtes Gestein unter silbrig bleiernem Himmel. Vielleicht ist die Erde schön und sie weiß es nur nicht. Vielleicht gibt es das: Entkommen. Vielleicht wiegt die Enge dann nicht, die Sorge, das tägliche Rechnen: dass Ulrike noch immer Untergewicht hat, viel schlafen muss, viel essen soll, weinerlich ist und oft fiebrig.

Dass der Mann keine Arbeit hat. Er kann doch nicht in die Partei eintreten; er ist doch nicht so einer wie Onkel Bruno; er weiß doch, was sie über die Juden sagen.

Dass Gabriele sie manchmal erschreckt, wenn sie sich trotzig versperrt in ihrer Kammer.

Dass die Leute vor den Auslagen der Schaufenster in der Wilhelminenhofstraße mit den Daumen über die Schulter auf die Fabriken zeigen: Der wird's schon machen, der Hitler. Und wenn die Werkbahn halb beladen die Straße kreuzt: Der wird's schon machen, der Hitler. Der wird's schon machen.

Sie hat von Verhaftungen und Auswanderungen gehört, hinter der Hand geflüstert: Wissen Sie schon? Sie hat von ihrem Vater gehört, dass sich was zusammenbraut in Moabit. Die lassen sich das doch nicht bieten. Und ihr Vater weiß Bescheid, weil er Abend für Abend Kranke und Invalide betreut.

Der wird's nicht machen, der Hitler, denkt sie, weil sie das denken will, weil ihr Vater das denkt, und weil sie für einen Augenblick an die große schöne Erde gedacht hat, an das Entkommen, vielleicht ist das Glück.

Sie hört das Aufzischen des überkochenden Wassers, sie muss das Gas klein stellen und eine Prise Salz und eine Schütte Zucker zutun, damit das Mus kräftig schmeckt.

Als ihr Mann plötzlich in der Küche steht und sagt: Ich geh jetzt. Ich mach das gleich, und sie noch das Mus rührt, Dampf im Gesicht, kann sie gar nicht so rasch antworten. Und was auch? Nachher steht Gabriele neben ihr.

Sie hat das Apfelmus vom Gas genommen. Sie hat den Semmelteig gewalkt. Sie ist ein bisschen müde. Der Mann ist noch nicht zurück. Was ist denn, Kind?

Soll sie ihr sagen, dass Vater es mit denen versucht, die Juda verrecke schreien? Soll sie ihr sagen, dass sie sich nicht gewehrt hat, wenn er wütend zuschlug? Oder soll sie ihr sagen, dass sie ihn nun nicht mehr versteht, auch nicht mehr verstehen will, nur noch entkommen, entkommen wohin? Gabriele hat alles noch vor sich, ist jetzt fürs Gymnasium vorgeschlagen, ein langer Weg bis nach Köpenick täglich. Sie werden Schulgeldfreiheit beantragen müssen. Das hätte sie dem Kind gern erspart. Soll sie ihr sagen, wie mühsam jeder neue Tag ist? Soll sie ihr von Konzertsälen erzählen, die sie nicht kennt? Soll sie ihr sagen, dass es besser ist, zu scheitern als sich aufzugeben?

Setz dich, sagt sie, ich muss mit dir reden.

Gabriele zieht sich den Schemel heran, sitzt vor ihr, aufgerichtet. Es ist jetzt so dunkel, dass sie nur die Augen erkennen kann, Augen, meine lieben Fensterlein – nein, keine Kinderaugen, in die man hineinlächeln kann, fordernde Augen. Jäh weiß sie, dass die Aquariumsstille des Spätnachmittags kein Schutz ist. Die Wörter, die ihr einfallen, die Sätze, die ihr einfallen, taugen nicht. Mut zur Wahrheit, Kraft zum Alleinsein, nie etwas tun, wovon du nicht überzeugt bist – was soll ein Kind mit solchen Wörtern, solchen Sätzen?

Du bist jetzt gern in der Schule?, fragt sie.

Gabriele nickt.

Weil dich alle mögen?

Gabriele schweigt.

Na gut, aber könntest du dir vorstellen, dass dich keiner mag?

Ja, doch, weißt du – Gabriele ist ganz eifrig –, die eine aus der Klasse, die Ruth, die steht jetzt immer ganz allein auf dem Schulhof.

Und gehst du zu ihr hin?

Gabriele schüttelt den Kopf.

Das solltest du aber.

Das ist doch 'ne Jüdische, sagt Edith, und der Helmut, der aus der 4a, der mit seiner Bande –

Seit wann redest du so, Mädchen?

Gabriele senkt den Kopf, mit einem Mal streckt sie ihre Arme aus. Da beugt sie sich vor, zieht Gabriele an den Armen zu sich heran. Die Wörter und Sätze, Mut zur Wahrheit, Kraft zum Alleinsein, nie etwas tun, wovon du nicht überzeugt bist, taugen nicht; die Angst lässt sie frei. Jeder neue Tag ist mühsam, warum nicht, aber wir müssen uns wehren, nicht lügen, nicht mitschreien.

Aber sie sagt das gar nicht. Sie sagt nur: Du darfst nie wieder so reden, Mädchen.

Und sie weiß, dass das sehr schwer ist für ein Kind. Und nicht nur für ein Kind.

Als sie aufsteht um Licht einzuschalten, bleibt Gabriele neben ihr, bleibt auch neben ihr, als sie zu Ulrike ins Schlafzimmer gehen.

Was heißt, „dass es besser ist, zu scheitern als sich aufzugeben"? Wie beurteilst du diese Ansicht?

Irmela Brender Eine

Irmela Brender, 1935 in Mannheim geboren, war Journalistin und arbeitete als Verlagslektorin[1], bevor sie damit begann, Bücher für jugendliche Leser zu schreiben. Dabei geht es ihr vor allem darum, eine neue, zeitgemäße Form des Mädchenbuchs zu schaffen.

Eine drehte sich um nach ihm, als alle anderen die Köpfe schon wieder über die Bücher beugten. Er nahm das den anderen nicht übel, er wusste, ein Neuer in der Klasse ist nicht so interessant, dass man ihn die ganze Stunde hindurch anstarren könnte, schließlich ging der Unterricht weiter und er musste eben dasitzen und sich eingewöhnen.

Aber die eine im blauen Kleid sah immer wieder hin zu ihm, nicht neugierig, noch nicht einmal lächelnd. Das Profil, das sie ihm zeigte, manchmal auch noch ein bisschen Wangenfläche dazu, war ernst und aufmerksam, als habe sie über ihn nachzudenken. Das halbe Klassenzimmer lag zwischen ihnen und er konnte ihre Augenfarbe nicht erkennen. Braun, schätzte er, und ein paar Sommersprossen auf der Nase, und das ganze Gesicht ein bisschen zu mager. Die gehört nicht zu den Niedlichen, dachte er, die sich um einen Neuen kümmern, weil das so gut passt zu ihrer Niedlichkeit und weil sie dann noch einen haben, der sie nett findet. Die gehört vielleicht noch nicht mal zu den Netten.

Eine Struppige ist das, überlegte er, eine, die kicken kann, fast wie ein Junge, und plötzlich wegläuft, wenn man glaubt, sie sei ein Kumpel. Eine, die nicht mit Freundinnen kichert und tuschelt, sondern viel allein herumläuft, nicht spazieren geht, sondern eben herumläuft, und die allerhand kennt in der Stadt. Eine, von der man manches erfahren kann, aber nicht unbedingt das, was zählt.

Es fiel ihm ein, dass er sich irren könnte, aber er glaubte es nicht. Ich werde ihr ein Zeichen geben, sagte er sich, und wenn sie reagiert, dann habe ich mich nicht geirrt. Dann ist sie eine, die ich mögen könnte, zumindest mögen.

Als sie sich wieder umsah, lächelte er. Da stand sie auf und brachte ihm ihr Buch. Fast unfreundlich legte sie es vor ihn auf den Tisch; er sah dabei, dass sie magere Finger hatte mit ganz kurzen Nägeln, das passte auch. „Danke, ich geb's dir nachher wieder", sagte er schnell, bevor sie etwas sagen konnte. Sie nickte und ging zurück an ihren Platz.

Alle beugten die Köpfe über die Bücher, er auch. Aber er gab Acht, dass er den Augenblick nicht verpasste, in dem sie sich noch einmal nach ihm umschaute und beinah lächelte.

Wie könnte es deiner Meinung nach mit den beiden weitergehen?

1 *Verlagslektorin:* Angestellte eines Verlages, die Manuskripte kritisch prüft und für die Veröffentlichung bearbeitet

Mira Lobe Das Mikroskop

Mira Lobe wurde 1913 in Görlitz geboren. Sie wanderte nach dem Abitur nach Palästina aus und verfasste dort ihre ersten Werke. Nach Kriegsende siedelte sie nach Wien über. Für ihre zahlreichen Jugend- und Kinderbücher, die in viele Sprachen übersetzt wurden, erhielt sie in Österreich mehrere Literaturpreise. 1995 ist Mira Lobe in Wien gestorben.

Die letzte Stunde in der Woche, Samstag Mittag von zwölf bis eins, war Physik bei Dr. Bötticher, genannt Bottich. Er war groß und dick – insofern passte der Bottich nicht schlecht –, er galt als streng und langweilig, und nur Physikfanatiker wie Hubert Müllner, zum Beispiel, fanden seinen Unterricht interessant. Hubert behauptete, Bottich sei ein höchst gelehrter Mensch, der eigentlich auf die Uni gehöre und nicht nur so als bloßfüßiger Lehrer in ein bloßfüßiges Gymnasium.

Das Wort „bloßfüßig“ war gerade in Mode. Es drückte Verachtung aus und stand für alles, was banal war und bis zum Stumpfsinn vertrottelt.

Draußen brütete hochsommerlich die Mittagshitze. Im Physiksaal war es stickig; die schräg ansteigenden Bänke schwitzten, man blieb förmlich daran kleben. Barbara schätzte die Temperatur auf mindestens fünfundzwanzig Grad. Sie fragte sich, warum es eigentlich nicht hitzefrei gab, und wusste auch die Antwort: weil der Direx ein kleinlicher, bloßfüßiger Zeitgenosse war, der den Schülern nichts gönnte.

Auf dem lang gestreckten Physiktisch standen ein Telefon und ein Radio, uralte Modelle, die vom Flohmarkt stammen mussten. Der Bottich hielt ein Kohlekörper-Mikrofon in der Hand, aber niemand hörte zu, was er über Schallwellen, Membrane und Frequenzbereiche erzählte. Über der Klasse IIIa lag lähmende Unlust.

Barbara riss einen Zettel aus ihrem Vokabelheft und verfasste ein Gedicht. Das tat sie immer, wenn ihr fad war.

Alles schläft in guter Ruh,
Bottichs Stimme tönt dazu.
Kohlekörper-Mikrofone
sind mir wurscht und ganz egal,
interessiern mich nicht die Bohne –
käm ich dran, es wär fatal.
Lieber Gott, mach, dass es läutet,
weil das endlich Schluss bedeutet,
und wer danach lechzt wie ich,
schreibe sich hier hinter mich.

Sie kritzelte ihren Namen hin und schickte den Zettel auf die Reise.

Die Klassenkollegen grinsten, unterschrieben, gaben den Zettel weiter. Eleanor nickte Barbara verstohlen zu, wobei sie die Augen verdrehte um zu zeigen, wie öd sie Physik im Allgemeinen fand und den Bottich mit seinem Kohlekörper-Mikrofon im Besonderen.

Als es läutete, hatte das Gedicht die Runde gemacht und kam zurück. Barbara überflog die Namen: die von Mario und Hubert waren nicht dabei. Natürlich! Was hatte sie denn erwartet? Auf Hubert konnte sie leicht verzichten, den mochte sie nicht: ein Streber. Aber mit Mario war das etwas anderes. Dem hätte sie gern imponiert. Wenn schon nicht als Mädchen – da war ja wirklich nicht viel los mit ihr, klein und spärlich, wie sie war –, dann wenigstens als Reimeschmiedin.

Genau genommen war das Versemachen ihr einziges Talent. Außer Turnen allerdings – in Turnen glänzte sie, sowohl in Leichtathletik als auch an den Geräten. Aber der Turnunterricht war in Mädchenturnen und Knabenturnen geteilt und spielte sich getrennt ab. Niemals würde Mario bewundernder Zeuge von Barbaras Riesenbauchwelle am Hochreck sein.

Der Physiksaal leerte sich. Mopserl, der in der obersten Bankreihe saß, kickte seine Schultasche die Stufen hinunter und rief: „Wer kommt heute Nachmittag ins Freibad?"

„Ich!", sagte Barbara. Sie schob sich zwischen den andern zur Tür.

Mario stand vorn am Physiktisch, hinter dem Hubert die Tafel abwischte. Der Bottich war bereits verschwunden. Am Samstag hatte er es eilig und überließ alles Weitere seinem Assistenten Hubert Müllner.

Hubert war Lehrmittelhelfer und hatte nach der Stunde für Ordnung zu sorgen. Er musste Telefon und Radio und sonstiges Zeug ins anstoßende Lehrmittelkabinett bringen, Physiksaal und Kabinett abschließen und die Schlüssel ans Brett neben dem Lehrerzimmer hängen.

Als Barbara an Mario vorbeiging, hörte sie ihn sagen: „Mach schnell, Hubert! Ich warte draußen im Gang wie abgemacht."

Es war ihr recht, dass in ebendiesem Augenblick Eleanor sich bei ihr einhängte und schwärmte: „Dein Gedicht – also prima! Wie du das immer machst!"

Die beiden Mädchen hatten denselben Heimweg. Als sie schon einen Häuserblock weit von der Schule entfernt waren, blieb Barbara plötzlich stehen: „O je, jetzt hab ich meine Sonnenbrille im Physiksaal gelassen!"

„Dann hol sie dir doch", sagte Eleanor. „Wenn du dich beeilst, kommst du noch rein."

Barbara rannte zurück und ruderte gegen den Strom, der sich aus dem Schultor ins Freie ergoss. Überall Lärm, Gedränge und Übermut. Sechs lange Schultage waren ausgestanden.

Der Physiksaal war im ersten Stock. Sie rannte die Treppe hinauf. Mario stand in dem leeren Gang und wartete auf Hubert. Als Barbara auf ihn zugaloppierte, fragte er feindlich: „Was willst du denn hier noch?"

„Na, entschuldige schon! Ich werd mir doch wohl meine Sonnenbrille holen dürfen!"

Sie fand seinen Ton unerhört. Er stellte sich spreizbeinig vor die Tür und fuhr sie an: „Du kannst da nicht mehr rein. Hol sie dir am Montag."

Barbara starrte ihn an: Er war groß, sie musste zu ihm aufblicken, während er von oben auf sie hinunterschaute.

„Warum kann ich nicht? Hubert ist ja noch drin! Was fällt dir denn ein?" Sie hob die Hand um anzuklopfen.

„Lass das gefälligst!“ Er hielt sie am Handgelenk fest. Gleichzeitig stieß er einen Warnpfiff aus, der wie das Folgeton-Signal der Polizeistreife klang.
„Was heißt, lass das gefälligst?“, fragte Barbara wütend. „Lass du das gefälligst! Au!“
Sie versuchte ihre Hand frei zu machen.
Im Physikzimmer drin wurde ein Schrank heftig geschlossen, schnelle Schritte näherten sich, die Tür wurde geöffnet – und Hubert stand da, rot im Gesicht, mit schmalgekniffenen Augen.
„Ach, ihr seid's bloß!“ Er war sichtlich erleichtert und fragte über Barbaras Kopf hinweg: „Was will sie denn?“
„Sie hat ihre Sonnenbrille vergessen. Das kommt vom Dichten. Dichter sind zerstreute Leute ...“
Das saß. Barbara würdigte die beiden keines Blickes und keines Wortes mehr. Stumm ging sie zu ihrem Platz, fand die Brille, setzte sie auf und trat den Rückzug an. Sie marschierte an Hubert und Mario vorbei, als wären sie Luft. Erst am Ende des Ganges drehte sie sich um.
„Ihr könnt mich gern haben, ihr zwei Trottel! So was Bloßfüßiges! Und was ihr nach der Schule heimlich im Physiksaal macht, das hätte ich auch gern gewusst! Es geht mich zwar nichts an ...“
„Genau!“, unterbrach Hubert. „Es geht dich einen Dreck an und darum verschwinde!“
„Verschwind, mein Kind!“, reimte Mario und zwinkerte mit den schwarzen Augen, die Barbara leider so schön fand.
Eleanor ging vor der Schule auf und ab.
„Das hat aber lange gedauert. Wie bist du denn reingekommen?“
„Hubert und Mario waren noch da. Das sind vielleicht Affen – die zwei! Stell dir vor ...“
Sie erzählte Eleanor, was sie eben erlebt hatte, wobei sie allerdings ihre eigene Rolle steil hochfrisierte und sich selbst all die schlagfertigen Antworten geben ließ, die ihr vorhin nicht eingefallen waren. Sie behauptete, den beiden „eine vernichtende Abfuhr“ erteilt zu haben. Das hatte sie aus der Zeitung.

Den Samstagnachmittag verbrachte die halbe IIIa im Freibad. Hubert und Mario gehörten zu der nicht erschienenen Hälfte und Barbara fand das ganz gut, denn sie war ja nun böse mit den beiden, insbesondere mit Mario – ohne jemals gut mit ihm gewesen zu sein.
Umso überraschter war sie, als Sonntag früh das Telefon ging und sich Marios unverwechselbare Stimme meldete: „Hallo, Babsi, bist du's?“
Babsi! Was sollte denn das? Sie stellte sich dumm und fragte: „Wer spricht?“
„Mario. So ein Glück, dass du zu Hause bist, Babsi. Hast du grad was vor oder kann ich dich treffen? Ich muss mit dir reden, ganz dringend, wir brauchen dich ...“
„Wer ist ‚wir‘?“
„Hubert und ich.“
Sie hatte Lust Nein zu sagen, als Rache für gestern.
„Hallo, Babsi, bist du noch da?“

„Ich bin noch da, aber ob ich ausgerechnet für euch beide da bin, das muss ich mir noch überlegen ..."

„Wegen gestern Mittag? Trag uns das nicht nach, bitte. Ich erklär dir gleich, um was es da ging – und immer noch geht und warum du uns helfen musst!"

„Ich muss überhaupt nicht."

„Nein, natürlich nicht ..." In Marios Stimme war ein Unterton von Ratlosigkeit und geradezu flehentlicher Verzweiflung, wie Barbara nicht ohne Genugtuung feststellte. Sie entschloss sich zur Großmut.

„Also gut. Wann treffen wir uns und wo?"

Statt zu antworten fragte er: „Hast du Hosen an?"

Was sollte denn das nun wieder? „Nein, ich habe ein Brautkleid mit Schleppe an."

„Keine Witze, Babsi, es ist verdammt ernst. Ich erwarte dich in Jeans, Postplatz, Ecke Bäckerstraße, gleich hinter der Schule, und komm, bitte, so schnell du kannst."

Er stand mit der Schulter an die Mauer gelehnt, es sollte lässig wirken, aber Barbara sah schon von weitem, wie aufgeregt er war. Sie gingen in die Eisdiele gegenüber, weil es sich dort besser reden ließ. In der dunkelsten Ecke versteckte sich Hubert hinter einer Zeitung. Barbara steuerte auf ihn zu, aber Mario dirigierte sie an einen anderen Tisch.

„Lass ihn. Er ist noch viel nervöser als ich."

Sie bestellten zweimal gemischtes Eis und Barbara wartete, dass Mario endlich loslegte.

„Ich weiß gar nicht, wie ich anfangen soll ..." Er rührte in seinem Eisbecher herum. „Vielleicht damit, dass Hubert später mal Biologe werden will oder Biochemiker oder irgend so was Wissenschaftliches. Er macht schon jetzt zu Hause alle möglichen Versuche, und neulich ist er einer tollen Sache auf die Spur gekommen ..."

Mario schob den Eisbecher von sich fort und sah Barbara an. „Hast du gewusst, dass bei einem Unfall die Leute meistens deshalb zu Grunde gehen, weil ihr Blutkreislauf unterbrochen ist? Sie sterben sozusagen an zerrissenen Adern."

„Ist das Huberts tolle Sache?", erkundigte sich Barbara. „Da werden doch wohl schon andere draufgekommen sein."

„Klar. Hubert sagt, dass sich die Ärzte schon lange bemühen, irgendetwas zu erfinden, wie sie die durchtrennten Blutgefäße wieder zusammenflicken können, aber es klappt noch nicht so recht."

„Und bei ihm klappt es?", fragte Barbara ungläubig. „Ausgerechnet Hubert Müllner aus der IIIa erfindet was, wonach die Ärzte schon lange suchen?" Sie tippte sich mit dem Eislöffel an die Stirn. Außerdem fiel ihr ein, dass sie kürzlich eine TV-Sendung über Unfallchirurgie gesehen hatte. „Die können Nasenspitzen und abgehackte Finger wieder dranoperieren und in China machen sie das sogar mit abgetrennten Händen und Füßen, die Chinesen sind da ganz groß drin."

Mario hörte ihr ungeduldig zu. Dann sagte er, Huberts Methode sei besser, nämlich ohne Operation, er habe sie von den Medizinmännern im Busch. Wenn dort die Eingeborenen von einem Tiger angefallen würden, setze der Medizinmann Ameisen an die Wunden. Die bissen sich sofort fest. Der Medizinmann zwicke den Ameisenleib dann hinter dem Kopf ab, sodass die geschlossenen Beißzangen hängen blieben und die Blutgefäße zusammenklammerten: einfach genial!

„Wenn's stimmt!“, sagte Barbara zweifelnd.

„Hubert hat ein Dutzend Ameisen gesammelt und wollte es ausprobieren. Nur brauchte er ein Mikroskop dazu ...“

„Warum? Die Medizinmänner im Busch haben doch auch keins.“

„Es hat irgendwas mit der Ameisensäure zu tun, die das Blut zum Gerinnen bringt. Jedenfalls hat er sich das Schulmikroskop ausgeborgt.“

„Aha, jetzt weiß ich, was er gestern Mittag im Physikzimmer gemacht hat!“

„Gar nichts weißt du. So schnell geht doch solch ein Experiment nicht. Hubert hat das Mikroskop mit nach Hause genommen – und wenn du das jemals jemandem verrätst, Babsi, dann ... Ich weiß nicht, was dann ist!“

Sie warf ihm einen entrüsteten Blick zu und wollte wissen, wie es weitergegangen war. Der Abtransport des Mikroskops, so berichtete Mario, sei ohne Schwierigkeit erfolgt, bis auf den kleinen Zwischenfall mit Barbara. Hubert wollte das Mikroskop übers Wochenende behalten und am Montagmorgen nach Schuleinlass unbemerkt ins Physikzimmer zurückbringen und die Schlüssel wieder ans Brett hängen. Der Plan war gut und hätte auch funktioniert, wenn der unselige Bottich nicht ein so pflichtbesessener Physiklehrer gewesen wäre. Statt sich an diesem schönen Sommersonntag ins Freie zu begeben, war dieser unvernünftige Mensch in die Schule getrabt um im Physikzimmer ein paar Experimente für den Montag-Unterricht vorzubereiten. Als er die Schlüssel am Brett nicht fand, rechnete er nach, wer sie zuletzt gehabt hatte, verfiel auf Hubert Müllner und telefonierte den um acht Uhr früh aus dem Bett heraus. Auf die Frage, ob er die Schlüssel habe, antwortete der völlig verdatterte Hubert mit Nein.

„Aber warum denn?“, fragte Barbara. „Er hätte doch ruhig sagen können, dass er sie aus Versehen mitgenommen hat ...“

„Und das Mikroskop? Hat er das auch aus Versehen mitgenommen?“ Mario schüttelte den Kopf. „Überleg mal, Babsi: Hubert überreicht dem Bottich die Schlüssel, der geht ins Physikzimmer, und das Erste, was ihm auffällt, ist die Lücke im Optikschrank, wo sonst das Mikroskop steht.

Barbara nickte. Allmählich wurde ihr die Tragweite der Geschichte klar. Die Lücke im Optikschrank würde eine hochnotpeinliche Untersuchung zur Folge haben, Hubert, der ertappte Täter, würde als Dieb aus der Schule fliegen ... Es war nicht auszudenken!

Sie fragte bedrückt: „Und was hat denn der Bottich auf Huberts Nein gesagt?“

„Dass er in sämtlichen Taschen nachschauen soll und dass er Hubert mit den Schlüsseln um zwölf Uhr vor der Schule erwartet.“

„Und bis dahin muss das verflixte Ding auf seinem Platz stehen!“, sagte Barbara. „Könnten wir nicht den Schulwart herausklingeln? Ich verwickle ihn in irgendein Gespräch, da wird mir schon was einfallen, und ihr schleicht euch unterdessen ein und ...“

„Gib dir keine Mühe, Babsi, das haben wir längst versucht. Der Schulwart macht einen Sonntagsausflug und kommt erst abends zurück."

Mario legte den Arm quer über den Tisch und zeigte auf die Uhr. „Jetzt ist es gleich zehn. Um zwölf läuft die Frist ab. Zwei Stunden Zeit um das Mikroskop zurückzuschmuggeln.

„Wie denn, wenn ihr doch nicht hineinkönnt?"

„Wir nicht. Aber du."

„Ich?"

„Nur du, sonst keiner. Durch die Luke oben im Turnsaal."

Mario und Hubert hatten sich das so gedacht: Die kleine, dünne Barbara sollte durch das Oberlicht in den Turnsaal einsteigen, an den Kletterstangen hinunterrutschen, durch die Umkleideräume und den Heizungskeller ins Treppenhaus gelangen und das Mikroskop auf seinen Platz im Physikzimmer zurückbringen.

„Durch die Luke?", fragte Barbara gedehnt. „Die ist doch winzig. Und wie komme ich da hinauf?"

„Mit einer Leiter. Wir haben sie von einem Bauplatz auf der Poststraße geholt und dort bringen wie sie auch wieder hin." Mario beugte sich über den Tisch und sah ihr in die Augen. „Also, wie ist es, Babsi? Tust du's?"

„Ich muss mir das erst mal von unten anschauen", sagte sie.

Hubert tauchte aus seiner Ecke auf. Er trug einen kleinen Rucksack in der Hand und kam an ihren Tisch.

„Können wir gehen?", fragte er, halb krank vor Ungeduld.

Sie überquerten die sonntagsstille Straße. Nirgendwo ließ sich ein Mensch blicken und niemand sah, wie sie über den niedrigen Zaun in den Schulhof kletterten.

„Na, danke schön!", entfuhr es Barbara, als sie zu dritt vor der Turnsaalmauer standen und zu der schmalen Öffnung über den geschlossenen Fenstern hinaufsahen. Die zwei Jungen stellten die Leiter an. Barbara hängte sich den Rucksack um und Hubert sagte: „Die Schlüssel sind in der Außentasche."

Mario meinte nur: „Mach's gut, Babsi!"

Sie stieg hinauf, nahm den Rucksack ab, schwang das rechte Bein in die Luke, legte sich flach auf den Bauch, schob Arm, Schulter und Kopf durch, holte das andere Bein nach und zog schließlich den Rucksack herein.

Herrje, war das hoch! Und die Kletterstangen standen auch nicht so nahe, wie sie geglaubt hatte. Sie musste sich abstoßen und hinüberspringen – es war gar nicht ungefährlich.

Wie ein Affe im Urwald!, dachte sie, während sie die Stange hinunterrutschte. Dann ging sie durch eine kleine Seitentür in den Ankleideraum, von dort am Heizungskeller vorbei ins Treppenhaus.

Es war seltsam, durch die totenstille Schule zu wandern, fast unheimlich. Vor dem Physikzimmer im ersten Stock nahm sie den Schlüssel aus dem Rucksack, steckte ihn ins Schloss, und gerade als sie dachte: Gott sei Dank, jetzt hab ich's gleich hinter mir! – hörte sie ein Geräusch im Zimmer. Ein kalter Schreck durchfuhr sie.

Der Bottich riss die Tür auf und betrachtete sie verblüfft: „Du? Ich hatte jemand anders erwartet." Er zeigte auf den Rucksack. „Ist da das Mikroskop drin?"

Barbara brachte zuerst kein Wort heraus; sie schluckte und nickte und stammelte schließlich: „Wie – wie sind Sie denn hereingekommen?"

„Durch Zauberei!" Er lächelte schief zu seinem Scherz und Barbara sah ihn ungläubig an, denn für gewöhnlich pflegte der Bottich weder zu lächeln noch zu scherzen. „Es gibt noch mehr Schlüssel als meine", sagte er. „Und du? Wie bist du hereingekommen?"

„Durch das Oberlicht im Turnsaal."

„Also auch durch Zauberei!" Er lächelte schon wieder. „Eine ausgewachsene Kletterpartie! Bist du Mitglied beim Alpenverein?"

Er war nicht wiederzuerkennen. Privat schien er ein netter Mensch zu sein. Es gab offenbar einen Sonntagsbottich und einen Wochentagsbottich.

„Und wer hat dich geschickt?", fragte er. „Hubert Müllner, nicht wahr? Wo ist er?"

„Er steht unten im Hof."

„Hol ihn herauf, ich muss ihn abkanzeln."

Er gab ihr seinen Schultorschlüssel und Barbara rannte hinunter, die zwei Freunde zu holen – denn Mario kam selbstverständlich mit.

Der Bottich hielt eine milde Strafpredigt, die Hubert mit gesenktem Kopf über sich ergehen ließ. Als er abschließend gefragt wurde, wozu er das Mikroskop eigentlich gebraucht habe, und eine wirre Geschichte von Ameisen, Blutgefäßen und Medizinmännern erzählte, schlug sich der Bottich mit der flachen Hand vor die Stirn: So etwas Schwachsinniges, Albernes, ganz und gar Kindisches habe er von einem intelligenten Schüler wie Hubert nicht erwartet! Dann entließ der die drei, reichte jedem die Hand und ließ sie schwören, dass niemand etwas von der „hundsdummen Angelegenheit" – wie er es nannte – erfahren würde.

Sie sausten erlöst die Treppe hinunter, immer zwei Stufen auf einmal.

„Was sagt ihr zum Bottich?", fragte Barbara. „Ich hab geglaubt, ich träume ..."

„Und wirst auch weiter glauben, dass du geträumt hast!", prophezeite Mario. „Wirst sehen, im Unterricht ist er bestimmt wieder der Alte. Da ändert sich nichts."

Er behielt Recht. In den Physikstunden war der Bottich wie immer, streng, langweilig, unnahbar. Was sich änderte, war Barbaras und Marios Meinung. Wenn in der Klasse die Rede darauf kam, wer von den Lehrern am gemeinsten sei, und einige „der Bottich!" riefen, dann widersprachen die beiden kräftig.

„Ganz im Gegenteil", sagten sie. „Der Bottich ist gutmütig, der ist geradezu weichherzig, er zeigt es nur nicht so ..."

1. Erzählen

1.1 Ein Alphabet zur Schule – Was fällt Erwachsenen und Jugendlichen zur Schule ein?

	Erwachsene sagen:	**Jugendliche sagen:**
A	Allgemeinbildung, Abitur, Algebra, Aggressivität	abschreiben, ärgern, Ausreden, Aula, Ausflüge
B	Bildung, Biologie, blauer Brief, Bunsenbrenner	büffeln, Bücher, Bundesjugendspiele
C	Charakterbildung, Chemie, Chlor	Chaos, Computer, Chemie, Clique, Chor, cool
D	Diskussion, Deutschunterricht, Direktor, Disziplin	Diktat, Deutsch, Druck
E	Elementarstufe, Experiment, Erlass, Ehrgeiz	Einträge, Entschuldigungen

F	Frühstücksbrot, Fremdsprachen-unterricht, Feuerzangenbowle	Ferien, faul, frech, Fremdsprachen, Fußball, Feueralarm, Fachraum, Fünf
G	Gruppendynamik, Gymnastik, Geo-metrie	grübeln, Gemeinschaft, Gong, Grammatik, Giftzettel, Graffiti
H	Handarbeit, Hausmeister	Hausaufgaben, hitzefrei, Hausordnung
I	Isolation	Interesse, Irrenanstalt, irre
J	Jugendliche	Jugendherberge, Jungen ärgern
K	Konferenz, Klassenclown, Klassenzimmer, Korrektur	Kreise, kippeln, Klassenkasse, Klassenlehrer, Klassensprecher, korrigieren
L	Leistungsbewertung, Lernstoff, Lehrer	loben, Lehrer, lernen, Langeweile, Liebe, lässig
M	Mathematik, Mittelstufe, Musik	Mathe, motzen, melden, Musik, Mädchen, Mäppchen, Muttersprache
N	Noten, Nachsitzen	Noten, Neid, Nachhilfe
O	Orchester	Oberstudienrat, Ordnung, Öde, Orchester
P	Pflicht, Physik, Pädagogik, Psychologie	Pausen, pauken, Pauker, petzen, Partnerdiktat, Projektwoche
Q	Querulant	quatschen, Quatsch
R	Relegation, Religion	rätseln, reinrufen, rechnen, radieren
S	Stunde, Systematik, Streiche, Schulhof	streben, schleimen, Sport, schwänzen, Schwammschlacht, Schulhof, schulfrei, spicken, Sechs, streng, schlafen
T	Tabelle, Test, Turnen	tuscheln, Turnhalle, Tinte, träumen, Tafel
U	Unterricht, Unterstufe	Unterricht
V	Vertretungsstunde, Versuch, Verantwortung	vorsagen, Versetzung, verknallt, verpetzen, verlieben
W	Wissen, Warnung	Wortwechsel, wandern, Wochenende, Witze
Z	Zensuren	Zusammenarbeit, zu spät kommen, Zeugnis, Zeitung, Zuchthaus, zappeln, Zwei

1 Vergleicht, was den Erwachsenen und was den Jugendlichen eingefallen ist.

2 Was fällt dir zu „Schule“ ein?

3 Gibt es bei den Äußerungen der Jugendlichen solche, die du eher einem Jungen, und solche, die du eher einem Mädchen zutraust?

4 Schreibe eine kurze Erzählung oder ein kleines Gedicht zu einem der oben angeführten Stichwörter.

1.2 Ein Buch: Marina, vierzehn

1 Beim Durchstöbern der Kartei der Schülerbibliothek ist Katrin auf folgende Karte gestoßen:

M a i , Manfred

Manfred Mai (d.i.Manfred Maier).
Marina, vierzehn: "Anders als die andern?" Ill. Originalausg.
Ravensburg: Maier 1984. 108 S.
DM 6,80
(Ravensburger Taschenbücher 956.)

Marina kommt zur Zeit nicht mit ihren Freunden klar. Muss sie sich ändern?
Ab 12

Würde dich das Buch interessieren? Begründe deine Ansicht.

2 Schreibt – ausgehend von dem Hinweis auf der Karteikarte – kurze Erzählungen. Denkt z. B. an folgende Situationen:

- Marina hat mit ihren Freunden eine Aussprache
- Marinas bisherige Freunde entwickeln plötzlich ganz andere Interessen
- Marina spricht mit einer erwachsenen Person über ihre Probleme in der Clique
- Marina sucht Anschluss an eine neue Clique
- Marina ist plötzlich viel allein
- Marina hat in der Schule keine Banknachbarin mehr

3 Das Folgende ist ein Abschnitt aus dem genannten Buch.

Manfred Mai aus: Marina, vierzehn: „Anders als die andern?“

„He, pass doch auf!“, ruft ein Junge, der vor einem großen Plakat auf dem Boden kniet. Marina reagiert nicht.
„Hast du Tomaten auf den Augen!“ Er gibt Marina einen Stoß, dass sie zurücktaumelt.
„Du bist wohl nicht ganz dicht, du Idiot!“
„Glaubst du, ich lass mir von dir mein Plakat zertrampeln! Mach gefälligst die Augen auf, wenn du durch die Gegend läufst!“
„Du kannst mich ...“ In diesem Augenblick sieht Marina Marc. Er lehnt mit ein paar anderen Schülern am Treppengeländer und schaut herunter.
Marina bleibt einen Moment stehen.

„Was ist denn jetzt schon wieder?“, fragt Anette.
„Nichts“, sagt sie nur und geht weiter.

An denen vorbei.
Ausgerechnet heute.
Wie sie schon grinsen.
Bestimmt zerreißen sie sich die Mäuler über uns.
Über mich.
Dass Marc mit solchen Typen zusammen ist, verstehe ich nicht.
Er ist doch ganz anders.
Wenn wir nur schon oben wären.
Nicht hinschauen.
Ich muss mit Anette reden.
Irgendwas.
Sonst schaffe ich es nicht.

„Hast du die Soz-Aufgaben gemacht?“
„Ja.“
„Kann ich sie nachher abschreiben?“
„Hast du sie nicht gemacht?“
„Ich hatte gestern Abend einfach keine Lust dazu.“
„Meinst du ich?“
„Kann ich sie nun abschreiben oder nicht?“
„Warum fragst du denn überhaupt? Habe ich dich vielleicht schon mal nicht abschreiben lassen?“
Marina antwortet nicht.
Anette sieht sie von der Seite an. „Ich glaube, es ist besser, wir gehen einander heute aus dem Weg, sonst bekommen wir noch Streit.“
„Es ist ... ich weiß auch nicht.“
„Hallo, Marina! Du hast dich heute aber besonders schön gemacht. Bist du auf Männerjagd?“
Alle lachen.

Das musste ja kommen.
Ob Marc auch mitlacht?
Dann wäre es aus.

„Seht mal, wie sie rot wird“, ruft einer.
„Das passt doch prima zu ihrem weißen Pulli!“
Wieder lachen sie laut los.

Diesmal schaut Marina kurz nach oben.
Marc steht nicht mehr da.

Er ist weg.
Dann ist alles andere egal.
Sollen sie doch ihre Witze machen, diese Milchstubenrocker.

Im Flur begegnet ihnen Beate. Sie geht schnell an Marina und Anette vorbei, als sehe sie die beiden nicht.
„Heute spinnen wohl schon alle“, sagt Anette.
„Lass sie doch, ist mir ganz egal.“
Es ist ihr nicht egal. Schließlich ist Beate seit langem ihre Freundin. Eigentlich schon immer. Marina kann sich nicht erinnern, dass Beate jemals nicht ihre Freundin war.
Schon lange vor Anette.
Und anders.
Im Klassenzimmer setzt sich Marina gleich an ihren Platz. Anette holt ihr Sozialkundeheft aus der Schultasche und legt es Marina wortlos hin.
Marina schiebt das Heft zurück auf Anettes Platz.

(aus: *Manfred Mai,* Marina, vierzehn: „Anders als die andern?“. Otto Maier Verlag, Ravensburg 1984; Ravensburger Taschenbuch Nr. 956, S. 64 ff.)

Vergleicht den Textausschnitt mit euren Erzählungen und diskutiert das Ergebnis.

4 Vergleicht auch mit der Darstellung der Beziehung zwischen einem Jungen und einem Mädchen in dem Text von Irmela Brender auf Seite 30. Wie spielen Jungen und Mädchen ihre Rollen?

1.3 Erzählungen von einer Klassenfahrt

1 Ute erzählt ihren Eltern von einem Landheimaufenthalt:

UTE *(schnell, überstürzt):* Also, mich kriegt niemand mehr ins Landheim, *(wütend)* und in die Klasse gehe ich nie mehr – und ich will auf eine andere Schule und ...

MUTTER *(liebevoll, beruhigend):* Kind, was ist denn passiert?

UTE Im Landheim haben alle nur auf mir rumgehackt. Und überhaupt. Die ganze Klasse kann mich nicht leiden.

MUTTER Ja, warum denn nicht? Du bist doch immer gut mit allen ausgekommen! Und dich haben sie doch auch gemocht!

UTE Nein, keiner hat mit mir etwas zu tun haben wollen!

MUTTER Na, und Miriam? Das war doch immer deine beste Freundin?

UTE Die war fast am schlimmsten von allen. Die ist ja nur noch mit der Waltraut zusammen gewesen und hat sogar unsere Geheimnisse verraten, gerade der Waltraut, der alten Petze, die hat mich doch noch nie ausstehen können; und dann haben alle darüber gelacht, über die Geheimnisse ...

VATER Ja, das muss doch aber bestimmt auch irgendwie an dir gelegen haben, was hast du denn gemacht?

UTE Gar nichts! Bestimmt nicht! Wenn ich wenigstens irgendetwas gemacht hätte! Die brauchen halt einfach jemanden, auf dem sie rumhacken können. Erst war's die Helga; aber die hat jetzt die Josefine als Freundin und da traut sich keiner mehr was zu machen; und jetzt haben sie mich.

MUTTER Und wie hat denn das Rumhacken ausgesehen?

VATER Ja, was haben sie denn nun gemacht?

UTE Der Klaus hat mir beim Essen Salz in den Tee gestreut, das hat der sogar noch einmal gemacht. Werner und Torsten haben mir mal den Teller wegziehen wollen, und als ich ihn festhalten wollte, haben sie losgelassen. Und dann ist er runtergefallen, und die andern haben zu Herrn Leering gesagt, dass sie nichts gemacht hätten, ich hätte den Teller so fallen lassen. Und dann hab ich einen Tag lang allein Reinigungsdienst im Speisesaal gehabt.

MUTTER Ja, hast du denn dem Lehrer nicht erklärt, wie es wirklich gewesen ist?

UTE Ich hab es ja probiert, aber der hat mir nicht geglaubt, weil alle am Tisch gegen mich gewesen sind.

MUTTER Auch Miriam?

UTE Ich hab es euch doch schon gesagt! Gerade die! Herr Leering hat sogar noch zu mir gesagt: Schäm dich doch, auch noch zu schwindeln, wenn sogar Miriam sagt, dass du es alleine gewesen bist! Der hat doch gar nicht gewusst, dass die Miriam nicht mehr meine Freundin ist.

VATER Ja, aber hat Herr Leering denn überhaupt nichts mitbekommen? Das kann ich mir nicht vorstellen. Als Lehrer hätte er doch etwas merken müssen ...

Ute Ja, höchstens beim Tanzen.

VATER Wieso denn gerade da?

UTE Na, weil halt alle getanzt haben, nur Klaus, Petra und ich nicht.

MUTTER Na, siehst du, da warst du es doch nicht alleine, die nicht getanzt hat.

UTE Aber Klaus und Petra, die sind andauernd gefragt und aufgefordert worden, die haben sich nur nicht getraut, aber mit mir hat ja gar niemand tanzen wollen. Und Herr Leering hat uns noch veräppelt. „Unsere drei eisernen Nichttänzer", hat er gesagt.

VATER Und wie war's beim Spielen?

UTE Da bin ich immer ausgeschlossen worden. Auch bei Ausflügen, bei Wanderungen und so. Ich bin immer alleine rumgelaufen.

VATER Aber Herr Leering hat doch am Elternabend noch gesagt, dass er sehr großen Wert auf Gemeinschaftsspiele legt, an denen alle mitmachen sollen. Das hätte er doch nicht zulassen dürfen, dass die andern dich nicht mitmachen lassen.

UTE Nein, mitgespielt habe ich schon, nur eben ... Na, z. B. beim Fangen, da hat mich eben keiner abgeschlagen, noch nicht einmal nachgelaufen ist mir einer. Beim Versteckspiel haben sie sich nicht um mich gekümmert: Ich hab mich schon versteckt, aber niemand hat mich gesucht. Kein Mensch. Und das hat Herr Leering nicht mitgekriegt.

VATER Aber hast du denn nicht versucht mit ihm zu reden?

UTE Da wär's doch noch schlimmer gewesen; weißt du, die waren doch auch immer so schlau, dass der nichts hätte machen können. So ganz richtig nicht mitmachen lassen haben sie mich nur beim Gummitwist, aber da ist der Leering auch nicht dabei gewesen. Ja, so war es. Wenn er dabei war, haben sie ja auch nie etwas zu mir gesagt, nur wenn wir alleine waren, ist es richtig losgegangen, abends im Schlafsaal und so.

MUTTER Was haben sie denn da gemacht?

UTE Na ja, einfach die Decke weggezogen, Sachen versteckt und so. Meistens einfach geärgert. Sich Geheimnisse zugeflüstert oder mich ausgelacht. Einmal hat der Herr Leering abends ein Märchen von den drei Spinnerinnen vorgelesen, da ging es um drei furchtbar hässliche Mädchen, und da hab ich auf meinem Bett ein Bild von einem richtigen Schreckgespenst am Spinnrad gefunden und da stand drauf: Das Porträt der lieben Ute! Und alle haben gegrinst und Vergleiche gezogen. Und ich stand da in dem Gelächter.

VATER Na, das ist aber wirklich gemein ...

a) Lest den Text mit verteilten Rollen.

b) Besprecht den Fall.

c) Wie beurteilt ihr das Verhalten von Vater und Mutter?

d) Was könnte Ute jetzt tun? Was könnten ihre Eltern, was könnte der Lehrer tun um ihr zu helfen? Besprecht Lösungsmöglichkeiten und spielt sie probeweise.

2 Wir nutzen das Material von Utes mündlichen Mitteilungen um eine Erzählung zu schreiben. Hierfür bedarf es einiger Vorüberlegungen.

Erste Vorüberlegung: Wir denken darüber nach, was wir durch unsere Erzählung mitteilen wollen, d. h., wir bestimmen eine **Zielsetzung** für unsere Geschichte.

Zweite Vorüberlegung: Wir müssen ein **Thema,** einen Inhalt auswählen, mit dem wir die Zielsetzung am besten verwirklichen können.

Themen für Erzählungen, die man aus dem Bericht Utes gewinnen kann, sind z. B.

- Beim Versteckspiel
- Ein Tanzabend

·–· Eine ungerechte Strafe
·–· Jungen und Mädchen
·–· Neue Freunde, neue Freundinnen

Besprecht, ob weitere Themen möglich sind.

Dritte Vorüberlegung: Wie ist der **Aufbau** der Erzählung? Denkt an Ort, Zeit, Personen, Konflikte usw.

Vierte Vorüberlegung: Welche **Art der Erzählung** wählen wir? Wähle diejenige aus, die dem Interesse der Leser und Leserinnen nach deiner Meinung am besten entspricht.

3 Schreibe jetzt eine Erzählung über Utes Landheimaufenthalt.

2. Das treffende Wort

Meist stehen einem Sprecher mehrere Möglichkeiten zur Verfügung einen Sachverhalt auszudrücken.

1 *Lärm machen* bedeutet z. B. ganz allgemein: „laute Geräusche erzeugen".
Ersetze in den folgenden Beispielen den Ausdruck *Lärm machen* durch einen anderen, der das erzeugte Geräusch genau charakterisiert:
a) Das Motorrad machte beim Beschleunigen Lärm.
b) Die Zuschauer beim Fußballspiel machten Lärm.
c) Die Kinder machten bei ihrem Spaziergang im Wald viel Lärm.
d) Die Sirenen machen Lärm.
e) Wenn ein Flugzeug die Schallmauer durchbricht, macht es Lärm.
f) Der Presslufthammer draußen macht Lärm.
g) Der Lautsprecher macht Lärm.
h) Die Affen machten viel Lärm in ihrem Käfig.

2 Verfahre ebenso bei dem Wort *traurig.*
a) Sie war traurig, weil sie 50,– DM verloren hatte.
b) Er war traurig, weil er aus der Mannschaft ausgeschlossen worden war.
c) Er war traurig, weil er wieder eine Fünf geschrieben hatte.
d) Der kleine Junge war traurig, weil er seine Puppe verloren hatte.
e) Er war traurig, weil er zum Geburtstag nun doch kein Fahrrad bekommen hatte.
f) Sie war traurig, weil sie schon zum dritten Male das Tor verfehlt hatte.
g) Sie war traurig, weil sie Schnupfen hatte.

3 Verwende die folgenden Wörter in Sätzen, sodass jeweils ihre besondere Bedeutung hervorgehoben wird:
froh – fidel – aufgeräumt – ausgelassen – freudestrahlend – freudig – vergnügt – lustig – heiter – gut gelaunt – munter – übermütig

3. Eine Bildergeschichte

1 Schau dir die nebenstehende Bildergeschichte genau an. Wer findet eine andere Überschrift?

2 Erzähle die Geschichte. Überlege vorher:

- Wohin lege ich den **Höhepunkt:** in die Mitte, nach vorn verschoben, an das Ende?
- In wie vielen **Erzählschritten** will ich vorgehen? Welche Teile der Handlung fasse ich jeweils zusammen?
- Wie gestalte ich den Höhepunkt? Durch wörtliche Rede? Durch besonders spannendes Erzählen?
- Spielt **innere Handlung** eine Rolle? Wut? Enttäuschung? Freude?
- Wie viele und welche **Personen** kommen vor? Wer sind sie? Muss der Leser Genaueres über sie wissen, z. B. wie sie aussehen, oder genügen das Alter und eine Eigenschaft?

3 Erzähle ein Erlebnis in Form einer Bildergeschichte.

Morez Tauchen

1. Sprache wird erworben

1 Virginie ist für kurze Zeit als Gast in Deutschland. Sie hat erst wenige Wochen Deutschunterricht gehabt. Am Vormittag besucht sie gemeinsam mit Julia die Schule. Nach der ersten Stunde fragt Virginie:

a) Wie kann Julia diese Äußerung Virginies verstehen? Schreibe mehrere Möglichkeiten auf.

b) Berichte von ähnlichen Erfahrungen. Wie versuchen sich Menschen zu verständigen, die die deutsche Sprache nicht beherrschen?

c) Hast du schon einmal versucht dich in einer fremden Sprache verständlich zu machen? Berichte, wie du vorgegangen bist und welche Erfahrungen du dabei gemacht hast.

2 Im Alter von zwei Jahren spricht ein Kind etwa so:

FELIX	MUTTER
Mami gukuk.	
	Ja, gleich.
Mami papi mami. Brumm, brumm. Is das.	
	Das ist ein Auto.
Auto.	
	Willst du gucken?
Gucken. Mama Auto.	
	Wo ist das Auto?
Mami mit. Papi mit.	
	Jawoll.
Ada balla.	
	Der Ball ist weg.
Ada, ada. Mama gehen.	
	Ja, Mama holt den Ball.
Da balla. Balla. Balla. Balla holen. Schuh holen.	
	Ja. Felix holt den Schuh.

(aus: *H.-J. Heringer,* Wort für Wort. Verlag Klett-Cotta, Stuttgart 1978, S. 27) *a)* Beschreibe den Unterschied zwischen der Sprache der Mutter und der des kleinen Kindes.

b) Welche Bedeutungen können folgende **Einwortsätze** von Felix haben?
Auto – Mama – Teddy – Hund – komm
Lege in deinem Heft eine Tabelle an und ordne die Äußerungen nach Fragen, Aussagen und Aufforderungen.

c) Felix verwendet auch **Zweiwortsätze.** Wie viele Zweiwortsätze kann er aus den Wörtern
Mama – Balla – Schuh – Auto – da – ada – holen – gehen
bilden? Was bedeuten sie?

3 Helen Keller wurde 1880 in Amerika geboren. Im Alter von 19 Monaten wurde sie durch eine schwere Krankheit blind und taubstumm. In der Autobiografie „Geschichte meines Lebens“, die sie später verfasst hat, berichtet sie über die erste Zeit nach ihrer Krankheit:

Ich kann mich nicht entsinnen, was sich während der ersten Monate nach meiner Krankheit mit mir zutrug. Ich weiß nur, dass ich auf dem Schoße meiner Mutter saß oder mich an ihr Kleid anklammerte, wenn sie umherging und den Haushalt besorgte. Meine Hände befühlten alles und verfolgten jede Bewegung, sodass ich auf diese Weise mancherlei kennen lernte. Bald fühlte ich das Bedürfnis, mich mit meiner Umgebung zu verständigen, und begann einfache Zeichen zu machen. Ein Kopfschütteln bedeutete „nein“, ein Nicken „ja“, ein Heranziehen „komm“ und ein Fortstoßen „geh“. Wollte ich Brot haben, so ahmte ich die Bewegungen des Schneidens und Butterstreichens nach. Wünschte ich, dass meine Mutter zu Mittag Eiscreme zubereitete, so machte ich eine Bewegung, die dem Drehen der Eismaschine entsprach, und schauerte zusammen, als ob ich fröre. Auch meiner Mutter gelang es großenteils, sich mir verständlich zu machen. Ich wusste stets, wann ich ihr etwas bringen sollte, und lief dann die Treppe hinauf oder an einen anderen Ort, den sie mir bezeichnet hatte. In der Tat verdanke ich ihrer liebevollen Klugheit alles, was meine lange Nacht erhellte und erheiterte.

(aus: *Helen Keller,* Die Geschichte meines Lebens. Verlag Lutz, Stuttgart o. J., S. 8 f.)

a) Gestik (= Bewegung) und Mimik (= Gesichtsausdruck) sind Helens Sprache. Berichte über deine Erfahrungen mit diesen Verständigungsmitteln.

b) Beschreibe Gestik und Mimik dieser Kinder.

Schreibe zu einem der Fotos einen Text, der auf diese Beschreibung eingeht.

c) Was haben diese Kinder „zu sagen"? Schreibe es auf.

d) Versucht zu erklären, wie es zu gleichen und unterschiedlichen Lösungen kommt.

4 Dies ist eine Darstellung der internationalen Gebärdensprache der Taubstummen.

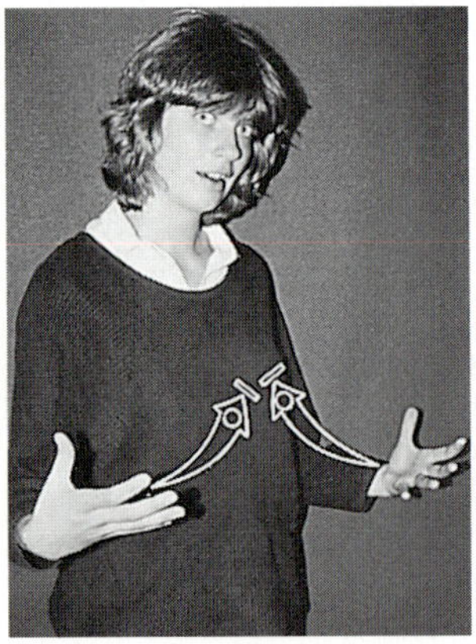

retten

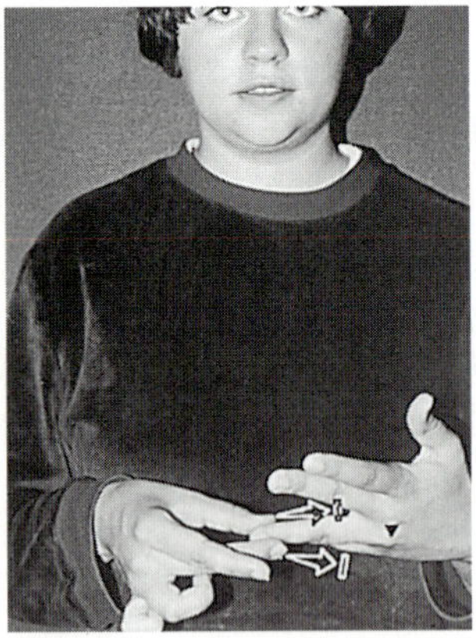

Ring (Schmuck)

Ring (Rettung)

a) Informiere dich in einem Lexikon über „Gebärdensprache". Berichte darüber.

b) Überlegt gemeinsam, welche Schwierigkeiten die Gesprächspartner haben, die dieses Verständigungsmittel benutzen.

2. Sprache verdeutlicht Absichten

1 Während der Pause kommt es auf dem Schulhof zu einer heftigen und lautstarken Auseinandersetzung zwischen Petra und Markus. Weil sich der Streit nicht schlichten lässt, schickt der die Aufsicht führende Lehrer die beiden zum Direktor. „Und was war nun los?", fragt dieser forschend. „Ach, eigentlich war es nicht so schlimm", sagt Markus. „Als Petra mir von hinten die Dose Cola über den Kopf gegossen hat, habe ich nur gesagt: ‚Sei doch so nett und pass ein bisschen auf.' Und das hat sie dann auch getan."

a) Beschreibe genau: Was ist vorgefallen und wie stellt Markus den Vorfall dar?
b) Wie wird er ihn später seinem Freund, seinem Vater erzählen?

2 Stell dir einmal folgende Situationen vor:
a) Du bist mit dem Fahrrad über den Bürgersteig gefahren und „erwischt" worden.
b) Du hast verschlafen und kommst zu spät in den Unterricht.
c) Beim Sport hat dich jemand gefoult.
d) Du hast in der Klassenarbeit eine „Fünf".
e) Du stellst fest, dass dir jemand etwas weggenommen hat.
f) Du sagst als Klassensprecher/in, dass alle die Mathematikaufgaben nicht verstanden haben.

a) Schreibe in kurzen Texten auf, wie du mit deinem Freund/deiner Freundin, deinem Vater, einem fremden Erwachsenen über diese Situationen sprichst.
b) Tragt diese Gespräche als Rollenspiel vor. Sprecht über die Unterschiede.

3 *a)* Ordne die folgenden Wörter, schreibe sie in dein Heft und ergänze sie durch weitere Beispiele:
stehlen – verschlingen – grinsen – heulen – lügen – lesen – klauen – schwindeln – plärren – essen – mopsen – schmökern – entwenden – die Unwahrheit sagen – losprusten – weinen – speisen – verputzen

b) Überlege, in welchen Situationen des Schullebens du diese Wörter jeweils gebrauchen kannst. Schreibe sie in kurzen Texten auf (je zwei Sätze).
Ordne diese Texte: Welche informieren, welche nehmen eine Bewertung vor?
c) Lies die Wortlisten aus dem Aufgabenteil *a)* noch einmal durch. Unterstreiche die Wörter, die ganz deutlich machen, dass der Sprecher oder Schreiber eine Situation in einer bestimmten Weise einschätzt oder bewertet.

4 *a)* Ersetze im folgenden Text aus „Tom Sawyer“ von Mark Twain die unterstrichenen Wörter so, dass die Gesamtaussage des Textes verändert wird.

In diesem für seine Gefühle so bedeutsamen Augenblick fühlte sich Tom von starker Hand bei den Ohren ergriffen und aus der Bank gezogen. Unter dem schallenden Gelächter der ganzen Klasse schleppte ihn der Lehrer durch das ganze Schulzimmer bis zu der Bank, in der Tom für gewöhnlich seinen Sitzplatz hatte. Einige Augenblicke verweilte der Lehrer noch neben dem sich auf seinem Platz duckenden Schüler, als überlege er, was er noch weiter mit ihm machen solle. Die Situation sah bedrohlich genug aus. Schließlich wandte sich der Gewaltige in stummer Verachtung von dem Sünder ab und stieg zu seinem Thron empor. Toms Ohren schmerzten empfindlich, aber in seinem Herzen war eitel Freude und Sonnenschein.

(aus: *Mark Twain,* Tom Sawyers Abenteuer. Aus dem Englischen von L. Krüger. Gesammelte Werke, Bd. 1. Carl Hanser Verlag, München 1965)

b) Vergleicht eure Lösungen. Welche Bewertung erfährt in den einzelnen Texten die kurze Szene?

5 Auch in dem Text „Nicht versetzt“ (S. 12) wird bewertet. Beschreibe genau, welche Bewertung die beteiligten Personen vornehmen und welche Gründe sie dafür haben.

6 Am schwarzen Brett haben die Schülerinnen und Schüler folgende Zettel angeheftet:

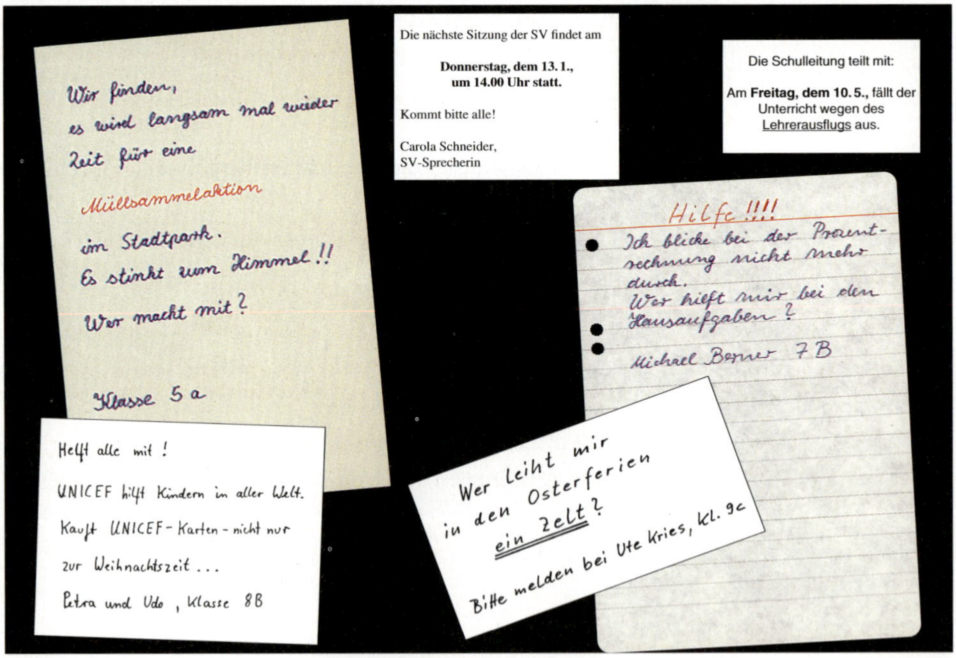

Ordne die Texte: Welche informieren, welche nehmen eine Bewertung vor (= kommentieren), welche rufen zu etwas auf (= appellieren)?

3. Beziehungen in Texten

1 *a)* Im Text „Meine Kinderjahre“ (S. 21 f.) liest du:

Starb ein Schulkind aus einer reicheren Familie, so wurde eine Anzahl armer Kinder bestimmt, die [*dem Sarge in einem besonderen Zuge zu folgen hatten.*] ← [*Dafür*] *bekam man zehn Kreuzer Belohnung.*

Schreibe in deinem Heft die folgenden Sätze aus diesem Text auch so auf, dass die enthaltenen Bezüge deutlich werden:

a) Als ich von der Schule mein Übersiedlungszeugnis erhalten hatte, das mich für reif erklärte in die vierte Volksschulklasse überzutreten, war das meine ganze geistige Ausrüstung für das Leben voll Arbeit, das ich nun zu beginnen hatte.

b) Schlafen wollte ich, bis ich selbst erwachte, das stellte ich mir als das Herrlichste und Schönste vor.

c) Ich erhielt keinen fixen Lohn, sondern jeder neue Artikel wurde genau berechnet, wie viel davon in einer Stunde zu machen sei, und dafür wurden fünf Kreuzer bezahlt.

d) Hatte man größere Übung erlangt und dadurch die Möglichkeit mehr zu verdienen, so reduzierte die Meisterin [...] den Lohn.

b) Stelle fest, in welche Richtung in diesen Sätzen jeweils verwiesen wird: auf bereits Gesagtes oder auf noch zu Berichtendes?

2 *a)* Die folgenden Sätze sind dem Text „Eine“ (S. 30) entnommen:

a) Eine drehte sich um nach ihm, als alle anderen die Köpfe schon wieder über die Bücher beugten. Er nahm das den anderen nicht übel ...

b) Es fiel ihm ein, dass er sich irren könnte, aber er glaubte es nicht.

c) Fast unfreundlich legte sie es [das Buch] vor ihn auf den Tisch; er sah dabei, dass sie magere Finger hatte mit ganz kurzen Nägeln, das passte auch.

Schreibe die Sätze in dein Heft und bezeichne Wörter und Wortgruppen, die aufeinander verweisen.

b) Stelle auch hier die Richtung(en) fest, in die verwiesen wird.

3 Welche Beziehungen kannst du in den folgenden Äußerungen feststellen? Schreibe die Sätze ab und kennzeichne sie farbig:

a) Das wird dir noch einmal Leid tun, dass du das Löschblatt auf dein Heft gelegt hast.

b) Dass du in der letzten Arbeit eine „Zwei" geschrieben hast, darüber habe ich mich besonders gefreut.

c) Es ist nicht zu fassen: Der Schulhof ist wieder voll Papier.

d) Kommst du heute mit in den Film, der das letzte Mal angekündigt wurde?

e) Aber es ist wirklich nicht so gewesen, dass Felix den Streit begonnen hat.

f) Denk mal darüber nach, ob du nun mit ins Schullandheim fahren willst oder nicht.

Vorschläge zum Weiterlesen

Dagmar Chidolue, Anton Pochatz, Klassenclown. Dressler Verlag

Axel von Dornemann und *Günter Goepfert* (Hg.), Mein Schulweg. Erinnerungen und Geschichten. (Rosenheimer Raritäten) Rosenheimer Verlag

Martin Gregor-Dellin (Hg.), Wo waren wir stehen geblieben ...? Schulgeschichten. Fischer Taschenbuch Nr. 1039

Martin Gregor-Dellin (Hg.), Besuch im Karzer. Heitere Schulgeschichten von Ludwig Thoma bis Günter Grass. Nymphenburger Verlagshandlung

Helmut Höfling (Hg.), Wenn alles schläft und einer spricht. Schulgeschichten – mal ernst, mal heiter (Leseinsel Sonderbände). Ensslin und Laiblin Verlag

Hermann Dietrich Hornschuh, Humor rund um die Schule. Manz Verlag

Othmar Franz Lang, Perlhuhn und Geier. dtv Taschenbuch Nr. 7872

Manfred Mai, Große Pause – Schulgeschichten. Arena Taschenbuch

Olle Mattson, Zettelbotschaften. Arena Verlag

Hannelore Westhoff (Hg.), Die schönsten Schulgeschichten. Otto Maier Verlag

Paul Gauguin Zwei Tahitierinnen mit Hund (1893)

Zweiter Arbeitskreis: Erfahrungen in der Fremde

Christina Dodwell Eine Frau im Reich der Mitte

Christina Dodwell hat viele Reisen unternommen. 1975 machte sie sich zu einer dreijährigen Durchquerung Afrikas auf und 1981 zu einer zweijährigen Reise durch Papua-Neuguinea. Mitte der Achtzigerjahre führte sie eine Reise, die sie wie immer allein unternahm, nach China, wo sie abseits der Touristenwege als Anhalterin, mit dem Bus oder ihrem aufblasbaren Kanu in die abgelegensten Gegenden kam. In den folgenden zwei Textauszügen berichtet sie von einem Aufenthalt in einer einsamen Berggegend nahe der pakistanischen Grenze und davon, wie sie eine Zeit lang bei Nomaden nördlich der Wüste Gobi wohnte.

Im Hochland von Pamir

[...]

Es war herrlich, wieder einmal auf dem Rücken eines Pferdes zu sitzen. Um Misstrauen gar nicht erst aufkommen zu lassen ritt ich von der Grenze weg in östlicher Richtung. Der ausgetrocknete Gras- und Moosboden, aus dem winzige blaue und gelbe Blumen hervorlugten, dämpfte den Hufschlag meines Pferdes. Das Gras war sehr kurz und bot deshalb wenig Nahrung, doch überall auf der Ebene sah ich Rinder, Pferde und Schafe grasen. Es herrschte tiefe Stille, nur in der Ferne hörte ich hin und wieder Wiehern, Vogelgezwitscher oder das Quaken eines Frosches.

Menschen begegnete ich kaum. Einige wenige hüteten ihre Herden, rannten aber weg, wenn ich mich ihnen näherte. Ich brachte das Pferd zu seinem Besitzer zurück und machte mich zu Fuß auf den Weg um mit den Leuten in Kontakt zu kommen. Das Rot und Silber in den Kleidern der Frauen leuchtete schon von weitem, aber vielleicht tat das ebenso mein blondes Haar, und so hielten die Leute Abstand um sich zurückzuziehen, sobald ich zu nahe kam. Die Frauen, die vor ihren Katen saßen, verschwanden darin und schoben die Riegel vor die Tür. Als ich einigen nichts ahnenden jungen Mädchen plötzlich gegenüberstand, schrien sie entsetzt auf, ein Mädchen brach sogar in Tränen aus, ehe sie alle die Flucht ergriffen. So versuchte ich mich ganz vorsichtig an die Leute heranzupirschen, wie man es bei einem furchtsamen Tier tun würde. Als ich eine Gruppe von Frauen sah, die nicht allzu weit entfernt war, rief ich ihnen einen Gruß auf Tajik zu und hielt ihnen eine bunte Postkarte entgegen. Der Gesichtsausdruck der Frauen wechselte zwischen Neugier und Furcht. Ich wagte mich noch ein Stück vor und legte die Karte auf die Erde. Dann zog ich mich wieder zurück. Nach kurzem Zögern trat eine Frau vor, hob die Karte auf und brachte sie den andern. Bei dem zweiten Bild ging ich so nahe an sie heran, dass ich es ihnen selbst geben konnte, und erklärte, dass die Leute darauf meine Eltern seien. Ich glaube, ein solches Foto ist deshalb so wichtig, weil man plötzlich nicht mehr nur ein ausländischer Teufel ist, sondern wie alle anderen ein Mensch mit Mutter und Vater.

Schließlich setzte ich mich auf eine trockene, mit Moos bewachsene Böschung und die Frauen hockten sich neben mich. Ihre langen, schwarzen Haare hatten sie zu Zöpfen geflochten und mit Schmuckknöpfen verziert. Sie trugen Halstücher und Ketten und Ohrringe aus roten Perlen und Korallen. Ihre Kleidung bestand aus Jacken, die mit Pferdehaar und Wolle wattiert waren, taillierten Kleidern, Pluderhosen und roten Lederstiefeln, deren Spitzen sich nach oben bogen. Die Füße ihrer Babys steckten in gefütterten Strümpfen, während ihr Kopf durch eine dicke Wollmütze geschützt war. Als ein Baby weinte, sang seine Mutter ein Wiegenlied und bat mich anschließend, eines von unseren Wiegenliedern zu singen, was ich auch tat. Es schien ihnen zu gefallen und ich merkte, dass sie mich allmählich akzeptierten.

Bei den Kasachen

Am nächsten Morgen wanderte ich zum Nordende des Sees um zu sehen, wo der Fluss den See verließ. Als ich an einem Rundzelt vorbeikam, sprang ein großer Hund knurrend auf mich zu. Rasch bückte ich mich und hob einen Stein auf. Der Hund blieb stehen, aber als er merkte, dass ich den Stein noch in der Hand hielt, kam er wütend bellend noch näher und fletschte seine gelben Zähne. Da warf ich mit dem Stein nach ihm und schrie um Hilfe. Eine junge Frau schob den Türvorhang zur Seite, stürzte heraus und gebot dem Hund zornig Einhalt, der daraufhin mürrisch weglief. Ich begrüßte die Frau, die ungefähr in meinem Alter und an den Anblick von Ausländern gewöhnt war, da sie so nahe beim Touristenhotel lebte. Sie lud mich zu meiner Freude zu einer Tasse Tee ein. Auf dem alten Kanonenofen in der Mitte der Jurte[1] stand ein Kessel mit kochendem Wasser. Das Mädchen, das sich als Bentilasch vorstellte, goss den Tee in zwei Schalen und fügte etwas saure Ziegenmilch hinzu, was dem Tee einen salzigen Geschmack verlieh. Wir saßen auf wollenen Läufern, die auf der blanken Erde lagen. Zwei kleine Kinder schliefen gut zugedeckt auf Schaffellen, während ein Baby in einer Holzwiege ruhte. Nur eins der Kinder sei ihres, erzählte Bentilasch, die anderen beiden gehörten Frauen, die heute in die Berge hinaufgegangen seien.

Bentilasch und ihre Sippe waren Kasachen. Einst hatten die Kasachen zur Goldenen Horde gehört, sich aber im 16. Jahrhundert als selbstständiges Nomadenvolk losgelöst. Im 19. Jahrhundert wurde ihnen ihr Land von den Russen weggenommen und heute [1985/86] leben ungefähr eine Million von ihnen in China und sieben Millionen in der Sowjetunion.

Obwohl der Wind draußen an den Filzwänden der Jurte zerrte, herrschte drinnen eine gemütliche Wärme. Zusammenfallen konnte das Zelt nicht, denn es war innen mit Tauen und einem runden gitterartigen Holzgerüst gesichert. Daran hingen Gerätschaften des täglichen Lebens: Schulterbeutel, gewebte Bänder, Filzhüte, Töpfe und Pfannen, Wasserkrüge aus geschnitztem Holz und Reisigbesen. Die Wände selbst waren mit Teppichen mit roten, schwarzen und gelben Blumenmustern geschmückt.

Als die Kinder aufwachten, zog Bentilasch ihnen Jacken an, ehe sie sie nach draußen ließ, und bei ihrer Rückkehr goss sie milchigen Tee in Schüsseln und legte einige Stücke trockenen Brotes auf ein Holzbrett. Diese tunkten wir in den Tee. Wie ich von meiner Gastgeberin

1 *Jurte:* zerlegbares, leicht zu transportierendes Wohnzelt von innerasiatischen Nomadenvölkern

erfuhr, waren die meisten Kasachen mit ihren Herden noch unten im Tal, würden aber bald zu ihren Sommerweiden hinaufziehen.

Der Viehweg führte direkt hinter der Jurte vorbei und ihm folgte ich nun ins Tal hinunter, nicht weit von dem Fluss, der sich nach einer Serie von Wasserfällen in ein Kares-System[2] verzweigte. Am Ufer kam jetzt in schnellem Galopp ein junger Mann herangeritten. Er ritt ein feuriges Pferd, dessen Körper vor Schweiß dampfte, als sie vorbeirasten und im nächsten Augenblick schon wieder verschwunden waren. Die Kasachen sind ja berühmte Reiter und bekannt für ihre Pferdezucht. Sie bezeichnen ihre Pferde als ihre „Flügel" und schätzen sie oft mehr als ihre Frauen.

Ein Stück weiter unten begegnete ich einer Gruppe von Kasachen, die gerade dabei waren, ihr Sommerlager aufzuschlagen. Die Ersten hatten bereits angefangen ihren Ochsen die Lasten abzunehmen, aber viele saßen noch hoch zu Pferde und trieben ihre Pferde, Schafe und Ziegen vor sich her. Manche Tiere waren mit Schachteln und Bündeln, Filzrollen, Kisten, langen Stangen und verschiedenen Eimern bepackt. Ein Ochse schleppte sogar ein zwei Meter langes Bett auf seinem Rücken. Kleine Kinder saßen bei ihrem Vater auf dem Sattel, damit sie in dem allgemeinen Wirrwarr nicht zu Schaden kamen, und Frauen ritten ihre ungestümen Pferde ohne erkennbare Anstrengung.

Nun wählten die einzelnen Familien ihren Standort, erhöhten die Uferböschung und begannen mit dem Auspacken. [...]

Da ich keine Eile hatte, setzte ich mich zu einer freundlichen Familie und befasste mich mit den Kindern, während die Erwachsenen ihre Jurte errichteten. Beschäftigung brauchten die Kinder allerdings nicht, sie saßen einfach nur da und starrten mich mit ihren mandelförmigen Schlitzaugen eine geschlagene Stunde lang an. [...]

Nachdem eine Familie mich erst einmal akzeptiert hatte, luden mich auch andere zum Tee ein. Ob jemand zu Hause ist, erkennt man daran, dass die Türvorhänge aufgerollt oder seitlich festgebunden sind. Auf meinem Rundgang begegneten mir zwei Mädchen mit kupferrotem Haar, was ich zunächst für einen Fehlgriff der Natur hielt, weil ich mich so an den Anblick pechschwarzer Haare gewöhnt hatte. Aber die Mädchen erklärten mir, dass diese Haarfarbe auch in anderen Clans[3] vorkäme. Vermutlich handelte es sich um das Erbe früherer Generationen. Ansonsten hatten auch diese Mädchen wie fast alle Kasachenfrauen dieses sehr weibliche, volle Gesicht mit breiter Stirn und hohen Wangenknochen.

Während wir den salzig schmeckenden Milchtee tranken, zeigte ich ihnen meine Fotos und ärgerte mich insgeheim, dass ich kein Bild von einem westlichen Rotschopf dabeihatte. Das Innere des geräumigen Rundzeltes war mit bestickten Kissen und Läufern ausgelegt und auf dem alten Ofen summte ein Kessel mit heißem Wasser, sodass jederzeit neuer Tee aufgebrüht werden kann. Das Nomadenleben hatte etwas sehr Anziehendes für mich. Vielleicht lag es an der anheimelnden Atmosphäre im Zelt oder daran, dass es sich dem Gang der Jahreszeiten

2 *Kar:* nischenförmige Hohlform in den Steilhängen vergletscherter oder ehemals vergletscherter Gebirge
3 *Clan:* Stammesverband

unterordnet. Möglicherweise meistern die Nomaden ihre unsichere Existenz deshalb, weil sie nicht an die Illusion von Sicherheit glauben oder sich nicht daran klammern.

[...]

An meinem letzten Tag bei den Kasachen wurde ich zu einem *Buzkaschi* mitgenommen, einer Art Pferdepolo mit einem kopflosen Ziegenkadaver als Ball. *Buzkaschi* ist bei den Kasachen sehr beliebt, weil es nicht nur große Reitkünste erfordert, sondern auch mit großer Geschwindigkeit gespielt wird, wenn sie von einem Ende des „Feldes" zum anderen rasen um den Kadaver in ihren Besitz zu bringen. Dieses Rempeln und Abdrängen ist wie ein Freistilringen hoch zu Pferde, an dem übrigens auch Frauen teilnehmen, die genauso aggressiv spielen wie die Männer. Ich sah, wie eine Frau in vollem Galopp den Kadaver mit einer Hand ergriff und allen Versuchen sie zum Halten zu bringen geschickt auswich. Manchmal rasten die Pferde auch in die Zuschauer hinein, was aber keinen Schaden anrichtete, da die meisten ebenfalls beritten waren. Das Tor war ein abgegrenztes Stück Erde, wo die Reiter versuchten den „Ball" fallen zu lassen, aber es vergingen zwanzig Minuten, ehe es einem von ihnen gelang. Damit war das Spiel zu Ende. Unmittelbar darauf begann ein neuer Kampf, bei dem die Frauen hinter den Männern herjagten, ebenfalls zu Pferde. Wenn sie die Männer erwischt hatten, schlugen sie mit Stöcken oder mit der Hand auf sie ein. Einige Männer in meiner Nähe erklärten mir, dass die Frauen sich so ihre Liebhaber kaperten.

Nach dem sportlichen Vergnügen wurde ich zu gekochtem Hammelfleisch mit *hurt*, einem lederartigen Käse, und *balsak*, einem in Öl gebratenen Brot aus saurer Milch, eingeladen. Am liebsten hätte ich mehrere Monate und nicht nur ein paar Tage bei diesen Menschen verbracht, aber das wäre nicht erlaubt worden, und so schlug ich mir den Gedanken gleich aus dem Kopf.

1 Schlagt im Atlas nach und sucht Kasachstan.

2 Könnt ihr verstehen, warum die Autorin gerne noch länger bei den Kasachen geblieben wäre?

3 Es gelingt Christina Dodwell, das Misstrauen zu überwinden, das ihr als Ausländerin entgegengebracht wird. Die Idee mit dem Foto ist dabei sicher sehr hilfreich und gut. Welche anderen Möglichkeiten der Überwindung von Fremdenangst könnt ihr euch noch vorstellen?

4 Wie entstehen überhaupt Fremdenangst und Misstrauen gegen Ausländer? Diskutiert darüber.

Clärenore Stinnes und *Carl-Axel Söderström*

Im Auto durch die Cordilleren

1927 startete die junge Rennfahrerin Clärenore Stinnes zu dem bis dahin ersten Versuch einer Autofahrt um die Welt. Die Reise führte durch Sibirien, China, die Anden, die Rocky Mountains – meistens querfeldein, da es damals dort noch kaum Straßen gab. Von den drei Männern, die sie anfangs begleiteten, hielt nur der schwedische Filmfotograf Carl-Axel Söderström, den sie später heiratete, bis zum Ende durch.
Während Clärenore Stinnes schon 1929 ihren Reisebericht als Buch veröffentlichte, wurde das Fototagebuch von Söderström erst nach seinem Tod entdeckt und 1981 veröffentlicht. In diesem Buch, „Söderströms Photo-Tagebuch, 1927–1929. Die erste Autofahrt einer Frau um die Welt“, wurden der Tagebuchtext und die Fotos von Carl-Axel Söderström ergänzt durch Auszüge aus dem Reisebericht von Clärenore Stinnes, sodass die Autoreise an vielen Stellen aus der Sicht von Söderström und der von Stinnes erzählt wird.
Der folgende Abschnitt berichtet von den Schwierigkeiten bei dem Versuch, von der peruanischen Küste aus die Cordilleren zu durchqueren.

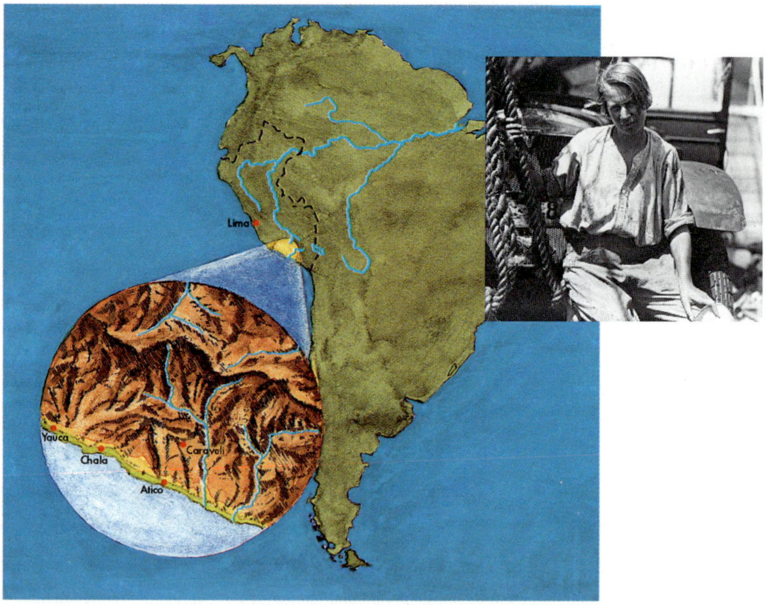

17. Juli 1928

Wir sind am Ende aller Wege angelangt.

Gegen 11 Uhr sichten wir Yauca. Hier können wir die Fahrt nicht mehr mit eigener Kraft fortsetzen. Der Besitzer einer Hazienda rät uns das Terrain auf Pferden zu inspizieren. Das tun wir dann auch, aber selbst die Pferde haben große Schwierigkeiten, im tiefen Sand vorwärts zu kommen. Morgen wollen wir versuchen mit einheimischen Helfern den Wagen durchzuschleppen. Wir besorgen Kuhhäute, die wir unter die Räder legen können.

18. Juli 1928

Um 5 Uhr allgemeines Wecken.

Zehn Minuten später erreichen wir das Schlachtfeld und ordnen unsere Truppen: 42 Mann, die sich vor den Wagen spannen. Die Steigung, die vor uns liegt, beträgt wohl 30–32° und der Sand ist so lose, dass man darin kaum gehen kann. Trotzdem haben wir nach einer Stunde den Wagen auf die Höhe eines Plateaus geschleppt.

Dann geht es 6 Kilometer über die Pampa und wieder hinunter zum Strand. Nach stundenlangem Schleppen erreichen wir den 100 Meter entfernten Pazifik um mit eigener Kraft weiterzufahren.

Wir müssen uns direkt an der Wasserlinie halten, wo der Sand tragfähiger ist. Das heißt, wir umkurven die heranrauschenden Wellen. Eine Weile geht das gut, doch dann schlägt ein Brecher über uns zusammen. Dabei wird ein Flügel des Ventilators verbogen und reißt ein Loch in den Kühler. Das ganze Wasser läuft aus. Trotzdem bleibt uns nichts anderes übrig als weiterzufahren. Nach jeweils 50 Metern müssen wir dem Motor Zeit geben abzukühlen.

Im Schutz eines Felsens können wir das Loch zulöten. Nach $2\frac{1}{2}$ Stunden ist der Schaden repariert. In der Zwischenzeit ist einer der Männer 40 km vorausgeritten um neues Kühlwasser zu holen. Mühsam kämpfen wir uns durch den Sand mit Hilfe unserer Kuhhäute weiter, bis wir Atiquipa erreichen.

Uns wird eine Lehmhütte angeboten. Wegen schwerer Magenkrämpfe schlafe ich lieber im Auto. Eine miserable Nacht. Friere, dass das Auto wackelt. Aber immer noch besser, als von Flöhen aufgefressen zu werden.

Tagesleistung: 14 Kilometer.

Reiseroute: Yauca – Rio Carina – Atiquipa.

20. Juli 1928

Wir haben in einem Lager der Straßenarbeiter von Huaranquitto in der Nähe von Chala übernachtet. Aber wegen einer Diarrhö[1] konnte ich nicht schlafen, außerdem zu viele Moskitos.

Um 7.15 Uhr starten wir. Zunächst müssen wir eine hohe Sanddüne hinaufklettern. Wir können die Trasse einer Straße benutzen, die sich im Bau befindet, und so geht es einigermaßen. 5 Mann begleiten uns bis zu dem Punkt, von wo aus wir wieder hinunter zum Strand fahren müssen. 45–48° Gefälle diesmal. Stinnes und ich knobeln, wer von uns beiden den Wagen steuern soll.

Clärenore Stinnes:

„Das Los entschied für Söderström, während es mir zufiel, diese Fahrt auf Leben und Tod im Film festzuhalten. Wir nahmen Abschied voneinander, nur das Schicksal kannte den Ausgang. Söderström setzte sich an das Steuer des Standards, ich drehte die Kurbel. Langsam kippte der Wagen mit seiner Nase über den Abhang und sauste mit blockierten Rädern wie ein Schlitten im Sande hinunter. Mit angehaltenem Atem verfolgte ich den – man kann wirklich sagen – ‚Flug des Adlers'[2]. Am Fuße des Abhangs war niedriges Dünengelände. Da hinein schlitterte Söderström mit dem Wagen in voller Fahrt. Der erste Hügel wirkte wie eine Sprungschanze, das Auto flog mindestens 6 Meter durch die Luft, bevor es wieder Boden fassen konnte. Kapitän Galvez, der neben mir stand, rief ein ums andere Mal: ‚Jetzt ist er kaputt, jetzt ist er kaputt!' Ob er damit Söderström oder den Wagen meinte, weiß ich nicht.

So schnell uns unsere Füße tragen konnten, liefen und rutschten wir den Abhang hinunter zu dem Wagen und seinem Führer.

Söderström saß blass und eingezwängt am Steuer – unfähig sich selber zu befreien, denn alles Gepäck war bei dem tollen Luftsprung auf die Vordersitze gefallen. Aber weder ihm noch dem Auto war etwas passiert. Froh knüpften wir ihn wieder an das Seil und die Indios halfen uns bei der schweren Weiterfahrt durch die Sanddünen bis zum feuchten Strand."

Clärenore Stinnes:

„Steinwüsten boten neue Schwierigkeiten. Mit Picke und Dynamit bahnten wir uns einen Weg oder versuchten das Felsmassiv in weitem Bogen zu umgehen. Kamen wir abends erschöpft ans Ziel, mussten wir die Reifen abmontieren und mit Schrecken die Verheerungen feststellen, die messerscharfe Steine angerichtet hatten. Wir schnitten aus unseren Kuhhäuten Stücke zurecht und benutzten sie als Einlagen für die durchgeschlagenen Decken.

1 *Diarrhö:* Durchfall
2 *„Adler":* Adler war auch der Name des Autoherstellers

Toter Sand, felsige Gebirgsstrecken vor und hinter uns, eingepresst zwischen den Cordilleren und dem Stillen Ozean! Seit sechs Monaten war auf unserer Route von Lima nach Arequipa eine Straße im Bau, ein Teilstück der panamerikanischen Verbindungsstraße von Alaska nach Feuerland. In Abständen waren die Arbeiten begonnen worden, doch bisher noch ohne jeden praktischen Nutzwert.“

[...]

2. August 1928

Um 4.45 Uhr sind wir wieder auf den Beinen, denn der Start ist auf 6 Uhr festgelegt worden. Um diese Zeit hat sich auch das ganze Dorf mit Kindern und Eseln auf dem kleinen Marktplatz versammelt. Doch die gewöhnliche Ordnung des Landes verleugnet sich nicht: Erst um 7 Uhr setzt sich die Karawane in Bewegung:

22 Mann,
2 Polizisten mit voller Bewaffnung,
1 Hafenkapitän als Führer,
11 Reitesel,
7 Packesel,
2 Reitpferde,
2 Reitmaultiere.

Wie eine Armee auf Kriegsfuß ziehen wir los, angestaunt von der Bevölkerung, von Lahmen und Blinden, die nicht mitkommen können.

Die Gepäck- und Proviantkolonne bleibt schnell hinter uns zurück. Um 12 Uhr mittags erreichen wir die 20 Kilometer weit entfernte Schlucht, wo wir den ersten Durchquerungsversuch aufgegeben haben. Wir legen eine halbstündige Ruhepause ein, ohne zu essen. Von da ab müssen wir Straßenbau betreiben, das heißt alle großen Steine aus dem Weg räumen und oft den Pfad verbreitern, damit der Wagen nicht in den Abgrund stürzt. Kreuz und quer schleppen wir uns durch das ausge-

trocknete Flussbett, bis zur Dunkelheit. Lange nachdem wir unser Nachtlager aufgeschlagen haben, trifft die Kolonne mit dem Proviant ein. Unser Abendbrot besteht aus getrocknetem Schaffleisch, Brot und Tee – Tee literweise!
Wir haben einen guten Tag gehabt: Nur zwei platte Reifen und zwei zerbrochene Fensterscheiben, und wir sind 30 km weit gekommen – schon halbwegs nach Caraveli.

3. August 1928

Um 5.15 Uhr wecke ich die Langschläfer mit einem donnernden Dynamitschuss. Wenige Minuten später brennen überall die Lagerfeuer, auf denen Tee gekocht wird. Wir schnallen unser Gepäck auf die Esel und machen das Auto startklar. Wir kriechen weiter durch das endlose Steintal. Die Arbeitswilligkeit unserer Leute ist schon um 90 % gesunken und es wird immer schwerer, sie bei Laune zu halten.
Um Viertel nach 8 ist die Revolution in vollem Gange, und trotz der Polizisten können wir die Helfer nicht veranlassen weiterzumachen. Sie laden alles Gepäck von den Eseln und kehren um. Im letzten Augenblick entdecken wir, dass sie auch unseren Wasserkanister mitnehmen wollen. Das verhindern wir, Gott sei Dank.
Der Einzige, der uns nicht verlässt, ist unser Führer, der gute Don Calixto. Und so entscheiden wir uns, lieber die Fahrt auf eigene Faust fortzusetzen, als hier zu warten, bis uns die Hilfstruppe aus Caraveli entgegenkommt.
Meterweise schleppen wir uns vorwärts unter den wahnsinnigsten Anstrengungen. Die Sonne brennt aus klarem Himmel. Immer häufiger müssen wir anhalten, weil der Motor kocht. Bei einem schmalen Übergang rutscht der Wagen einen 6 m tiefen Abhang hinunter. Als er unten ankommt, schwankt er auf zwei Rädern hin und her, kippt aber nicht um. Ich kann gerade noch zum Fenster hinausklettern. Erst nach einstündiger Arbeit steht der Adler wieder auf allen vieren.
Mittags teilen wir mit Don Calixto unser letztes Wasser. Von Hauptmann Galvez und seinen Leuten sehen und hören wir nichts. Wegen der vielen Schluchten, die uns umgeben, fürchten wir, dass wir aneinander vorbeigezogen sind. Wir geben drei Alarmschüsse mit Dynamit ab. Eine Stunde später galoppieren uns die ersten Helfer entgegen. Sie sind sehr weit abseits gewesen, nach unseren Signalen aber quer über die Berge zu uns geeilt. Sofort stürzen wir uns auf die Wasserflasche am Sattel eines Reiters um den brennenden Durst zu löschen. Bald darauf trifft auch Galvez mit dem Rest ein. Wir können das Gepäck also wieder auf die Esel laden und auch unserem armen Motor frisches Wasser geben.

Ein steiler Berg liegt vor uns, den wir überwinden müssen. Dafür steht uns nur ein Maultierpfad zur Verfügung. Wir befestigen eine Zugleine am Wagen und mit 40 Mann und voller Maschinenkraft ziehen wir ihn in Meterschüben bergauf zum Gipfel.
Die letzte Stunde arbeiten wir im Dunkeln. Ich verstehe immer noch nicht, wieso wir nicht in den Abgrund gestürzt sind, denn ein Bremsschlauch ist gerissen und die längst verbrannte Handbremse allein kann den Wagen auch nicht mehr halten. Stinnes und zwei Männer sind hinter dem Auto hergekrochen um die Hinterräder mit Steinen zu blockieren. Nach 30 Minuten sind wir oben und montieren einen neuen Bremsschlauch.
Die Talfahrt nach Caraveli ist nicht minder kitzelig. Nach 8 oder 9 km müssen wir stehen bleiben um den Pfad zu suchen. Da höre ich in der Ferne Glocken läuten, das Schönste, was ich seit langem gehört habe. Ich folge dem Klang, und wenige Minuten später laufen mir die Bauern aus dem Dorf entgegen. Durch das Spalier einer jubelnden Menge fahre ich zum Marktplatz. Kurz darauf kommt Fräulein Stinnes an der Spitze der Reiter im Galopp angesprengt. Unter Kirchengeläut und Händeklatschen geleiten die Dorfbewohner uns zum Theater, wo der Wagen ins Parkett gestellt wird. Beim Gouverneur bekommen wir ein schönes Abendessen. Tagesleistung: 39 Kilometer.

1 „Um Viertel nach 8 ist die Revolution in vollem Gange“ (Zeile 116): Welche Gründe könnten die Einheimischen in dieser sicher nicht sehr friedlich verlaufenen Auseinandersetzung zur Rechtfertigung ihrer „Revolution“ angeführt haben? Mit welchen Gegenargumenten könnten die beiden Fahrer versucht haben die Einheimischen zum Weiterhelfen zu bewegen?
Überlegt die Argumente beider Seiten und schreibt die Auseinandersetzung in Form einer Szene auf.
Ihr könnt darüber auch ein Streitgespräch in der Klasse führen.

2 Eine 14-jährige Schülerin meinte zu diesem Reisebericht: „Ich finde es eigentlich verrückt, dass die unbedingt mit dem Auto durch Wüsten und Gebirge fahren wollen, obwohl da noch gar keine richtigen Straßen waren. Da mühen sie sich dann von morgens bis abends damit ab, das Auto vorwärts zu schleppen, statt sich vom Auto fahren zu lassen. Das finde ich irgendwie unsinnig und übertrieben.“
Was ist eure Meinung dazu? Diskutiert darüber und nehmt eure Diskussion auf Band auf. (Siehe dazu S. 79 ff.)

Isolde Altendorf Zwei verschiedene Welten

Isolde Altendorf ist über zwei Jahre lang auf eigene Faust durch Südamerika gereist um Land und Leute aus der Nähe kennen zu lernen. In dem folgenden Text berichtet sie von den Erfahrungen, die sie bei einem längeren Aufenthalt in Peru gemacht hat.

Es ist Juni: Sommer in Deutschland, Winter in Lima, in der Sechs-Millionen-Stadt an der Pazifikküste Perus. Aber was bedeutet schon Winter hier in Lima? Vielleicht 10 Grad weniger als im Sommer, viel Nebel und grauer Himmel. Regen oder gar Schnee kennt man hier nicht, geschweige denn vier Jahreszeiten. Lima, das als eine Art Oase mitten in einer 3000 km langen und 50 km breiten Steinwüste liegt, zeigt sich tagaus, tagein im gleichen grauen, staubigen Kleid. Die spärlichen Pflanzen und Palmen, die hier wachsen, blühen und grünen das ganze Jahr über.
Kein Wunder, dass Eda und Rosi mit Staunen den Schilderungen Luzys über den deutschen Frühling lauschen: „Also, ihr könnt euch gar nicht vorstellen, was ich bei meinem einjährigen Aufenthalt in Deutschland mit meinem Mann und den vier Kindern alles erlebt habe! Aber eines der witzigsten Erlebnisse war es, die Deutschen im März zu beobachten. Da rennen alle raus in ihren Garten und schauen nach, ob die Blumen schon wachsen. Und wenn sie dann winzige grüne Blattspitzen entdecken, freuen sie sich irrsinnig und bestätigen sich gegenseitig, dass es nun wohl Frühling werde. Ich kann euch sagen, die Leute haben mich so verrückt gemacht, dass ich bald auch mit ihnen im Garten nach grünen Spuren suchte und anfing mich darüber zu freuen!"
[...]
Da sitzen wir nun also auf engem Raum zusammen: die drei dunkelhäutigen und schwarzhaarigen peruanischen Frauen und ich, eine 26-jährige blonde, grünäugige deutsche Frau. Und natürlich amüsiere auch ich mich über Luzys Ausführungen, zumal ich das Glück habe, ihre Schilderungen aus deutscher und aus peruanischer Sicht betrachten und verstehen zu können.

[Dann berichtet Luzy vom deutschen Winter.]
Schnee können sich die beiden Mädchen erst recht nicht vorstellen. Es ist gar nicht so einfach, jemandem die Beschaffenheit von Schnee zu erklären, der ihn noch nie gesehen hat. Und das in einer Fremdsprache! Luzy kommt mir zu Hilfe, und so einigen wir uns, dass Schnee so etwas Ähnliches ist wie die kleinen Eisbröckchen, die entstehen, wenn man Eiswürfel abschabt. Meine Chefin fängt daraufhin an zu schildern, was man im Winter alles anziehen muss: dicke Unterwäsche, lange Hosen, Bluse, Pullover, Schal, Anorak, Mütze, Handschuhe. Doch das Schlimmste seien die Stiefel – wahre Astronautenschuhe, scheußliche Dinger, meint sie. Man könne sich in den Sachen nicht mehr bewegen. Zur Demonstration stellt sie sich breitbeinig hin, spreizt die Arme weit ab vom Körper und macht ein paar kleine,

unsichere Schritte. Wie ich so in meinem kurzärmeligen T-Shirt hier sitze, kann auch ich mir kaum noch vorstellen, dass man sich mit so vielen Kleidungsstücken wohl fühlen kann. Den letzten deutschen Winter habe ich vor anderthalb Jahren erlebt.

Nun erzählt Luzy weiter: „Der deutsche Winter ist ja schon schlimm genug, aber Winter gepaart mit deutscher Pünktlichkeit, das ist die Hölle! Ihr müsst euch das mal vorstellen: Wenn man in Deutschland zu einer bestimmten Zeit irgendwo eingeladen ist, dann muss man ganz genau zu dieser Zeit dort sein! Hier in Peru wäre so was ja nicht auszudenken, denn bei uns ist es doch extrem unhöflich, wenn man zur vereinbarten Zeit kommt. Schließlich brauchen die Gastgeber auch noch Zeit um das Fest vorzubereiten."

Während Luzy erzählt, fällt mir ein anderes Erlebnis ein: Hugo, ein Angestellter der peruanischen Nationalbank, hatte mich zu einem Fest bei Verwandten eingeladen. Zu diesem Zweck wurde von den Verwandten extra ein Haus gemietet. Um 20 Uhr waren schon einige Gäste vorm Haus versammelt, allein die Gastgeber fehlten und das Haus war verriegelt. Auch die Musiker mussten vor verschlossener Tür warten. Nach einer Stunde wollte ich heimkehren, doch Hugo überredete mich, noch ein bisschen Geduld zu haben. Manche der Wartenden gingen zwischendurch weg um etwas zu trinken. Kurz vor Mitternacht kamen endlich die Gastgeber, strahlten uns an und schlossen die Tür auf. Sofort bauten die Musiker ihre Instrumente auf und begannen zu spielen. Alle tanzten und waren fröhlich; ich hörte kein einziges Wort über die Verspätung der Gastgeber.

Die Pünktlichkeit der Deutschen lässt Luzy nicht los: „Im Winter waren mein Mann und ich mit den vier Kindern bei Verwandten zum Kaffee eingeladen. Um vier Uhr nachmittags sollten wir eintreffen. Eine Stunde vor Abfahrt fing ich an, die Kinder und mich in die Wintersachen zu schnüren. Mein Mann stand daneben, ständig schaute er auf die Uhr, das machte mich rasend. Wir kamen nur fünf Minuten zu spät, und ihr könnt euch gar nicht vorstellen, wie beleidigt unsere Verwandten waren! Also, ich sage euch, mir wird noch heute himmelangst, wenn ich an solche Szenen denke!"

Luzy ist sichtlich aufgebracht. Ich muss daran denken, wie ich meinerseits mit der sprichwörtlichen Unpünktlichkeit der Peruaner kämpfen musste. Oft bin ich vor Wut fast geplatzt, wenn mich meine peruanischen Freunde stundenlang warten ließen oder gar nicht zum verabredeten Zeitpunkt erschienen. Nun gut, ich kannte die chaotischen Verkehrsverhältnisse, aber darauf konnte man sich doch einrichten, ich war ja auch immer pünktlich! Es hat lang gedauert, bis ich mich an den völlig andersartigen Umgang mit der Zeit gewöhnt hatte. Ich verstand, dass man durchaus pünktlich sein wollte, aber dann traf man unterwegs einen guten Freund, und so eine Begegnung ist nun einmal wichtiger als die Verabredung! Später begriff ich, dass hinter diesem Verhalten viel Nächstenliebe steckt. In Deutschland ist es gerade umgekehrt. Treffe ich zufällig Freunde auf der Straße und will ein Gespräch mit ihnen anfangen, da blicken sie schon auf die Uhr und meinen bedauernd, sie müssten zu einem Termin. So etwas passiert in Peru nicht. Auch hatte ich gelernt, nicht ungeduldig zu warten, wenn ich jemanden eingeladen hatte. Im Gegensatz zu Deutschland konnte ich mich in Lima getrost meiner Arbeit widmen ohne unruhig zu werden. Ich wusste genau, dass der Besuch sowieso nicht pünktlich, vielleicht auch gar nicht erscheinen würde. Auf diese Weise fiel tatsächlich eine Menge Stress und Ärger von mir ab.

Was erzählt Luzy gerade? „Stellt euch vor, in Deutschland gehen die Leute in eine Tanzschule um Samba zu üben!" Um die Komik zu unterstreichen macht Luzy nach, wie steif und unbeholfen sich ein Tanzschüler zur Musik bewegt. Ein komischer Anblick für Menschen, denen das Tanzen förmlich im Blut liegt, deren Körper sich wie von allein im Rhythmus der Musik schwingen.

Allmählich werde ich ein wenig traurig, denn ich spüre, dass ich in diesem Land immer eine Außenstehende bleiben werde, trotz meiner Bemühungen mich anzupassen. Immer wieder bekomme ich zu spüren, was es heißt, Deutsche zu sein. Alles, was ich mache, ist typisch deutsch, dabei hatte ich immer geglaubt Individualistin zu sein.

1 Von welchen für Peruaner seltsamen Sitten und Gewohnheiten der Deutschen wird in dem Text erzählt? Nennt sie.
Kennt ihr selbst noch weitere deutsche Gewohnheiten und Verhaltensweisen, die in anderen Ländern ungebräuchlich sind?

2 Welche Gewohnheiten und Verhaltensregeln kennt ihr, die in Deutschland ungebräuchlich sind, in einem anderen Land aber als normal gelten? Welche Probleme können aus solchen unterschiedlichen Sitten und Gewohnheiten entstehen? Wie könnte man solche Schwierigkeiten vermeiden? Diskutiert darüber. (Siehe dazu auch S. 83 f.)

3 Es ist noch immer ungewöhnlich, dass Frauen Weltreisen und Expeditionen unternehmen.
Kennst du weitere Beispiele von Weltreisen oder Expeditionen, die Frauen unternommen haben? Berichte.
Mit welchen besonderen Schwierigkeiten hatten die Frauen zu kämpfen?

Jakob Wassermann aus: Das Gold von Caxamalca

Jakob Wassermann (1873–1934) entstammte einer jüdischen Familie aus Fürth. Nach kaufmännischer Ausbildung lebte er als Schriftsteller.
Die Erzählung „Das Gold von Caxamalca“ ist als Bericht eines Ritters in der Armee des spanischen Generals Pizarro geschrieben. Dieser Ritter stellt in seinem Bericht die Eroberung Perus durch die Spanier dar.
Der folgende Ausschnitt gibt die Gefangennahme des Inka (Gottkönig) Atahuallpa wieder.

Kolonialzeitliche Darstellung des Inka Atahuallpa

Es war ein Tag, der mit Verrat begann, das muss eingestanden werden, und mit Blut endete. Er erniedrigte den Inka und sein Volk für Zeit und Ewigkeit und verwandelte das Land in eine Brand- und Mordstätte. Das ist nicht mehr zu verbergen und die Spuren sind allerwegen noch heute zu sehen, da ich dieses schreibe.
Trompetenschall rief uns zu den Waffen. Die Reiterei wurde hinter den Gebäuden aufgestellt, das Fußvolk in den Hallen. Die Stunden verstrichen, und wir glaubten schon, unsere Anstalten seien umsonst gewesen, als vom Inka eine Botschaft kam, dass er unterwegs sei.
Aber erst um Mittag wurden die Peruaner auf der breiten Kunststraße sichtbar. Voran schritten zahlreiche Diener, deren Amt es war, den Weg von jedem, auch dem kleinsten Hindernis

zu säubern, Steinen, Tieren und Blättern. Hoch über der Menge saß Atahuallpa auf einem Thron, den acht der vornehmsten Edelleute auf den Schultern trugen, während sechzehn auf jeder Seite, überaus kostbar gekleidet, nebenher schritten.
Der Thronsessel war aus gediegenem Gold und warf Strahlen wie eine Sonne. Rechts und links hingen Teppiche herab, die aus den bunten Federn tropischer Vögel mit schier unbegreiflicher Kunst hergestellt waren. Viele der Unsern richteten gierige Blicke auf dieses Prunkstück von kaum zu ermessendem Wert, aber von allen Augen waren meine sicherlich die gierigsten. Ich konnte sie nicht losreißen von der schimmernden Herrlichkeit und mein Herz schlug mit verdreifachten Schlägen.
Um den Hals trug der Inka eine Kette von erstaunlich großen Smaragden; sein kurzes Haar umflocht ein Kranz von künstlichen Blumen aus Onyx[1], Türkisen[2], Silber und Gold, seine Haltung war so ruhig, dass man die täuschende Meinung bekam, eine Figur aus Erz sitze da oben.
Als die vordersten Reihen des Zuges den Platz betraten, öffneten sie sich nach beiden Seiten für das königliche Gefolge. Unter lautlosem Schweigen seiner Leute schaute Atahuallpa suchend rundum, denn von den Unsern war niemand zu sehen, indes wir jedes Gesicht und jede Bewegung von ihnen wahrnehmen konnten.
Da trat, wie es beschlossen war, der Pater Valverde, unser Feldpriester, aus einer der Hallen. Die Bibel in der Rechten, das Kruzifix in der Linken, näherte er sich dem Inka und redete ihn an. Felipillo, der wie sein Schatten hinter ihm huschte, so verhängnisvoll wie unentbehrlich, übersetzte seine Worte Satz für Satz, so gut oder so schlecht er es vermochte.
Der Dominikaner[3] forderte Atahuallpa auf, sich dem Kaiser zu unterwerfen, der der mächtigste Herrscher der Welt sei und seinem Diener Pizarro den Befehl erteilt habe von den Ländern der Heiden Besitz zu ergreifen.
Der Inka rührte sich nicht.
Pater Valverde forderte ihn zum zweiten Mal auf und fügte hinzu, wenn er sich dem Kaiser zinspflichtig bekenne, werde ihn dieser als treuen Vasallen beschützen und ihm in jeder Not beistehen.
Es erfolgte das nämliche Schweigen.
Da erhob der Mönch zum dritten Mal seine Stimme und richtete im Namen unseres Herrn und Heilands die bewegliche Mahnung an ihn, sich zu unserem heiligen Glauben zu bekehren, durch den allein er hoffen dürfe selig zu werden und der Verdammnis und höllischen Haft zu entgehen.
Es hätte da anderer Worte bedurft und anderer Vorstellungen, als sie dem Pater zu Gebote standen. Er war ein einfacher Mann von geringer Erziehung und hatte die Zunge nicht und hatte die Flamme nicht um das Herz des Götzendieners zu rühren und es für die Lehre Christi empfänglich zu machen, der wir alle in Demut gehorchen.

1 *Onyx:* Halbedelstein
2 *Türkis:* kostbarer Edelstein
3 *Dominikaner:* Mönch eines kath. Bettelordens

Der Inka antwortete auch dieses Mal nicht. Ein starres Bild, saß er auf seinem Thron und schaute den Mönch halb verwundert, halb unwillig an. Dieser blickte ratlos zu Boden, sein Gesicht erblasste, vergeblich suchte er Erleuchtung und neuen Anruf, und plötzlich wandte er sich um und hob das Kruzifix in seiner Hand wie eine Fahne.

Da sah der General, dass die Zeit gekommen war und dass er nicht länger zaudern durfte. Er wehte mit einer weißen Binde, das Geschütz wurde abgefeuert, der Schlachtruf San Jago[4] ertönte, aus dem Hinterhalt brach wie ein gestauter Strom die Reiterei hervor, und von Überraschung gelähmt, vom Geschrei und Knallen der Musketen und Donnern der beiden Feldschlangen betäubt, vom Rauch, der sich in schwefligen Wolken über den Platz verbreitete, erstickt und geblendet, wussten die Leute des Inka nicht, was sie tun, wohin sie fliehen sollten. Vornehme und Geringe wurden unter dem ungestümen Anprall der Reiterei miteinander niedergetreten, und ich sah nur einen Knäuel von roten, blauen und gelben Farben vor mir. Keiner leistete Widerstand, und sie besaßen auch nicht die Waffen, die dazu ausgereicht hätten. Nach Verlauf einer Viertelstunde waren alle Auswege zum Entkommen mit Leichen geradezu verstopft, und so groß war die Todesangst der Überfallenen, dass viele in ihrer krampfhaften Bemühung die Mauern aus gebranntem Lehm, die den Platz umzäunten, mit den bloßen Händen durchbrachen.

Ich kann mich nicht mehr entsinnen, wie lange das schauerliche Gemetzel dauerte. Mein Geist war verwirrt durch den Anblick des goldnen Thronsessels, auf dem der Inka noch immer saß. Den wollte ich um jeden Preis gewinnen, mit Zaubergewalt zog es mich in den Kreis seiner Strahlen und ich hieb alles nieder, was sich mir entgegenstellte. Die Getreuen des Inka warfen sich mir und den andern Reitern in den Weg, rissen einige von den Sätteln oder boten die eigene Brust dar um den geliebten Gebieter zu schützen. Im letzten Zucken des Lebens noch klammerten sie sich an die Pferde, ich schleifte immer drei oder vier mit mir, und wenn einer tot hinfiel, trat ein anderer an seinen Platz. Der Thron, von den acht Edelleuten getragen, schwankte wie ein Boot auf bewegter See, bald vorwärts, bald zurück, je nachdem der Andrang zunahm oder nachließ.

Atahuallpa starrte regungslos in das blutige Verderben, seiner Ohnmacht, es abzuwenden, mit schicksalsvoller Düsterkeit gewiss. Das kurze Zwielicht der Wendekreise verging, der Abend sank; von unserer Mordarbeit ermüdet fürchteten wir nur eines, dass der Inka entfliehen könne. Andrea della Torre und Cristoval de Perralta stürmten auf ihn los um ihm das Schwert in die Brust zu stoßen. Da raste der General wie der leibhaftige Sturmwind dazwischen; am Leben des Fürsten war ihm alles gelegen, und indem er den Arm zu seinem Schutz ausstreckte, erhielt er von Cristoval de Perralta eine ziemlich schwere Wunde am Handgelenk. Zugleich fielen vier von den Trägern des Throns auf einmal, den übrigen wurde die Last zu schwer; vor einem Berg von Erschlagenen brachen sie in die Knie; der Inka wäre zu Boden gestürzt, wenn ihn nicht Pizarro und della Torre in ihren Armen aufgefangen hätten. Während ihm der Soldat Miguel de Estete die königliche Borla vom Haupt riss, bemächtig-

4 *San Jago:* der heilige Jakob, Schutzpatron Spaniens

ten Perralta und ich uns des Thrones, er auf der einen, ich auf der anderen Seite, und zehn schreckliche Sekunden lang stierten wir uns mit blutunterlaufenen Augen an wie Todfeinde.

Atahuallpa wurde als Gefangener in das nächstgelegene Gebäude geführt und zwölf Mann wurden damit betraut, ihn zu bewachen.

Eine geisterhafte Ruhe hatte sich über Platz und Straßen ausgebreitet. Aber von einer gewissen Stunde der Nacht an tönten weit von den Bergen herüber die Klagegesänge der ihres Gottkönigs beraubten Peruaner, anschwellend, abschwellend, immer schmerzlicher und wilder bis zum Grauen des Tages.

Die Soldaten erhielten Erlaubnis auf Beute auszuziehen, und sie brachten aus dem Lager des Inka viel goldnes und silbernes Geräte mit und viele Ballen Stoffes, so fein im Gewebe und so vollendet in der Kunst der Farbenverschmelzung, wie wir noch keine vorher gesehen hatten.

Alles entwendete Gut wurde in ein hierfür bestimmtes Haus geschafft um zur bestimmten Zeit, nach Abzug des Fünftels für die kastilische Krone[5], verteilt zu werden. Cristoval de Perralta und ich hatten aber den Thron des Inka mit Hilfe einiger Leute in einem Versteck untergebracht; einer von ihnen verriet uns an den Pedro Pizarro, worauf uns der General kommen ließ und uns mit unheilvoller Miene aufforderte den Thron auszuliefern. Das geschah alsbald, denn wir zitterten vor seiner drohenden Stirn.

Um mich schadlos zu halten durchsuchte ich mit den Soldaten die Häuser der Stadt, und was irgend von Wert war, raubten wir. Die Eingeborenen wurden festgenommen und wir rissen ihnen Schmuck und Zierrate vom Leib. Einzeln oder in Gruppen zogen unsere Leute durch das Gelände und steckten die Wohnungen in Brand, nachdem sie sie ausgeplündert hatten. Sie brachen in die Tempel, erschlugen oder vertrieben die Priester und schleppten fort, was sie tragen konnten an bunten Stoffen und schönen Gefäßen. Aber alles war nicht genug; sie lechzten nach mehr.

Und auch mir war nichts genug; ich lechzte nach mehr.

Eines Abends, als eine Abteilung von ihrem Raubzug, der besonders erfolgreich gewesen war, in die Stadt zurückkehrte, trat der gefangene Inka aus den inneren Gemächern seines Hauses in die Säulenhalle und schaute zu, wie die Soldaten sich ihrer Beute entledigten und wie andre hinzukamen, die goldnen und silbernen Gegenstände in die Hand nahmen, sie einander zeigten, sie betasteten, sie geradezu liebkosten und durch ihr ganzes Gebaren das trunkene Entzücken, die unstillbare Begehrlichkeit und wesenlos neidhafte Angst verrieten, die in ihnen tobten.

Ich stand in der Mitte des Platzes und hatte allmählich mein Augenmerk nur auf den Inka gerichtet. Er schien nicht recht zu begreifen, was sich vor seinen Blicken abspielte. Indem er angestrengt nachdachte, näherte sich ihm Felipillo und sagte mit leiser Stimme und heuch-

5 *kastilische Krone:* Herrscherhaus aus Kastilien, einer spanischen Provinz

lerisch-demütigem Gebaren einige Worte zu ihm. Wie ich später von Hernando de Soto erfuhr, der es von Atahuallpa selber wusste, war Felipillos Rede so: „Sie wollen Gold. Sie winseln um Gold, sie schreien um Gold, sie zerfleischen einander um Gold. Frag sie um den Preis deiner Freiheit und du wirst sie mit Gold kaufen können. Es gibt nichts in der Welt, was sie dir nicht für Gold geben würden, ihre Weiber, ihre Kinder, ihre Seele und sogar die Seelen ihrer Freunde."

In jener Stunde ahnte ich nur den Sinn der wahren und furchtbaren Worte. Was mich bis ins Innerste bewegte, war der Ausdruck des Grauens und Grübelns im Gesicht Atahuallpas. Es ist sicher, dass er von da ab unablässig über dies eine nachdachte, denn er vermochte nicht daran zu glauben, dass man für ein so nichtiges Ding, wie es das Gold in seinen Augen war, ein so wichtiges wie die Freiheit gewinnen, ja dass man überhaupt etwas damit erkaufen, etwas dafür haben könne. Etwas haben: Das war in seinen Augen ein ganz anderer Begriff als in unsern. Der Gedanke, etwas mit Gold zu erkaufen, musste ihn im tiefsten Gemüt erstaunen und beunruhigen. In jener Stunde, beim Anblick meiner vom Gold berauschten Gefährten auf der einen Seite und der stummen Gestalt und staunenden Miene des Inka auf der anderen, wurde mir zum ersten Mal deutlich, wie fremd wir ihm waren, unfassbar und schaurig fremd, nicht wie Menschen aus einer Welt, die er nicht kannte, sondern wie Wesen von einer ganz und gar unerklärlichen Beschaffenheit.

1 „Es gibt nichts in der Welt, was sie dir nicht für Gold geben würden": Warum geht der Inka nicht darauf ein?

2 Vergleiche: der Inka und sein Volk – der General und seine Spanier. Welche Unterschiede erkennst du?

3 Manche Leserinnen und Leser meinen, Wassermanns Erzählung sei heute besonders aktuell. Diskutiert diese Auffassung

Indianische Zeichnungen (16. Jh.). Von links nach rechts: kastilischer Ritter mit Kreuz und Schwert; Ritter zu Pferd; spanisches Geschütz beim Abfeuern

Mustapha El Hajaj Die Deutschen

Mustapha El Hajaj, Vollwaise aus Marokko, kam dank der Hilfe des Schriftstellers Siegfried Lenz nach Berlin. Er arbeitete zunächst als Verkäufer, wurde aber bald als Schriftsteller bekannt.

Die Deutschen!
Das Seltsame an Deutschland ist,
dass hier Männer Kinderwagen schieben,
dass Radios so billig und Teppiche so teuer sind
und dass den ganzen Tag Kirchenglocken bimmeln.
In Deutschland dachte ich zu Anfang, hier würden
den Leuten Hunde geboren anstatt Kinder.
Denn sie haben viele Hunde
und tragen sie auf dem Arm.
Hunde und Katzen
leben wie Könige in Deutschland.
In Deutschland gibt es Leute, die haben Geld
und sehen trotzdem traurig auf die Erde.
Sollen sie doch den Kummer denen überlassen,
die kein Geld haben.
Die Deutschen sind pünktlich wie die Eisenbahn.
Das kommt daher,
dass sie nur ein Gleis kennen,
nie vom Weg abgehen,
kein Unkraut, keine Blumen
in den Seitenwegen pflücken.
Sie fahren immer geradeaus,
sind pünktlich wie die Eisenbahn
und nehmen nichts wahr.

Was würdest du dem Autor entgegnen?

Hanefi Yeter Picknick in Berlin (1975)

Hanefi Yeter wurde 1947 in der Türkei geboren. Er studierte bildende Kunst in Istanbul und Berlin. Von 1973 bis 1994 lebte und arbeitete er als Maler in Kreuzberg, einem Berliner Bezirk, in dem sehr viele Türken wohnen. Seine Landsleute und ihre Situation in der Fremde sind denn auch Hauptthema seiner Bilder.

Daxing Chen Nein, danke

Ich bin bei Herrn Herz zum Abendessen eingeladen, um halb acht. Weil ich zweimal umsteigen muss, bin ich etwas früher von zu Hause aufgebrochen. Die Umstiege sind sehr glatt gegangen, sodass ich schon Viertel nach sieben vor der Tür von Herrn Herz stehe. Gott sei Dank! Die Deutschen legen sehr viel Wert auf Pünktlichkeit. Ich bin früh genug da! Ich zupfe meinen Anzug zurecht und klingele. Niemand meldet sich. Wieso, denke ich, jemand muss doch zu Hause sein. Vielleicht hat es niemand gehört. Ich habe die Klingel nochmal gedrückt. Erst nach einer Weile kommt Frau Herz gestürzt und öffnet die Tür.

„O Gott, Sie sind schon da!“ Sie reibt mit der eben abgelegten Schürze die Hände, „entschuldigen Sie, ich kann leider nicht weg, weil mein Fleisch noch im Topf ist. Kommen Sie bitte herein.“ Als wir im Flur sind, kommt Herr Herz mit einem schweren Korb voller Getränke, Weine, Obst aus dem Keller herauf.

„Grüß Gott, Herr Wu, ich dachte, es dauert noch einige Zeit. Sie wohnen doch ziemlich weit ... Ich kann Ihnen leider keine Hand geben, weil sie zu schmutzig ist.“

„Pa...“ Ein Knall aus dem Wohnzimmer hat uns drei erschreckt. Herr und Frau Herz stürzen hintereinander ins Wohnzimmer. Da steht ihre Tochter verlegen vor Splittern einer Vase und sieht weinend die Scherben und Blumen, die kreuz und quer im Wasser auf dem Boden liegen.

„Ich dachte, der Gast ist schon da, ich muss schneller mit dem Aufdecken fertig sein, und dabei habe ich die Vase umgeworfen“, rechtfertigt sich die Tochter.

„Da hast du mir aber etwas Schönes eingebrockt.“ Ich sehe den mit Mühe unterdrückten Ärger dem Gesicht von Frau Herz an. „Aber es lässt sich nichts ändern. Ach, mein Gott, ich habe mein Fleisch völlig vergessen. Du, kümmere dich mal um den Gast, ich habe keine Zeit!“ Mit diesen Worten ist Frau Herz in der Küche verschwunden.

„Ja, Herr Wu, was darf ich Ihnen zum Trinken anbieten?“

„Nein, danke.“

Das Essen ist köstlich. Gulasch mit Nudeln – eines meiner Lieblingsessen. Ich esse ganz gemütlich und möchte den guten Geschmack länger im Mund behalten. Aber trotzdem geht mein Gulasch rasch weg. Nach einer Weile fragt die Gastgeberin: „Wer möchte noch etwas? Wie ist es mit Ihnen, Herr Wu? Möchten Sie noch etwas?“

„Oh, nein, danke.“ Es gehört sich bei uns zu Hause nicht, schon auf die erste Aufforderung zuzugreifen.

„Schade, ich dachte, es schmeckt Ihnen.“

„Ja, aber ich ...“

Anschließend kommt der Nachtisch – Erdbeeren mit Sahne. Hier in Deutschland schmecken die Erdbeeren viel besser als bei uns. Unsere Erdbeeren sind winzig und dazu noch sauer. Ich habe nur so viel genommen, wie es die Sitte bei uns erlaubt, und genieße den Duft und die Süße der Früchte. Ich werfe verstohlen einen Blick in die Erdbeerenschüssel.

„Darf ich Ihnen noch etwas geben?", fordert diesmal Herr Herz auf. „Ach ... nein, danke." Lieber warte ich auf die zweite Aufforderung.

„Schade. Sie essen das wohl nicht sehr gern, oder?"

„Wie schade, dass Sie so wenig von all dem essen!", schließt sich Frau Herz ihrem Mann an. Im Nu ist die Schüssel leer.

Als wir auf dem Sofa sitzen, fragt die Gastgeberin: „Wollen Sie Kaffee?"

„Nein, danke."

Halb hungrig, halb durstig habe ich mich nach Hause geschleppt. Aber ich bin doch froh, dass ich nichts Unhöfliches getan habe.

1 Was hat der Chinese falsch gemacht?

2 Welches Verhalten der Deutschen hättest du gewünscht?

3 Der Eindruck, den der Autor von Deutschland und den Deutschen gewinnt, spiegelt sich auch in der Sprache. Prüfe unter diesem Gesichtspunkt den Satzbau.

Vorschläge zum Weiterlesen

Irmgard Ackermann (Hg.), Als Fremder in Deutschland. dtv Nr. 1770; In zwei Sprachen leben. dtv Nr. 10189; Türken deutscher Sprache. dtv Nr. 10311

Christina Dodwell, Im Land der Paradiesvögel. Als Frau allein durch Papua-Neuguinea. Franz Schneider Verlag (Abenteuer-Report)

Karl von Esselborn (Hg.), Über Grenzen. dtv Nr. 10803

Sven Hedin, verschiedene spannende Bücher über Asien: Durch Asiens Wüsten, Abenteuer in Tibet u.a. Brockhaus Verlag

Friedrich Heine (Hg.), Chamissos Enkel. dtv Nr. 10533

Heinz Helfgen, Ich radle um die Welt. Bertelsmann Verlag

Georg Kirner, Meine Freunde – die Kopfjäger. Mit dem Rucksack durch Borneo und die Philippinen. Franz Schneider Verlag (Abenteuer-Report)

Fritz Mühlenweg, Großer Tiger und Christian. Band 1 u. 2. dtv junior Nr. 7228 und 7229

Hans Georg Noack, Benvenuto heißt willkommen. Ravensburger Taschenbuch Nr. 374

Käthe Rechner (Hg.), Die Söhne des großen Geistes. Dreizehn Indianergeschichten. dtv Nr. 70026

Antonio Skármeta, Nixpassiert. Rowohlt Verlag, rororo rotfuchs Nr. 263

Jules Verne, Reise um die Erde in 80 Tagen. Fischer Taschenbuch Nr. 8907

Jakob Wassermann, Das Gold von Caxamalca. Reclams Universalbibliothek Nr. 6900

Renate Welsh (Hg.), Ich verstehe die Trommel nicht mehr. Erzählungen aus Afrika. dtv pocket Nr. 7836

1. Gespräche führen – Diskutieren

1.1 Zwei Klassen diskutieren

1 In einer 7. Klasse wurde über den Reisebericht von Söderström und Stinnes (S. 60ff.) diskutiert. Hier ein Ausschnitt aus der Diskussion:

LEHRER Eine 14-jährige Schülerin meint zu diesem Reisebericht: „Ich finde es eigentlich verrückt, dass die unbedingt mit dem Auto durch Wüsten und Gebirge fahren wollten, obwohl da noch gar keine richtigen Straßen waren. Da mühen sie sich dann von morgens bis abends damit ab, das Auto vorwärts zu schleppen, statt sich vom Auto fahren zu lassen. Das finde ich irgendwie unsinnig und übertrieben." Was ist eure Meinung dazu?

ARNIM Also ich finde das überhaupt nicht übertrieben; das war toll, was die Frau und ihr Mitfahrer gemacht haben. Wie schwierig das alles war! Und trotzdem haben sie nicht aufgegeben. Ich finde das gut.

BEATE Die Frau Stinnes wollte zeigen, dass man mit dem Auto durch die ganze Welt kommt. Und das hat sie ja auch geschafft.

USCHI Sie war ja eine Frau und als Frau brauchte man damals sicher noch viel mehr Mut für so was als ein Mann. Eine Frau ...

KLAUS Aber sie ist doch gar nicht allein gefahren, sondern mit männlicher Begleitung ...

FRANK Vielleicht waren die beiden ja verliebt ineinander ...

WOLFGANG Typisch Frank. Du denkst natürlich gleich wieder an so was.

ANJA Ich wollte sagen, dass ich es auch komisch finde, wie die das Auto so Stück für Stück durch die Berge ziehen ...

KLAUS Das mit der Winde zum Hochziehen war aber eine klasse Idee.

ANJA Kann ja sein. Trotzdem find ich's auch übertrieben. Was wollten die denn damit beweisen?

ARNIM Das verstehst du eben nicht.

JOHANNES Ein Freund von meinem älteren Bruder, der ist mal mit dem Jeep durch Afrika gefahren und da haben die auch eine Panne gehabt, mitten in der Wüste.

SIMONE Mir gefällt, dass die ihr Auto fast wie einen Freund oder so behandeln; vor allem die Stelle, wo sie auf die anderen warten und dann endlich Wasser bekommen und wo sie dann auch dem Auto zu trinken geben, so, wie wenn's auch ein Lebewesen wäre. Das find ich gut.

NADINE Ja, das hat mir auch gut gefallen.

BEATE Ich fand die Stelle noch besser, wo sie mit dem Auto die Dünen runterrasen und das Auto dann einen Luftsprung macht.

[...]

a) Überlegt, ob das eine gelungene Diskussion ist. Begründet eure Meinung.

b) Wenn du der Diskussionsleiter/die Diskussionsleiterin wärest: Was würdest du tun?

2 In einer anderen 7. Klasse wurde über die gleiche Frage in folgender Weise diskutiert:

[...]

KARSTEN Ich finde das gar nicht unsinnig. Das ist doch eine Abenteuerreise und da gehören solche Schwierigkeiten eben dazu.

JOCHEN Ich finde gerade das so spannend, wie die das Auto meterweise vorwärts ziehen und immer wieder reparieren müssen.

PHILIP Ich seh das auch so wie der Karsten. Wenn ich zum ersten Mal überhaupt so eine Autofahrt um die Welt probieren will, dann ist das ja auch eine Art Entdeckungsreise und dann muss ich mit solchen Schwierigkeiten rechnen.

SEBASTIAN Und dass sie nicht gleich aufgeben, ist gerade gut. Ich finde die Frau ganz schön mutig.

JUTTA Klar, das gefällt mir auch, dass hier mal eine Frau auf Abenteuerreise geht und bis zum Ende durchhält. Die Männer haben ja wohl bis auf einen vorher aufgesteckt.

RITA Frauen sind halt doch mutiger als Männer.

KARSTEN Sagst du ...

JULIA Also, ich finde das schon übertrieben, wie die sich mit dem Auto abmühen.

KARSTEN Wieso?

JULIA Weil, ja weil die ja wohl zeigen wollten, dass man mit einem Auto um die ganze Welt fahren kann. Aber hier kann man das eigentlich gar nicht sagen, dass sie gefahren sind. Hier ist das Auto eher gefahren worden.

RITA Aber doch nur das Stück durch die Berge, und hinterher dann ...

PHILIP Vielleicht haben sie ja am Anfang gedacht, sie kommen da gut durch, und hinterher konnten sie nicht mehr zurück.

JOCHEN Was Ähnliches wie der Philip wollte ich auch sagen: Vielleicht hatten die gar keine andere Wahl, sondern mussten diese Strecke wählen. Zumindest müsste man das wissen, bevor man sagt, ob das übertrieben war.

STEFAN Ich finde es auch dann gut, wenn sie eine andere Möglichkeit hatten ... Weil sie nicht einfach den leichten Weg gewählt haben. Und weil sie was Neues probieren wollten, was noch nie ein Mensch probiert hatte.

JULIA Aber wieso denn? Was bringt das denn? Einfach nur weil's schwierig ist oder weil's noch keiner gemacht hat, das ist doch blöd.

ROLF Das ist gar nicht blöd.

TOBIAS Also, ich will mal was sagen. Wenn alle immer so gefragt hätten wie die Julia eben, was das denn bringt und so, dann hätte es viele Entdecker- und Abenteuerreisen überhaupt nicht gegeben. Das ist es doch gerade, dass man ein Abenteuer will, das andere noch nicht versucht haben, und sehen will, ob man's schafft.

KARSTEN Genau. Und deshalb finde ich es gut und nicht übertrieben, was die mit dem Auto gemacht haben.

a) Wie findet ihr diesen Diskussionsverlauf im Vergleich zu der anderen Klassendiskussion?

b) Welche Regeln einer guten Diskussion beherrschen diese Schüler/innen schon besser als ihre Altersgenossen? Was können sie noch nicht so gut? Schaut euch dazu die einzelnen Beiträge genau an und belegt eure Auffassung.

c) Müsstest du als Diskussionsleiter/Diskussionsleiterin eingreifen?

d) Beobachtet, wie sich Jungen und Mädchen in Diskussionen verhalten. Welche Schlüsse zieht ihr daraus?

e) Welche Aufgaben hat ein Diskussionsleiter/eine Diskussionsleiterin?

1.2 Wie diskutieren wir? – Wie sollte man diskutieren?

1 Ihr habt jetzt kritische Beobachtungen zum Diskussionsverhalten anderer Schüler und Schülerinnen gemacht. Hört euch jetzt einmal eure eigene, auf Band aufgenommene Diskussion zu diesem Thema an und untersucht sie ebenso kritisch wie die anderen Diskussionsbeispiele.

a) Wie beurteilt ihr eure Diskussion

- im Blick auf das gestellte Thema? (Beziehen sich die Beiträge auf die gestellte Frage? Bringen sie die Sache weiter oder führen sie eher von der Sache weg?)
- im Blick auf das Verhalten der Diskussionsteilnehmer untereinander? (Wird Bezug

genommen auf die Beiträge der anderen? Kommen alle zu Wort? Lässt man einander ausreden? Gibt es Unterschiede bei Jungen und Mädchen?)

– im Blick auf den Diskussionsleiter?

b) Worauf müsst ihr bei künftigen Diskussionen noch besonders achten?

2 *a)* Bildet Kleingruppen und versucht auf der Grundlage der bisher gemachten Beobachtungen eine vorläufige Liste von Regeln aufzustellen, worauf man bei einer guten Diskussion achten und was man vermeiden sollte.

b) Lest eure Listen vor, diskutiert darüber und formuliert dann gemeinsam eine Art Regelkatalog für gutes Diskutieren.

1.3 Ein Streitgespräch

1 Der letzte Abschnitt des Reiseberichts von Isolde Altendorf (S. 69) löste in einer 7. Klasse folgendes Streitgespräch aus:

ANNETTE Wieso ärgert die Frau sich denn so, dass man merkt, dass sie Deutsche ist? Ich finde, man kann die Anpassung im Ausland auch übertreiben.

TINA Ich versteh die Frau schon. Die ist jetzt im Ausland und will halt so leben wie die Leute dort. Sie will dazugehören.

ROLF Aber deshalb braucht sie doch nicht so zu tun, als sei sie keine Deutsche mehr. Das bleibt sie doch trotzdem.

KAI Ich find's auch falsch, so etwas verstecken zu wollen.

KILIAN Da bin ich anderer Meinung ...

a) Wie könnte das Streitgespräch weitergehen? Setzt es in eurem Sinne fort.

b) Macht euch dazu vorher Notizen:

- Welche Meinung habt ihr zu der diskutierten Frage?
- Mit welchen Argumenten könnt ihr eure Meinung stützen?

c) Versucht nicht nur eure eigenen Argumente einzubringen, sondern euch immer auch auf die Beiträge von Mitschülern zu beziehen.

Durch folgende Wendungen könnt ihr solche Bezüge verdeutlichen:

- Ich bin nicht der Meinung von ...
- Zu ... möchte ich sagen ...
- Kannst du noch einmal erläutern, wieso ...?
- An dem Argument von ... leuchtet mir zwar ein, dass ..., aber ...

Sicher kennt ihr noch weitere Wendungen, mit denen man sich auf Gesprächspartner beziehen kann.

2 In ihrem Reisebericht spricht Isolde Altendorf nicht nur von den Schwierigkeiten, die ihr die Unpünktlichkeit der Peruaner bereitet, sondern sie sieht auch die positiven Seiten dieser für Deutsche ungewohnten Verhaltensweise. Nach der Lektüre dieses Berichts habt ihr euch bereits weitere Verhaltensregeln und Bräuche überlegt, die in Deutschland bzw. in anderen Ländern ungewohnt sind (s. S. 69).

a) Diskutiert darüber, was an diesen verschiedenen Verhaltensweisen gut, was daran fragwürdig sein kann.

b) Dazu könnt ihr je drei Gruppen bilden: eine Pro-Gruppe (für die positiven Seiten) und eine Kontra-Gruppe (für die problematischen Aspekte). Eine dritte Gruppe, die als Publikum oder als Schiedsrichter fungiert, kann die Diskussion genau beobachten und am Schluss die Argumente und das Diskussionsverhalten der Gruppen bewerten.

c) Die Pro- und die Kontra-Gruppe sollten darauf achten, dass sie ihre verschiedenen Meinungen nicht einfach einander gegenüberstellen, sondern dass sie die Argumente der Gegenseite in ihre eigenen Überlegungen einbeziehen.

1.4 Wie Fremde Deutschland sehen

In den Texten dieses Arbeitskreises ist viel von den Erfahrungen die Rede, die Deutsche bei Aufenthalten im Ausland gemacht haben, aber auch von den Eindrücken, die ausländische Schriftsteller in Deutschland gewonnen haben (vgl. S. 75 ff.).

1 Was finden sie an den Deutschen seltsam?

2 Welche eigenen, andersartigen Einstellungen stehen hinter ihrem Erstaunen? Wie stehst du selbst zu diesen Wertvorstellungen?

3 Überlege dir, welche der genannten deutschen Eigenarten nach deiner Meinung zutreffen und welche falsch gesehen werden.
Diskutiert in der Klasse darüber. Versucht bei dieser Diskussion nicht einfach nur Wertungen und Behauptungen zu formulieren, sondern diese auch zu veranschaulichen und zu begründen (durch Beispiele, Erfahrungen usw.).

4 Wie sehen Deutsche Ausländer? Was wisst ihr darüber? Diskutiert die Probleme, die ihr kennt.
Bereitet euch auf die Diskussion vor, indem ihr euch überlegt und notiert:
- Welche Fragen gehören zu diesem Thema und müssen deshalb mit angesprochen werden?
- Welche Position vertrittst du bei diesen Fragen?

- Wie kannst du deinen Standpunkt begründen? Welche Argumente findest du? Welche Erfahrungen kannst du einbringen?
- Mit welchen Gegenargumenten musst du rechnen? Wie kannst du sie entkräften?

Nehmt eure Diskussion auf Kassette auf. Hört sie anschließend ab und beurteilt den Verlauf.

5 Bei dieser Diskussion kann ein Mitschüler/eine Mitschülerin die Rolle des Diskussionsleiters/der Diskussionsleiterin übernehmen.
Dann solltet ihr euch vorher überlegen, welche Aufgaben er/sie wahrnehmen soll.

6 Auch diese Diskussion solltet ihr anschließend kritisch überprüfen:
- Wie hat der Diskussionsleiter seine Aufgabe erfüllt?
- Haben es ihm die Teilnehmer schwer oder leicht gemacht?
- Aus welchen Gründen war die Diskussion an manchen Stellen schwierig?

1.5 Was meint ihr dazu?

a) Früher gab es nur einmal im Jahr, am Schuljahresende, Zeugnisse. Ist die Einführung der halbjährlichen Zwischenzeugnisse eine unnötige Belastung oder eine Hilfe für die Schüler? (Und die Eltern? Und die Lehrer?)
b) Sollten Klassensprecher für ein ganzes Jahr oder besser für ein halbes Jahr gewählt werden?
c) Sollten Eltern, solange sie die Kleidung ihrer heranwachsenden Kinder finanzieren, auch bestimmen können, welche Kleidung sich die Jugendlichen kaufen?
d) Sollten 14-jährige Jugendliche schon allein in die Ferien fahren dürfen?

Sucht euch ein Diskussionsthema aus.
Bereitet euch mit Hilfe eines Stichwortzettels inhaltlich auf die Diskussion vor.

2. Ein Projekt: Ausländische Jugendliche in Deutschland

Wie ist die Situation ausländischer Jugendlicher in Deutschland, welche Probleme haben sie und was können Schule und deutsche sowie ausländische Schüler und Schülerinnen zur Lösung dieser Probleme beitragen?
Bei der Durchführung des Projektes könnt ihr in folgender Weise vorgehen:

1 Besorgt euch erste Informationen zu dem Thema „Jugendliche Ausländer in Deutschland/in unserer Region“ aus verschiedenen, euch leicht zugänglichen Quellen (Tageszeitungen, Zeitschriften, Gespräche mit ausländischen Bekannten usw.).

Legt eine Arbeitsmappe an, in der ihr die Ergebnisse dieser ersten Erkundungen sammelt. Folgende Fragen können beim Ordnen der ersten Ergebnisse hilfreich sein:

- Aus welchen Gründen leben die ausländischen Jugendlichen in Deutschland?
- Unter welchen Verhältnissen leben sie (Wohnverhältnisse, Familienverhältnisse usw.)?
- Wie sind ihre Kontakte und Erfahrungen mit den Deutschen (den Erwachsenen und den Altersgenossen)?
- Was sind die besonderen Schwierigkeiten von ausländischen Jugendlichen im Unterschied zu deutschen Jugendlichen?
- Gibt es Unterschiede in der Situation bei Jungen und Mädchen?

2 Diskutiert auf der Grundlage dieser ersten Erkundungsergebnisse die thematischen Schwerpunkte eures Projektes und legt sie fest:

- Welche Fragen sollen in jedem Fall weiter bearbeitet werden?
- Welche Fragen können vernachlässigt, welche müssen neu hinzugenommen werden?
- Welche Personen sollen als Informanten befragt werden? Sollen nur die betroffenen ausländischen Jugendlichen oder auch ausländische Erwachsene befragt werden? Sollen nur Deutsche befragt werden, die mit ausländischen Jugendlichen beruflich zu tun haben, oder auch andere Deutsche?

3 In einem nächsten Schritt sollt ihr euch klarmachen, in welcher Form ihr die Ergebnisse eurer Erkundungen darstellen wollt. Folgende Möglichkeiten wären z. B. vorstellbar:

- Wichtige Aussagen der Befragten in ausgewählten Interviewausschnitten dokumentieren und kommentieren.
- Lebens- und Wohnverhältnisse von jugendlichen Ausländern mit Texten und Bildern (Fotos) vorstellen (evtl. in Zusammenarbeit mit dem Fach Kunst).

Diskutiert diese und andere Möglichkeiten.

4 Der Abschluss eures Projekts sollte in zwei Schritten erfolgen:

a) der Darstellung der verschiedenen Gruppenergebnisse (Berichte, Vorführungen, Ausstellungen usw.),
b) einer inhaltlich gut vorbereiteten Schlussdiskussion, in der ihr auf der Grundlage eurer Projektergebnisse über die Frage diskutiert, welche Möglichkeiten es für euch als Schüler bzw. Schule geben könnte, zu einem entspannteren und erfreulicheren Zusammenleben zwischen ausländischen Jugendlichen und Deutschen beizutragen.

Überlegt, ob ihr bei eurer Schlussdiskussion eine größere Öffentlichkeit einbeziehen wollt, d. h., ob ihr noch andere Personen (z. B. ausländische Jugendliche, Betreuer von ausländischen Jugendlichen, Eltern u. a.) einladen wollt.
Diskutiert die Vor- und Nachteile dieser erweiterten Öffentlichkeit und versucht zu einer gemeinsamen Entscheidung zu kommen.

5 Nach Abschluss eurer Diskussion könnt ihr einen eigenen veränderten Text „Die Deutschen“ (vgl. S. 75) verfassen, in den ihr das Ergebnis eurer Diskussion einbringt.

6 In einer Klasse wurde zu Aufgabe 4, Punkt a) (Darstellung der verschiedenen Gruppenergebnisse) der folgende Bericht verfasst:

Viele ausländische Jugendliche, vor allem in den Großstädten, stehen auch heute noch vor Problemen, die deutsche Jugendliche in dieser Schärfe und Häufung nicht kennen.
So sind sie z.B. auf Grund von Arbeitslosigkeit oder schlechten Verdienstmöglichkeiten ihrer Eltern oft zu einem Leben in den Randgebieten bzw. schlechten Wohngegenden der Städte gezwungen, wo sie sich meist nur mit anderen ausländischen Jugendlichen befreunden können, was ihren Spracherwerb im Deutschen hemmt und ihre Eingliederung erschwert. (Solche Wohngegenden nennt man dann Getto.) In der Schule haben sie dann auf Grund ihrer unzureichenden deutschen Sprachkenntnisse Probleme, sodass sie häufig keinen qualifizierten Schulabschluss erwerben können. Auf der Suche nach Ausbildungsplatz oder Lehrstelle besteht dann keine Chancengleichheit gegenüber gleich qualifizierten Deutschen. Da ihre Eltern meist anderen Religionen angehören und andere Wertvorstellungen haben als deutsche Eltern, wissen sie oft nicht, wie sie sich zu verhalten haben: ob sie den - häufig strengen - Vorstellungen der Eltern entsprechen sollen oder sich wie ihre deutschen Altersgenossen verhalten sollen. Viele ausländische Eltern, die ebenfalls schlecht mit dem Leben in Deutschland zurechtkommen, reagieren mit Unverständnis und Strafen auf die Probleme ihrer Kinder. So können sich diese Jugendlichen schlecht in die Gesellschaft eingliedern und werden zudem durch die ihnen zeitweise entgegengebrachte Feindseligkeit (Ausländerfeindlichkeit) entmutigt. So vereinigen sie sich gelegentlich mit anderen ausländischen Jugendlichen zu Gruppen, in denen sie versuchen sich gegen das Verhalten dieser Deutschen zu wehren. Auf diese Weise spitzt sich die Lage immer weiter zu.

(D. L.)

a) Notiere Stichwörter in der Reihenfolge der Gedanken. Welche Gliederung erkennst du?
b) Notiere die Stellen, an denen man besonders deutlich erkennt, dass der Verfasser sich um eine möglichst *sachliche* Darstellung bemüht.
c) An welchen Stellen erkennst du, dass der Verfasser viele Ereignisse *zusammenfasst,* nicht einzelne Ereignisse erzählt?
d) Berichte über Ereignisse, an denen du teilgenommen hast: eine Pause, ein Sportfest, eine Arbeitsgemeinschaft, ein Fest ...

1. Satzverknüpfungen

1.1 Satzreihen

1 In dem Bericht „Im Auto durch die Cordilleren“ (S. 62, Zeile 61 ff.) liest du:

Söderström saß blass und eingezwängt am Steuer ...,

denn *alles Gepäck war bei dem tollen Luftsprung auf die Vordersitze gefallen,*

aber *weder ihm noch dem Auto war etwas passiert. Froh knüpften wir ihn wieder an das Seil*

und *die Indios halfen uns bei der schweren Weiterfahrt.*

a) Schreibe diese Sätze ohne Konjunktionen auf. Welche Möglichkeiten gibt es?

b) Lies die Sätze anschließend vor. Welchen Unterschied zum Originaltext stellst du fest?

c) Denn, aber, und sind **nebenordnende Konjunktionen** (vgl. S. 341). In unserem Beispiel verbinden sie **Hauptsätze**.

Was fällt dir an der Kommasetzung auf?

2 Ein anderes Ereignis hätte Clärenore Stinnes auch so aufschreiben können:

a) Wir müssen uns direkt an der Wasserlinie halten. Dort ist der Sand tragfähiger.

b) Nach einer Weile schlägt ein Brecher über uns zusammen. Ein Flügel des Ventilators wird dabei verbogen.

c) Er reißt ein Loch in den Kühler. Das ganze Wasser läuft sofort aus.

d) Wir können hier nicht warten. Wir müssen unbedingt weiterfahren.

e) Im Schutz eines Felsens können wir das Loch zulöten. Die Reparatur kostet uns wertvolle Zeit.

a) Führe bei jedem Satz schriftlich Umstellproben durch.

Markiere jeweils die Personalform des Verbs farbig. Was stellst du fest?

b) Verknüpfe nun die Sätze mit einer passenden nebenordnenden Konjunktion und schreibe sie auf. Überlege beim Aufschreiben, ob vor der Konjunktion ein Komma stehen muss.

c) Vergleiche die Sätze ohne Konjunktion mit denen, die durch eine Konjunktion verbunden sind. Wo steht jeweils die Personalform des Verbs?

3 Lies den Schluss des Berichtes („Ein steiler Berg ...“, S. 65, Zeile 142 ff.) noch einmal aufmerksam. Schreibe die Sätze heraus, bei denen du die verbindende Konjunktion streichen könntest. Markiere diese Konjunktionen farbig.

4 *a)* Erkläre diese Grafik:

[| 2. |] *und* [| 2. |], *aber* [| 2. |].

b) Bilde fünf **Satzreihen,** die zu diesem Schaubild passen. Dabei kannst du die vorgegebenen Konjunktionen auch durch die folgenden ersetzen:
und durch *oder,*
aber durch *sondern – denn – nur – jedoch.*

c) Schreibe die Satzreihen in dein Heft und markiere Konjunktionen, Kommas und Prädikate farbig.

d) Formuliere eine Regel für die Kommasetzung in Satzreihen.

5 An einer anderen Stelle ihres Berichtes schreibt Clärenore Stinnes (S. 60, Z. 4 f.):

Das tun wir dann auch, [*aber*] [*selbst*] *die Pferde haben große Schwierigkeiten ...*

aber ▼ Konjunktion – *selbst* ▼ Adverb

a) Erprobe, wie du in deinen Satzreihen der Aufgabe 4 *b)* die nebenordnende Konjunktion mit einem Adverb wie
auch – dennoch – trotzdem – zwar – dann – daher – doch
verbinden kannst.

b) Schreibe drei Beispiele auf.

6 *a)* Stell dir einmal vor, du befändest dich auf einer Reise durch Ägypten und dir passierte, was du auf dem Foto siehst. Wie würdest du in einem Brief nach Hause von dieser Reise berichten?

b) Dein Partner/Deine Partnerin soll nun deinen Bericht lesen, nebenordnende Konjunktionen unterstreichen und jeweils darauf achten, ob vor der Konjunktion ein Komma stehen muss.

1.2 Satzgefüge

1 Schreibe die folgenden Sätze (vgl. S. 58) ab und unterstreiche jeweils die Personalform des Verbs. Was beobachtest du?

a) Ein junger Mann ritt ein feuriges Pferd, dessen Körper vor Schweiß dampfte.

b) Die Kasachen sind berühmte Reiter.

c) Sie bezeichnen ihre Pferde als „Flügel".

d) Ein Stück weiter unten begegnete ich einer Gruppe von Kasachen, die ihr Sommerlager aufschlugen.

e) Viele saßen hoch zu Pferde.

f) Kleine Kinder saßen bei ihrem Vater auf dem Sattel, damit sie in dem allgemeinen Wirrwarr nicht zu Schaden kamen.

2 *a)* Sätze, die selbstständig stehen können, sind **Hauptsätze**. – Welche der Sätze, in denen du die Personalform unterstrichen hast, sind Hauptsätze?

b) Sätze, die von anderen Sätzen abhängig sind, nennt man **Nebensätze**. – Welche der Sätze, in denen du die Personalform des Verbs unterstrichen hast, sind Nebensätze?

3 Sätze, die aus einem selbstständigen Hauptsatz und einem oder mehreren unselbstständigen Nebensätzen zusammengesetzt worden sind, nennt man **Satzgefüge** (vgl. S. 355). An der „Nahtstelle", an der die Sätze zusammengefügt wurden, steht ein Komma.

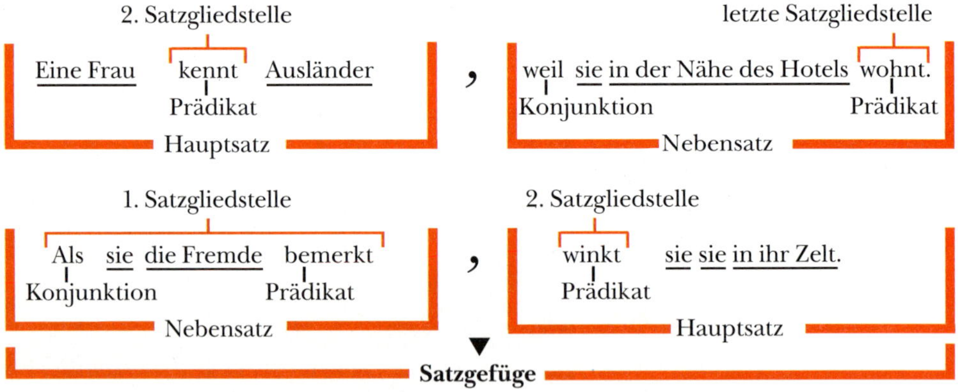

Übertrage die folgenden Sätze (vgl. den Text „Bei den Kasachen", S. 57ff.) mit weitem Zeilenabstand in dein Heft. Bezeichne sie wie in der Grafik oben gezeigt:

a) Sie goss Ziegenmilch in den Tee, was ihm einen salzigen Geschmack verlieh.

b) Während wir den salzigen Milchtee tranken, zeigte ich ihnen meine Fotos.

c) Ich ärgerte mich, dass ich kein Bild von einem westlichen Rotschopf dabeihatte.

d) Auf dem alten Ofen summte ein Kessel mit heißem Wasser, sodass jederzeit neuer Tee aufgebrüht werden kann.

e) Möglicherweise meistern die Nomaden ihre unsichere Existenz deshalb, weil sie nicht an die Illusion von Sicherheit glauben.

4 Fotoreporter Andreas berichtet von seiner letzten Reise:

a) Auf Sri Lanka erlebte ich, wie ein Schlangenbeschwörer arbeitet. Der kleine Kerl sprach mich an, als ich durch die Straßen schlenderte. Bevor ich ihm jedoch Geld gab, zeigte ich auf den runden Korb. Sobald er den Deckel abhob, schnellte die Kobra in die Höhe. Der Junge schlug mit der Hand gegen den Korb, was die Schlange noch mehr reizte. Weil ich Kobras gut kenne, näherte ich mich mit der Kamera der Schlange, wie dies wohl noch kein Fremder gewagt hat. Weil er mir diese Fotos ermöglichte, gab ich dem Jungen ein großzügiges Trinkgeld.

b) Das war auf Sri Lanka: Ich schlenderte durch die Straßen der Hauptstadt. Plötzlich spricht mich so ein kleiner Kerl an. Er möchte Geld haben. Auf dem Boden steht ein runder Korb und der Junge hebt den flachen Deckel ab. Sofort schnellt eine Kobra in die Höhe. Da schlägt der Junge mit der Hand gegen den Korb. Das reizt die Schlange noch mehr. Ich kenne Kobras gut. Also nähere ich mich ihr mit der Kamera. So hat das ein Fremder wohl noch nicht gewagt. Dem Jungen gebe ich ein großzügiges Trinkgeld. Immerhin hat er mir diese Fotos ermöglicht.

a) Lies die beiden Texte aufmerksam. Einer ist entstanden, als Herr Andreas Freunden die Fotos von seiner letzten Reise zeigte, den anderen hat er für die Zeitschrift geschrieben, die seine Fotos abgedruckt hat. Ordne zu und begründe deine Zuordnung.
b) Untersuche, wie in den beiden Texten die Sätze gebaut sind.

5 Stell dir folgende Situationen vor:

a) Du reist mit Schlittenhunden durch die Arktis.

b) Du wanderst durch Nepal.

c) Du segelst mit einem Boot um die Welt.

d) Du fliegst mit einem Heißluftballon über die Alpen.

e) Du fährst mit einem Motorrad durch die Sahara.

a) Wähle eine Reise aus und erzähle deiner Gruppe von deinem erfundenen Erlebnis. Nehmt diese Erzählung mit einem Kassettenrekorder auf.

b) Stellt die Erzählungen für die Klassenzeitung zusammen unter dem Titel „Die abenteuerlichen Reisen der Klasse 7a".

c) Vergleicht jeweils die Tonbandaufnahme mit dem geschriebenen Bericht. In welchem Text sind häufiger Satzgefüge enthalten? Versucht auch eure Beobachtung zu erklären.

2. Nebensätze: Attribut- und Gliedsätze

2.1 Attribute

Attribute informieren genauer:

a) Ch. Dodwell, ▲ beschreibt die Frauen ▲
eine Engländerin, im Hochland von Pamir.

b) Ihre ▲ Haare hatten sie zu Zöpfen geflochten.
langen, schwarzen

c) Sie trugen Ketten und Ohrringe ▲
aus ▲ Perlen und Korallen.
roten

d) Die Füße ▲ steckten in ▲ Strümpfen.
ihrer Babys gefütterten

Schreibe die Sätze in dein Heft und bezeichne genau, welche Attributart sie jeweils enthalten.

2.2 Relativsatz: Attributsatz

1 Umfangreiche Attribute werden oft als eigener Satz formuliert: **Attributsatz**.

Ihre Kleidung bestand aus Jacken, die mit Pferdehaar und Wolle wattiert waren.

Hauptsatz — Attributsatz

Sie bestand aus roten Lederstiefeln, deren Spitzen sich nach oben bogen.

Schreibe aus dem Text „Bei den Kasachen“ (S. 57, Zeile 5 bis 15) alle Satzgefüge heraus, die aus Hauptsatz und Attributsatz bestehen. Nach der Art der Verknüpfung nennt man diese Attributsätze **Relativsätze**.
Unterstreiche den Hauptsatz jeweils schwarz, den Relativsatz rot, das Relativpronomen markiere gelb.

2 Formuliere die folgenden Satzpaare zu Satzgefügen – Hauptsatz und Relativsatz – um:
a) Die Frauen luden die Engländerin zum Tee ein. Sie wohnten in einem Zelt.
b) Sie sind Kasachen. Die Kasachen gehörten einst zur Goldenen Horde und sind jetzt ein selbstständiges Nomadenvolk.
c) Das Zelt war mit Tauen und einem gitterartigen Holzgerüst gesichert. In dem Zelt lebte Bentilasch.
d) Die Zeltwände waren mit Teppichen geschmückt. Die Teppiche waren mit roten, schwarzen und gelben Blumenmustern versehen.

2.3 Andere Relativsätze

1 *a)* Ersetze das Einleitewort dieses Relativsatzes durch „was“. Wie verändert sich die Aussage?

Das Mädchen fügte etwas saure Ziegenmilch hinzu,

die dem Tee einen salzigen Geschmack verlieh.

Erprobe diese beiden Möglichkeiten auch in den folgenden Sätzen:

a) Er erzählte eine Geschichte, ... uns sehr beeindruckte. / ... uns sehr beeindruckte.

b) Sie hatte einen reichen Onkel, ... uns nicht interessierte. / ... uns nicht interessierte.

c) Die Frau trug auch bei der Arbeit eine Kette, ... mir gut gefiel. / ... mir gut gefiel.

b) Schreibe die beiden jeweils möglichen Satzgefüge in dein Heft. Markiere jeweils mit Farbstift, worauf sich das Einleitewort des Nebensatzes bezieht. Formuliere, was dir dabei auffällt.

2 *a)* Schreibe die folgenden Satzgefüge in dein Heft. Markiere die Einleitewörter der Nebensätze, die sich auf Substantive im Hauptsatz beziehen, gelb, solche, die sich auf den ganzen Hauptsatz beziehen, blau.

a) Wir ritten in schnellem Galopp ins Lager, wodurch wir ziemlich außer Atem gerieten.
b) Bei Einbruch der Dunkelheit wurde ein Feuer gemacht, das nur qualmte.
c) Die erlegten Bisons wurden sofort zerlegt, was eine anstrengende Arbeit war.
d) Mitten in der Nacht ging ich endlich in mein Zelt, wobei ich beinahe auf eine Klapperschlange getreten wäre.
e) Sie lag eingerollt auf einem Stein, den die Sonne tagsüber erwärmt hatte.

b) Formuliere diese Satzgefüge zu Hauptsätzen um. Was geschieht mit den Einleitewörtern? Beschreibe, was du dabei feststellst.

Nebensätze, die sich wie ein Attribut auf ein *Bezugswort* im Hauptsatz beziehen, meistens auf ein Substantiv, nennt man **Attributsätze**. Diese Attributsätze sind **Relativsätze**. Ihre Einleitewörter sind **Relativpronomen**: *welcher, welche, welches; der, die, das; wer, was.*

Nebensätze, die sich auf den ganzen Hauptsatz beziehen, nennt man ebenfalls **Relativsätze**; ihre Einleitewörter können **Relativpronomen** sein, z. B. *was, wer,* oder **Relativadverbien**, z. B. *wobei, wodurch, worin, woher, worüber.*

2.4 Nebensätze anstelle von Satzgliedern: Gliedsätze

1 Im Text „Zwei verschiedene Welten" (S. 67 ff.) berichtet Isolde Altendorf:

| Die Deutschen schauen nach |, | ob die Blumen schon wachsen. |

| Sie bestätigen sich gegenseitig |, | dass es nun Frühling werde. |

a) Erkläre die grafische Bezeichnung der Sätze. Worüber gibt der „Neben"satz jeweils Auskunft?

b) Übertrage die folgenden Sätze aus diesem Text in dein Heft und bezeichne sie entsprechend:

a) So einigen wir uns, dass Schnee so etwas Ähnliches ist wie die kleinen Eisbröckchen.
b) Ich verstand, dass man durchaus pünktlich sein wollte.
c) Später begriff ich, dass hinter diesem Verhalten viel Nächstenliebe steckt.
d) Ich wusste genau, dass der Besuch nicht pünktlich erscheinen würde.
e) Ich spüre, dass ich in diesem Land immer eine Außenseiterin bleiben werde.

c) Lies die Satzgefüge ohne den jeweiligen Nebensatz. Was stellst du fest?

2 Es gibt auch Nebensätze, die sich auf den verbalen Teil des Satzes beziehen und an der Stelle von Satzgliedern stehen. Man nennt sie deshalb **Gliedsätze**. Sie können mit „ob" und „dass" eingeleitet sein.

Formuliere die folgenden Satzpaare als Satzgefüge. Entscheide, welche der beiden Aussagen im Gliedsatz stehen soll, den du mit „dass" oder „ob" anschließen kannst.

a) Jetzt steht es fest. Wir fahren in den Ferien nach Frankreich.

b) Wir wissen es noch nicht. Wir fahren mit dem Auto oder dem Zug.

c) Alle freuen sich. Mutters Freundin fährt auch mit.

d) Sie sorgt dafür. Wir haben dauernd etwas zu lachen.

e) Dann ist es auch egal. Das Wetter ist schön.

3 Schreibe aus den folgenden Texten die Satzgefüge heraus, bei denen der wichtigere Teil der Gesamtaussage im Nebensatz steht. Markiere diese Nebensätze und das Einleitungswort farbig. Um welche Wortart handelt es sich dabei?

a) Ein kleiner Amerikaner kam aus dem Kindergarten nach Hause. Er fragte seine Mutter, ob er am nächsten Tag seinen Freund Jimmy mitbringen dürfe. Die Mutter erlaubte es gleich. Etwas später fragte sie nach Jimmys Hautfarbe. „Ich weiß nicht, ob Jimmy weiß oder schwarz ist. Aber morgen sehe ich ihn, dann kann ich es dir sagen", antwortete der Sohn. (nach: Haben Kinder Vorurteile? Südkurier Verlag, Konstanz, 22. 6. 1974)

b) Man erzählt sich, dass ein Indianer zu einer Bank in der Stadt ging. Er wollte sich Geld leihen. Der Bankangestellte sagte: „Sie wissen, dass Sie uns eine Sicherheit bieten müssen." Nach längerem Überlegen bot der Indianer seine 500 Pferde als Sicherheit an. Ein Jahr später zahlte er das Geld und die Zinsen zurück. Der Bankangestellte sah, dass der Indianer noch mehr Bargeld bei sich hatte. „Wollen Sie das Geld nicht bei uns einzahlen? Dann wissen Sie, dass Sie immer ein Guthaben in der Stadt haben." Der Indianer willigte ein. Doch als der Angestellte nach dem Geld greifen wollte, sagte er: „Haben Sie eigentlich auch Pferde?"

(nach: *F. Hetmann,* Wildwest-Show. Verlag Beltz & Gelberg, Weinheim 1973)

4 Vor über hundert Jahren unternahm der Prinz zu Wied eine Forschungsreise zu den Indianern im Missouri-Gebiet. Nach dem Erlebnis einer Bisonjagd berichtet er:

Einige unserer Indianer, die im Spurenlesen kundig waren, hatten Anzeichen dafür beobachtet, dass unsere Jagdexkursion von einer Kriegspartei entdeckt worden war. Wir schwangen uns unverzüglich auf die Pferde und legten einen Umweg, auf dem wir die feindlichen Indianer nicht zu treffen glaubten, in gestrecktem Galopp zurück, wodurch wir ziemlich außer Atem am Ufer gegenüber dem Fort ankamen. Beim abendlichen Kaminfeuer erfuhren wir, dass Assiniboin-Indianer in der Gegend waren. Ob es sich dabei um unsere Verfolger handelte, konnte nicht festgestellt werden.

(aus: Die Reise des Prinzen Wied zu den Indianern. Hg. und bearbeitet von W. Hansen. W. Ludwig Verlag, Pfaffenhofen/Ilm 1977; Knaur Taschenbuch Nr. 544)

Übertrage den Text in dein Heft. Unterstreiche Relativsätze grün, Gliedsätze blau.

Dritter Arbeitskreis: Die Welt im Bild

Ein Erkundungsprojekt: Fotografie im Alltag

Zur Lösung der Aufgaben in dem folgenden Erkundungsprojekt könnt ihr Gruppen bilden. Ihre Ergebnisse stellen die Gruppen auf einer Wandzeitung zusammen.

1 Welche Rolle spielt Fotografie in unserem Alltag heute?
Denkt z. B. an Folgendes:
- Wer fotografiert?
- Bei welchen Anlässen wird fotografiert?
- Wie geht man mit den Bildern um?

2 Sichtet zu Hause, bei Freunden und Verwandten Fotoalben und Fotokisten. Folgende Fragen können beim Ordnen der Funde hilfreich sein:
- Bei welchen Anlässen wird (wurde) fotografiert?
- Was wurde alles fotografiert (Motive, Themen)?
- Was wird nie oder nur selten fotografiert?
- Welchem Zweck dienen die Fotos / sollen sie dienen?
- Wie wurde fotografiert?
  Beachtet Einzelheiten auf Fotos, z. B. die Haltung von Personen sowie die Anordnung von Personen und Gegenständen.

3 Welche Rolle spielen Fotos in der Öffentlichkeit unserer Straßen und Plätze? Dabei kommt es darauf an zu beobachten,
- wo man auf Fotos trifft,
- welcher Art von Fotos man begegnet,
- welchen Zwecken diese Fotos dienen,
- in welchen Umgebungen diese Fotos auftreten.

4 Untersucht auch, für welche Zwecke Fotos in den verschiedenen Medien genutzt werden. Denkt dabei an Bücher, Zeitschriften, Zeitungen, auch an das Fernsehen. Unterscheidet aber zwischen Filmen und Fotos und den Aufgaben, die sie im öffentlichen Leben erfüllen.

5 Findet für eure Wandzeitung eine Überschrift, die zum Betrachten und Lesen einlädt.

Werner Kirst Tipps für Reporter

Reporterin Hannelore: „An jeder Ecke gibt es Stoff für neue Reportagen. Augen auf und Finger drauf!“

„Ich finde meine kleine Schwester wirklich recht putzig und ich habe sie auch sehr lieb. Das ist aber kein Grund dafür, dass ich sie nun in allen Lebenslagen fotografiere. Auf der Suche nach interessanten Motiven bin ich auf die Idee gekommen richtige Reportagen aufzunehmen. Ich weiß noch genau, wie das war, als ich diese Idee hatte. Das Wort Reportage spukte in meinem Kopf – ich wusste aber nicht so recht, wie man eine Reportage macht. Daraufhin wühlte ich Stapel von Illustrierten durch. Ich schaute mir alle möglichen Arten von Fotoreportagen an. Ich bin aber nicht dahinter gekommen, ob es für eine Illustriertenreportage bestimmte Richtlinien gibt. Es gibt sie sicher. Ich habe nun aber meine eigenen gefunden. Tante Sonja brachte mich auf die Idee. Tante Sonja ist Polin und war vor einem Jahr zum ersten Mal bei uns zu Besuch. Ich hatte Tante Sonja bis dahin überhaupt noch nicht gesehen.

Für diese Reportage habe ich mir vorsichtshalber drei Kassetten mit je zwölf Aufnahmen zusammengespart. Mit drei Kassetten in Reserve (in der Anoraktasche) und fünf X-Blitzwürfeln zog ich mit Familie zum Bahnhof. 20.12 Uhr sollte der Zug ankommen. Ich machte mein erstes Bild. Gesamtansicht vom Bahnhof mit Normaluhr ganz nah im Vordergrund (damit sie auch vom Blitzlicht noch beleuchtet wurde) beim Stand von 20.12 Uhr. Der Zug rollte pünktlich ein. Also – ich will es kurz machen. Hier sind der Reihe nach meine Reportagebilder:

Familie voller Erwartung vor dem Zug stehend, der am Bahnsteig einläuft.

Tante Sonja mit knallgrünem Strohhut steigt aus dem Zug.

Meine Mutti und Tante Sonja (sind Schwestern) umarmen sich, mit Tränen natürlich. Habe ich hemmungslos fotografiert.

Die beiden Schwestern laufen Hand in Hand (wie kleine Mädchen) über den Bahnsteig. Papi mit den schweren Koffern hinterher.

Am nächsten Morgen beim Frühstück habe ich mir gedacht, das ist die erste gemeinsame Mahlzeit. So etwas muss man in einem Bild festhalten.

Wir sind mit Tante Sonja in die Berge gefahren, an bayerische Seen und auf ein Volksfest. Und meine Kamera war immer dabei, selbstverständlich. Tante Sonja blieb sechs Wochen. Meine drei Kassetten reichten natürlich nicht aus. Aber mein Papa sah, wie wichtig meine Reportage war, stiftete noch zwei dazu und bezahlte auch die Entwicklung aller Schwarzweißaufnahmen.

Meine letzten Bilder zeigten Tante Sonja beim Klavierspielen bei uns zu Hause und dann wieder beim (tränenreichen!!) Abschied auf dem Bahnhof. Das war frühmorgens: 6.30 Uhr. Ich brauchte nicht zu blitzen. Das Licht reichte aus.

Letztes Bild meiner Reportage: Zug mit der winkenden Tante Sonja fährt aus dem Bahnhof. Meine Familie (angeschnitten) im Vordergrund mit Tüchern winkend.

So – von den besten Fotos habe ich zwei Abzüge machen lassen. Dann habe ich mir zwei Fotoalben selbst gebastelt und die Bilder hineingeklebt. Und neben jedes Bild habe ich auch einen Text (mit Schreibmaschine) geschrieben: Datum und was auf dem Bild passiert. Meine Eltern fanden das alles sehr dufte und der Dankesbrief für das Album von Tante Sonja direkt aus Polen war neun handgeschriebene Seiten lang.

‚Tante Sonja' war meine längste Reportage, genau 64 Bilder lang. Aber Tante Sonja aus Polen war auch etwas ganz Besonderes.

Meine letzte Reportage hatte zum Beispiel nur fünf Bilder. In unserem Viertel wurde von der Gemeinde der Sperrmüll abgefahren. Wir hatten einen alten Sessel vor die Tür gestellt. Hinter unserer Eingangsmauer konnte ich mich prima mit der Kamera verstecken. Vier verschiedene [Leute] probierten den Sessel aus. Der Letzte kam mit einem alten VW-Bus wieder zurück und lud unseren Sessel auf.

Geschichten wie diese gibt es ja jeden Tag. Du brauchst gar nicht zum Bahnhof oder auf den Markt zu gehen. Vor eurem Haus passiert bestimmt genug. Man muss nur ein bisschen aufpassen, eben mit Fotografenaugen schauen."

Hannelore hat noch eine Reportage zu einem anderen Thema gemacht:

① Das ist der Fischmarkt in einer norwegischen Kleinstadt.

② Die Stände werden aufgebaut.

⑤ Detailfotos sind wichtig. Bei jeder Reportage musst du genau zeigen, worum es geht. Hier geht es um den Fisch und seine Käufer.

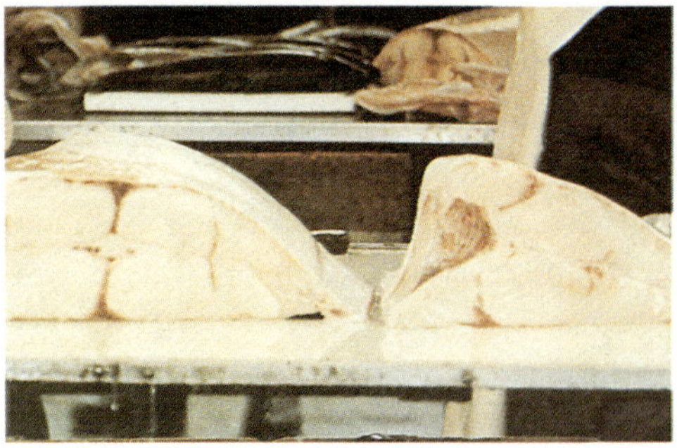

1 Seht euch Hannelores Fotoreportage auf den Seiten 100 und 101 an und versucht selbst eine zu machen.

- Wie geht ihr dabei vor?
- Welches Thema wählt ihr?
- Wie baut ihr eure Bildreportage auf, damit sie für den Betrachter informativ und abwechslungsreich zugleich ist?
- Welche technischen Mittel setzt ihr ein?

2 Schreibt einen Bericht über die Erfahrungen, die ihr bei der Arbeit an der Fotoreportage gemacht habt.

③ Targe liefert den Fisch.

④ Eric schreibt inzwischen das Preisschild.

⑥ Frau Erikson kauft zwei Pfund Stör.

⑦ Um 14 Uhr wird der Fischmarkt geschlossen, Jansson baut seinen Stand ab.

Bilder und Bildunterschriften

Fotos in Zeitungen oder Zeitschriften haben häufig Bildunterschriften, die Aussagen zu dem machen, was auf dem Foto abgebildet ist.

Je nach eigenem Interesse kann der Verfasser einer Bildunterschrift mit seiner Formulierung die Aussage des Fotos beeinflussen.

Im Magazin „Der Spiegel“ erschien vor der Wiedervereinigung Deutschlands folgender Beitrag:

Helmut Körper, Schlosser aus Woltersdorf, DDR, erhielt eine „Berichtigung“ in der *Bunten.* Die hatte Anfang Oktober zu einem Foto (kleines Bild im Ausriss) von einer Demonstration in Ost-Berlin gedichtet: „Ein Geheimpolizist hält seinen Schlagstock bereit, der Elektroschläge versetzt.“ In der Ausgabe der vergangenen Woche gab sich der vermeintliche Stasi-Mann als Demonstrant zu erkennen. Auch der Elektrostab erwies sich als harmlos. Körper: „Auf dem Foto halte ich keinen Schlagstock, sondern meinen Regenschirm.“

1 Was ist auf dem unteren Foto abgebildet? Findet selbst Unterschriften zu diesem Foto und stellt fest, wie sich die Aussage jeweils verändert.

2 Macht weitere Versuche mit Unterschriften zu Bildern in Zeitungen und Zeitschriften und erklärt euch gegenseitig Absicht und Wirkung.

Gisèle Freund Vollkommener Fotojournalismus

Am 5. Februar 1965 konnten 35 Millionen Amerikaner (zu jener Zeit hatte *Life*[1] eine Auflage von ungefähr 7 Millionen Exemplaren) zweiundzwanzigeinhalb Seiten, davon zwanzig in Farbe, von Winston Churchills Begräbnis betrachten. Für diesen Bericht brauchte man siebzehn Fotografen und über vierzig Journalisten und Techniker, ein Dutzend Motorradfahrer, zwei Hubschrauber und ein Flugzeug. Bereits zwei Jahre zuvor hatte ein Dokumentalist[2] eine streng vertrauliche Liste mit allem, was beim Tode Churchills geschehen würde, aufgestellt: Art der Feierlichkeiten, Ort der Feierlichkeiten, Verlauf des Trauerzugs, Begräbnisstelle und Tag des Begräbnisses, der mit 90-prozentiger Wahrscheinlichkeit ein Samstag sein würde. Man stellte eine Liste der Wohnungen auf, von deren Fenstern die Fotografen in Ruhe arbeiten konnten, und sobald Churchill krank wurde, wurden sie gemietet. Normalerweise war bei *Life*, das montags erschien, am Mittwochabend Redaktionsschluss[3]. Doch diesmal richtete man es so ein, dass man mit dem Druck der Nummer bis zum Samstag wartete. Die Auslieferung sollte diesmal ausnahmsweise auf dem Luftweg und nicht, wie üblich, auf dem Landweg erfolgen. Dem alten Krieger blieb nichts anderes mehr übrig als zu sterben.

Wie vorhergesehen findet die Beerdigung an einem Samstag statt. Jeder Fotograf ist auf seinem Posten. Die belichteten Filme werden an fünf Stellen eingesammelt: Westminster Hall, Saint Paul, Trafalgar Square, Landungsbrücke an der Themse und Bladon, wo die Beerdigung stattfinden wird. Seit zwei Wochen sind die Fensterplätze von drei kleinen Häusern, die direkt am Friedhof liegen, gemietet, und 48 Stunden bevor bekannt gegeben wird, dass dort nicht fotografiert werden darf, warten dort bereits drei Fotografen. (*Life* veröffentlicht ihre Fotos nicht.)

Motorradfahrer bringen die belichteten Filme zum Flughafen, wo ein gechartertes Flugzeug wartet. Im Innern hat man es in ein Redaktionszimmer mit Tischen und Schreibmaschinen verwandelt. Ein Labor ist im vorderen Teil des Flugzeugs installiert worden und ein spezielles Stromnetz steht dafür zur Verfügung. Auch ein großer Tisch ist vorhanden, damit die Fotos für das *Lay-out*[4] ausgelegt werden können, außerdem Lichttische zur besseren Beurteilung der Farbfotos. Eine kleine Bibliothek mit den zehn Bänden der Werke Churchills steht den Journalisten zur Verfügung.

Das Flugzeug war am Vorabend in New York gestartet. An Bord befanden sich vierzig Redaktionsmitglieder und unter ihnen sechs Spezialisten, die die siebzig Farbfilme entwickeln werden. Das Flugzeug braucht etwas mehr als neun Stunden um die 8500 Kilometer zwischen London und Chicago zurückzulegen, wo sich die Druckerei von *Life* befindet. Die Wahl der Dokumente, die Einrichtung der Seiten und die ausführlichen Texte, die sie begleiten sollen,

1 *Life:* amerikanische Illustrierte
2 *Dokumentalist:* jemand, der nach einer wissenschaftlichen Fachausbildung in einer Spezialbibliothek tätig ist
3 *Redaktionsschluss:* Zeitpunkt, bis zu dem eingehende Nachrichten und Beiträge für die nächste Nummer angenommen werden
4 *Lay-out:* Buch- oder Zeitungsseitengestaltung

werden während des Flugs vorbereitet. Um verzögernden Winden auszuweichen steuert das Flugzeug nördliche Richtung an und fliegt direkt unter dem Polarkreis. Eine Seite nach der anderen wird umbrochen[5], und als der Michigansee auftaucht, an dessen Ufer Chicago liegt, ist die Arbeit beendet. Die Kosten dieser Reportage belaufen sich auf 250000 Dollar. „Unsere Leser sind die Ersten, die davon profitieren", schreibt der Herausgeber. „Dieser Modellfall hat gezeigt, dass alle Glieder der Kette, die vom Ereignis zum Leser führen, funktionierten."

1 Wie beurteilst du diesen Erfolg?

2 Welche Überschriften würdest du den einzelnen Abschnitten geben? Notiere sie. Was lässt sich über den Aufbau dieses Textes sagen?

Gisèle Freund Fotos als Massenware

1852 oder 1853 tauchte in Paris ein Mann auf, dem es glückte, die Entwicklung der Fotografie entscheidend zu verändern. Ein neues fotografisches Atelier öffnete seine Pforten mitten im Zentrum von Paris, Boulevard des Italiens No. 8. Ein Mann namens Disdéri hatte sich dort niedergelassen. Nie vorher hatte man seinen Namen in Paris gehört. Er war in Genua geboren und der Sohn eines Tuchmachers. Sehr jung wanderte er nach Paris aus, welches in den Gründerjahren[1] gute Aufstiegsmöglichkeiten versprach. Seine Zeitgenossen erzählen von ihm, dass er kaum über die nötigste Elementarbildung verfügte. Doch ohne Zweifel war er mit praktischer Intelligenz und Wirklichkeitssinn begabt. Mit diesen Fähigkeiten hätte er in jenen Zeiten der Prosperität[2] mit gleichem Erfolg sicher auch irgendeinen anderen Artikel als gerade die Fotografie „fabrizieren" können. Die Fotografie jedoch schien ihm eine besonders gute Quelle des Gelderwerbs zu sein.
Disdéri hatte die Bekanntschaft des Zeichners Chandellier gemacht, der gerade von einem alten Onkel, einem Landgeistlichen, 80 000 frs[3] geerbt hatte. Er verschaffte sich von ihm das Geld um damit ein großzügiges Atelier einzurichten.
Es war Zufall, dass gerade Disdéri die entscheidende Umstellung des fotografischen Gewerbes verursachte. Die Verbesserung, die er einführte, lag in der Luft. Er hatte als Erster mit richtigem Instinkt erkannt, was den Zeitverhältnissen entsprechen musste.
Er sah: Die Fotografie ist wegen ihrer Kostspieligkeit nur wenigen wohlhabenden Leuten zugänglich. Diese Kostspieligkeit wird verursacht einerseits durch das große Format; außerdem erlaubte die Metallplatte keine Abzüge. Die besonderen Schwierigkeiten bei der

5 *umbrechen:* Texte und Bilder auf Buch- oder Zeitungsseiten verteilen und dort anordnen

1 *Gründerjahre:* Zeit wirtschaftlichen Wohlstandes, in der viel gebaut wurde und viele Fabriken entstanden (etwa 1860–1890)
2 *Prosperität:* Wohlstand
3 *80 000 frs:* heute mehrere Millionen Deutsche Mark

André A. E. Disdéri Cartes de visite (nach 1854)

Bearbeitung der Metallplatte und das große Format nahmen zu viel Mühe und Zeit in Anspruch, sodass der Fotograf entsprechend hohe Preise nehmen musste. Da er meist ohne Hilfskräfte arbeitete, konnte er auch nur eine begrenzte Anzahl von Aufnahmen liefern. Disdéri erfasste alle diese Mängel und erkannte, dass man es im fotografischen Gewerbe nur zu etwas bringen konnte, wenn es gelänge, den Auftraggeberkreis zu vergrößern und die Porträtaufträge[4] zu steigern. Dies konnte man aber nur, wenn man sich auf die ökonomischen Verhältnisse der Massenschichten umstellte. Und so kam Disdéri auf einen genialen Einfall.

4 *Porträtaufträge:* Man wollte damals vor allem Fotos von Personen haben. Für viele waren Gemälde der Braut, der Eltern, der Kinder zu teuer.

Er verkleinerte das Format. Er erfand die *carte de visite*[5], deren Maß ungefähr unserem heutigen 6×9-cm-Format entspricht. An die Stelle der Metallplatte setzte er das Glasnegativ, das bereits erfunden war, und so konnte er für den fünften Teil des bis dahin üblichen Preises eine Aufnahme mit einem Dutzend Abzügen liefern. Disdéri verlangte ungefähr 20 frs, wo man bislang 50 bis 100 frs für eine einzige Aufnahme bezahlt hatte. Indem er die Proportionen und den Preis des fotografischen Porträts umgestürzt hatte, begann Disdéri die Fotografie endgültig populär zu machen. Das, was sich bis dahin nur der Adlige und der reiche Bürger leisten konnte, wurde nun auch für die neu aufsteigenden Schichten des Bürgertums erschwinglich.[6] Das Bedürfnis der sparsamen Bürger, sich den oberen Schichten anzugleichen, hatte zur Beschleunigung der technischen Entwicklung eines Gewerbezweiges geführt.

Disdéri begann eine wahre Mode des fotografischen Porträts zu kreieren. Ein ganz besonderer und unerwarteter Umstand gab dieser noch einen weiteren Aufschwung. Als Napoleon III. am 10. Mai 1859 mit großem Pomp an der Spitze des Armeekorps, das zum italienischen Feldzug[7] auszog, durch die Boulevards von Paris ritt, hielt er plötzlich vor dem Hause des Fotografen Disdéri um sich fotografieren zu lassen, und hinter ihm wartete die gesamte Armee, dem Range nach aufgestellt, Gewehr im Arm, bis der Fotograf das Bild des Kaisers hergestellt hatte. Von diesem Augenblick an fand die Begeisterung für Disdéri keine Grenzen mehr. Die ganze Welt kannte seinen Namen und den Weg zu seinem Hause.

Die unabsehbare Reihe der Kunden, die jetzt vor seinem Objektiv vorbeidefilierte[8], brachte ihm Millionen ein. Die Kamera hatte das Porträt endgültig demokratisiert[9]. Künstler, Gelehrte, Staatsmänner, Beamte, Angestellte, Bankbesitzer, Kaufleute, Händler, vor der Kamera sind sie alle gleich. Sie macht keinen Unterschied zwischen dem Kaiser von Frankreich und dem untersten Funktionär[10] des Staates. Vor der Kamera waren die Klassenunterschiede innerhalb der verschiedenen Schichten des Bürgertums aufgehoben. Repräsentations- und Angleichungsbedürfnis der unteren Schichten waren damit gleichermaßen befriedigt.

1 „... vor der Kamera sind sie alle gleich." Erkläre, in welchem Sinn dieser Satz richtig ist.

2 Um welche Art von Text handelt es sich bei den Texten von Gisèle Freund? Erkläre, an welchen Merkmalen man solche Texte erkennt.

3 Welche zusammengesetzten Wörter kommen in den Texten von Gisèle Freund vor? Notiere Beispiele, an denen du zeigen kannst, wofür man zusammengesetzte Wörter braucht.

5 *Carte de visite:* Visitenkarte
6 In Zeiten des Wohlstandes wurden auch Handwerker und Angestellte vermögend.
7 *italienischer Feldzug:* Krieg Frankreichs gegen Italien
8 *defilieren:* feierlich an jemandem (einer hoch gestellten Persönlichkeit) vorbeiziehen
9 *demokratisiert* hier im Sinne von: allen zugänglich gemacht
10 *Funktionär* hier im Sinne von: Beamter

Alfred Cordes Der erste Fotoapparat

In seinem Buch „Caspar Coppenrath“, das in den Jahren nach dem Zweiten Weltkrieg spielt, erzählt Alfred Cordes den Roman eines Menschen, in dessen Leben die Fotografie eine große Bedeutung hat. Nach einem Ausflug ereignete sich Folgendes:

Mit seinem neuen Opel Kapitän brachte Onkel Edwin sie nach Osnabrück zurück. Als sie vor dem Bekleidungshaus ausstiegen, hielt der Onkel Caspar am Arm und machte ein Gesicht des Erinnerns, spielte Schreck und Freude, wie man sie gleichzeitig empfindet, wenn einem etwas Wichtiges in allerletzter Sekunde einfällt.
„Hattest du nicht Geburtstag?“
Caspar nickte.
„Und wie alt bist du geworden?“
„Zehn Jahre.“
„Und kann es sein, dass du eine Aufnahmeprüfung bestanden hast?“
Caspar nickte wieder. „Fürs Gymnasium.“
„Herrje!“, lachte da der Onkel und fuhr mit der Hand über seine Stoppelhaare, „der Knabe wächst, die Zeit vergeht, jetzt besucht er bald schon das ehrwürdige Carolinum, den stolzen Hort abendländischer Kultur!“
Und lachend kramte er ein Paket hervor, ein würfelförmiges, in braunes Packpapier gewickeltes Paket, gab es dem Jungen und stupste ihm noch vor die Nase. „Schmeiß es nicht hin, Caspar! Ist für den runden Geburtstag und die bestandene Aufnahmeprüfung!“
Damit ließ er den Motor an, winkte den anderen noch einmal zu und fuhr davon.
„Danke“, sagte Caspar.

Einen Fotoapparat, eine einäugige Spiegelreflexkamera, ein fortschrittliches und kostspieliges Gerät [...], ein Kunstwerk der Technik, ein Juwel der Optik, einen Schatz, den nach Auskunft des Fotografen Koltzenburg nicht einmal ein Dutzend Personen in der Stadt besaß, [...] hatte der Caspar vom Onkel Edwin geschenkt bekommen.
Aus dem braunen Packpapier und dem grünweißen Karton befreit, hatte sie auf dem Küchentisch gestanden, schwarz und silbern, und fassungslos vor Glück hatte Caspar sie nicht anfassen mögen. Obwohl er von Fotoapparaten nicht mehr verstand, als dass man durch sie hindurchschauen und dementsprechende Bilder machen konnte, hatte er den ungeheuerlichen Wert der Kamera sofort erkannt. Die Eltern schienen beinahe erschrocken, und als das Kind die Kostbarkeit zum ersten Mal berühren wollte, traten sie mahnend hinzu: „Mach nur nichts kaputt, Caspar!“
Er nahm seinen Fotoapparat, trug ihn in den Flur vor den Garderobenspiegel, hob ihn an das rechte Auge und sah erstmalig durch die Linse: sich selbst mit der Kamera.
Das Auge der Kamera wurde sein eigenes, das Festhalten und das Springen mit der

Brennweite waren seine Augenübungen, und lange Zeit machte er kein einziges Foto, verglich nur die Sichtweise der Kamera mit den alten Ansichten, lief all das ab, was er in der Stadt gesehen, festgehalten und gezeichnet hatte.
Das erste Foto machte er vom Erkerfenster aus: die Turmuhr von St. Johann. Als er es später schwarzweiß in Händen hielt und lange die Zeiger betrachtete, da sagte er schließlich zu sich: „Eine Fotografie macht alles unbeweglich."
Unter einem Vorwand schlich er sich ins Marienhospital, fotografierte aus seinem alten Krankenzimmer den Ausblick, den er vom Bett aus gehabt hatte, knipste eine Serie vom Eckpfeiler aus, den Lüerschen Torbogen und die elterlichen Arkaden, die Kreuzkapelle und das letzte Pferdegespann. Alles, was er in der Kindheit gesehen hatte, hielt er wie besessen in schwarzweißen Abbildern fest, klebte die Lorentzensche Praxis, die Hasebrücke am Pernickelturm und die mit Taschen vom Markt kommenden Frauen in sein Weltenbuch, gab jedem Bild eine Bezeichnung und sammelte so Seite für Seite das, was er in der Vergangenheit gesehen und gezeichnet hatte. Manches war nicht mehr erreichbar: der ausgebrannte Lastwagen am Natruper-Tor-Wall und das halbierte Haus der Großtante von Polleisen.

Gute Fotografien, das erkannte Caspar bald, erzählten die Geschichten selbst.
Im Wohnzimmer zog er die Schublade mit den Familienfotos hervor, kippte sie auf den Tisch und begann sie auf zwei Seiten zu sortieren. Auf die linke Seite kam, was zeigte, wie etwas war: das Elternhaus vor dem Kriege, der einarmige Tuchhändler mit seiner Frau auf der Bank im Garten, der Bruder Carl im Kinderwagen mit einer weißen, gestrickten Mütze, der Vater im Geschäft mit der Hand auf der Kasse. Auf die rechte Seite kam, das zeigte, was geschehen war: der Opa Maler vor den weiß blitzenden Resten des Kirschbaumes, den eine englische Granate zerschmettert hatte, die Mutter im selben Garten unter demselben Baum mit ihren Brüdern, lachend und Gläser haltend, der Edwin, das Hakenkreuz am Arm, der Josef, die Schülermütze des Carolinums auf dem Kopf, Onkel Helmut als Ruderer auf dem Stichkanal, außer Atem mit einem Lorbeerkranz, ein verbeultes Lieferauto an der Ecke des Handelshauses Lüer.
Caspar dachte sich zu den Bildern passende Geschichten, manchmal kam die Mutter dazu, setzte sich an seine Seite und erzählte, was wirklich zu den Fotografien gehörte, erzählte von der Fronleichnamsprozession 1936, tippte mit der Fingerspitze auf den kahlen Schädel des Dechanten[1] Sandmann, der wenige Tage später auf dem Adolf-Hitler-Platz von einem Lastwagen totgefahren worden war, einem Lastwagen im Übrigen, der zum Möbelhaus Wieskowsky gehörte, und der alte Wieskowsky, dessen Bruder hatte einen Schwiegersohn, der aus der Familie Sandmann stammte. Also war der verunglückte Dechant beinahe mit dem verwandt gewesen, der ihn eingangs der Großen Straße mit der mächtigen Stoßstange in den Rücken getroffen und fast bis zum Spielwarengeschäft Deneke mitgeschleift hatte.
Mit den Fotografien aus der Schublade des Wohnzimmerschranks in den Händen, die Brille

1 *Dechant:* höherer katholischer Geistlicher

weit nach vorn auf die Nase gerutscht und den Kopf ein wenig schräg gelegt, so konnte die Mutter wohl die ganze Geschichte der Stadt und der Familie erzählen.
Es waren ein paar Bilder aus dem Krieg dabei, die zeigten den Vater in Uniform, mit anderen Soldaten trinkend und rauchend an einem Tisch, mit nackten Oberkörpern und Eimern, aus denen sie Wasser schöpften. Da war der Vater Arm in Arm mit einem Kameraden zu sehen, ernst am Steuer eines Geländewagens, ausgelassen mit dreckverschmiertem Gesicht in einem Graben. Caspar bat ihn zu erzählen, und der Vater wusste noch die Namen der Kameraden, den beschwerlichen Weg tief in ein fremdes Land hinein, freute sich nach fünfzehn Jahren wieder über Sieges- und Geburtstagsfeiern und hätte wohl kein Ende seiner Soldatenzeit gefunden, wenn Caspar nicht nachdenklich die Fotos aus dem Krieg nebeneinander gelegt und gesagt hätte: „Da sieht der Krieg überhaupt nicht gefährlich aus.“
Der Vater stockte in seinen Erzählungen, dann lächelte er Caspar zu. „Die Gefährlichkeit des Krieges, die konnten wir nicht fotografieren – wegen der Gefährlichkeit.“
Als er die Fotos in die Schublade zurückräumte, dachte Caspar: Die Bilder haben den Krieg nicht erklärt.

1 Durch den Besitz einer Kamera verändert sich vieles für Caspar.
Lest den Text noch einmal genau durch und notiert euch, welcher Art die neuen Erfahrungen und Einsichten sind, die Caspar durch das Fotografieren gewinnt.
Kennt ihr selbst ähnliche Erfahrungen?

2 Wie ist der Satz zu verstehen: „Gute Fotografien erzählten die Geschichten selbst.“? Sucht Beispiele für solche Fotos.

3 Sucht zu Hause ein älteres Foto aus und denkt euch, wie Caspar, die dazu passende Geschichte aus.
Lasst euch anschließend die „wirkliche“ Geschichte erzählen.
Was sieht man auf dem Bild? Was muss man wissen um das Bild zu verstehen?

4 Welche Gründe könnte es geben, dass die gefährliche Seite des Krieges von Caspars Vater nicht fotografiert wurde?

5 Schreibe eine Inhaltsangabe dieses Textes. Hilfen dazu findest du Seite 118 f. und 155 f.

Janne und *Roland Günter* Eine seltsame Fotoszene

Mit den Eltern in Brügge. Eine alte flandrische Stadt. Gut erhalten. Im Groningen-Museum gab es eine seltsame Szene: Im ersten Raum sitzt ein Mädchen auf der Erde und starrt auf einige Fotos, die neben ihr liegen. Ich war verblüfft. Dachte: Was sitzt die da? Setzt sich im Museum einfach auf den Boden! Dann merkte ich, dass es sich um ein *Objekt* handelte. Der Künstler (Jacques Verduyn heißt er) hat alles getan um *Kate und ihre Fotos* so natürlich wie möglich darzustellen. Mit echten Haaren. Mit einer Haut, die man streicheln möchte. Ein leichter Luftzug bewegt ihre Kleider. (Es ist ein Ventilator.)

Das Verblüffende an der Plastik ist die Täuschung für einen Augenblick. Und: In den Fotos, die auf dem Boden liegen, ist das Mädchen selbst dargestellt. Auf den Fotos wirkt das *künstliche* Mädchen ganz echt. In den Aufnahmen ist überhaupt nicht mehr festzustellen, ob es sich um eine reale oder um eine künstliche Figur handelt. Beim *Objekt* gibt es die Möglichkeit nachzuprüfen. Beim Foto nicht mehr.

Mit meinen Eltern lange Diskussionen über das Fotografieren. Wenn man hier so raffiniert getäuscht werden kann, wie sieht es dann erst in der Werbung mit Fotos aus?

Schaltet euch in das Gespräch zwischen dem Erzähler und seinen Eltern ein.

Jacques Verduyn
Kate und ihre Fotos

Ulf Erdmann Ziegler Schaut her, ich war da

Zwei Touristen stehen auf dem Eiffelturm. „Mach mal 'n Bild!", sagt der eine und drückt dem anderen die Kamera in die Hand. Dann lehnt er sich mit dem Rücken an die Brüstung, der Wind fährt ihm ins Haar, weit unter ihm in der Abendsonne liegt Paris.

Klick.

Drei Milliarden Mal jährlich machen allein westdeutsche Freizeit-Lichtbildner „Klick". Zurückgekehrt nach Tuttlingen oder Hildesheim wird der Fotograf vom Eiffelturm seinen Film beim Fotohändler abgeben, in einer Drogerie oder einem Kaufhaus und sich von jedem Negativ einen Abzug bestellen. Ein *Erstabzug* ist billiger als eine *Nachbestellung*. So gibt es, statistisch gesehen, zu jedem Negativ eines Hobbyfotografen genau einen Abzug.

Das Farblabor „Kiki" ist ein unscheinbarer Laden in einer Gegend, wo das prächtige Berlin aufhört, südlich der Stadtautobahn, neben einer Biobäckerei. Bei Kiki produzieren sechs Mitarbeiter täglich zehntausend Farbbilder. Eine der Laborantinnen sitzt vor einem weiß lackierten Gerät aus Stahl, das über einen kleinen Bildschirm den Blick in sein Inneres freigibt: Hier erscheinen die Farbnegative im typischen Orange mit Spuren von Blau.

Die Laborantin, die ihren Job *Kopieren* nennt, entscheidet auf der Stelle, ob das Bild gelungen ist. Im Umgang mit den Kunden (bei Kiki hat man noch direkten Kontakt – eine Ausnahme!) hat sie gelernt nicht zu rigoros[1] zu sein: Auch ein unscharfer Onkel soll aufs Fotopapier, besonders wenn er kurz nach der Aufnahme gestorben ist. Landschaften, wenn sie nicht ganz scharf sind, bleiben negativ. Keiner vermisst sie.

[*Viele Amateurfotografen fühlen sich durchaus als Experten.*]

Der Tourist auf dem Eiffelturm hat geringeren Ehrgeiz, er knipst für das Album. Er will sich an seinen Besuch in Paris erinnern, und im Voraus ist ihm klar, woran er sich zu erinnern hat. Das Bild, das ihn zeigen wird, an die Brüstung des Eiffelturms gelehnt, zeigt ihn vor dem Hintergrund der Stadt und es soll sagen: Schaut her – ich habe Paris gesehen!

„Die meisten Touristen fühlen sich verpflichtet die Kamera zwischen sich selbst und das zu stellen, was sie für entdeckenswert halten. Das gibt einer Erfahrung eine Form: anhalten, ein Bild machen und weiter. Diese Methode liegt gerade den Leuten sehr, die durch eine rücksichtslose Arbeitsethik[2] behindert sind – Deutschen, Japanern und Amerikanern." Das sagte Susan Sontag vor über zehn Jahren.

[*Im Laufe der technischen Entwicklung wurden die Kameras kleiner und sind leichter zu bedienen.*]

Was muss das für ein Spaß gewesen sein damals, plötzlich selbst Bilder machen zu können, nicht mehr eingepfercht zu sein in überladene Fotoateliers, in denen man mit vornehmen Utensilien[3] umstellt wurde – und selbst am Ende so leblos aussah wie ein Möbelstück.

1 *rigoros* hier: sachlich streng
2 *Arbeitsethik* hier: Selbstverpflichtung zur Arbeit
3 *Utensilien:* Gebrauchsgegenstände

Natürlich musste der große Spaß des Fotografierens bald mit anderen großen Späßen zusammengehen: Baden, Autofahren, Familienfeiern – und später, als das Blitzlicht idiotensicher gemacht worden war: Weihnachten. So bildeten sich neue Stereotype[4]. In den Vereinigten Staaten ließ die Firma Kodak Schilder aufstellen, die nicht mehr Aussichtspunkte markierten, sondern ideale Aufnahmepunkte. [...]

Die Erfinder der Fotografie hatten sich noch gewundert, dass sie auf ihren „Sonnenbildern" Dinge entdeckten, die sie vor der Aufnahme gar nicht wahrgenommen hatten: Inschriften, gesprungene Scheiben, fehlende Mantelknöpfe. Es wurde als ein Gewinn der Fotografie angesehen, ein Objekt in Ruhe besser als mit wandernden Augen betrachten zu können. Erst die Knipser-Industrie hat den Vorteil des naturnahen Mediums dem Dogma des Praktischen[5], dem kleinen Format, geopfert. Nur wenige Hobbyfotografen wissen, dass Biergläser und Stereoanlagen in Werbestudios nach wie vor mit großen Negativformaten – Balgenkameras und Dunkeltuch – aufgenommen werden. Aber die Berufsfotografie macht nur noch gut die Hälfte des Umsatzes auf dem Fotomarkt aus, die andere Hälfte besorgen die Knipser: Masse statt Format.

[*Heute kann jedermann fotografieren, die vollautomatische Kamera garantiert technisch gute Bilder. Sie verführt aber auch dazu, viele Bilder zu machen, statt das einzelne Bild zu gestalten.*]

Der Inhaber der Firma Kiki ist von Beruf Kaufmann. Er ist selbst, wie er gesteht, nur ein Knipser. Die Bilder der Kunden haben sich, resümiert[6] er, über die Jahre nicht verändert. Nun gut, die Reiseziele sind exotischer geworden. Aber die Bilder, sofern kein Mensch darauf zu sehen ist, seien „faktisch austauschbar. Das würden die gar nicht merken." Neue Bilder, meint er, gibt es erst, wenn die Leute zum Mars fliegen. Weil es dort anders aussieht als hier.

Angesichts der Gleichgültigkeit, mit der geknipst wird, ist es verwunderlich, mit welchem Ehrgeiz die Ergebnisse vorgezeigt werden. Was gibt es Schöneres für den Knipser als den *eigenen* Dia-Abend!

Es gibt Leute, die Gästen Bilder des Hauses zeigen, in dessen Wohnzimmer sie gerade sitzen. Als ob die Verdoppelung erst bewiese, dass das Haus existiert. Auch Kinder sind in Wirklichkeit oft unterhaltsamer als auf den plump gestellten Urlaubsfotografien, wo man den älteren ansehen kann, dass sie es leid sind, für Papis Glückstrophäen[7] Modell stehen zu müssen. Aber der genötigte Gast lässt es sich gefallen. Er hat im Urlaub ja auch Fotos gemacht, viel bessere natürlich, von viel schöneren Kindern, und der Gegenbesuch wird Gelegenheit zur Rache bieten.

1 „Wer fotografiert, hat mehr von der Reise!": Diskutiert diesen Werbespruch.

2 Schreibe eine Inhaltsangabe dieses Textes. Hilfen findest du auf Seite 118 f.

3 Welche Fremdwörter kommen in diesem Text vor? Wozu dienen sie?

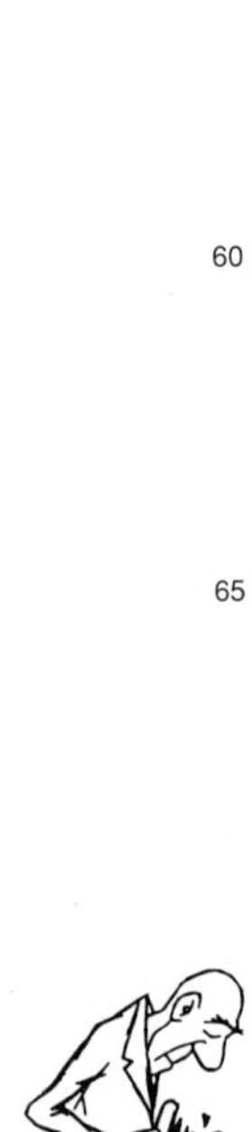

4 *Stereotyp:* verfestigte Vorstellung
5 *Dogma des Praktischen* hier: Vorrang des Praktischen
6 *resümieren:* zusammenfassen
7 *Trophäe:* Siegeszeichen

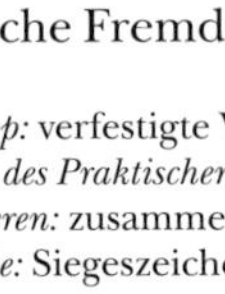

Chaval

St. v. Mucharski
Eine fotografische Aufnahme (um 1900)

Welche Art des Fotografierens wird durch diese Karikatur kritisiert? Schreibe einen kritischen Text über eigene Erfahrungen.

Vorschläge zum Weiterlesen

John Berger, Sehen. Das Bild der Welt in der Bilderwelt. rororo 6868; Besser fotografieren, Fotokurs für Anfänger. Ravensburger Taschenbücher Nr. 42

Marije van der Hoeven, Klick, ich hab dich. Mach eine Schatzkammer aus deinem Fotoapparat. Elefanten Press

Peter-Cornell Richter, Das Arena Fotobuch. Von der Aufnahme bis zum fertigen Bild. Arena Verlag

Peter Tausk, Die Geschichte der Fotografie im 20. Jahrhundert. Verlag Du Mont

1. Beschreiben

1.1 Ein Vorgang in Bild und Sprache

In einem Fotobuch wird erklärt, wie man Schwarzweißfilme selbst entwickeln kann. Ein wichtiger Schritt bei diesem Vorgang ist es, den in die Entwicklerdose eingelegten Film langsam in der eingefüllten Entwicklerflüssigkeit zu bewegen, genauer: zu „kippen". Diese Kippbewegung ist nach Meinung des Buchautors „zwar sehr einfach, aber mit Worten nur sehr umständlich zu beschreiben". Deshalb fügt er eine Bildfolge hinzu, die die Art der Bewegung veranschaulichen soll.

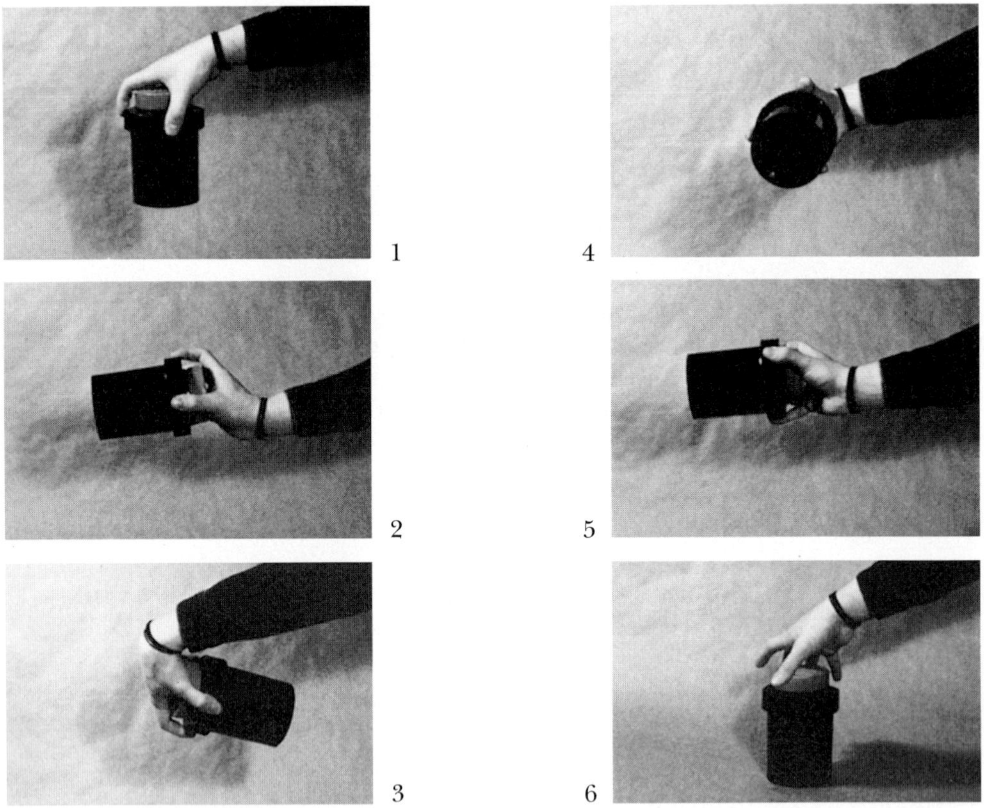

Die Etappen der Kippbewegung der Entwicklungsdose

1 Kannst du anhand dieser Bildfolge erkennen, wie die Kippbewegung ausgeführt werden soll?

2 Warum soll die Dose wohl so gekippt werden?

3 Beschreibe diesen Vorgang.

4 Informiere dich darüber, welche Schritte insgesamt notwendig sind um einen belichteten Film zu entwickeln. Frage Fotofreunde oder schlage in entsprechenden Büchern nach. Beschreibe dann die einzelnen Schritte so, dass ein anderer sie verstehen und nachvollziehen könnte.

1.2 Gegenstandsbeschreibung

Mein Fotoapparat besteht aus einem Gehäuse und einem Zoom-Objektiv. Rechts und links am Gehäuse befinden sich Befestigungen für einen Tragriemen.

Das Gehäuse hat eine Breite von ca. 12 cm, eine Höhe von ca. 8 cm und eine Tiefe von ca. 5 cm. Das Objektiv ist ca. 9 cm lang und hat einen Durchmesser von ca. 5 cm. Objektiv und Gehäuse sind schwarz.

Das Gehäuse sieht folgendermaßen aus: An seiner Hinterseite (der beim Fotografieren dem Körper zugewandten Seite) befindet sich eine Klappe, an der der Film eingelegt wird. In der Mitte darüber ist der Sucher angebracht. Darüber wiederum liegt auf einer Erhebung von ca. 2 cm über der Höhe des Gehäuses eine in silbrig glänzendem Metall gehaltene Befestigung für ein Blitzlicht. Rechts davon auf der Oberseite befindet sich der Auslöser mit einem Hebel, durch den der Film jeweils um ein Bild weitergedreht werden kann. Rechts davon kann man das Sichtfenster für das Bildzählwerk erkennen. Auf der linken Seite ist der Drehknopf zum Rückspulen des Films befestigt. Auf der Unterseite des Apparats kann man die Öffnung, in die eine Batterie eingelegt werden kann, sehen. Auf der Vorderseite ist auf eine Erhebung mit weißer Schrift der Firmenname geschrieben. Es handelt sich um ein japanisches Fabrikat. Darunter ist das Objektiv angebracht. Darauf kann man mit einem Schalter die Blende einstellen. Weiter vorne befindet sich ein Drehmechanismus zum Einstellen der Entfernung sowie ein weiterer für den Zoom. (D. L.)

1 Notiere, wie diese Beschreibung aufgebaut ist.

2 Schreibe die Stellen heraus, an denen gesagt ist, *wozu* ein Teil des Fotoapparates *dient* (Funktion).

3 Schreibe auch die Stellen heraus, an denen gesagt wird, *wie* der Apparat oder Teile davon *aussehen.* Ordne nach Größe, Farbe, Form (Aussehen).

4 Prüfe erneut den Aufbau der Gegenstandsbeschreibung und mache dir klar, welche Rolle dabei Aussehen und Funktion spielen.

5 Schreibe eine Gegenstandsbeschreibung, ohne den Gegenstand zu benennen, und lege sie deinen Klassenkameraden und -kameradinnen vor. Sie sollen herausfinden, worum es sich handelt.

2. Erklären: Wie man mit Licht abbilden kann

Wenn man mit Licht abbilden will, verwendet man das billigste Fotopapier. Aus der Packung nimmt man in einem abgedunkelten Raum ein Blatt und verschließt die Packung wieder sorgfältig, sodass die übrigen Blätter lichtgeschützt sind. Auf das herausgenommene Blatt legt man einfache Gegenstände wie Messer, Schere, Kamm, Blätter von Bäumen oder Blumen … Wie man sie anordnet, kann man frei wählen. Man kann auch Figuren oder Buchstaben aus Pappe schneiden und auf das Fotopapier legen. Dabei muss die beschichtete Seite des Fotopapiers oben liegen; man erkennt sie daran, dass sie glatt, glänzend und ohne Aufdruck ist. Nun schaltet man eine starke Lichtquelle ein und wartet, bis die Abbildung erscheint.

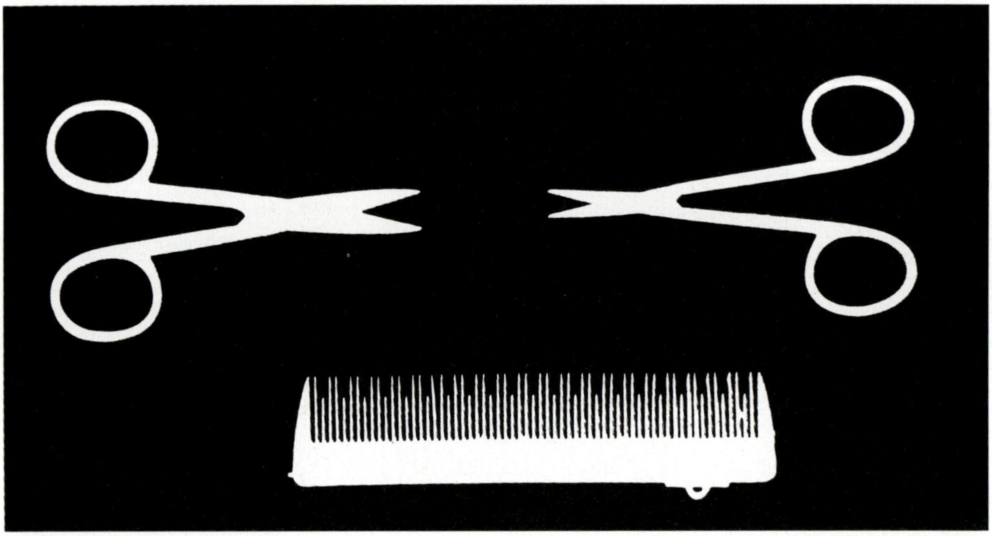

Ein selbst gemachtes Fotogramm

1 Mache Versuche mit Abbildungen durch Licht.

2 Schreibe obigen Text so in dein Heft ab, dass rechts eine Spalte frei bleibt. Notiere in der Spalte die Fragen, auf die die Textaussagen jeweils antworten.

3. Berichten: Der vergängliche Geburtstagsgruß

Vor kurzem hat Daniel über die Geburtstagskarte gestaunt, die ich ihm geschrieben habe.
Ich habe meine Glückwünsche mit schwarzem Filzstift auf eine gut durchsichtige Folie geschrieben, die ungefähr so groß wie eine Postkarte war. Unter die Folie hatte ich Fotopapier so gelegt, dass die glänzende Seite oben lag. Das habe ich in einem abgedunkelten Zimmer gemacht, in dem ich die Rollläden heruntergelassen hatte. Dann habe ich eine sehr helle Lampe eingeschaltet und nach einiger Zeit das Fotopapier in zwei Umschläge gesteckt. So konnte kein Licht mehr drankommen.
Daniel hat sich erst über die Glückwunschkarte gefreut. So eine hatte er noch nie gesehen. Als er sie aber zu Hause seinen Eltern zeigte, konnte man meinen Gruß kaum noch lesen. Da hat er nicht schlecht gestaunt. Aber Geburtstag hat man ja nicht jeden Tag!

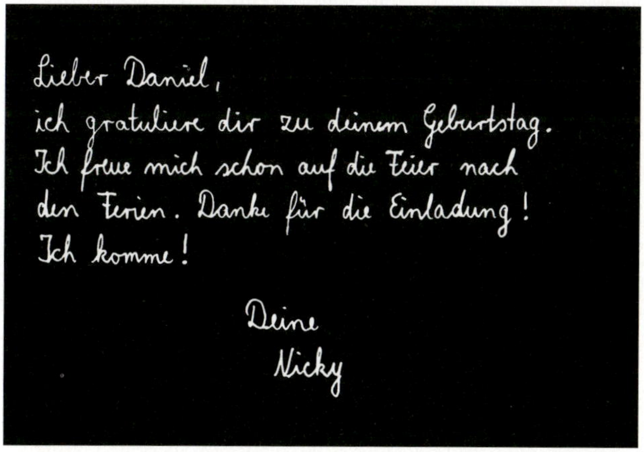

1 Wie man einen Bericht schreibt, hast du auf Seite 87 erarbeitet. Vergleiche Nickys Bericht mit der Erklärung, wie man mit Licht abbilden kann. Welche Unterschiede stellst du fest?

2 Mache eigene Versuche, mit Licht etwas abzubilden.
a) Beschreibe, was du dabei beobachtest.
b) Erkläre, wie du vorgehen musst.
c) Berichte, was du getan hast.

3 Vergleiche deine Beschreibung, deine Erklärung und deinen Bericht miteinander. Schreibe an den rechten Rand deiner Texte die Fragen, auf die die Textaussagen jeweils antworten.
- Wie unterscheiden sich die Fragen?
- Wie unterscheiden sich die zugehörigen Textaussagen?

4 Wähle eines der folgenden Themen aus und verfasse dazu eine Beschreibung, eine Erklärung und einen Bericht:
- Jemand bedient den Timer eines Videorekorders.
- Der Gebrauch eines Walkmans.
- Aufnahmen mit einem Radiorekorder.
- Lösung einer Rechenaufgabe mit Hilfe eines Taschenrechners.
- Bedienung eines Grills.
- Nähen mit der Nähmaschine.

Weitere Übungen zum Berichten findest du Seite 156 ff.

4. Die Inhaltsangabe von Sachtexten

1 Sieh dir noch einmal den Text „Schaut her, ich war da" auf Seite 111 f. an.
Die Sätze in eckigen Klammern sind Inhaltsangaben von solchen Stellen des Textes, die aus Raumgründen gekürzt wurden.
Jemand hatte noch weniger Platz und fasste deshalb den ganzen Text kürzer. Den ersten Abschnitt formulierte er so:

> Westdeutsche „Freizeit-Lichtbildner" machen jährlich drei Milliarden Aufnahmen. Sie lassen von jedem Negativ einen Abzug machen, denn ein Erstabzug ist billiger als eine Nachbestellung.

a) Wie findest du diese Inhaltsangabe?
b) Verbessere, wenn es dir nötig erscheint.

2 Lege in deinem Heft zwei Spalten auf folgende Weise an:

Text in Stichworten	Inhaltsangabe
1. und 2. Abschnitt	
Touristenfoto auf dem Eiffelturm; 3 Milliarden Freizeit-Fotos mit je einem Abzug.	Westdeutsche Freizeit-Lichtbildner machen jährlich drei Milliarden Aufnahmen. Sie lassen von jedem Negativ einen Abzug machen, denn ein Erstabzug ist billiger als eine Nachbestellung.
3. und 4. Abschnitt	
Bildauswahl durch Laborantinnen; Rücksicht auf Kunden, nicht nur auf Bildqualität.	…

5. und 6. Abschnitt

…	Touristen machen Erinnerungsfotos. Wenn ihr Leben sonst stark durch Arbeit bestimmt wird, fotografieren sie so, als ob es um Berufsarbeit ginge.

7. und 8. Abschnitt

Fotografieren im Freien; Verbindung mit anderen Vergnügungen; Stereotypenbildung; wenige, großformatige Bilder; Entdeckungen; viele kleinformatige Bilder.	…

9. und 10. Abschnitt

…	Die Bilder der Freizeit-Lichtbildner sind austauschbar. Oft wurden sie gleichgültig gemacht, aber man sucht trotzdem dafür ein Publikum auf Dia-Abenden. Dort möchte dann jeder der beste Fotograf gewesen sein.

Ergänze die jeweils offene Spalte.

3 Schreibe in deinen Worten eine Inhaltsangabe des ganzen Textes.

4 Schreibe eine Inhaltsangabe des Textes „Fotos als Massenware“ von Gisèle Freund (S. 104 ff.) und vergleiche sie mit deiner Inhaltsangabe zu dem Text „Schaut her, ich war da“.

5 Prüfe deine Lösung zur Aufgabe 2 und verbessere, falls es dir nötig erscheint.

6 Untersuche den Text unter dem Stichwort „Inhaltsangabe“ auf Seite 358 und prüfe, ob die dortigen Angaben mit deiner Lösung übereinstimmen.

Die Inhaltsangabe eines *literarischen Textes* wird auf Seite 155 f. behandelt.

5. Die Inhaltsangabe eines Buches: Klappentext

Beim Stöbern in einer Buchhandlung ist Daniela auf ein Buch gestoßen, dessen Titel ihr Interesse weckt. Sie schlägt das Buch auf und findet auf der vorderen Einschlagklappe des Schutzumschlags folgenden Text:

1 Was hat Daniela auf der Einschlagklappe erfahren?

2 Vergleiche:

…	…
Ein wichtiges Buch, das in die Auswahlliste zum Deutschen Jugendbuchpreis aufgenommen wurde.	Im Winter 1944/45 bei Schnee und klirrender Kälte muss die Familie Bienmann vor der heranrückenden russischen Armee fliehen.

Lege in deinem Heft zwei Spalten an, trage die beiden Textstellen ein und suche Überschriften für die Spalten. Ergänze, indem du andere Stellen aus dem Text der Rückseite in die entsprechenden Spalten einträgst.

3 Wo findest du bei anderen Büchern vergleichbare Texte?

4 Versuche nun selbst einen solchen „Klappentext“ zu schreiben. Wähle zunächst ein Buch, das du empfehlen möchtest.

5 Würdest du dir den Klapppentext anders wünschen, wenn du Käufer oder Käuferin wärst und Entscheidungshilfen suchtest, welches Buch du nehmen sollst? Wenn ja, schreibe den Text entsprechend um.

1. Zusammensetzungen

1 „Fotowörter“:

Urlaubsfoto *Kinderfoto*
Fototasche ...

a) Führe die Liste weiter.

b) Erkläre, welche Aufgabe die beiden Teile eines Wortes jeweils haben.

Formuliere einen Merksatz „Zusammengesetzte Wörter“. Benutze dabei die Begriffe **Grundwort** und **Bestimmungswort**.

2 *a)* Im Text „Schaut her ...“ (S. 111 f.) kannst du noch mehr Zusammensetzungen mit *Foto* entdecken. Schreibe sie in dein Heft und markiere die Wortteile mit unterschiedlichen Farben.

b) Lies den Text noch einmal genau und notiere, welche Bezeichnungen der Autor für die Person verwendet, die fotografiert. Begründe die jeweilige Wortwahl. Welche Unterschiede macht sie deutlich?

c) Erkläre, in welcher Absicht die folgenden Zusammensetzungen jeweils geformt und genutzt wurden.

Autofahrer – Sonntagsfahrer – Schrottkistenpilot – Lenkradritter – Landstraßenkapitän

d) Welche zusammengesetzten Bezeichnungen kennst du oder kannst du bilden für Personen, die viel/gar nicht lesen, die gerne reisen, die andere erheitern/ärgern?

Sammelt eure Ergebnisse und sprecht über die Absicht, in der die Ausdrücke jeweils benutzt werden.

3 *a)* Schreibe die folgende Wortliste in dein Heft. Notiere zu jedem Wort, aus welchen Bestandteilen es gebildet wurde, z. B.

hinunterrennen: hinunter, rennen   *Halbzeit:* halb, Zeit

Fahrersitz – Backofen – Vorgarten – Innenraum – Taschenmesser – herzkrank – kurvenreich – schneeweiß – achthundert – Sprachbuch – Landstraße – zurückgedreht – Vorarbeiter

b) Welcher Wortart gehören die gefundenen Wörter jeweils an? Kennzeichne jede Wortart mit einer bestimmten Farbe.

c) Schreibe auf, welche Möglichkeiten du feststellen kannst, Wortarten miteinander zu verbinden, z. B.

hinunterrennen: Adverb + Verb   *Halbzeit:* Adjektiv + Substantiv

d) Für welche Verbindungsmöglichkeiten findest du in den ersten zwei Abschnitten des Textes „Schaut her ...“ (S. 111) weitere Beispiele?

4 *a)* Übertrage die folgenden Grafiken in dein Heft, ergänze sie und erkläre den Unterschied in der Wortbildung:

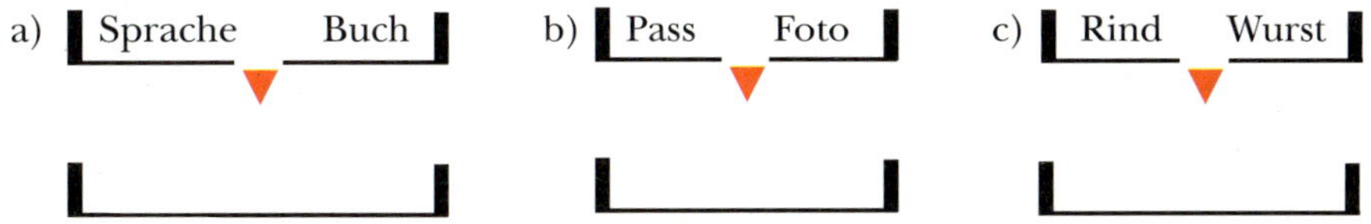

b) Trage die folgenden Wörter, nachdem du sie zusammengesetzt hast, unter die jeweilige Grafik ein:
Liebling – Beschäftigung / bauen – Stelle / König – Tiger / Hilfe – reich / Sache – Lage / Rabe – schwarz / schreiben – Zeug / Gans – Feder / Mühle – Rad / Mannschaft – Wettkampf / Frühling – Sonne / treiben – Jagd / Schönheit – Pflege / kleben – Stoff / Hoffnung – voll / Kutsche – Fahrt

c) Wenn ihr für eine Grafik keine passenden Wörter finden solltet, sucht selbst Beispiele.
d) Schreibe aus dem Text „Schaut her ..." (S. 111 f.) weitere Beispiele heraus.

5 Untersuche, nach welchen Regeln der folgende Text verfasst ist.

Kinder essen Kohl, Blumenkinder Blumenkohl.
Frauen haben Brüder, Milchfrauen Milchbrüder.
Männchen backen Kuchen, Sandmännchen Sandkuchen.
Bauern rauchen Pfeife, Orgelbauer Orgelpfeife.
Männer haben Pickel, Eismänner Eispickel.
(aus: Das Sprachbastelbuch. Otto Maier Verlag, Ravensburg 1984)

a) Führe den Text weiter:
Zaunkönige – Zaungäste / Weißfische – Weißwurst / Hühnersuppen – Hühneraugen
b) Findest du noch weitere Möglichkeiten?
c) Verarbeite auch die Wortpaare:
Schnabeltiere – Schnabelschuhe / Kettenhunde – Kettenhemden / Windhunde – Windhosen

6 Untersuche auch diesen Text:

Jürgen Spohn Fragebogen

Warum heißt der Fragebogen Fragebogen? Weil man sich fragt, was die Fragen sollen. Nun wäre der fragliche Bogen weit weniger Fragebogen ohne Fragen. Daher wird der Fragebogen auf den Fragen bestehen – gleich ob die Fragen der Frage wert sind. Frage: Ob man nicht vielleicht doch mal einen Fragebogen bewegen sollte auf die Fragen zu verzichten – einfach nur Bogen ...

Versuche ähnliche Texte zu schreiben, z. B. über:
Kniestrumpf – Riesenrad – Seeräuber – Sprechblase – Zahnbürste – Schallmauer – Suchbild

7 Zeige in kleinen Schaubildern, wie der Autor des folgenden Textes seine Wörter gewinnt.

Hans Manz Gereizte Stimmung

„So war's: Ich und mein Dromedarling saßen in der Pelikantine auf unsern Gämsesseln vor einem schönen Stück Zebraten auf dem Wachteller, als dieser Paviangeber von einem Star mit seiner Meineidechse daherkam, mich beim Vorübergehen mit dem Gazellenbogen stieß ohne Leopardon zu sagen. Mir kam die Nachtigalle hoch und da warf ich ihm halt die ganze Alligatorte ins Gesicht. Man musste einen Fasanitäter holen.“

2. Ableitungen

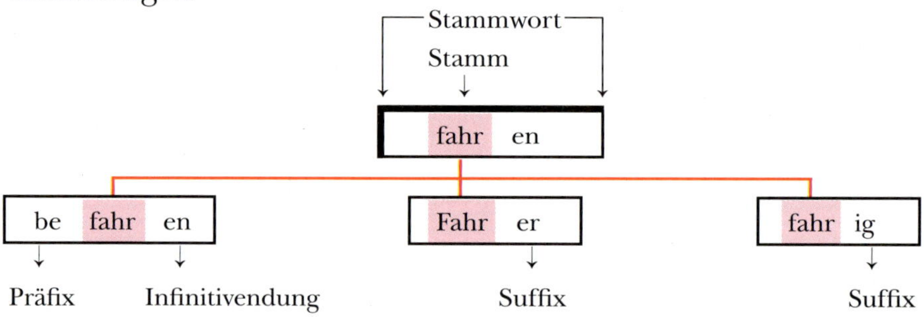

1 *a)* Erkläre dieses Schaubild.
b) Übertrage es in dein Heft und suche noch weitere Beispiele.
c) Fertige eine solche Grafik für folgende Stammwörter an:
Tag – suchen – finden – schreiben – schneiden

2 In einem Herkunftswörterbuch kannst du etwas über die Herkunft der Wörter erfahren. Schlage die in Aufgabe 1 genannten Stammwörter dort nach und berichte darüber.

3 *a)* Bilde aus diesen Wortteilen so viele Wörter wie möglich.

ver-	TEIL	HEIL	-lich -heit
zer-	KRANK	FOLG(E)	-isch -keit
er-	RUHM	WIRT	-haft -ig
un-	WAHR	LAND	-ung -sam
be-	FARB(E)	FREUND	-bar -schaft

Schreibe sie in den Kennfarben der Wortteile auf.
Beachte: Die Endung *-en* für den Infinitiv (Grundform) der Verben fügst du, wenn nötig, an. Manchmal wird *a* zu *ä*, *o* zu *ö*, *u* zu *ü*, *au* zu *äu*.
b) Ordne diese Wörter nach Wortarten in eine Tabelle.

c) Übermale auch in der Tabelle die Wortteile mit den entsprechenden Kennfarben. Mit welchen Präfixen oder Suffixen kann man Substantive bilden, mit welchen Verben, mit welchen Adjektive?
Formuliere drei Merksätze.

4 *a)* Lies den Text „Der erste Fotoapparat" (S. 107 ff.) noch einmal. Schreibe Beispiele für die Wortbildung mit Präfixen und Suffixen heraus. Ordne sie anschließend nach Wortarten.
b) Caspar stellt fest: „Da sieht der Krieg überhaupt nicht *gefährlich* aus." Der Vater antwortet: „Die *Gefährlichkeit* des Krieges, die konnten wir nicht fotografieren."
Zeige, wie diese zentralen Wörter gebildet sind.
c) Aus welchen Teilen setzen sich die folgenden Wörter zusammen?
gerecht – Gerechtigkeit – Menschlichkeit – Unbarmherzigkeit – Verwundbarkeit
d) Suche weitere Wortbeispiele, die mit der Textaussage in Zusammenhang stehen und ähnlich viele Wortteile aufweisen.

5 *a)* Übertrage die Grafik in dein Heft und ergänze sie.

[malen] ↓
Der [Maler] malt seine [Bilder] mit [Farben].
[Bilder] ↓ [be ?] – [Farben] ↓ [?]

b) Schreibe zu den Substantiven in ↓ den folgenden Sätzen jeweils dazu, aus welchen Verben sie abgeleitet wurden ([ ]) oder welche Verben du ableiten kannst ([ ]).
↓

a) Der [Student] isst nicht gerne [Fisch].

b) Ich habe den [Dirigenten] in einem [Film] gesehen.

c) Ein [Maurer] und ein [Monteur] üben ihren [Beruf] noch aus.

d) Bei [Hunger] nützt keine [Salbe].

Welche Möglichkeiten der Bildung von Verben stellst du fest?

c) Welche Möglichkeit wird im folgenden Text genutzt?

Fragen über Fragen

Die Krähe kräht?	Nein, die Krähe krächzt.
Die Katze katzt?	Nein, die Katze kratzt.
Der Bär bärt?	Nein, er brummt.
Die Kuh ...	

d) Führe den Text fort. Hier sind weitere Wörter, die du dazu benutzen kannst:
Falter – Fliege – Maus – Regen – Strom – Elefant – Tiger – Schlange – Biene – Esel –Ei – Wein
e) Bei welchen Sätzen musst du kein Fragezeichen setzen?

6 *a)* Welche Möglichkeit der Wortbildung nutzt der Autor dieses Textes? Suche weitere Beispiele im Teil „Stellenmarkt" der Tageszeitung.

Hans Manz Du bist immer „in"

Mädchen,
wenn überall Leute fehlen,
bist du „in":
Du wirst
Lehrerin,
Pilotin,
Managerin.

b) Sprecht über die Aussage des folgenden zweiten Textteiles. Beachtet dabei auch die Überschrift: Was bezeichnet sie alles?

Wenn überall Arbeit fehlt,
bist du als Erste wieder „in":
Du wirst
Kurzarbeiterin,
Stellensucherin,
Stemplerin.

7 *a)* Bilde aus den Stammwörtern *reißen – fallen – stören – rinnen – laufen*

mit Hilfe der Präfixe ent- , zer- , ver- Verben.

Verwende diese Verben in Sätzen.
b) Erkläre, welche Bedeutungsveränderung des Stammwortes das jeweilige Präfix bewirkt. Überprüfe deine Beobachtungen an weiteren Beispielen und formuliere kurze Merksätze.

8

Wasser	Haus	Hand
wässerig	*hausen*	*verhandeln*
wassern	*häuslich*	*allerhand*
verwässern	*Gehäuse*	*aushändigen*

Suche noch weitere Mitglieder dieser **Wortfamilien** und erkläre einzelne Wörter.

3. Fremdwörter und Lehnwörter

1 Welche Informationen zum Stichwort Fotografie/fotografieren kannst du den beiden Auszügen entnehmen?

a) **Photographie,** eingedeutscht: Fotografie: Die Bezeichnung für das „Verfahren zur Herstellung dauerhafter, durch elektromagnetische Strahlen oder Licht erzeugter Bilder; Lichtbild" wurde im 19. Jh. aus gleichbed. *engl.* photography entlehnt. Dies ist eine gelehrte Neubildung des englischen Astronomen und Chemikers J. F. W. Herschel (1792–1871) aus *griech.* phōs (phōtós) „Licht" (vgl. *photo..., Photo...*) und *griech.* gráphein „schreiben, aufzeichnen" (vgl. *Graphik*). Das Wort bedeutet demnach wörtlich etwa „Lichtschreibkunst". – Dazu das Kurzwort **Photo,** eingedeutscht: Foto „Lichtbild" (19. Jh.) und die Ableitungen **Photograph,** eingedeutscht: Fotograf „berufsmäßiger Hersteller von Lichtbildern" (19. Jh.), **photographisch,** eingedeutscht: fotografisch „die Photographie betreffend" (19. Jh.) und **photographieren,** eingedeutscht: fotografieren „Lichtbilder herstellen" (19. Jh.).

(aus: Duden, Herkunftswörterbuch. Bibliographisches Institut & F. A. Brockhaus A. G., Mannheim 1989, S. 528)

b) **Fo|to** *das;* -s, -s (schweiz. *die;* -, -s): Kurzform von Fotografie (2). **fo|to..., Fo|to...** vgl. auch photo..., Photo... **Fo|to|bi|o|lo|gie** usw. vgl. Photobiologie usw. **Fo|to|elekt|ri|zi|tät*** vgl. Photoelektrizität. **Fo|to|fi|nish** [...fɪnɪʃ] *das;* -s, -s: Zieleinlauf, bei dem der Sieger nur durch Zielfotografie ermittelt werden kann (Sport). **fo|to|gen,** auch: photogen ⟨*gr.-engl.*⟩: zum Filmen od. Fotografieren besonders geeignet, bildwirksam (bes. von Personen). **Fo|to|ge|ni|tät,** auch: Photogenität *die;* -: Bildwirksamkeit (z. B. eines Gesichts). **Fo|to|graf,** auch: Photograph ⟨*gr.-engl.*⟩ *der;* -en, -en: jmd., der [berufsmäßig] Fotografien macht. **Fo|to|gra|fie** auch: Photographie *die;* -, ...ien: 1. (ohne Plural) Verfahren zur Herstellung dauerhafter, durch elektromagnetische Strahlen od. Licht erzeugter Bilder. 2. einzelnes Lichtbild, Foto. **fo|to|gra|fie|ren**: mit dem Fotoapparat Bilder machen. **fo|to|gra|fisch** auch: photographisch: a) mithilfe der Fotografie [erfolgend], die Fotografie betreffend; b) das Fotografieren betreffend. **Fo|to|ko|pie** *die;* -, ...ien: fotografisch hergestellte Kopie eines Schriftstücks, einer Druckseite od. eines Bildes, Ablichtung. **fo|to|ko-**

(aus: Duden, Fremdwörterbuch. Bibliographisches Institut & F. A. Brockhaus A. G., Mannheim 1997, S. 271)

Stelle sie so zusammen:
- Herkunft: ...
- ursprüngliche Bedeutung: ...
- Zeitpunkt der Entstehung: ...
- weitere Bildungen: ...

Diese Aufgabe könnt ihr auch auf mehrere Mitarbeiter verteilen. Jeder berichtet dann über ein oder zwei Wörter.

2 Der folgende Abschnitt ist dem Text „Vollkommener Fotojournalismus" (S. 103) entnommen.

Motorradfahrer bringen die belichteten Filme zum Flughafen, wo ein gechartertes Flugzeug wartet. Im Innern hat man es in ein Redaktionszimmer mit Tischen und Schreibmaschinen verwandelt. Ein Labor ist im vorderen Teil des Flugzeugs installiert worden und ein spezielles Stromnetz steht dafür zur Verfügung. Auch ein großer Tisch ist vorhanden, damit die Fotos für das *Lay-out* ausgelegt werden können, außerdem Lichttische zur besseren Beurteilung der Farbfotos. Eine kleine Bibliothek mit den zehn Bänden der Werke Churchills steht den Journalisten zur Verfügung.

a) Schreibe alle Wörter und Wortteile aus diesem Textausschnitt heraus, von denen du annimmst, dass sie nicht ursprünglich der deutschen Sprache entstammen.
b) Überprüfe deine Wortliste mit einem Fremdwörterbuch. Schlage die Bedeutung der Wörter nach und schreibe zu jedem Wort hinzu, aus welcher Sprache es kommt.
c) Ordne die Wörter nach ihrer Herkunft in eine Tabelle.
Ergänze sie durch folgende Wörter:
Telefon – Benzin – Kaffee – Musik – Rhythmus – korrigieren – Material – Anorak

3 *a)* Welche Wörter in den folgenden Texten sind deiner Meinung nach Fremdwörter?

Tagsüber surfen wir und abends geht's in die Disko.

Diese Band hat durch den Keyboarder 'nen tollen Sound. Auch das Cover der neuen CD ist gut.

Das Team hat für das Match hart trainiert. Hoffentlich spielen alle fair …

Also, ich brauche fünf neue T-Shirts, mindestens ein Paar Jeans, einen Lederblouson und neue Moonboots.

b) Suche zu jedem dieser vier angesprochenen Bereiche noch weitere Fremdwörter.
c) Aus welchen Sprachen stammen sie meistens? Überprüfe mit dem Fremdwörterbuch.

4 *a)* Lies noch einmal den Text „Fotos als Massenware" (S. 104 ff.). Schreibe alle Fremdwörter und Fremdwortteile heraus; schlage ihre Bedeutung nach, wenn du sie nicht kennst.

b) Ordne nun deine Wortliste: Wörter, die dir „fremd" vorkommen, weil du ihre Bedeutung nicht kennst oder sie nur selten hörst oder benutzt, übermale gelb.
Wie entscheidest du dich bei *Intelligenz – Format – Metall*?
Beschreibe die Gruppe der Fremdwörter, die du nicht gelb markiert hast: Welche Wörter aus den vorangegangenen Aufgaben würdest du in diese Gruppe auch einordnen?

5 Der folgende Text ist einem Geschichtsbuch entnommen. Er beschreibt eine Szene in Germanien zur Zeit der römischen Herrschaft:

Auf einer strata, bedeckt mit plastrum, nähert sich ein germanischer Händler auf seinem carrus dem römischen Gutshof. Seine Ware hat er sorgfältig verpackt in cista, saccus und corbis. Umgeben war der Gutshof von einer murus aus caementum. Durch die geöffnete porta gelangte er in den Innenhof. Jetzt stand er vor der villa, gedeckt mit roten tegula. In der villa gab es eine camera mit einem langen discus. An der Wand hing ein speculum. Jedes Zimmer hatte ein großes fenestra. Im cellarium befand sich die riesige pressa, mit deren Hilfe vinum und mustum hergestellt wurden. Unterm Dach war noch ein spicarium. Für seine Waren erhielt der Händler Obst und Gemüse, wie: prunum, persicum und radix; außerdem oleum und den guten caseus. Für einige Waren ließ er sich auch in römischer moneta bezahlen.

(aus: Entdecken und Verstehen, Band 1. Cornelsen Verlag, Berlin)

a) Schreibe den Text mit den entsprechenden deutschen Wörtern auf.
b) Weshalb übernahmen die Germanen die lateinischen Wörter in die eigene Sprache? Nenne auch aktuelle Beispiele für solche Übernahmen aus anderen Sprachen.

6 Vergleiche:

a) An der Wand hing ein

Spiegel
▲
speculum

b) Ein

gechartertes
▲
charter
= mieten

Flugzeug wartet.

c) Man hat es in ein

Redaktion
▲
redaction

szimmer verwandelt.

= Gesamtheit der Arbeitsräume und Personen, die Bücher, Zeitungen usw. druckfertig machen

d) Die Reihe der Kunden, die jetzt ... vorbei

defilierte
▲
défiler
= vorbeimarschieren

...

a) Beschreibe die vier gezeigten Möglichkeiten, Wörter aus anderen Sprachen dem Deutschen anzupassen. Finde heraus, aus welchen Sprachen die Wörter jeweils stammen.

b) In den Texten von Gisèle Freund auf den Seiten 103 ff. kannst du für die unter 6 c) (S. 129) aufgeführte Möglichkeit noch weitere Beispiele finden.

c) Welche Angleichungsmöglichkeiten werden hier genutzt?

a) Wir lassen uns nichts aufoktroyieren.

b) Hast du das noch nicht gecheckt?

c) Man muss das einmal zusammenaddieren.

d) Ich werde Ihren Wagen einmal durchchecken.

e) Wir haben fünf Autos getestet.

Suche weitere Beispiele. Wie sinnvoll sind Angleichungen nach dem unter 6 d) (S. 129) gezeigten Muster?

4. Zusammenfassender Überblick: Wortbildung

1 Ordne die folgenden Ausdrücke aus Werbetexten nach den Möglichkeiten der Wortbildung, die du in diesem Kapitel kennen gelernt hast. Lege dazu in deinem Heft eine Tabelle an, in die du diese Ausdrücke einträgst. Welche musst du mehrmals aufführen?

2 Suche in Zeitungen und Illustrierten weitere Beispiele, schneide sie aus und klebe sie auf.

3 Sprecht über eure Ergebnisse. Weshalb kann man gerade im Bereich der Produktwerbung viele Beispiele finden?

William Turner Schiffbruch (um 1800)

Vierter Arbeitskreis: Feindliche Natur?

Gabriele Wohmann Muränenfang[1]

Gabriele Wohmann wurde 1932 in Darmstadt geboren, studierte in Frankfurt am Main und arbeitete als Lehrerin. Sie erhielt für ihre Erzählungen und Romane mehrere Preise.

– Was willst du machen da unten? fragte das Kind.

– Ihnen auflauern, sagte der Mann, sie werden sich vorwagen bei der nächsten Welle.

Er sprang mit den klatschenden Füßen vom nassen Fels auf einen tiefergelegenen, beugte den rotbraunen Oberkörper, die Sehnen des rechten Arms waren angespannt, lauernd.

– So einer hat mehr Zähne im Mund als du und deine Großmutter zusammen, sagte er. Sogar die Großen zerren sie in ihre Höhlen.

– Was machen sie mit den Großen? fragte das Kind und sah schaudernd in die schwarze feuchte Schlucht, die kalte, sonnenlose.

Der Mann antwortete nicht, mit dichter gesammelter Aufmerksamkeit starrte er in den düsteren Eingang unter ihm, leise vibrierend in den geschmeidigen Muskeln. Das Kind roch die fischige Gier, die aus der Höhle drang und die das synkopische[2] Schwappen des Wassers zwischen den Felswänden grünlich färbte; roch das Salz und die Sonne, die seine Lungen mit einem Übermaß an Luft und Helligkeit füllten; roch die kalte fettige Haut der Seelöwen, ihren glitschigen Trandunst.

– Da, da, siehst du sie? rief der Mann mit einer leisen harten Stimme, die schwankte vor mordlüsterner Erregung.

Das Kind beugte sich vor, kalt griff der nasse Stein um seine Brust: es sah sie, schwarz und glatt und biegsam unter dem durchsichtigen Wasser.

– Wie große Aale, sagte es im gedämpften Ton des Mannes. Es ist kalt.

Es fühlte sich nicht glücklich in dem rohen, blutrünstigen Dunstkreis der Muränen.

– Geh hinauf, sagte der Mann, wart oben, bis ich sie habe.

Das Kind warf, bevor es eine Klippe erkletterte, von der aus es den Mann nicht mehr sehn konnte, noch einen Blick auf den rotbraunen gespannten Rücken, der hart, aus der Entfernung unbewegt, pfeilkurvig gebeugt lauerte, auf die runde blaue Mütze. Oben war Sonne an einem blauen Himmel, gemildertes Lärmen, in dem die Brandung, das Kreischen der Möwen und das klanglose Gebell der Seelöwen nicht mehr polyphon[3] und verwirrend, sondern wie ein farbiges, grelldumpfes Unisono[4] an seine Ohren drangen. Der Stein war heiß, selten berührte ihn eine der brüllenden, schaumsprühenden Wellen.

– Hejj! rief das Kind in die Tiefe; wollte sehn, wie seine Stimme sich gegen das Toben wehrte. Aber seinen Ruf packte eine hochpeitschende Welle, zerschlug ihn beim Wurf in die Schlucht.

1 *Muräne:* räuberischer, aalartiger Fisch. Er ist schmackhaft, obwohl sein Blut und sein Biss giftig sind.
2 *synkopisch* hier: unrhythmisch
3 *polyphon:* mehrstimmig
4 *unisono:* einstimmig

Das Kind wählte einen Stein; saß reglos, in stumpfer Andacht auf seinem Posten, starrend. Beobachtete den steifen Ernst der unbewegten Pinguine, die stumm, pedantisch und prüde, gleich gehauenen Standbildern, zwischen dem sprudelnden Tosen aushielten. Sah den zierlichen Guanovögeln zu, sah sie in Schwärmen beieinander in den Nischen hocken, die gelben Halbmonde auf den Wangen; sah sie jäh und übergangslos aufflattern und sich, die roten scharfen Schnäbel dolchartig gesenkt, auf die schwappenden und schäumenden Kämme stürzen. Feindseliges Geschrei von Pelikanen; deren boshaftes, gefräßiges Gelächter schreckte es auf. Es hob den Kopf, blickte aus den zusammengepetzten[5] Augen in den blendenden Himmel: akkurat zogen sie da ihre Kreise, dunkel und schwer vor der flimmernden Luft, bedrohlich sanken die unerbittlichen Spiralen, tiefer, tiefer, tödlicher; stießen dann, hungrige mörderische Blitze, unvermittelt herab und packten die Beute; hoben sie; verschlangen sie aufsteigend, spiralig, schwingend. Das Kind hörte das schwere staubige Schlagen der Flügel, das Flattern der Federn.

– Hejj! rief es hinunter in die Schlucht. Bist du fertig, hejj! Seine Stimme zitterte klein, menschlich, durch den heulenden Hohn; durchdrang ihn nicht; starb im Möwengelächter.

– Hejj! rief es wieder.

Ein Windstoß nahm ihm den Atem weg und drückte ihn, zurückkehrend, in den offenen Mund, so daß es sich verschluckte, Wind und Atem keuchend aus den bebenden Rippen hustete. Es stand auf; es hatte keine Tränen in den angstgeweiteten Augen.

Unten in der Gruft war es kalt, naß, salzig. Der rotbraune Rücken war nicht mehr da, nicht mehr seine biegsame Konzentration. Vor der schwarzen Höhle trieb die blaue Mütze feucht und filzig. Das Kind sah in der steinernen Nische das geflickte Netz mit den sterbenden Muränen liegen; sah die häßlichen Rachen mit den dornigen Zähnen; roch die salzige nasse Gier; roch das fettige Phlegma[6] der Seelöwen draußen auf den Klippen, auf denen die Sonnenflecken schillernd tanzten. In der Gruft, unter dem grünlichten Geschwappe, sah es das aalglatte Geschlängel, das knochenlose, der Muränen. Sah und roch und hörte sein Ausgeschlossensein. Seine kalte Hand griff ins Geröll, packte zwischen zwei Fingern einen runden Stein und schleuderte ihn auf die träg bewegte Mütze; nahm mehr Steine und warf sie alle, wütend, zitternd, auf das Stück gedunsenen blauen Stoffs.

– Hejj! rief es.

(Die Autorin hat der Anpassung des Textes an die neue Rechtschreibung widersprochen.)

1 *a)* Vergleiche Anfang und Ende dieser Geschichte. Was kannst du beobachten?
b) Wie hast du erfahren, was geschehen ist?
c) Wie erlebt das Kind das Geschehen?

2 Vergleiche das Geschehen in diesem Text mit dem Alltag: Wie kennzeichnest du es?

3 Man hat den Aufbau von Geschichten dieser Art mit einer Eieruhr (Sanduhr) verglichen: Kannst du damit etwas anfangen?

5 *petzen* (landschaftl. für): kneifen 6 *Phlegma:* Schwerfälligkeit, Gleichgültigkeit

Johann Peter Hebel Fürchterlicher Kampf eines Menschen mit einem Wolf

In Frankreich ist ein Departement[1], heißt Goldhügel. In diesem Departement befindet sich eine kleine Landschaft, genannt Saulieu; diese Landschaft bekam im März des Jahres 1807 einen schlimmen Besuch von einem reißenden Tier, wie man noch keines daselbst gesehen hatte, hierzulande auch nicht. Es hatte Ähnlichkeit mit einem Wolf, wird auch einer gewesen sein. Doch hatte es eine kürzere Schnauze als ein gemeiner Wolf, war lang und mager und mit langen, dunkelgrünen Haaren besetzt. Diese grausame und blutgierige Bestie wütete mehrere Tage lang zum Schrecken der Einwohner in dem Lande herum, griff Menschen und Tiere an, wagte sich sogar am 30. März am hellen Tag auf der Landstraße an die Reisenden, zerriss einen Konskribierten[2], zerfleischte zwei Mägdlein und einen Knaben und blieb selbige Nacht nahe bei dem Hause eines Landmannes, namens Machin, im Gebüsche über Nacht. Der gute Machin, der an eine solche Schildwache vor seinem Hause nicht dachte, ging des Morgens früh um drei Uhr, als es noch ganz finster war, aus dem Hause. Da hörte er etwas rauschen im Gebüsch, glaubte, es sei die Katze, die sich vor einigen Tagen verlaufen hatte, und rief seiner Frau, die Katze sei da. Aber in dem nämlichen Augenblicke springt das Untier wütend auf ihn los. Er wirft es zurück. Es kommt wieder, stellt sich auf die Hinterfüße, drückt ihn zwei Schritte weit an die Wand zurück und packt ihn mit seinem Rachen voll scharfer starker Zähne wütend an der linken Brust. Vergebens sucht er sich loszumachen. Das Tier

1 *Departement:* Provinz
2 *konskribiert:* bei einer Armee eingeschrieben

setzt immer tiefer seine Zähne ein und verursacht ihm die entsetzlichsten Schmerzen. Da umfasst es der herzhafte und starke Machin mit beiden Armen, drückt es fest an sich, ringt mit ihm, bis er es im Hause hat, wirft sich mit ihm auf einen Tisch, sodass das Tier unten lag, und rief seiner Frau, dass sie ein Licht anzünde. Aber Frau und Kinder wagten es nicht, sich zu nähern, und das Tier biss sich immer tiefer und tiefer in die Brust des unglücklichen Mannes ein, bis endlich die älteste Tochter von zweiundzwanzig Jahren sich ermannte und mit einem Licht und einem Messer herbeieilte. Der Vater drückt so stark er kann mit seinem Körper auf das Tier, zeigt ihr mit der linken Hand, wo sie hineinstechen müsse, dass das Ungeheuer sicher getötet werde. Noch biss sich die Bestie immer tiefer und tiefer ein, während die Tochter den kühnen und glücklichen Stich tat und ein paarmal das Messer in der Wunde umkehrte. Aber jetzt schoss das heiße schwarze Blut wie ein Strom aus der tödlichen Wunde hervor, das Biest fing an die Augen zu verdrehen, und es war ihm nicht, als wenn es noch viele Buben und Mägdlein verreißen wollte. Aber erst nachdem es sich völlig verblutet hatte, war man im Stande, die Brust des braven Machin von ihm loszumachen, so fest hatte es sich mit seinen mörderischen Zähnen eingehauen. Drauf wurde das Untier vollends totgeschlagen und verlocht[3]. Machin aber hatte doch lange an seiner Brust zu leiden und zu heilen und sagt, er wolle sein Leben lang dran denken.

1 Vergleiche, wie J. P. Hebel den Wolf und wie er die Menschen darstellt. Notiere die Wörter, an denen du das erkennst, in zwei Spalten in dein Heft.

2 Wie sieht J. P. Hebel die Beziehung zwischen Mensch und Tier?

3 Der Text wurde für einen Kalender für Bauern und Handwerker verfasst. Versuche zu erklären, was J. P. Hebel mit dem Text beabsichtigt haben könnte.

3 *verlocht:* eingegraben

Maria Sibylla Merian Brief von einer Forschungsreise

Maria Sibylla Merian (1647–1717) war die Tochter des Kupferstechers Matthäus Merian. Sie entdeckte bereits im Alter von zehn Jahren das Geheimnis der Verpuppung der Raupen und die Herkunft der Schmetterlinge und wurde später zur Begründerin der Insektenkunde. Berühmt wurde sie aber vor allem durch ihre Bilder von tropischen Pflanzen und Insekten. Ihr naturwissenschaftliches Interesse führte sie zusammen mit ihrer ältesten Tochter im Jahre 1699 auf eine Forschungsreise nach Südamerika, von wo sie den folgenden Brief an ihre jüngere Tochter schrieb.

Parmubo, Surinamia, im Oktober 1699

Mein liebes Kind!

Es geht uns beiden ganz gut; aber viel Sonderliches geschieht hier, was uns dort nie vor Augen gekommen wäre. Vorgestern haben wir nichts arbeiten können, so bekümmert waren wir. Manches Schöne und Heitere schreibe ich später. Zuerst muss ich dir jetzt etwas Grausames erzählen, weil's mich nicht loslässt:

Was mich fast krank gemacht hat, war der Bericht von einer großen Schlange, die hier eingebrochen ist. Uns geschah aber kein Leid, es war eine andere Ecke in der Siedlung. Ich hör am Morgen ein böses Geschrei – die Tage brechen hier auf wie blitzend Gold und Demanten, man muss die Augen schließen, sieht man in die Sonne, wenn sie heraufkommt übers Meer. Da liefen wir hin, wo sie schrien. Es wurde einer – ein ehrbar stiller Mann – van Meeren, Fakturist[1] bei einem Pflanzer, gefesselt und gebunden hergeführt. Wir hörten, er habe den Verstand verloren. Da war in der Nacht in seiner Hütte eine riesige Anakonda – eine Flussschlange, sechs Meter lang war die – zum Fenster hereingekrochen, hebt den kleinen breiten Kopf, schiebt sich weiter, sagt er, wie ein schwarzer Fluss, er will sie abhauen mit dem Beil, kann nicht, ist wie lahm. Sieht sie hervorquellen, und darunter schläft sein Knabe. Der Mann muss dulden, ohne Schrei, wie das Scheusal blitzschnell sich neigt und pendelt wie eine Wiege hin und her, auf und nieder. Jetzt wacht das Kind auf, schreit, steht im Bett, da ringelt

1 *Fakturist:* jemand, der Waren berechnet und Rechnungen ausstellt

sich jäh das Untier ums Kind und erdrückt es, ist unsäglich rasch zugegangen. Man hat danach den Mann schreien hören und das Monstrum von außen beim Rückzug gehindert und zerhauen. Der Knabe war tot, es war das Einzige, das der Mann gehabt, ein junger Witwer. Ich hab's dir schreiben müssen.

Es sind aber nirgends sonst mehr die großen Wasserschlangen gesehen worden und für uns ist keine Gefahr. Zudem haben wir dieser Tage ein höheres Haus auf einem Steinsockel bezogen. Danach habe ich mit dem armen Mann geredet und ihm einen Trank gemacht, der mir früher einmal geholfen, schläfert und beruhigt – hab auch gesorgt, dass sie ihn frei laufen lassen und Ruhe geben, und bin viel bei ihm gesessen die letzten Tage; wir wollen ihn als Schreibhelfer nehmen,wenn er sich erholen kann. –

Ich werde dir heute weiter berichten, liebes Kind. Wir haben eine lange gefährliche Fahrt gemacht in den Plantagen des Herrn van Vredenborg und die Trockenzeit dazu genommen. Der Regen währt sonst immer vom April bis in den Oktober, macht alles schlammig und schwemmt viel Planken und Brücken weg und unterhöhlt alles.

Wir fuhren also mit einem Stechboot, das sie mit Stangen rudern und stoßen, mit uns der van Meeren und zwei Indianer, und kamen bald in ein wüstes Gewirr unter den Zweigen; da lagen die glänzenden leuchtenden Fische ganz nah im untiefen Wasser, auch bunte Frösch und Schnecken, und hingen große weiße Trichterblumen auf uns herunter; es wird einem aber schwindelig, wenn man ihren Ruch einatmet. Auch der Schlick und Schlamm riecht übel wie Sulfur[2]. Manche Flüsse werden vergiftet von den Indianern, dass die Fische betäubt sind, die sie dann einfangen und gebraten speisen; es schadet ihnen aber nichts.

Dann taten wir die lang gewünschte Reise in die Wälder hinein, da hat uns der José gewarnt, wir sollten nicht hin, er wollte nicht weiterrudern. Wir haben ihn dann lassen zurückgehen und sind mit einem anderen, der ein junger Mischling ist, weitergefahren. Im Astwerk schrien die Papageien, blaue schöne, mit langen Schweifen, und die Affen, die herumturnten und grillten. Es gibt keine Wege als die Rinnen im Sumpf.

Eine Stelle war finster wie ein Loch, darinnen schmatzte es und schwatzte sonderlich; das waren die großen Kaimane, uralte, riesige Krokodile. Van Meeren sah sie von weitem und ließ umwenden; sie sind sonst träg, werfen aber die flachen Boote um und werden dann gefährlich. Danach kamen wir durch einen anderen stinkenden Kanal immer tiefer in die Wildnis; da wollte auch der Mischling nimmer weiter; van Meeren hat ihn zwingen müssen mit strengen Worten. Dann waren wir unverhofft an einem freien sonnigen Platz, voll von zarten Wedeln wie Farnkraut, aber ganz golden, und vielen blauen Blüten. Dort stiegen wir aus. Da waren die Wege schön gehauen und ganz zuinnerst ein tiefer See mit einer halb zerfallenen Mauer davor. Van Meeren kletterte hinauf, auch Hanna. Sie schrie: „Sommervöglein, Mutter! Im Gestein!“ Ich sah hin, da waren aus der Mauer ausgehauen: breite plumpe Schlangenköpf mit Mäulern und Zähnen und daneben mächtige groß geflügelte Falter, wie ich sie nie gesehen, blaue, eingelegt in den Fels mit Glimmer und bunten Steinen, die schienen wunderlich in der Sonne, die durch die Blätter blitzte. Der Mischlingsknabe legte sich auf den Boden des

2 *Sulfur:* Schwefel

Bootes, heulte und schlug um sich, und hatte die Schlangengesichter kaum angesehen, da weinte er und sagte: „Quoatl!“ Das ist die gefiederte Schlange, die sie den Gott nennen. Aber die Falter, die an der verfallenen Mauer sind, seien ein Bildnis ihrer Seelen. Hab mich sehr verwundert ihretwegen, da sie doch so auch die alten Griechen gedeutet, und es sind ja hier keine Griechen gewesen! Weshalb ich denn schnell einen von den plumpen Steinfaltern abgezeichnet habe mit einem Kohlestift, den ich bei mir führte.

Es kann dir niemand beschreiben, wie schön der Fleck gewesen: rot und lila die Blüten, duftend und ganz zartfiederig, daneben scharfzahnige grüne Blätter, die einen schneiden, wenn man sie anregt, und die Fläche davor mit einem grünen Grasflimmer und die goldgelbe Mauer mit den blauen Faltern und den grünen Schlangenmäulern. Mir scheint, man könnte da graben, unter den Trümmern käm noch viel hervor. Nur hat uns van Meeren, da er jetzt ruhiger geworden ist und manchmal erzählt, gesagt, dass die Indios Angst haben hinzugehen.

Auch hab ich einmal ein seltenes medizinisches Wunder erlebt, das du dem Hendricks anzeigen magst; da ist einer von den Deutschen in den Urwald gedrungen und hat lebendige Falter und Kerfen[3] wollen holen, unweit von dem Tempelsee. Er hat auch solche gesehen, in Farben, nicht zu nennen, flammrot, giftgrün, blitzgelb – und ist beinah umgefallen, so haben ihn die geblendet; er ist zurückgekommen als ein fast Blinder, da die Falter einen Staub auf den Flügeln gehabt, der reizt die Augen und das Hirn, erzeugt einen Schwindel und Fieber und tötet die Sehkräfte mählich ganz ab. Das haben die Indianer gewusst; ich will mir aber nichts dergleichen beifallen lassen und auch Johanna wohl hüten.

Leb wohl für diesmal und grüß Agathe und Mabel!

Viel Liebe schicken wir dir; auch Herolt grüßt dich.

Deine Mutter

1 Wie erleben die Menschen in diesem Brief die Natur?

2 Welche Bedeutung hat das Briefschreiben für die Verfasserin?

Illustration von *Maria Sibylla Merian*

3 *Kerf*: Kerbtier, Insekt

William Beebe Vulkanausbruch

William Beebe war ein amerikanischer Fischkundler und Tiefseeforscher. Er lebte von 1877 bis 1962. Im Jahre 1925 erlebte er bei einer Expedition zu den Galapagosinseln von seinem Expeditionsschiff aus den Ausbruch eines Vulkans an der Küste der Insel Isabela.

Einmal sah ich, [...] wie sich ein großer Lavastrom in fünf Arme teilte, die die 30 Meter hohen Klippen herabkrochen wie die Arme eines riesigen, scharlachroten Kraken. Sie tropften schließlich in das kochende, grüne Wasser hinab, wobei schweflichte Dämpfe in dem gelben Gischt aufstiegen.

In seltsamer Weise schienen die Naturkräfte in unregelmäßigen Zeitabständen nacheinander wirksam zu werden. Zuerst verbreitete sich ein Lavastrom und schoss mit größerer Geschwindigkeit und Stärke hervor. Das Meer antwortete darauf sofort, indem es in starker Aufwallung große Mengen der roten Flüssigkeit verschlang und blitzschnell gigantische, schwarze Bomben daraus bildete. Alle Gase im Innern dieser Bomben explodierten nun gleichzeitig und schleuderten einen Regen halb flüssigen, halb festen Brandungsschaums ins Weite, und die zackigen Sprengstücke zogen wie Kometen einen Schweif von Feuer, Gas und Wasser hinter sich her. Darauf überwogte der Dampf aus diesem einen Ausbruch alles andere, bis die Reihe, aus den Ufern zu treten, an einen Nachbarstrom kam.

Wir waren nahe genug um alle Einzelheiten zu sehen, aber der tolle Wind, der landeinwärts raste, übertönte alles Zischen und Brüllen, jedes Gurgeln und Krachen.

Ab und zu schien sich ein großes Klippenstück etwas zu heben, zitterte und fiel dann langsam vornüber; der Sturz ließ einen Berg von Gischt emporschießen, der in großen Brandungswellen abwechselnd gegen lebendige und tote Lava prallte, wobei das Wasser wie in einem Riesenkessel kochte und gurgelte. Es war erstaunlich zu sehen, wie eine Woge anrollte, sich in gelbgrünem Schwall überstürzte, gegen die scharlachrote Lava prallte und sich im nächsten Augenblick hoch in die Luft hob um als Wolke dem fernen Berggipfel zuzutreiben. Es war eine Schlacht, ein Weltallskampf zwischen Feuer, Wasser, Erde und Luft, wie ihn nur Astronomen erträumen können, wie ihn nur der Erschaffer der Welten wirken kann ...

Ich versuchte die Geschwindigkeit der Lava zu schätzen und wählte dazu einen Strom, der ungefähr 6 Meter breit war. Soweit ich aus einer Entfernung von mehreren hundert Metern beurteilen konnte, musste die Klippe an dieser Stelle ungefähr 30 Meter hoch sein. Ich maß die Zeit, die schwarze, feste Klumpen, die gelegentlich auf der Oberfläche schwammen, brauchten um den ganzen Fall zu überwinden, mit zwei Sekunden. Meine Lösung war, dass die Lava in einer Stunde 54 Kilometer fließt. Trotz starken, kalten Windes behielt die flüssige Lava unter freiem Himmel für eine lange Strecke ihre Temperatur von 1300° bis 1650° bei ohne irgendwie schwarz zu werden, ehe sie sich in der Masse von Dampf und Wasser verlor. Unausdenkbar ist die unterirdische Temperatur, die notwendig war um diesen Hexenkessel zu heizen.

Der gelbe Schaum in der Nähe der Küste ließ auf erheblichen Schwefelgehalt schließen, und ich wusste aus Erfahrung, dass die grauen Gase, die mit dem Rauch abwechselten, wenigstens zum Teil aus Schwefelwasserstoff und Kohlenoxyd[1] bestanden. Ich stellte mir gerne vor, dass die Lava unsere Oberwelt wirklich bereichert. Neue Volumina[2] von Wasserstoff und Kohlendioxyd verbreiteten sich tatsächlich zum ersten Mal in der Atmosphäre, und vor unseren Augen veränderte sich Gesteinmasse von Weiß in Scharlachrot, Rosa und Schwarz, die seit der Entstehung der Erde meilenweit in ihrem innersten Herzen geruht hatte.

Ich habe mich bisher nur mit dem Unorganischen befasst, aber vom allerersten Augenblick an, in dem wir den Ausbruch wahrnahmen, trat überall auch Tierleben in Erscheinung. Zwei Stunden nach Beginn des vulkanischen Wunders hatten Wirkung und Gegenwirkung bereits mittelbar oder unmittelbar eine Menge von Tieren beeinflusst. Kurz nachdem wir in das grüne Wasser eingefahren waren, kam eine ganze schwarze Welle von Fischen an uns vorbei; es war ein Schwarm oder besser ein Pöbelhaufen von großen Thunfischen, die, in dichtem Haufen zusammengedrängt, mit aller Kraft dem blauen Wasser zustrebten, wobei jede Bewegung unverkennbar den fürchterlichsten Schrecken ausdrückte. Nahe dem Fallreep[3] schwamm ein großer Krake vorüber, der etwa 90 Zentimenter lang war; er war halb tot, die Arme bewegten sich nur schwach und lebhafte Farbenwellen spielten über seinen weichlichen Körper. Einige kleine Fische trieben, auf dem Rücken liegend, vorbei, ferner Seewürmer, die sich drehten und wanden. In einem kleinen Boot hätte ich viel mehr von den Wirkungen dieses allerseltensten Phänomens erfahren können.

1 *Schwefelwasserstoff, Kohlenoxyd:* giftige Gase
2 *Volumina* (Plural von *Volumen*) hier etwa: Mengen
3 *Fallreep:* an der Bordwand eines Schiffes herablassbare Treppe

Zu meiner Überraschung herrschten Vögel vor. Als ich noch sehr weit entfernt war, sah ich durch das Glas etwas, was ich für schrapnellähnliche[4] Geschosse hielt, die aus Dampf und Lava emporgeschleudert wurden und wieder zurückfielen. Beim Näherkommen bemerkte ich, dass es Fregattvögel und Wasserscherer waren, die zwar gewiss nicht in das kochende Wasser hineintauchten, es aber beinahe berührten. Das Rauschen und Brausen der ungewöhnlichen Dampfwolken schreckte die Seevögel nicht ab, sondern die plötzlich aufgetretene Manna[5] zog sie in Scharen herbei ...

So gut es ging, überschlug ich die Zahl der Vögel im unmittelbaren Ausbruchsgebiet und zählte über zweihundertfünfzig Sturmschwalben, von denen viele in dem dunklen Zeitabschnitt waren, wo die weiße Färbung des Rumpfes fehlt. Es gab achtundsiebzig Sturmtaucher, die auf wenigstens zwei Arten entfielen, sechsunddreißig Fregattvögel, zehn braune Tölpel und drei Pelikane. Sie trieben ihr Wesen nicht nur in der äußeren Zone des grünen Wassers, sondern eine dicht gedrängte Schar umflatterte die Lava ganz nahe bei der Küste. Sie waren alle durch treibende Fische oder andere Organismen herbeigelockt, und ich sah, wie Dampf und Gase sie manchmal tatsächlich verdeckten. Später trieben die Leichen zweier Sturmschwalben und eines Sturmtauchers vorbei; einige hatten also wenigstens die hemmungslose Fressgier mit dem Leben bezahlen müssen. Am traurigsten war das Schicksal eines ausgewachsenen Seelöwen, der plötzlich in unmittelbarer Nähe der Küste in die Höhe schnellte. Fünfmal übersprang er im Bogen zweieinhalb bis drei Meter des siedenden Wassers und steuerte schließlich, blind vor rasendem Schmerz, unmittelbar auf das rote Lavadelta zu. Wir sahen keinen Schlusskampf – mit dem letzten Satz war er in den Rachen des Todes gesprungen.

1 Um welche Art von Text handelt es sich?

2 Wähle eine Stelle, die dich besonders beeindruckt hat, und erkläre, wie der Eindruck hervorgerufen wurde.

3 In welcher Absicht ist dieser Text geschrieben?

4 Wo könnte ein solcher Text gedruckt werden?

5 Um seinen Eindruck von dem Vulkanausbruch wiederzugeben benutzte Beebe verschiedene sprachliche Mittel, z. B. „Es war eine Schlacht, ein Weltallskampf zwischen Feuer, Wasser, Erde und Luft ...“ (vgl. S. 139, Zeile 21 f.).
Wie verstehst du diese Stelle?

6 Welche anderen Beispiele dieser Art findest du? Schreibe sie auf. Was bewirken solche Formulierungen? (Vgl. auch S. 222–226.)

4 *Schrapnell:* Geschoss, bei dessen Explosion Kugeln nach allen Seiten gesprengt werden
5 *Manna:* Bezeichnung der Speise, die nach biblischer Darstellung den Israeliten nach ihrem Auszug aus Ägypten durch ein Wunder vom Himmel fiel

Marie Luise Kaschnitz Taormina[1]

Wieder und wieder hat
der irrsinnige Heizer Hephaistos[2]
das schwarzbärtige Haupt aus der Luke gehoben,
hat roten Schmelzfluß, glühende Kohlenbrocken
auf die blumigen Wiesen gestreut.

Mit dem nachtschwarzen Auswurf hat man die Häuser gebaut
und die Mauern der Burg. Über giftgelber Schwefelader
wuchert der Erdbeerstrauch und die sphärische[3] Wolfsmilch.

Hochauf wirft sich das Meer plötzlich bei tiefblauem Himmel.
Ströme von Schaumflut schießen über die Klippen.
Entlang der Küste klappert das metallene
Gestänge im weißen Orkan.

Ruhig legt der gigantische Berg
seine breiten Schneefelder, schön gefaltete, aus.
Im Wolkenspalt erscheint das Bäumchen Rauch.
Rosenfarben beglänzt
vom Feuer der Tiefe.

(Die Rechteinhaber haben der Anpassung des Textes
an die neue Rechtschreibung widersprochen.)

Die Dichterin schildert in diesem Gedicht die Landschaft um den sizilianischen Vulkan Ätna. Welche Kräfte sieht sie in dieser Landschaft wirken?

Marie Luise Kaschnitz

1 *Taormina:* hoch gelegene Stadt an der Küste Siziliens, von der aus man den bekanntesten Blick auf den Ätna hat
2 *Hephaistos:* griechischer Gott der Schmiede und des Feuers (im römischen Bereich: Vulkanus)
3 *sphärisch:* kugelförmig

Ausbruch des Ätna im Jahre 1983

Als das Wasser kam, gab es keine Chance mehr

Campingplatz war vor Katastrophe nie überschwemmt

Rettungsmannschaften suchten in Schlamm und Trümmern nach Überlebenden auf dem Campingplatz von Grand-Bornand.

Paris, 15. Juli (dpa)

Im Sommer kann man das Bergflüsschen Borne, das sich in 950 Meter Höhe zum Dorf Le Grand-Bornand im Osten von Annecy windet, trockenen Fußes passieren. Nach schweren Gewitterregen aber wurde die Borne plötzlich zum reißenden Fluss und zum Grab für zahlreiche Urlauber, die auf einem Campingplatz oberhalb des ostfranzösischen Dorfes Ferien machten.

„So eine Naturkatastrophe haben wir in unserem Dorf noch nie erlebt", sagte der Bürgermeister des 1700 Einwohner zählenden Alpenortes, Pierre Pochat. „Die Camper wurden überrascht. Sie hatten keine Zeit die Stärke der Überschwemmung und des Gewitters abzuschätzen. Und als sie vom Wasser erfasst wurden, gab es keine Chance mehr."

Zwischen dem Bach und den Campingplätzen stand eine Steinmauer, die aber unter der Wucht der Schlammmassen brach. „Noch nie habe ich so etwas gesehen, nie, nie", sagte der Bürgermeister. Campingurlauber berichteten, der Bach habe bereits seit Wochen nach jedem Gewitter viel Wasser geführt.

Vermutlich hatte sich durch mehrstündige Gewitterregen am Nachmittag im Oberlauf des Flüsschens eine Barriere aus Altholz, Geröll und Schlamm aufgebaut, die plötzlich nachgab. „Der

Fluss trat mit großer Gewalt aus seinem Bett, auf der einen Seite kam Schlamm, auf der anderen das Sturzwasser“, sagte Pochat.

Auf dem in einer Flussbiegung liegenden Campingplatz retteten sich einige Urlauber auf eine erhöhte Stelle in der Mitte. Sie wurden mit Hubschraubern geborgen, nachdem sie hatten mit ansehen müssen, wie Wasser und Schlamm ganze Familien in ihren Wohnwagen, Autos und Zelten wegspülten.

„Autos und Wohnwagen wurden über die ganze Länge des Campingplatzes mitgerissen“, berichtete ein belgischer Urlauber. „Schon nach dreißig Metern waren die Caravans zerrissen.“ Die Flutwelle tobte nach einem kurzen Gewittersturm über zwei Stunden. Einige Urlauber wurden von den Dächern ihrer Fahrzeuge oder aus Bäumen gerettet.

Teile von Wohnwagen und Ausrüstungsgegenständen wurden aus der Borne in den Fluss Arve und bis auf Schweizer Gebiet getragen. Die Flutwelle zog eine zehn Meter breite Spur über den Campingplatz, der etwa 250 Menschen Platz bot. Auch am Mittwoch war die Borne noch ein reißender Sturzbach. Taucher lösten von den mitgerissenen Autos und Wohnwagen die Nummernschilder um die Namen der Besitzer mit denen der Vermissten zu vergleichen.

Der Zugang war jedoch höchst gefährlich, da der reißende Fluss ganze Baumstämme mitführte. Manche Autos waren unter meterhohen Geröll- und Schlammaufspülungen begraben.

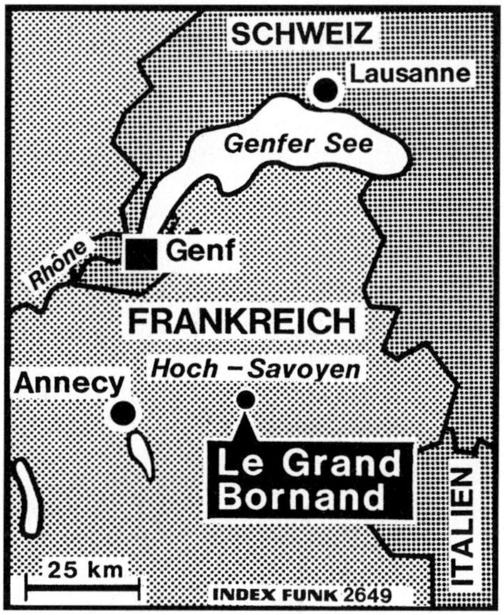

Le Grand-Bornand wird in den Reiseführern als „angenehmer Aufenthaltsort“ in einem der weitesten Täler des Aravis-Massivs geschildert. Noch niemals, so versicherten Einwohner, hatte es auf dem Campingplatz eine Überschwemmung oder ein anderes schweres Unglück gegeben.

An den Rettungsarbeiten beteiligten sich rund 500 Polizisten, Feuerwehrleute und Helfer. Die Bergungsarbeiten wurden erschwert, weil umgerissene Bäume und Autowracks die Zufahrt zum Unglücksort versperrten. Taucher fanden in der Arve und in der Rhône – den Mündungsflüssen des Baches – Gasflaschen und Teile von Zelten und Wohnwagen.

(aus: Saarbrücker Zeitung vom 16. 7. 1987)

1 Welche Art von Text ist das?

2 Wo findet man solche Texte?

3 Wer schreibt solche Texte?

4 Welche unterschiedlichen Textteile erkennst du?

Schlägt die Natur zurück?

Die Katastrophe in den Alpen

Von Manfred Hees

„Die vergewaltigte Natur schlägt zurück“ – dieses als übertrieben geltende düstere Schlagwort von Naturschützern der vergangenen Jahre ist in den letzten Tagen in den Alpen Realität geworden. „Es ist kein Schlagwort, sondern sicherlich wahr“, sagte Alfred Pitterle von der Wiener Universität für Bodenkultur am Montag der AP. Die Hochwasserkatastrophen der vergangenen Tage wertet er als durchschlagenden Beweis. Sie sind nach Überzeugung der Experten auch auf gravierende[1] menschliche Fehler zurückzuführen. Extrem starke Regenfälle, Schmelzwasser sowie ungünstiger geologischer[2] Aufbau der Landschaft gelten als natürliche Ursachen. Doch nur nach schwerwiegenden Fehlern des Menschen konnten die Wetterschäden derartig katastrophale Ausmaße annehmen. Von Menschen verschuldete Ursachen sind nach den Worten Pitterles und von Professor Hannes Mayer vom „Kuratorium[3] Rettet den Wald“: der unkontrollierte Bau von Skipisten, die Anlage planloser Wald- und Almwege, die intensive Verweidung des Almlandes sowie das Waldsterben. „Jede Vergewaltigung ist strafbar, die Vergewaltigung der Natur zieht die Höchststrafe nach sich“, fasste Professor Mayer die „Rache der Natur“ vor Journalisten zusammen.

Überflutet waren die Straßen dieses Badeortes nahe Val Tellina in den norditalienischen Alpen. Vier Tage andauernde schwere Regenfälle hatten in Val Tellina einen Erdrutsch ausgelöst, durch den ein Hotel in Schlamm und Geröll begraben wurde.

Flüsse und Bäche reißende Wildwasser

Pitterle erläuterte, welche Folgen der Kahlschlag in den Bergen hat. Bei starken Regenfällen – mit denen nach den Worten des Experten immer gerechnet werden muss – kann der entwaldete Boden die Wassermassen nicht mehr aufnehmen. Die Folge ist schnell abfließendes Wasser, das Flüsse und Bäche in reißende Wildwasser verwandelt. Nach Angaben der Experten nimmt ein Weideboden nur etwa fünf bis zehn Prozent der Wassermenge auf. Der Rest fließe ab. Ein Wald könne dagegen bis zu 100 Prozent der Niederschläge absorbieren.

Am Beispiel der Gemeinde Zell am See zeigte Pitterle, wie hoch der Waldverlust in einigen Regionen ist. So wird der Waldverlust in dem Gebiet auf 41 200 Hektar geschätzt. Die Böden seien dann nicht mehr in der Lage die Niederschläge aufzunehmen. Zusammen mit klimatischen Veränderungen – etwa verspäteter Schnee-

1 *gravierend:* schwerwiegend
2 *Geologie:* Lehre von dem Aufbau der Erdkruste und ihren Gesteinen
3 *Kuratorium:* Aufsichtsbehörde

schmelze – und ungünstigen geologischen Gegebenheiten seien dann Katastrophen wie in Saalbach-Hinterglemm unausweichlich. Dort schoss innerhalb von wenigen Tagen bei anhaltenden Regenfällen viermal eine alles mitreißende Flutwelle durch das Tal.

„Aufforsten, aufforsten, aufforsten", so fasste Pitterle die seiner Ansicht nach einzige Chance des Menschen gegen die Naturgewalt zusammen. Einzelforderungen, besonders im Zusammenhang mit dem Bau von Skipisten, stellte Mayer auf. Skipisten sollten demnach nicht breiter als 50 bis 60 Meter sein und neue Pisten sollte es überhaupt nicht mehr geben, sagte er. Die Kosten von Regenerationsmaßnahmen[4] seien zunächst hoch, allerdings im Vergleich zu den sonst folgenden Schäden gering.

Allein für das Gebiet von Zell am See bezifferte Pitterle die Aufforstungskosten auf zwei Milliarden Schilling (etwa 280 Millionen DM). „Wir brauchen vor allem Vorbeugungsmilliarden. Damit ersparen wir uns zigfache Reparaturmilliarden", sagte er. Schnell werde sich der „Kriegsschauplatz" Natur jedoch nicht wieder befrieden lassen, schränkte er ein. Etwa 50 Jahre dauere es nach amerikanischen Untersuchungen, bis der aufgeforstete Wald seine Schutzfunktion wieder übernehmen könne.

Für den Fall, dass trotz der Warnzeichen der letzten Tage in den Bergregionen nicht zu Gegenmaßnahmen gegriffen werde, malten Pitterle und Mayer ein düsteres Zukunftsbild. „Wenn die Vernichtung des Waldes weitergeht, dann wird auch im Flachland die Hochwassergefährdung erheblich zunehmen", sagte Mayer. „Jede Hochwasserkatastrophe wird in Zukunft mit ungeheurer Geschwindigkeit und mit zwei- bis dreifach höherem Maximalwert kommen als bisher. Die Katastrophenchronik der vergangenen Jahrzehnte beweist, dass die Auswirkungen von Niederschlagsereignissen immer extremer werden", warnte der Professor. „Wir wissen und sagen das seit Jahren, aber es geschieht nichts", hatte er bereits vor dem Katastrophenwochenende gegenüber der „Wochenpresse" sein trauriges Fazit[5] gezogen. AP

(aus: Saarbrücker Zeitung vom 10. 8. 1987)

Diese Reportage ist von einem Mitarbeiter einer großen Nachrichtenagentur, der amerikanischen Associated Press (AP), verfasst und an viele Tageszeitungen verkauft worden, die nicht selbst einen Reporter in das Katastrophengebiet schicken konnten.

1 Der Reporter berichtet in dem Text von den Aussagen zweier Sachverständiger über die Ursache einer Erdrutschkatastrophe, die 1987 im Veltlin in den italienischen Alpen furchtbare Verwüstungen angerichtet hat.
a) Untersucht, welche Passagen in wörtlicher oder direkter Rede wiedergegeben werden. Findet ihr Gründe für die Auswahl?
b) Mit welchen sprachlichen Wendungen signalisiert der Reporter, dass er in bestimmten Passagen seines Textes die Ausführungen der Sachverständigen zusammenfasst?
c) In Z. 77 f. gibt der Reporter seinen eigenen Eindruck von den Ausführungen wieder: „... malten P. und M. ein düsteres Zukunftsbild". Sucht ähnliche Wendungen. Welche Wirkung haben sie auf die Leser?

2 Beschreibt das der Reportage beigefügte Foto und bestimmt, in welchem Zusammenhang es zu dem Text steht.

4 *Regenerationsmaßnahmen:* Maßnahmen zum Wiederaufbau, zur Wiederherstellung des ursprünglichen Zustands
5 *Fazit:* Ergebnis, Schlussfolgerung

3 Man kann verschiedene Reportagetechniken unterscheiden:
- Manche Tatsachen teilt der Reporter einfach mit (I),
- dann wieder lässt er den Leser am Geschehen teilnehmen, indem er erklärt, wie er etwas durch Beobachtungen und Gespräche erfahren hat (II),
- und manchmal beruft er sich auf Äußerungen von Sachverständigen oder amtlichen Verlautbarungen (III).

Überprüft daraufhin jeden Abschnitt der auf Seite 144 f. abgedruckten Reportage und ordnet ihn einer der Reportagetechniken (I–III) zu.

4 Im Druckbild der beiden Reportagen könnt ihr verschiedene Überschriften (Schlagzeilen), Fotos, Begleittexte und eine Karte unterscheiden.
a) In welcher Reihenfolge werden die Text- und Bildelemente dem Leser ins Auge fallen? Versucht jeweils eine Schemazeichnung des Druckbildes der Reportage anzufertigen und tragt die Leselinie ein.
b) Untersucht andere Reportagebeispiele. Lassen sich Regeln für eine Leselinie erkennen?

5 Die **Reportage** ist ein besonders lebendiger und anschaulicher Bericht über Ereignisse oder Sachverhalte. Ihr kennt sicher einige Arten von Reportagen, z. B. die Fußballreportage als Beispiel der Sportreportage in Funk und Fernsehen.
Nennt weitere Beispiele für Reportagen. Ihr könnt sie auch aus Zeitungen ausschneiden und mitbringen.

6 Versucht selbst eine Reportage zu machen. Themen könnten sein:
- Eine Schule steht Kopf: Das Schulfest
- Ein Blick hinter die Kulissen (Besuch im Stadttheater)
- Ein Arbeitstag des Hausmeisters unserer Schule
- Wie wird unsere Stadt mit dem Müll fertig?

Günther Weisenborn Zwei Männer

Günther Weisenborn (1902–1969) arbeitete mit Bertolt Brecht zusammen, war Chefdramaturg am Berliner Schillertheater, Leiter der Kulturredaktion beim Rundfunk. 1942 wurde er wegen Widerstands gegen die Nationalsozialisten verhaftet, 1945 befreit. Nach dem Krieg arbeitete er an verschiedenen Theatern. Er erhielt mehrere Preise und war Mitglied von Akademien in der Bundesrepublik Deutschland und der ehemaligen DDR.

Als der Wolkenbruch, den sich der argentinische Himmel damals im Februar leistete, ein Ende gefunden hatte, stand das ganze Land unter Wasser. Und unter Wasser standen die Hoffnungen des Pflanzers von Santa Sabina. Wo ein saftgrünes Vermögen in Gestalt von endlosen Teefeldern mit mannshohen Yerbabüschen[1] gestanden hatte, dehnte sich morgens ein endloses Meer.

Der Farmer war vernichtet, das wusste er. Er saß auf einer Maiskiste neben seinem Haus und zählte die fetten Blasen, die an seine Schuhe trieben und dort zerplatzten. Das Maisfeld glich einem See. Der Rancho[2] des Peons[3] war darin verschwunden. Sein Schilfdach trieb im Strom davon, eine nickende Straußenleiche vor sich her schiebend. Der Peon hatte sich zu seinem Herrn geflüchtet und saß neben ihm. Es war ein Indio, der mit breitem, eisernem Gesicht ins Leere starrte. Seine Frau war ertrunken, als sie sich losließ um ihre Hände zur Madonna zu erheben. Der Peon hatte drei Blasen gezählt. Ihre Hand hatte die letzte Blase erschlagen.

Der Farmer hatte seine Frau in der Stadt. Sie würde vergeblich auf seinen Schritt vor der Tür warten. Denn der Farmer gab sich noch eine Nacht.

Es ist unter Männern Brauch, dass man sich in gewissen Lagen die letzte Zigarette teilt. Der Farmer, im Begriff, nach Mannes Art zu handeln, wurde von seinem Peon unterbrochen. „Herr!", rief der Indio, „der Paranà[4]! Der Strom kommt ...!" Er hatte Recht. Man hörte in der Ferne ein furchtbares Donnern. Der Paranà, angeschwollen von Wasser und Wind, brach in die Teeprovinzen ein. Paranà, das heißt der größte Strom Argentiniens. Dieses Donnern war das Todesurteil für die Männer von Santa Sabina. Sie verstanden sich auf diese Sprache, die Männer. Sie hatten tausendmal dem Tod ins Auge gesehen.

Sie hatten das Weiße im Auge des Pumas gesehen und der Korallenschlange ins kalt strahlende Gesicht. Sie hatten dem Jaguar gegenübergestanden und der großen Kobra, die sich blähte. Sie hatten alle diese Begegnungen für sich entschieden, denn ihr Auge war kalt und gelassen ihre Hand.

Jetzt aber halfen keine Patronen und kein scharfes Auge. Dieser Feind hier, das Wasser, war bösartig wie hundert Schlangen, die heranzischten, und todesdurstig wie der größte Puma auf dem Ast. Man konnte das Wasser schlagen, es wuchs. Man konnte hineinschießen, es griff

1 *Yerbabüsche:* ihre Blätter werden als Tee verwendet
2 *Rancho:* Behausung
3 *Peon:* Tagelöhner
4 *Paranà:* großer Strom in Südamerika, entspringt in Brasilien und fließt durch Paraguay und Argentinien

an. Es biss nicht, es stach nicht, das Wasser, es suchte sich nur mit kalten Fingern eine Stelle am Mann, seinen Mund, um ihn anzufüllen, bis Blasen aus der Lunge quollen. Das Wasser war gelb und lautlos. Und man sah vor Regen den Himmel nicht.

Auf einer kleinen Insel, halb unsichtbar in der triefenden Finsternis, saß der Farmer mit seinem Peon vor seinem Haus.

Dann kam der große Paranà. Er kam nicht mit Pauken und Posaunen. Nein, man merkte ihn gar nicht. Aber plötzlich stand der Schuh des Farmers im Wasser. Er zog ihn zurück. Aber nach einer Weile stand der Schuh wieder im Wasser, weiß der Teufel ... Und wenn man die Maiskiste zurücksetzte, so musste man sie bald noch ein wenig zurücksetzen, denn kein Mann sitzt gern im Wasser.

Das war alles, aber das war der Paranà.

Gegen Abend fiel das Hühnerhaus um. Man hörte das halb erstickte Kreischen der Vögel, dann war es wieder still. Später zischte es plötzlich im Wohnhaus auf, denn das Wasser war in den Herd gedrungen.

Als es dunkel wurde, standen der Farmer und sein Peon bereits bis zum Bauch im Wasser. Sie kletterten auf das Schilfdach. Dort auf dem Gipfel saßen sie schweigend, dunkle Schatten in der dunkelsten aller Nächte, indes Töpfe und Kästen aus den Häusern hinausschwammen. Ein Stuhl stieß unten das Glasfenster in Scherben. Das Wasser rauschte. Die Blasen platzten. Ein totes Huhn schwamm im Kreise vor der Haustür.

Als das Wasser das Dach erreicht hatte, stieß es die Hausmauern nachlässig um. Das Dach stürzte von den gebrochenen Pfosten, schaukelte und krachte, dann drehte es sich um sich selbst und trieb in die rauschende Finsternis hinaus.

Das Dach ging einen langen Weg. Es fuhr kreisend zu Tal. Es trieb am Rande der großen Urwälder vorbei. Es segelte durch eine Herde von Rindern, die mit himmelwärts gestreckten Beinen totenstill auf dem wirbelnden Wasser trieben. Glotzäugige Fische schossen vor dem Schatten des Daches davon. Schwarze Aasgeier trieben, traubenweise an ein Pferd gekrallt, den Strom hinab. Sie blickten mordlustigen Auges herüber ... Blüten, Möbel und Leichen vereinigten sich zu einem Zug des Todes, der talwärts fuhr, einem undurchsichtigen Ende entgegen.

Gegen Morgen richtete sich der Farmer auf und befahl seinem Peon, nicht einzuschlafen. Der Indio verwunderte sich über die harte Stimme seines Herrn.

Er wäre bedenkenlos dem Farmer um die Erde gefolgt. Er war Indio und wusste, was ein Mann ist. Aber er wusste auch, dass ein Mann ein schweres Gewicht hat. Wenn nur ein Mann auf dem Dach sitzt, so hält es natürlich länger, nicht wahr, als wenn es unter dem schweren Gewicht zweier Männer auseinander bricht und versinkt. Und dann gute Nacht ...

Er glaubte nicht, dass der Farmer gutwillig das Dach verlassen würde, aber man konnte ihn hinunterkippen, denn es ging hier um Leben und Tod. Das dachte der Indio und er rückte näher. Sein Gesicht war steinern, es troff vor Regen.

Das Dach würde auf keinen Fall mehr bis zum Morgen schwimmen. Jetzt schon brachen einzelne Bündel ab und schwammen nebenher. Die Männer mitten auf dem furchtbaren Strom wussten nicht, wo sie waren. Dichter Nebel fuhr mit ihnen. Ringsum das Wasser schien still zu stehen. Fuhren sie im Kreis? Sie wussten es nicht. Sie sahen sich an.

Da folgte der Farmer dem Brauch aller Männer, zog seine letzte Zigarette, brach sie in zwei Teile und bot dem Indio eines an. Sie rissen das Papier ab und kauten den Tabak, da sie kein Feuer hatten.

Er ist ein guter Kamerad, dachte der Peon. Es hat keinen Zweck. Es soll alles seinen Weg gehen. Als er den würzigen Geschmack des Tabaks fühlte, wurde aus der Feindschaft langsam ein Gefühl der Treue. Was willst du? Der Peon hatte seine Frau verloren und sein Kind. Sie hatte die letzte Blase ihres Atems mit ihrer Hand zerschlagen. Er hatte nichts mehr, was ihn zu leben verlockte. Das Schilfdach sank immer tiefer. Wenn er selbst ins Wasser sprang, hielt das Dach vielleicht noch und trug seinen Herrn bis zum Morgen.

Der Dienst ist aus, adios, Señor! Der Peon kletterte über den Giebel bis an den Rand des Daches, als er plötzlich im dunklen Wasser Kaimane[5] rauschen sah, Jaquares[5], die ihn aufmerksam anstarrten. Zum ersten Mal verzog der Indio sein Gesicht, dann hielt er den Atem an und sprang.

Aber er wurde im selben Moment von seinem Herrn gehalten, der ihn wieder aus dem Wasser zog und seinen Peon zornglühend anschrie. Kreideweiß, mit rotgeränderten Augen und triefenden Haaren, beugte sich der Farmer über ihn, nannte ihn den Vater allen Unsinns und rüttelte ihn. Dann befahl er ihm, seinen Platz einzunehmen und den Mut nicht zu verlieren, verdammt noch mal ...!

Gegen Morgen trieben sie an Land, sprangen über Baumäste und wateten stundenlang, bis sie ins Trockene kamen. Sie klopften den Boden mit Stöcken nach Schlangen ab, und ehe sie sich zum Schlafen in das Maisfeld legten, sagte der Farmer:

„Morgen gehen wir zurück und fangen wieder an."

„Bueno", sagte der Indio. Der Regen hörte auf.

1 Wie deutest du die Beziehung zwischen Anfang und Ende der Geschichte?

2 Stelle den Höhepunkt fest und nenne die Schritte dahin.

3 Erkläre, wie das Verhältnis zwischen Menschen und Natur dargestellt ist. Hat das mit dem Verhältnis der Menschen zueinander zu tun?

4 Untersuche, wie der zeitliche Ablauf des Geschehens dargestellt ist. Welche Mittel benutzt der Autor dafür?

5 Welche Satzart bevorzugt der Autor? Warum?

5 *Kaimane, Jaquares:* Krokodilarten

Martin Sandkühler Nikolaus und der rechte Stern

Eines Nachts wehte der wilde Wüstenwind von Afrika her übers Meer. Nikolaus lag in seiner Zelle und wälzte sich unruhig auf seinem Lager, denn bei dem Lärm des Windes konnte er nicht einschlafen. Und als er so in die Dunkelheit schaute, da erschien ihm plötzlich ein strahlend heller Stern und erfüllte mit seinem Licht die ganze armselige Zelle. Nikolaus war geblendet und schloss die Augen. Als er sie aber wieder öffnete, war die Zelle dunkel wie zuvor und er fragte sich, ob er die ganze Lichterscheinung nur geträumt habe.

Anderntags ging er zu einem Mitbruder und befragte ihn, da dieser in Deutungen aller Art bewandert war. Der weise Bruder sagte zu Nikolaus: „Menschen, die wie du sich ganz dem Werk Gottes hingeben und mit Milde und tätiger Hilfe durchs Leben gehen, denen erscheint dieses Wunder manchmal: der eigene Stern! Sei fröhlich, denn dir ist diese große Gnade zuteil geworden."

So ging Nikolaus von dannen. In einer der folgenden Nächte erschien ihm aufs Neue der Stern. Diesmal war Nikolaus froh, denn er wusste doch jetzt, was es mit dieser Erscheinung auf sich hatte. Und als gerade der Stern sachte aus der Zelle glitt, stand er auf und folgte dem Schein. Er folgte ihm über den Gang und die Treppe, bis schließlich das helle Licht in die Kirche vordrang und, o Wunder, sich mit dem Stern vereinigte, der über des Christus Haupt auf dem Altarbild gemalt war. Dort strahlte er nun und füllte den Raum mit seinem milden Licht.

Nikolaus aber fiel auf die Knie und senkte in stummem Gebet sein Haupt. Er wusste nun, dass er dem rechten Stern folgte und durch sein Tun dieses Licht auch anderen schenken konnte.

Zu dieser Zeit begab es sich, dass eine Pilgergruppe aus dem Heiligen Land abgesegelt war und auf dem Weg über Alexandria, wo der Kapitän noch weitere Fracht aufgenommen hatte, gen Myra segelte. Weit war das Schiff schon auf dem offenen Meer, die Nacht war fast hereingebrochen, da frischte der Wind auf, Wolken verdeckten die Sterne, nach denen der Steuermann den Kurs gehalten hatte, und ein Sturm kündigte sich an. Immer drohender pfiff der Wind, die Wellen türmten sich hoch und warfen das Schiff wie eine Nussschale hin und her – auf und ab. Eine gewaltige Sturmbö erfasste den vorderen Mast, zerbrach ihn und warf ihn aufs Deck, sodass der Schiffsjunge, der vom Ausguck auf der Mastspitze gar nicht so schnell hatte herabsteigen können, unter dem Mast begraben ward. Gewaltig erzitterte das Schiff durch diesen ungewohnten Stoß und Passagiere und Schiffsleute sahen sich dem Untergang nahe. Der Kapitän und viele Leute seiner Mannschaft stammten aus Myra und hatten dort natürlich auch von den Taten des Bischofs Nikolaus gehört und wie er schon so vielen Menschen aus der Not geholfen hatte. Und da sie fromme Leute waren, flehten sie aus ganzem Herzen um Hilfe und Rettung aus dem tobenden Sturm.

Urplötzlich erschien ein fremder Mann auf dem Schiff, ordnete mit kräftiger Hand die Taue, ermunterte die Männer und half ihnen den Mast wieder aufzurichten. Er schien überall zugleich tätig zu sein: Dem Steuermann half er das Ruder zu führen, dem Schiffszimmermann die Schäden notdürftig auszubessern, den Passagieren sprach er Mut zu und schließlich ging er zu dem Schiffsjungen, der in der Kajüte unter einer Plane gebettet lag, machte das Kreuzeszeichen über ihm, und siehe, der Junge wurde wieder lebendig und schaute verwundert in die Gesichter rings um sich her.

Ebenso plötzlich, wie er aufgetaucht war, verschwand der seltsame Mann wieder – keiner konnte sagen wohin. Das Meer aber war ruhig geworden, die Wolken rissen auf, und als eine letzte dunkle Wolke, wie von Geisterhand gezogen, davonflog, sah der Kapitän einen strahlenden Stern vor sich, der ihm den Weg nach Hause zum Hafen wies. Kein Hindernis hemmte mehr die Fahrt, und nach einem weiteren Tag konnte das Schiff wohlbehalten im Hafen von Myra landen.

Voller Freude und Dankbarkeit gingen die Schiffsleute und die Pilger an Land und in die nahe Bischofskirche um dort die Messe zu hören. Wie erstaunt aber waren sie, als sie in dem Priester jenen Unbekannten erblickten, der ihnen in ihrer Not so tatkräftig geholfen hatte. Nikolaus hatte ihnen den rechten Stern gewiesen.

1 Wie erklärt der Mitbruder Nikolaus die Erscheinung des Sterns?

2 Wodurch werden die Menschen gerettet?

3 Wie ist in dieser Geschichte das Verhältnis Mensch – Natur gesehen?

4 Vergleiche mit anderen Texten dieses Arbeitskreises: Wie wird jeweils Bedrohung durch die Natur bewältigt?

5 Um welche Art von Text handelt es sich bei der Geschichte vom heiligen Nikolaus?

Vorschläge zum Weiterlesen

James F. Cooper, Der Wildtöter. Ravensburger Taschenbuch Nr. 109
Jack London, Wolfsblut. Heyne Taschenbuch Nr. 5788
Kurt Lütgen, Kein Winter für Wölfe. Arena Taschenbuch Nr. 1168
Farley Mowat, Ein Sommer mit Wölfen. rororo Nr. 5831
Stefan Zweig, Der Kampf um den Südpol, aus: Sternstunden der Menschheit. Insel-Bücherei Nr. 165

Giovanni di Paolo Der heilige Nikolaus rettet die Schiffbrüchigen (15. Jahrhundert)

Ein Bild betrachten

1 Besprich mit einem Partner/einer Partnerin, was du auf dem Bild siehst. Ergänzt gegenseitig eure Entdeckungen zu Inhalt und Aufbau des Bildes.

2 Vergleicht das Bild mit dem Text. Welche Textstellen entsprechen welchen Bildstellen? Wo fehlen Entsprechungen? Erklärt die Unterschiede, die ihr herausgefunden habt.

3 Beschreibe das Bild. Überlege vor allem, womit du beginnst.

1. Die Inhaltsangabe eines literarischen Textes

Die Kurzgeschichte „Zwei Männer" von Günther Weisenborn handelt davon, wie ein Peon, ein Tagelöhner, und sein Herr, ein Farmer, versuchen sich bei einer Überschwemmung vor den Fluten zu retten. Ein Wolkenbruch hat das Maisfeld des Farmers unter Wasser gesetzt und damit seinen Besitz vernichtet. Der Peon, der bei dieser Katastrophe Frau und Kinder verloren hat, flüchtet sich zu seinem Herrn. Dort bemerkt er, dass der Paranà, der größte Strom Argentiniens, in die Provinzen einbricht, was für die Einwohner des Gebiets das Todesurteil bedeutet. Die beiden Männer, die dem Tod früher schon oft entkommen sind, sitzen vor dem Haus des Farmers wie auf einer kleinen Insel, die der Strom noch nicht überflutet hat. Das Wasser um sie herum steigt und steigt und bald steht es ihnen bis zum Bauch. Sie klettern auf das Schilfdach des Hauses, das nach einiger Zeit jedoch ebenfalls von dem Wasser erreicht wird. Das Wasser stößt die Hausmauern um, das Dach löst sich von den gebrochenen Pfosten und treibt mit den beiden Männern hinaus in die Finsternis. Es fährt mit einem Zug von Möbeln, Blüten und Leichen in das Tal. Die Nacht vergeht und der Farmer befiehlt dem Peon angesichts der drohenden Gefahr, nun wach zu bleiben. Der Peon überlegt, dass das Dach zwei Männer wohl nicht mehr lange aushalten könnte, und er plant seinen Herrn, um das eigene Leben zu retten, ins Wasser zu stoßen. Er rückt näher. In diesem Moment zieht der Farmer seine letzte Zigarette und bietet dem Peon an, sie mit ihm zu teilen. Angesichts dieser freundschaftlichen Geste ändert der Peon seine Absichten. Er kommt zu dem Entschluss, selbst ins Wasser zu springen, da ihm sein eigenes Leben nach dem Tod seiner Familie sowieso wertlos zu sein scheint und da er dem Farmer gegenüber nun wieder das alte Gefühl der Treue empfindet. So könnte er wenigstens dessen Leben retten. Er klettert bis an den Rand des Daches, wo er plötzlich im Wasser unter sich Kaimane entdeckt. Nach kurzem Zögern überwindet er sich und springt. Der Farmer aber zieht den Peon aus dem Wasser und schreit ihn an, nicht den Mut zu verlieren.
Am nächsten Morgen treiben die beiden an Land und waten stundenlang, bis sie ins Trockene kommen. Sie beschließen neu anzufangen. (D. L.)

1 Was hat dieser Text, den ein Schüler verfasst hat, mit der Kurzgeschichte von Weisenborn (s. S. 149 ff.) zu tun?

2 Wozu könnte dieser Text geschrieben sein?

3 *a)* Bei der Inhaltsangabe eines literarischen Textes verfährst du wie bei der eines Sachtextes (s. S. 118 f.): Teile eine Heftseite in zwei Spalten und ordne Stichwörtern der Kurzgeschichte von Weisenborn solche der Inhaltsangabe zu.

b) Vergleiche die folgenden beiden Texte.

Kurzgeschichte
Gegen Morgen trieben sie an Land, sprangen über Baumäste und wateten stundenlang, bis sie ins Trockene kamen. Sie klopften den Boden mit Stöcken nach Schlangen ab, und ehe sie sich zum Schlafen in das Maisfeld legten, sagte der Farmer:
„Morgen gehen wir zurück und fangen wieder an."
„Bueno", sagte der Indio. Der Regen hörte auf.

Inhaltsangabe
Am nächsten Morgen treiben die beiden an Land und waten stundenlang, bis sie ins Trockene kommen. Sie beschließen neu anzufangen.

Prüfe Schritt für Schritt, welchen Wörtern/Sätzen der Kurzgeschichte welche Wörter/Sätze der Inhaltsangabe entsprechen. Welche sind wörtlich übernommen? Wie hat der Verfasser der Inhaltsangabe die anderen umformuliert?

c) Prüfe, in welcher Zeitform die Texte jeweils geschrieben sind.

d) Mache Vorschläge, wie man die Inhaltsangabe kürzen könnte, falls du das für richtig hältst.

2. Berichte für die Schülerzeitung

Florian und Anneliese kommen von der SV-Sitzung in die Klasse: „Die Schülerzeitungsredaktion will in der nächsten Ausgabe der ‚Flüstertüte' einen eigenen Unterstufenteil herausgeben. Jede Klasse soll sich dabei mit einem Bericht über ein besonderes Unternehmen oder Projekt in diesem oder im letzten Schuljahr vorstellen."
Mit der Deutschlehrerin wird der Vorschlag durchgesprochen. Die Köpfe rauchen:

Mensch, wer soll sich denn dafür interessieren?

Die Umfrage über den Schulgarten!

Von dem Fußballspiel gegen die Rothenberg-schule ...

Im Biounterricht haben wir doch mal eine Untersuchung gemacht: Was wissen die Leute von Gesundheitsschäden durch Straßenverkehr?

Das Interview mit dem Förster, da haben wir noch das Tonband.

Über den Wandertag auf dem Waldlehrpfad könnten wir etwas schreiben.

2.1 Ein Spiel im Wald

Christina meldet sich zu Wort: „Wir haben in den Sommerferien an einer Jugendfreizeit teilgenommen, in einem Zeltlager. Die beiden waren auch dabei“, sie deutet dabei auf Daniel und Stefanie, „und Tobias, aber der fehlt heute. Da haben wir viel erlebt. Das war doch schon eine ganze Gruppe aus unserer Klasse. Darüber könnten wir auch schreiben. Tobias hat sogar Tagebuch geführt.“

1 In Tobias' Tagebuch finden sich folgende Notizen:

Mittwoch. Wanderung zum Eulenkopf. Eva konnte nicht mit, weil sie sich ~~dem~~ den Fuß verstaucht hatte. Schade! Sebastian hatte ein prima Spiel vorbereitet. Blinde Barfußraupe. Erst wussten wir gar nicht, was ~~dass~~ das sollte: Barfuß mit verbundenen Augen an einer langen Schnur durch den Wald tasten! Dann sollten wir darüber sprechen, was wir alles gemerkt hatten. Richtig toll ~~war~~ war es, als wir nachher die Strecke mit offenen Augen wieder gegangen sind und Sebastian uns alles ~~erklärt~~ erklärt hatte. Rast auf dem Eulenkopf: 685 m hoch. Schöne Aussicht, aber ~~ziem~~ ziemlich heiß! Dann sind wir nach Urweiler hinuntergelaufen: Dort Ausstellung über Waldschäden. Schlimm! Rückfahrt mit dem Bus. Morgen soll's ~~nach~~ nach St. Wendel ins Schwimmbad gehen! Hoffentlich bleibt es so heiß.

Versucht aus Tobias' Notizen den Tagesablauf zu rekonstruieren. Welche Sachverhalte sind euch unklar?

2 Das Spiel, das Tobias erwähnt, ist in einem Handbuch für Spiele im Wald unter dem Titel „Blinde Barfußraupe" folgendermaßen beschrieben:

Naturerleben: Fuß-Boden-Erfahrung mit der Blinden Barfußraupe

Ziel: Mit den Füßen Waldbodenerfahrungen ertasten.
Erfahrungsziele: federnder Waldboden (Streu, Krautschicht), fester, steiniger Boden (unbefestigter Weg, mineralischer Untergrund), Feuchtigkeitsgradienten (trocken/nass), Temperaturgradienten (warm/kalt) usw.

Material: Je nach Gruppengröße eine genügende Anzahl Augenbinden.

Natürlich sollte eine Blinde Barfußraupe nicht einfach draufzulaufen:
- Das Gelände sollte sehr genau vorerkundet und auf mögliche Erfahrungen der Reihe nach geprüft werden.
- Die Gruppe muss sich darauf einlassen wollen, alle müssen mittun, sonst macht es keinen Spaß. Dazu gehört Vertrauen. (Als Spielregel wird daher vereinbart, dass die Vorderfrau/der Vordermann immer für seine Hinterfrau/seinen Hintermann verantwortlich ist, ihr/ihm hilft über mögliche Hindernisse unbeschadet hinwegzukommen.)

Es geht los: 10–20 Leute, alle mit verbundenen Augen, alle barfüßig, hintereinander im Gänsemarsch, die Hinterfrau/der Hintermann mit beiden Händen auf den Schultern der Vorderfrau/des Vordermanns auf dem Weg ins Ungewisse. Ungewiss darüber, wo es langgehen soll. Das muss schon sein, denn es soll spannend werden, daher als Nachtrag noch für die Vorbereitungen:
- Die Gruppe nimmt an einem Ort Aufstellung, wo der zu erkundende Ort nicht oder doch fast nicht eingesehen werden kann, etwa vor einem Hügel, auf einer Lichtung vor dem Wald, vor einer Wegkurve usw.

Danach setzt sich die Gruppe, nimmt die Augenbinden ab und erzählt von dem Erlebnis Waldboden.

(aus: *Gerhard Trommer*, Leben und Sterben des Waldes. Begleitbuch zur NDR-Schulfunkreihe. Verlag Frank Becker, Bad Salzdetfurth 1986)

a) Wie findet ihr ein solches Spiel? Kennt ihr ähnliche? Berichtet in der Klasse darüber.
b) Probiert es einmal selbst auf einem Wandertag aus.

3 Tobias versucht über das Spiel „Blinde Barfußraupe“ genau zu berichten. Er liest seinen ersten Entwurf Christina und Daniel vor.

Am Mittwoch nach dem Frühstück kam Sebastian, unser Gruppenleiter, mit geheimnisvoller Miene: „Heute machen wir ein neues Spiel." Wir gehen mit ihm zum Eulenkopf. Unterwegs, an einer Waldlichtung, machten wir Rast. Wir sollten Schuhe und Strümpfe ausziehen, und dann bin ich mit verbundenen Augen hinter den anderen her an einer Schnur, die etwa in Brusthöhe gespannt war, ungefähr 50 m weit durch ein Waldstück entlanggetastet. Das war ein ganz komisches Gefühl. Zuerst ...

Daniel wendet ein: „Aber du erzählst doch nur von deinen Erfahrungen. Wenn du von dem Spiel berichten willst, musst du doch von allen schreiben. Ich, zum Beispiel, bin hinter dir gegangen. Ich fand das ganze Spiel überhaupt langweilig.“ – „Und ich“, fällt Christina ein, „brauchte erst einmal eine ganze Weile, bis ich mich daran gewöhnt hatte, nichts mehr zu sehen. Aber dann war es ganz super. Außerdem wechselst du immer die Zeiten Präsens und Präteritum.“

a) Besprecht die Einwände, die Daniel und Christina vorbringen.

b) Wie entscheidet ihr euch in der Frage „Präteritum oder Präsens“?
Probiert zuvor beide Möglichkeiten aus.

c) Schreibt jetzt den Bericht Daniels über das Spiel fertig. Vergleicht eure Texte und prüft, ob man Verlauf und Sinn des Spiels in ihnen erkennen kann.

2.2 Wenn Bäume gefällt werden

Auf einem Wandertag konnte die Klasse zusehen, wie Waldarbeiter unten im Tal Bäume fällten. Während ihr Lehrer Erklärungen dazu gab, machte sich Britta Notizen:

- Förster sucht vorher Bäume aus, die gefällt werden sollen.
- „Holzeinschlag" nennt man Bäumefällen in der Fachsprache.
- Holzeinschlag vor allem im Winter, weil die Bäume dann nicht mehr im Saftfluss stehen.
- Waldarbeiter tragen dabei Schutzhelme mit Augenschutz (fliegende Sägespäne) und Ohrenschutz (Lärm der Motorsägen).
- Eine alte Eiche ist sehr teuer (kostet ein paar tausend Mark).
- Als „Furniereiche" wird sie in dünne Holzplatten für die Möbelindustrie geschnitten.
- Das Fällen der Bäume geschieht unter Anleitung von Haumeistern.
- Bäumefällen ist eine gefährliche und körperlich sehr anstrengende Arbeit.

Leylâ kann die Arbeitsgänge noch genau rekonstruieren:

```
Zunächst hatten die unten einen Keil in den Baum gesägt. Dann
stellte sich der Haumeister, mit dem Rücken zum Baum, vor den
herausgesägten Keil und machte allen noch einmal die Schneise
klar, in die der Baum fallen sollte. Dann begann einer mit der
Motorsäge von der Kerbe aus rund um den Stamm zu sägen. Es war
ziemlich laut. Anschließend schlug der Haumeister von hinten
Eisenkeile in den Sägespalt. Der Baum fiel krachend und mit rie-
sigem Getöse genau in die Richtung, die der Haumeister vorher
angegeben hatte.
```

1 Leylâ und Britta wollen über diese Phase des Wandertages einen Bericht für die Schülerzeitung schreiben. Wie könnte er aussehen?

2 Hier werden viele verschiedene Arten von Berichten aufgezählt:
Wetterbericht – Straßenzustandsbericht – Bericht über die Lage der Nation – Sportberichterstattung – Bericht über eine Schulfeier – Reisebericht – Zwischenbericht des Forschungsbeirates über Waldschäden
Sucht weitere Verbindungen mit dem Wort *Bericht.*

3 Was ist den Texten, die in diesen Verbindungen als Berichte bezeichnet werden, gemeinsam?

2.3 Unser Schulgarten

2.3.1 Eine Umfrage

Die Klasse hatte sich nach langem Hin und Her entschieden einen Bericht über die Umfrage zum Thema „Schulgarten“ zu schreiben. Die Schüler wollten im Rahmen einer Projektwoche die Meinungen von Mitschülern der Unterstufe zum neu eingerichteten Schulgarten erkunden. Als die Klasse über dieses Vorhaben berät, gibt Hassan zu bedenken, dass man doch Schüler der Mittel- und Oberstufe und auch die Lehrer in die Untersuchung einbeziehen sollte. Dann hätte man eine breitere Grundlage für die Beurteilung der Ergebnisse.
Ihr sollt nun selbst eine solche Untersuchung vornehmen und versuchen, darüber einen Bericht zu schreiben. Die Erfahrungen der Klasse 7c können euch dabei nützlich sein. Sie hatte verschiedene Gruppen eingeteilt und mit unterschiedlichen Aufgaben betraut:

1. Was wollen wir wissen? – **Der Inhalt der Fragen**
   Wenn ihr einen Fragebogen zu einer solchen Untersuchung entwickelt, müsst ihr vorher genau überlegen, was ihr wissen wollt. Notiert eure Fragen.

2. Wie gehen wir vor? – **Mündliche oder schriftliche Befragung**
   Den Fragebogen könnt ihr vervielfältigen und dann ausfüllen lassen. Das erleichtert euch die Auswertung, die Fragen müssen dann auch ganz unmissverständlich gestellt sein. Für die Befragten ist eine mündliche Befragung, bei der ihr dann die Antworten notiert (oder auf Kassettenrekorder aufnehmt), einfacher.
   Überlegt in der Klasse weitere Vor- und Nachteile der beiden Möglichkeiten und entscheidet euch. Setzt euch einen zeitlichen Rahmen für eure Befragung.
3. Wie fragen wir? – **Offene oder gezielte Fragen**
   Wenn ihr die Antworten auf eure Umfrage bei der Auswertung miteinander vergleichen wollt, müsst ihr damit rechnen, dass ihr, abhängig von euren Fragen, unterschiedliche Antworten bekommt.
   Entscheidungsfragen werden meist nur mit Ja oder Nein beantwortet, z. B.
   Findest du die Einrichtung eines Schulgartens nützlich?
   Macht die Schulgartenarbeit Spaß?
   Sachfragen können vielfältiger beantwortet werden, z. B.
   Was geschieht mit dem Schulgarten eigentlich in den Ferien, wenn niemand da ist?
   Welche Verbesserungsvorschläge hättet ihr für die Schulgartenarbeit?
   Erkundungsfragen sind ganz offen formuliert und lassen dem Antwortenden die größten Freiheiten, z. B.
   Was hältst du/haltet ihr von dem Vorschlag auch Eltern von Schülern, die in der Umgebung wohnen, am Schulgarten zu beteiligen?
   Wie stehst du zu dem Problem Ökologie auf dem Schulgelände?

1 Probiert selbst in Kleingruppen verschiedene Fragestellungen und Antworten aus und prüft, wie man sie auswerten kann.

2 Anja, Florian und Benjamin hatten eine Reihe von Lehrern und Lehrerinnen interviewt. Ihr Zwischenbericht für die Klasse hatte folgende Form:

> Wir hatten 25 Lehrern die Frage gestellt, ob sie es gut fänden, dass es auch an unserer Schule einen Schulgarten gibt. Es waren mehr dafür als dagegen. Vor allem die Biologielehrerin, Frau Balwen, fand die Idee sehr gut und sagte, dass jetzt viel mehr Schüler Interesse an Biologie hätten. Herr Meyer erzählte uns von seiner früheren Schule, dass dort der Schulgarten schon nach drei Jahren aufgegeben wurde.

Als der Bericht vorgelesen wurde, meldet sich Tilman: „Mehr dafür als dagegen – das klingt so komisch, das müsstet ihr noch genauer ausdrücken."
Welche Stellen des Zwischenberichts müssten eurer Meinung nach noch überarbeitet werden?

2.3.2 Bericht über ein Interview

Während der Arbeit an dem Schulgartenprojekt wurde auch die Direktorin der Schule interviewt.

Auf die Frage, warum unsere Schule als einzige der Stadt einen Schulgarten habe, antwortete Frau Wernecke: „Ich habe mich für den Schulgarten eingesetzt, weil ich es wichtig finde, dass die Schüler und Schülerinnen den Umgang mit der Natur üben. Denn in unserer technischen Welt haben viele doch ein ganz gestörtes Verhältnis zur Natur und zur Umwelt."

Auf die Frage, ob man denn nicht auf die Gartenarbeit verzichten und eine Grünfläche mit Bäumen anlegen könne, meinte sie: „Viele Stadtkinder nehmen doch nur noch die Endprodukte wahr. Sie glauben, dass die Milch in Fabriken gemacht wird, und wie Tomaten, wenn sie noch nicht geerntet und verpackt sind, aussehen, sozusagen am Stamm, wissen die wenigsten. Es ist deshalb heute wichtiger als früher, dass Schüler selbst sehen und erleben, wie Pflanzen, Kartoffeln, Möhren oder Tomaten wachsen und wie viele Handgriffe zu ihrer Erzeugung gehören. Außerdem ist diese Arbeit ja auch ein praktisches Betätigungsfeld für den Umweltschutz."

Wir fragten sie auch, ob sie selbst mal im Schulgarten mitarbeiten würde: „Ja, am Anfang, als der Garten vor drei Jahren eingerichtet wurde, war die Begeisterung groß, nicht nur die Schüler und Schülerinnen, sondern auch einige Kollegen haben mit angepackt. Mir fehlt jetzt leider ein bisschen die Zeit. Außerdem ist im Augenblick, glaube ich, Herr Spitzer, der Biologielehrer, mit den 10. Klassen dabei, Zuchtversuche mit Bohnen durchzuführen. Das ist sehr interessant. Da solltet ihr euch mal erkundigen."

1 Lest das Interview aufmerksam durch. Welche Fragen scheinen euch interessant, welche überflüssig? Welche Themen hättet ihr angeschnitten?

2 Probiert andere Möglichkeiten, den Interviewtext in der Schülerzeitung wiederzugeben, durch. Wie kann man die Ausführungen der Direktorin zusammenfassen?

2.4 Gesundheitsschäden durch Autoabgase?

2.4.1 Die Auswertung einer Befragung

Schüler aus der Parallelklasse hatten in der Projektwoche an einer Befragung teilgenommen, mit der man herausfinden wollte, wie die gesundheitlichen Belastungen durch Autoabgase und Verkehrslärm von den Mitbürgern empfunden und eingeschätzt werden. Ein Teilergebnis dieses Projektes ist für einen Projektbericht folgendermaßen zusammengefasst worden:

> Eine Befragung von Homburgern sollte Aufschluss bringen, welches Umweltbewusstsein sich bei der Bevölkerung dem Auto gegenüber finden lässt und ob der Einzelne bereit ist sich umweltbewusster zu verhalten.
>
> Auf die Frage nach Gesundheitsschäden durch Autoabgase antworteten 87 % mit Ja, 6 % mit Nein und 7 % hatten keine Meinung.
>
> An Krankheiten, die auftreten könnten, wurden genannt: Lungenkrebs und andere Krebsarten, Schäden durch Schwermetalle und Konzentrationsschwäche.
>
> Merkwürdigerweise glaubten 33 % der Befragten, die Luft im Auto sei besser als außerhalb. Täuscht hier das Gebläse einen Frischlufteffekt vor? Aus einer Studie geht jedoch das genaue Gegenteil hervor: Während der Fahrt liegt die CO-Konzentration im Auto 3–5-mal höher als draußen.
>
> 38 % gaben ferner an, dass sie die Luftverschmutzung in der Fußgängerzone für recht gering halten.
>
> Auf die Frage, was sie selbst zur Verminderung der Abgasbelastung tun können, ergab sich folgendes Bild:
> - keine Vorstellung, ist mir egal
> - mehr mit dem Rad fahren
> - in der Stadt mehr zu Fuß gehen
> - insgesamt weniger Auto fahren
> - mehr öffentliche Verkehrsmittel benutzen
> - langsamer fahren, nicht mehr rasen
> - Fahrgemeinschaften bilden
>
> Auf die Frage, ob der Staat bzw. die Stadt genug unternähmen, waren 80% der Meinung, der Staat tue zu wenig. Viele sprachen sich dafür aus:
> - die Katalysatorpflicht auf alle Autos auszudehnen
> - Tempo 30 überall in reinen Wohngebieten einzuführen
> - das Angebot an öffentlichen Verkehrsmitteln wesentlich zu verbessern

1 Welche Fragen haben den Untersuchungsergebnissen vermutlich zu Grunde gelegen?

2 Welche unterschiedlichen Methoden der Auswertung könnt ihr feststellen?

3 Welche anderen Möglichkeiten der Auswertung gäbe es?

Eine Zusammenfassung wie die oben abgedruckte ist sicher recht langweilig. Nichts als eine Aufzählung von Antworten und Meinungen.
Interessanter wird eure Untersuchung, wenn ihr versucht die Einzelheiten im Zusammenhang zu sehen und Verbindungen herzustellen:
- Haben Autofahrer und Nichtautofahrer die gleichen Ansichten?
- Welche Rolle spielt das Alter bei den Antworten?

4 In dem Beispiel wird für ein Untersuchungsergebnis eine mögliche Begründung angegeben. Diskutiert, ob diese Begründung zutreffend sein kann.

5 Findet ihr auch für die anderen Ergebnisse mögliche Ursachen?

6 Auf die Frage nach erwarteten Gesundheitsschäden durch Autoabgase antworteten 87 % mit Ja, 6 % mit Nein und 7 % hatten keine Meinung.
Probiert verschiedene Möglichkeiten aus, eine solche Aussage grafisch zu veranschaulichen. Besprecht, wie die Lösungen auf den Leser wirken könnten.

2.4.2 Einen Bericht vervollständigen

Der fertige Bericht über das Projekt „Umweltbewusstsein der Homburger Bürger“ beginnt folgendermaßen:

> Wer am Freitagnachmittag auf der Hauptgeschäftsstraße in Homburg, der Talstraße, bummeln will, sollte sich mit einer Atemschutzmaske ausrüsten. An jeder roten Ampel qualmen die Auspuffe, die Autoabgase verpesten die Luft. Jeder weiß, dass Autoabgase giftig sind, aber ein Einkaufsbummel mit Atemschutzmaske?
>
> Wir haben im Rahmen einer Projektwoche etwa 150 Bürger unterschiedlicher Altersgruppen aus Homburg befragt, wie sie die gesundheitliche Belastung durch den Straßenverkehr einschätzen und welche Abhilfemaßnahmen sie sich vorstellen könnten.
>
> Offenbar rechnen fast alle (87 %) mit Gesundheitsschäden, aber nur 7 % mit ...

Wie beurteilt ihr den Anfang des Berichtes? Schreibt andere Lösungsmöglichkeiten für einen „Einstieg“ auf und vervollständigt den Bericht nach den Teilzusammenfassungen auf S. 164.

Marie Marcks
Verkehrschaos

2.4.3 Der Bericht über die Umfrage

1 *a)* Bevor ihr euren Bericht schreibt, solltet ihr euch Berichte in Zeitungen und Zeitschriften ansehen um zu erkennen, wie man einen Bericht aufbaut.
b) Wählt einen Bericht aus und prüft, wie er aufgebaut ist, indem ihr für die einzelnen Abschnitte Überschriften findet.

2 Findet heraus, welche Ereignisse dem Bericht zu Grunde liegen und welche Informationsquellen der Verfasser benutzt hat. In welcher Form erfährt der Leser des Berichtes etwas über die Informationsquellen?

3 Hier findet ihr weitere Themen für Berichte, die ihr einzeln oder in Gruppen bearbeiten könnt. Die Redakteure eurer Schülerzeitung freuen sich wahrscheinlich über jeden Beitrag!

- Unser Klassenfest
- Beliebte Wandertagsziele für die Unterstufe
- Bericht über eine Aufführung des Schultheaters
- Woher bekommt unsere Stadt ihr Wasser?
  Bericht über eine Besichtigung der Stadtwerke
- Radwege in unserer Stadt
  Bericht über Zustand und Benutzbarkeit von Radwegen
- Tiere im Verkaufsregal?
  Bericht über den Handel mit Tieren in Zoogeschäften

1. Adverbialsätze

1.1 Wann war das eigentlich? – Temporalsätze

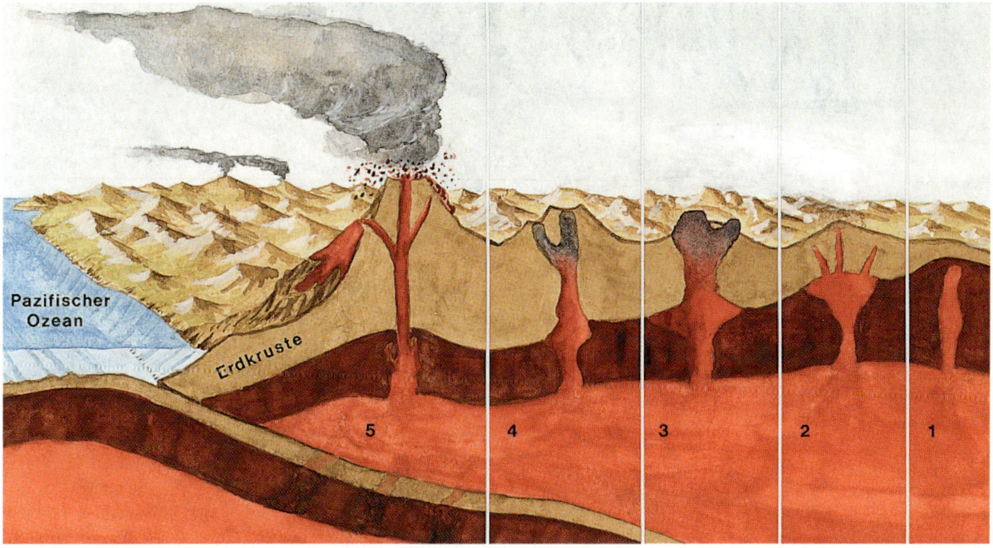

1 *a)* Ordne die folgenden Aussagen dem Schaubild zu. Schreibe sie in der richtigen Reihenfolge auf.

b) Unterstreiche in den Sätzen diejenigen Wörter, die auf zeitliche Abläufe hinweisen.

a) Der Vulkan ist tätig, solange der Feuerstrom aus dem Inneren der Erde anhält.

b) Manchmal lässt die Energie aus dem Erdinnern nach, bevor es zu einem Vulkanausbruch kommt.

c) Solange die Auftriebskraft ausreicht, werden auch weichere Erdschichten verdrängt und die Hohlräume mit Magma aufgefüllt.

d) Wasser und Wind legen den harten Granitkegel frei, während diese Vorgänge unter der Erdoberfläche ablaufen.

e) Die Entstehung eines Vulkans beginnt, sobald geschmolzenes Gestein in einem Aufstiegsschacht nach oben steigt.

2 *a)* Verknüpfe mit Hilfe der unterstrichenen Wörter aus Aufgabe 1 *b)* die Satzpaare:

a) Dampf, Asche und Lava dringen nach außen. Ein Vulkan ist tätig.

b) Der Vesuv brach aus. Viele Menschen flohen aus der Stadt.

c) Der heftigste Ausbruch war vorüber. Die Sonne wurde wieder sichtbar.

d) Oft können heute die Menschen gewarnt werden. Ein Vulkan bricht aus.

e) Die unmittelbare Gefahr ist vorüber. Die Menschen kehren in ihre Häuser zurück.

b) Untersuche die entstandenen Sätze. Vergleiche dazu auch Seite 90 ff.

3 *a)* Im folgenden Text fehlen die **Temporalkonjunktionen**
während – nachdem – bevor – solange – als – ehe.
Setze sie ein und schreibe den Text vollständig in dein Heft:

★ die Bewohner St. Pierres eine Woche lang den Mont Pelé beobachtet hatten, beunruhigten sie sich schon nicht mehr. Der für erloschen gehaltene Vulkan stieß ständig Dampfwolken in die Luft, ★ hin und wieder die Erde leicht bebte. ★ sich jedoch nach einigen Tagen ein zehn Meter hoher Schlammstrom zu Tal ergoss, mussten über hundert Menschen sterben. Nun war man doch besorgt, ★ der Berg noch nicht ruhig geworden war. Drei Tage später ereignete sich eine riesige Explosion, ★ sich ein gewaltiger Lavastrom rasend schnell auf die Stadt zubewegte. ★ auch nur ein Mensch sich retten konnte, hatte er die Stadt mit 28 000 Einwohnern unter sich begraben.

b) Unterstreiche in jedem Satzgefüge den Hauptsatz rot, den Nebensatz grün und die Temporalkonjunktion markiere gelb.

4 *a)* Beschreibe den Unterschied:

Die Menschen wurden gewarnt, – wann? –
bevor der Vulkan ausbrach.
als der Vulkan ausbrach.
nachdem der Vulkan ausgebrochen war.

b) Geschieht das im Nebensatz Mitgeteilte *nach* dem, was im Hauptsatz berichtet wird, nennt man das Zeitverhältnis der beiden Sätze *nachzeitig.*
Erkläre die Zeitverhältnisse *gleichzeitig* und *vorzeitig.* Ordne den drei möglichen Zeitverhältnissen den richtigen Beispielsatz zu.

c) Verknüpfe die folgenden Satzpaare zu Satzgefügen, die jeweils eines der drei möglichen Zeitverhältnisse zeigen. Vergleicht eure Lösungen.
a) Von einem Vulkan geht Gefahr aus. Er ist tätig.
b) Der Lavastrom erreichte die Stadt. Die Menschen konnten fliehen.
c) Die Häuser wurden wieder aufgebaut. Die Gefahr war vorüber.

d) Benenne das Zeitverhältnis von Haupt- und Nebensatz in den Satzgefügen der Aufgabe 3.

1.2 Welche Gründe und Einschränkungen[1] oder Gegengründe gibt es? – Kausalsätze und Konzessivsätze

1 Um den Text auf Seite 146 f. schreiben zu können musste ein Journalist zunächst ein Interview durchführen:

Wochenpresse
Herr Professor Mayer, welchen Zusammenhang sehen Sie zwischen der Hochwasserkatastrophe in den Alpen und dem Skisport?

Prof. Mayer
Das Schmelzwasser und die starken Regenfälle führten zu dieser Katastrophe, weil in den letzten Jahren zu viele Skipisten gebaut wurden. Das geschah, obwohl Experten schon seit langem vor Gefahren für Mensch und Natur warnten.

Wochenpresse
Können Sie unseren Lesern diesen Zusammenhang noch etwas genauer erklären?

Prof. Mayer
Bei starken Regenfällen kann der Boden die Wassermassen nicht aufnehmen, da die schützenden und saugenden Wurzeln fehlen. Weil das Wasser nun viel schneller abfließt, werden Flüsse und Bäche in reißende Wildwasser verwandelt.

Wochenpresse
Welche Maßnahmen halten Sie in der Zukunft für notwendig?

Prof. Mayer
Der Wald muss wieder her. Man muss also unbedingt aufforsten. Neue Skipisten sollte es überhaupt nicht mehr geben, weil sie der Hauptgrund für den Kahlschlag und seine verheerenden Folgen sind.

Wochenpresse
Warum bestehen Sie auf der Durchsetzung eines Sofortprogramms?

Prof. Mayer
Ich dränge so, weil es nach amerikanischen Untersuchungen etwa 50 Jahre dauert, bis der aufgeforstete Wald wieder seine Schutzfunktion übernehmen kann. Man unternimmt jedoch nichts, obwohl man dies schon längst weiß.

a) Lies den Text des Interviews genau. Schreibe die Sätze heraus, in denen Professor Mayer *Gründe* nennt oder auch *Einschränkungen* macht bzw. *Gegengründe* nennt.
b) Untersuche die herausgeschriebenen Sätze. Welche sind Hauptsätze, welche sind Nebensätze? Markiere die Konjunktionen farbig.

1 *Einschränkung:* Die grammatische Bezeichnung ist *Einräumung*.

2 Hier machten sich Schülerinnen und Schüler Gedanken über das Leben im Jahr 2000:

Wie wird's denn aussehen in unserer Umwelt?

Thorsten: Es muss viel mehr getan werden im Umweltschutz. Aber ich glaube, dass die Menschen, „die große Masse“, abgehärtet werden, dass Schreckensbilder überhaupt keine Wirkung mehr haben werden ...

Andrea: ... das war auch bei Tschernobyl so; das hat mich einen Monat lang betroffen und dann habe ich nicht mehr daran gedacht. Ich glaube, dass es vielen so gegangen ist.

Thorsten: Es wird immer wieder etwas passieren, aber solange die Menschen keine Versorgungsengpässe erleben, werden sie sich daran gewöhnen. Zum Beispiel: der saure Regen. Das Thema ist abgehakt, der Wald stirbt weiter.

Claudia: Ich glaube zum Beispiel nicht mehr daran, dass unser Wasser wieder natürlich wird. Es werden viel mehr chemische Mittel eingesetzt werden um es sauber zu bekommen ...

Astrid: Mit der Umwelt wird es immer weiter bergab gehen. Ich glaube nicht, dass es im Jahr 2000 noch die ganzen Wälder gibt. Die Leute sind viel zu gegenwartsbezogen, die denken doch nicht daran, welche Auswirkungen ihr Tun in der Zukunft hat. Und sie sind viel zu egoistisch; solange es ihnen selbst gut geht, werden sie nicht zur Einsicht kommen.

Andreas: Ja, es müsste schon jeder selbst mehr für die Umwelt tun. Aber ich glaube nicht, dass die Leute so schnell umdenken können. Das wird nur ganz langsam gehen. Ich habe schon eine engere Beziehung zur Umwelt als meine Eltern, und so wird es weitergehen.

Roland: Ich glaube, es wird sich schon eine Menge ändern. Es werden doch immer mehr Umweltkatastrophen gemeldet ...

Claudia: ... wer weiß, wie es früher war, da hat doch keiner so etwas überprüft ...

Roland: ... sicher, aber es kommt doch immer mehr hinzu. Man wird gar nicht umhinkommen mehr dagegen zu tun. Dadurch wird sich das Ganze wieder stabilisieren. Die Wissenschaft muss dafür ja gar nichts Tolles leisten. Die Leute sind halt einfach zu bequem und schütten das Zeugs da weg, wo es am leichtesten geht. Und die Strafen sind zu gering, den großen Sündern wird doch nur ein Taschengeld abgeknöpft.

(aus: Kölner Stadt-Anzeiger vom 21./22.2.1987)

a) Fasse zusammen, welche Gründe die Gesprächsteilnehmer für mögliche positive oder negative Entwicklungen nennen, z. B.
Schreckensbilder haben keine Wirkung mehr, weil die Menschen abgehärtet sind.

b) Diskutiert und begründet, welche Entwicklung ihr heute seht.

3 Bildet eine Arbeitsgruppe. Zwei Teilnehmer sollen mit Hilfe des Briefes, den Maria Sibylla Merian im Jahr 1699 an ihre Tochter schrieb (vgl. S. 136 ff.), Fragen „an die Autorin“ formulieren. Die anderen beiden Gruppenmitglieder sollen diese Fragen ebenfalls mit Hilfe des Textes beantworten.

Nehmt dieses „Interview“ auf Tonband auf und wertet es anschließend aus: Wie viele Antworten habt ihr gegeben, die mit *weil, da, obwohl* oder *wenn auch* formuliert sind?

Gnädige Frau, weshalb wurde Ihnen bei der Fahrt durch den Urwald schwindlig?

Mir wurde schwindlig, da ich den Geruch der Trichterblumen und des Schwefels einatmete.

Warum riecht es im Urwald nach Schwefel?

Weil die Indianer ...

1.3 Welche Zusammenhänge gibt es noch? – Bedingung, Absicht/Zweck und Folge

1 Im Text „Zwei Männer“ (S. 149 ff.) stellt der Indio u. a. folgende Überlegungen an:

> *Wenn nur ein Mann auf dem Dach sitzt, so hält es natürlich länger, als wenn es unter dem schweren Gewicht zweier Männer auseinander bricht und versinkt.*

▼

> *Wenn er selbst ins Wasser sprang, hielt das Dach vielleicht noch und trug seinen Herrn bis zum Morgen.*

a) Übertrage die Sätze in dein Heft und unterstreiche die Stellen, die zeigen, wie sich das Denken des Indios geändert hat.

b) Formuliere die Zwischenstufen dieses Denkprozesses; lies dazu noch einmal den Text auf Seite 150 f., Zeile 61 bis 79.

2 Vor einigen Jahren gab es einen Film mit dem kurzen Titel „If“ (engl. = *wenn, falls, sofern*). Er war das Thema einer Kunststunde, zu dem Sara diese Arbeit anfertigte:

Formuliere den Begleittext zu Saras Collage. Berücksichtige dabei möglichst jedes Teilbild: *Wenn ...*

3 Britta und Martin bringen diesen Zeitungsartikel mit, der sie beeindruckt hat:

Ein kleiner Vogel, der den Menschen hilft

WASHINGTON (ap). Den weltweit einzig bekannten Fall einer Zusammenarbeit von Wildtieren und Menschen bei der Nahrungssuche haben nun zwei Wissenschaftler aus der Bundesrepublik und Kenia nachgewiesen. Ein „Großer Honigführer" genannter Vogel führte regelmäßig Mitglieder des Boran-Stammes in Kenia zu versteckten Bienenstöcken, berichteten die Wissenschaftler in der Zeitschrift „Science". Beide Seiten haben Vorteile von dem Zusammenwirken: Die Menschen kommen ohne langes Suchen zu Honig und der Vogel frisst die Larven aus den Waben, die die Menschen aufgebrochen haben.

Bevor sich die Borans zur Honigsuche aufmachen, pfeifen sie mit den Fingern oder mit Muschelschalen.

Auf die Pfiffe hin kommt der Vogel angeflogen und lenkt die Aufmerksamkeit auf sich, indem er in wenigen Metern Entfernung aufgeregt hin und her hüpft und zwitschert. Dann fliegt er einige Meter weiter und wartet mit gespreizten weißen Schwanzfedern, bis die Menschen folgen, und führt sie so schließlich zu einem Bienenstock. Die Borans sprechen dabei unablässig zu dem Tier, pfeifen und klopfen auf Holz.

Ist der Bienenstock erreicht, setzt sich der Vogel daneben und singt ein anderes Lied. Isack und Reyer berichten, sie hätten diese Form der Zusammenarbeit 186-mal beobachtet.

Ein Zufall sei ausgeschlossen. Der Vogel führt die Borans auch von verschiedenen Ausgangspunkten aus auf dem kürzesten Weg zu einem Bienenstock, wie in Experimenten festgestellt wurde.

Für die Borans ist Honig ein wichtiger Teil ihrer Nahrung. Stammesangehörige in anderen Gegenden, die nicht mit dem Vogel zusammenarbeiten, brauchen durchschnittlich neun Stunden um einen unberührten Bienenstock zu finden, wie die beiden Forscher berichten. Die mit dem „Großen Honigführer" kooperierenden Borans kommen dagegen in maximal drei Stunden ans Ziel.

(aus: Goslarsche Zeitung vom 11./12.3.1989)

a) Sie haben sich zu dem Text Folgendes notiert:
Zusammenarbeit von Mensch und Tier – jeder hat Nutzen / Vogel herbeipfeifen – Honig suchen wollen / hüpfen – aufmerksam werden / vorfliegen und warten – Menschen können folgen / am Bienenstock anderes Lied – Bescheid wissen / 186-mal beobachtet – Zufall ausgeschlossen / zusammenarbeiten – in kürzester Zeit am Ziel

Formuliere diese Notizen als Sätze. Zur Satzverknüpfung nutze diese Konjunktionen:
wenn – falls – damit – sodass

b) Vergleicht eure Lösungen. Überlegt gemeinsam:
Wann habt ihr eine *Bedingung*, wann eine *Absicht*/einen *Zweck* und wann eine *Folge* ausgedrückt? Unterstreicht diese Teilsätze mit verschiedenen Farben.

Gefahr für das „Raumschiff Erde“

Die schlimmen Auswirkungen der systematischen Vernichtung riesiger Forstgebiete

Die heute bitterarme Inselrepublik Haiti war einmal weitgehend mit Wäldern bedeckt. Durch die schnell wachsende Bevölkerung wurde Ackerland knapp. Ohne sich viel Gedanken über die Folgen zu machen, fällte man immer mehr Bäume und verbrannte sie um mit der Asche den Boden zu düngen. Nach spätestens zwei Jahren war der Nährstoff aufgebraucht, nichts wuchs mehr. Also brandrodete man ein Stück weiter. Im Laufe der Zeit schwemmten tropische Regengüsse die dünne Erdschicht zu Tal. Heute gibt es keine Bergwälder mehr auf Haiti. Der nackte Fels, der übrig blieb, ist zu nichts mehr nutze.

[...]

Ein anderes Beispiel: Im Umkreis von 100 Kilometern von Ouagadougou, der Hauptstadt von Burkina Faso in Afrika südlich der Sahara, sind die Bäume abgeholzt worden. Sie landeten in den primitiven Kochherden.

Immer mehr Wüsten

In einigen Sahelstaaten verbringen Frauen den größten Teil des Tages damit, genug Buschwerk zu sammeln um die abendliche Mahlzeit kochen zu können. Dazu noch die Überweidung durch zu große Viehherden mit der Folge, dass die Wüste sich immer weiter nach Süden ausbreitet.

In einigen westafrikanischen Staaten gibt es Brennholzhändler, die ihre Ware mit Eselskarawanen und Lastwagen heranschaffen. Sie schrecken nicht davor zurück, in mit Entwicklungshilfe angelegten Aufforstungsgebieten zu „wildern“. Viel zu befürchten haben sie nicht.

[...]

Das wirkliche Problem des Waldsterbens – weltweit – hat nur wenig mit den Folgen der Industrialisierung zu tun, sondern mehr mit den unterentwickelten Ländern. Nach den Berechnungen der UN-Ernährungsorganisation (FAO) benutzen in der Dritten Welt nicht weniger als zwei Milliarden Menschen ausschließlich Holz zum Kochen und Heizen. Ganze drei Viertel von ihnen kommen nur durch „Überbenutzung“ der Baumbestände zu dem lebensnotwendigen Brennmaterial. Anders ausgedrückt: Sie verwenden mehr, als im gleichen Zeitraum nachwächst. Das sind erschreckende Zahlen.

Die grüne Hölle

Noch heute spricht man bisweilen von der grünen Hölle, wenn man das Amazonas-Dschungelgebiet meint. Es ist das größte seiner Art. Vom Naturschutz haben die Brasilianer nie viel gehalten. Dass dort einige Millionen Pflanzen- und Tierarten gedeihen, die es praktisch nirgendwo anders gibt, ist den meisten von ihnen höchst gleichgültig. Sie sehen nur die Schätze, die das Einzugsgebiet des Stromes birgt: Wasserkraft, Land, Erzlagerstätten, Gold und natürlich Holz.

Vor wenigen Jahrzehnten begann die Regierung in Brasilia diese Schatzkammer zu erschließen. Damals warnten zahlreiche internationale Fachleute vor den zu erwartenden Folgen. So meinten Agrarexperten, die Bodenschicht unter diesem einzigartigen Biotop sei viel zu dünn für eine längere landwirtschaftliche Nutzung. Wie sich inzwischen herausgestellt hat, war der Einwand berechtigt. Biologen sahen in der grünen Hölle eine grüne Lunge, die riesige Mengen Kohlendioxyd ein- und Sauerstoff ausatmet. Ohne sie würde der ohnehin schon besorgniserregend ansteigende CO_2-Gehalt der Erdatmosphäre noch schneller größer werden. Diese und andere Einwände wurden entweder gar nicht zur Kenntnis genommen oder als Einmischung in innere Angelegenheiten abgelehnt.

Jeder durfte roden

1970 wurde die mehrere tausend Kilometer lange Trans-Amazonas-Straße weitgehend fertig. Ihr allein opferte man mehr als drei Millionen Hektar Wald. [...] Dann kamen, wie geplant, Menschen aus den armen übervölkerten Gegenden Brasiliens und siedelten sich entlang der Piste an. Jeder bekam ein Stück Wald, das er roden durfte.

Wie vorausgesagt wurde der Boden – meist brandgerodet – nach ein paar Ernten unfruchtbar. Wer nicht aufgeben wollte, musste sich weiter in den Urwald brennen, und das taten viele, obwohl es eigentlich nicht vorgesehen war. Wie groß der so angerichtete Schaden ist, lässt sich nicht genau sagen.

Inzwischen wächst der Druck auf die Regierung, dieser Art Naturzerstörung und Umweltverschmutzung Einhalt zu gebieten, die zum Treibhauseffekt beiträgt. Es wird aber sicher noch viel Zeit und Überzeugungskunst brauchen um den Brasilianern klarzumachen, dass auch sie gegenüber dem „Raumschiff Erde" Verantwortung tragen.

(aus: G+G Dienst, Frankfurt/M., Nr. 37/1988)

1 Nachdem du den Text gelesen hast, beantworte die folgenden Fragen schriftlich. Markiere anschließend die benutzte Konjunktion und den Nebensatz entsprechend farbig.

Fragen zum Text	Antworten mit Hilfe dieser Konjunktionen
a) Welche *Gründe* gibt es für die radikale Abholzung des Waldes?	*weil, da*
b) Welche *Folgen* hat die Vernichtung des Waldes?	*sodass*
c) Zu welcher *Zeit* begann die Brandrodung? Wann wurde sie fortgesetzt?	*ehe, bevor,* *als, während, nachdem*
d) Unter welcher *Bedingung* sind die noch vorhandenen Wälder zu retten?	*wenn, falls*
e) Haben Wissenschaftler bereits erfolgreich versucht *Einschränkungen* zu erreichen? Welche *Gegengründe* werden genannt?	*obwohl, obgleich*
f) Welche *Absicht*/welchen *Zweck* verfolgen die Wissenschaftler bei der Regierung Brasiliens?	*damit, dass*

2 Formuliere gemeinsam mit deinem Partner/deiner Partnerin ähnliche Fragen an den Text aus Aufgabe 3, S. 172. Beantwortet sie anschließend und markiert die benutzten Konjunktionen farbig.

3 Die Nebensätze in Satzgefügen, die solche *inhaltlichen Zusammenhänge* deutlich machen, benennt man oft auch mit den folgenden Fachbegriffen:

Als ihr siebenjähriger Sohn nachts plötzlich laut schrie, rannten die Eltern sofort ins Kinderzimmer.	Zeit	▶ **Temporalsatz**
Eine Riesenschlange hatte das Kind umklammert, *sodass höchste Lebensgefahr bestand.*	Folge	▶ **Konsekutivsatz**
Die Eltern schlugen mit Haumessern auf das Tier ein, *damit es seine Beute freigab.*	Absicht/Zweck	▶ **Finalsatz**
Obwohl die Schlange den Jungen fest umklammert hatte, flüchtete sie dann doch.	Einräumung/ Gegengrund	▶ **Konzessivsatz**
Der Junge wurde ins Krankenhaus gebracht, *weil er einen Schock erlitten hatte.*	Grund	▶ **Kausalsatz**
Er wäre bestimmt getötet worden, *wenn seine Eltern nicht so beherzt gehandelt hätten.*	Bedingung	▶ **Konditionalsatz**
Nach diesem gefährlichen Vorfall schützten sie sich vor Schlangen, *indem sie nachts alle Türen und Fenster fest verschlossen.*	Art und Weise	▶ **Modalsatz**

4 Alle in diesem Abschnitt behandelten Nebensätze stehen an der Stelle von Satzgliedern (hier adverbialen Bestimmungen der Zeit, des Grundes usw.). Man bezeichnet sie deshalb auch als **Gliedsätze** (vgl. S. 96).
Beispiel:

Satzglied

Wegen eines Schocks *wurde der Junge ins Krankenhaus gebracht.*

Gliedsatz

Weil der Junge einen Schock erlitten hatte, *wurde er ins Krankenhaus gebracht.*

Formuliere den folgenden Text so um, dass anschließend mindestens ein Gliedsatz für jeden dieser inhaltlichen Bezüge enthalten ist.

Schlangenbändiger in höchster Lebensgefahr

Mutige Hausfrau riss ihm die Python vom Hals

Telford. (sad) Einer Schlange würde sich Marion Fry aus Telford in der westenglischen Grafschaft Shropshire „in der Regel nicht mal dann nähern, wenn man mir eine Million Pfund dafür böte". Dennoch rettete die 42-jährige Hausfrau jetzt einem Schlangenbändiger das Leben, der von seiner eigenen Python erdrosselt zu werden drohte.

Privatzoo-Besitzer Roger Pearson zeigte vor mehr als 2000 Zuschauern einen Schlangenakt, ließ Oberkörper und Hals von einer 2,10 Meter langen Python umwinden. Plötzlich strauchelte er. Das Tier erschrak, begann den 41-Jährigen zu würgen. Das Publikum hielt das für einen Teil der Vorstellung und klatschte begeistert. Nur Schlangenfeindin Marion erkannte den Ernst der Sache: „Pearsons Augen traten aus den Höhlen, sein Gesicht verfärbte sich blauschwarz. Dann stürzte er zu Boden. Da rannte ich auf die Bühne, ergriff die Python mit beiden Händen und riss mit ganzer Kraft an ihr."

Frau Frys beherzter Zugriff bewirkte, dass das Reptil seine mörderische Umschlingung lockerte. Der im Wortsinn aufatmende Schlangenbändiger: „Das hat mein Leben gerettet. Noch ein paar Sekunden länger und es wäre mit mir aus gewesen!"

(aus: Kölnische Rundschau vom 11. 9. 1986)

Schlangenbändiger in Indien

4 Lies den Text „Fürchterlicher Kampf ..." (S. 134 f.) noch einmal aufmerksam durch. Welche Gliedsätze, die die oben aufgeführten inhaltlichen Bezüge verdeutlichen, kannst du feststellen? Schreibe sie heraus.

M. C. Escher Tag und Nacht (1938)

Fünfter Arbeitskreis: Ist das wahr?

Joan Miró Der Karneval des Harlekins (1924/25)

Ein Bild betrachten

Joan Miró (1893–1983) war ein spanischer Maler, der – wie sein Landsmann Picasso – nach Paris gegangen ist und dort berühmt wurde. Erst 1940 wich er vor dem drohenden Krieg wieder in die Heimat, nach Spanien, aus.

1 Benenne die Formen und Figuren, die du auf dem Bild erkennst.

2 Notiere Verteilung und Zusammenspiel der Farben.

3 Wie sind Formen und Figuren angeordnet? Zeigen sie eine Bewegung?

4 Versuche eine Bildbeschreibung. Beachte auch den Bildtitel.

Die Schildbürger

Die Bewohner von Schilda, so wird berichtet, stammten von einem griechischen Weisen ab. Sie waren deshalb so gescheit, dass man überall ihren Rat begehrte. Deshalb zogen die Männer von Schilda in alle Welt um Königen und Fürsten als Ratgeber zu dienen. Die Frauen von Schilda wollten aber nicht ohne Männer zu Hause sein. Da kehrten die Männer zurück und beschlossen, fortan wie Narren zu leben, damit niemand sie mehr um Hilfe bitte.

Wie die Schildbürger einen Maushund und hiemit ihr endliches Verderben kaufen

Nun hatten die zu Schilda keine Katzen, aber so viel Mäuse, dass ihnen auch im Brotkorb nichts sicher war; was sie nur neben sich stellten, das ward ihnen gefressen oder zernagt, also dass sie sehr angsthaft waren. Da begab es sich auf eine Zeit, dass ein Wandersmann durch ihr Dorf zog, der trug eine Katz auf dem Arm und kehrte bei dem Wirt ein. Der Wirt fragt ihn, was doch das für ein Tier sei. Er sprach, es sei ein Maushund. Nun waren die Mäuse zu Schilda so zutraulich und zahm, dass sie auch vor den Leuten nicht mehr flohen, liefen bei Tag hin und her ohne alle Scheu. Darum ließ der Wandersmann die Katz laufen und erlegt die alsbald, im Beisein des Wirts, der Mäuse gar viel.

Als solches der Gemein durch den Wirt angezeigt ward, fragten sie den Mann, ob der Maushund feil wäre, sie wollten ihm den wohl bezahlen. Er antwortete, er sei ihm zwar nicht feil, dieweil sie aber sein so nötig hätten, so wolle er ihn ihnen lassen, wann sie darum geben wollten, was recht sei. Fordert derowegen 100 Gülden dafür. Die Bauern waren froh, dass er nicht mehr dafür gefordert hatte, wurden mit ihm des Kaufs eins, ihm die Hälfte also bar zu erlegen, das übrige Geld sollte er über ein halbes Jahr holen kommen. Also ward von beiden Teilen der Kauf gemacht, diesem das halbe Geld gegeben, und trug er ihnen den Maushund in ihre Burg, darinnen sie ihr Getreide liegen hatten, da auch am mehrsten Mäuse gewesen. Der Wanderer zog eilends mit dem Geld hinweg; fürchtete, dass sie etwa der Kauf gereue und sie ihm das Geld wieder nehmen möchten; und im Gehen sah er oft hinter sich, ob ihm nicht jemand nacheile.

Nun hatten die Bauern vergessen zu fragen, was der Maushund esse, darum schickten sie dem Wandersmann in Eil einen nach, der ihn deshalben fragen sollte. Als der mit dem Geld sah, dass ihm jemand nacheilte, eilte er desto mehr, also dass ihn der Bauer nicht ereilen konnt, darum schrie er ihm von ferne zu: Was isset er? Was isset er? Jener antwortete: Was man ihm geit. Was man ihm geit. Der Bauer hatte verstanden, er habe gesagt, Vieh und Leut, Vieh und Leut. Kehrte derowegen in großem Unmut wieder heim und zeigte solches seinen gnädigen Herrn an, welche darob sehr erschraken und sprachen: Wann er keine Mäuse mehr zu fressen hat, so wird er darnach unser Vieh fressen und endlich uns selber, ob wir ihn schon mit unserm guten Geld gekauft haben. Beschlossen derowegen die Katz zu töten; aber keiner wollt sie angreifen. Darum wurden sie eins, sie in dem Schloss mit Feuer zu verbrennen; denn es wäre besser, ein geringer Schaden, als dass sie alle sollten um Leib und Leben kommen. Also zündeten sie das Schloss an.

Da aber die Katz das Feuer schmeckte, sprang sie zu einem Fenster hinaus, kam davon und floh in ein ander Haus. Das Schloss aber verbrannte bis auf den Boden hinweg.

Niemand war ängstlicher als die Schildbürger, die des Maushunds nicht konnten loswerden. Hielten derowegen ferner Rat und kauften das Haus, darin die Katz war, und zündeten es auch an. Aber die Katz entsprang auf das Dach, saß da eine Weil und putzte sich, wie ihre Gewohnheit war, mit dem Täpplein über den Kopf. Das verstunden die Bauern, als ob die Katz eine Hand aufhübe und einen Eid schwöre, dass sie solches nicht wollt ungerochen lassen. Allda wollt einer mit einem langen Spieß nach der Katzen stechen; sie aber ergriff den Spieß und fing an daran herabzulaufen, dessen er und die ganze Gemein erschraken, davonliefen und das Feuer brennen ließen. Und dieweil dem Feuer niemand gewehrt und dasselbe gelöscht hat, verbrannte das ganze Dorf bis auf ein Haus, und kam gleichwohl die Katz davon. Die Bauern aber waren mit Weib und Kind in einen Wald geflohen. Damalen verbrannte auch ihre Kanzlei, dass von ihren Geschichten nichts Ordentliches mehr verzeichnet zu finden.

Wem Gott gibt, dass er klug und weis,
Weis und klug zu bleiben sich befleiß,
Wer sich selbst tut zum Narren machen,
Desselben soll man billig lachen.
Wart, bis das Alter kommt mit Fug,
Du wirst alsdann noch kindlich genug.

1 Warum nannte der Wanderer die Katze „Maushund“?

2 Wie ist dieses Wort gebildet?

3 Wieso konnte der Wanderer einen so hohen Preis verlangen?

4 Erkläre die Lehre am Ende der Geschichte.

5 Bereite vor, den dritten Abschnitt (Zeile 20 ff.) laut zu lesen. Achte dabei auf das Missverständnis. Unterscheide beim Vorlesen Rede und Bericht.
Nehmt den Text auf Tonband auf. Wie viele Sprecher braucht ihr?

6 Kennst du andere Schildbürger-Geschichten? Erzähle sie.

Irmtraud Morgner Das Duell[1]

Irmtraud Morgner wurde 1933 in Chemnitz geboren und lebte bis zu ihrem Tod im Jahre 1990 als Schriftstellerin in Ost-Berlin. Sie schrieb Erzählungen und Romane, in denen sie sich auf fantasievolle Weise mit Problemen der Gegenwart, besonders mit der Rolle der Frau, auseinander setzte.

Ich arbeitete jahrelang an diesem Entschluss. Eines Abends war er gefasst. Kurz vor Geschäftsschluss betrat ich den Laden und verlangte einen luftbereiften Roller. Der Verkäufer zeigte mir verschiedene Ausführungen. Ich verlangte einen ganz bestimmten. Der Verkäufer holte drei weitere Exemplare vom Lager. Ich verlangte den verchromten mit schaumgummigepolsterter Sitzeinrichtung, Hand- und Fußbremse sowie dynamobetriebener Lampe zu achtundneunzig Mark siebzig aus dem Schaufenster. „Fensterware erst nach Dekorationswechsel“, sagte der Verkäufer. „Wann wird gewechselt?“ – „In drei bis vier Tagen.“ – „Zu spät“, sagte ich. Der Verkäufer fragte nach dem Datum des Geburtstages. Ich versicherte, kein Geburtstagsgeschenk kaufen zu wollen. „Dann kann das Kind auch noch drei, vier Tage warten“, sagte er. „Keine Stunde“, sagte ich. „Wie alt ist denn das Kind?“, fragte er. „Ich kaufe den Roller für mich“, sagte ich. Der Verkäufer wechselte einen Blick mit dem Ladenmeister. Der winkte die anderen beiden Verkäufer zur Kasse. Ich stand vor der Kasse und wedelte mit dem Scheck. Der Ladenmeister bedauerte mir auf Scheck nichts verkaufen zu können. Ich verwies darauf, dass es sich bei dem Papier um einen Barscheck[2] handelte, steckte ihn ein und holte vier grüne Geldscheine aus der Tasche. Der Ladenmeister brachte seine Verwunderung über die Summe zum Ausdruck, die ich mit mir führte. „Lohntag“, sagte ich. „Wo?“, fragte er. „Bei der BVG[3]“, sagte ich. „Was arbeiten Sie denn da?“, fragte er wieder. „Ich bin Schaffnerin, krieg ich nun den Roller, ja oder nein?“ – „Schaffnerin“, sagte der Ladenmeister und wechselte Blicke mit seinem Personal. Der Ladenmeister erklärte seinen Laden für geschlos-

1 *Duell:* Zweikampf, in dem ein Ehrenhandel (d. h. eine Verletzung der Ehre, z. B. durch eine Beleidigung) mit tödlichen Waffen nach bestimmten Regeln im Beisein von Sekundanten (Helfern und Zeugen) ausgetragen wird
2 *Barscheck:* Scheck, der bei jeder Bank gegen Bargeld eingelöst werden kann
3 *BVG:* Berliner Verkehrsbetriebe

sen und bat mich morgen wiederzukommen. Ich machte ihn auf die Gesetzwidrigkeit seiner vorzeitigen Handlung aufmerksam, sagte ferner, dass ich meine Zeit nicht gestohlen hätte, und bestieg einen der herumstehenden luftbereiften, jedoch nicht verchromten und nicht mit schaumgummigepolsterter Sitzeinrichtung versehenen Roller, entschlossen, die noch verbleibenden viereinhalb Minuten für Trainingszwecke zu nutzen. Der Laden war weiträumig. Sein linker Trakt wurde von vier Säulen gestützt. Ich benutzte ihn als Slalomstrecke. Obgleich ich noch nie in meinem Leben auf einem luftbereiften Roller gestanden hatte, nahm ich die Kurven sicher. An den Schaufenstern standen Leute. Die Finger meiner rechten Hand lagen auf dem Bremshebel. Vor jeder Kurve klappte ich ordnungsgemäß den Winker heraus und verringerte die Geschwindigkeit. Wenn ich am Verkaufspersonal vorbeifuhr, blendete ich ab und klingelte. An den Schaufenstern drängten sich Menschen. Die Räder waren vorzüglich gelagert, einmal mit dem Fuß abstoßen und ich hatte Schwung für eine ganze Runde. Menschenmassen belagerten die Schaufenster. Der Geschäftsführer schien um die Scheiben zu bangen. Er rannte abwechselnd zu den Scheiben und hinter mir her. Ich war schneller. Er gestikulierte. Stumm. Das gesamte Personal gestikulierte stumm. Schließlich bestieg der Ladenmeister das Auslagenpodest um den Ruf des Ladens zu retten, wie er später in seiner Anzeige formulierte, er bestieg wie gesagt das Podest, schnitt den an Perlonfäden hängenden verchromten, mit schaumgummigepolsterter Sitzeinrichtung, Hand- und Fußbremse sowie dynamobetriebener Lampe versehenen Roller ab, schrieb einen Kassenzettel aus, ich betätigte sofort Hand- und Fußbremse und stellte das relativ gute Gerät zurück zu den anderen seiner Art, dankte, man händigte mir das absolut gute gegen die auf dem Preisschild angegebene Summe aus. Eingepackt, ich musste versprechen den mit mehreren Quadratmetern Wellpappe verhüllten und mit Tauwerk verschnürten Traum nach Hause zu tragen.

Als Kind hatte ich von Holzrollern geträumt. Ein Mädchen im Nebenhaus besaß einen gummibereiften zu sieben Mark achtzig. Mit dem fuhr ich nachts über die Dächer. Bisweilen erschien mir auch ein Tretroller im Traum. Den fuhren Damen von Schneewittchen aufwärts. Aber luftbereift war auch der nicht gewesen. Unvergleichbar jenem, den ich bis zur Unkenntlichkeit verschnürt aus dem Laden schleppte. Geschultert. Die Menge bildete eine Gasse. Ich schritt hindurch und auf dem schnellsten Wege nach Hause, versprochen ist versprochen.

Die meisten Bewohner meines Hauses bezeichneten mein Hobby als komisch. Anfangs. Ein international bekannter Radballsportler, wohnhaft im Vorderhaus, griff sich an den Kopf. Ich boykottierte[4] die Verkehrsmittel, deren unentgeltliche Benutzung mir zustand, und fuhr täglich mit dem Roller zum Dienst. Mein Gesundheitszustand verbesserte sich. Doktor Lauritz, der mir von je Bewegung verordnet hatte, war zufrieden. Als ich ihm verriet, wie ich mich bewegte, verwickelte er mich in ein längeres Gespräch über Gegenstände, die auf seinem Schreibtisch standen. Außer Dienst bewegte ich mich vorzugsweise luftbereift, zum Bäcker fuhr ich, zum Fleischer, alle Besorgungen erledigte ich mit dem Roller. Plage wandelte sich in Wohltat, manchmal kaufte ich für meine Nachbarn ein. Natürlich ließ sich der Lenker schwer

4 *boykottieren:* ächten, hier: nicht benutzen

bedienen, wenn prall gefüllte Netze an ihm hingen, aber die Erziehung, die ich genossen hatte, wertete Angenehmes nur dann moralisch auf, wenn es mit Nützlichem verbunden war. Ich versteuerte mich nie, beladen und dennoch leicht fuhr ich dahin, beflügelt von dieser selten erlebten Harmonie zwischen Moral und Lust, ich fuhr, ich fuhr, größer als sonst – zwischen Trittbrett und Straße maß der Abstand zwölf Zentimeter –, ich schaukelte mich auf den Luftpolstern über die Unebenheiten von Pflaster-, Asphalt- und Betonstraßen, bergauf stieg ich nie ab, schon bei geringem Gefälle war Anschieben mit dem Fuß überflüssig, tat ich es dennoch, überholte ich nicht selten Straßenbahnzüge auf Strecken, die nur mit einer Geschwindigkeit von dreißig Kilometern befahren werden durften. Oft saß ich jedoch auch auf dem schaumgummigepolsterten Sitz, der stahlrohrgestützt über dem verchromten Kotflügel des Hinterrades angebracht war, lauschte dem Summen des Dynamos und genoss den Fahrtwind. Der stemmte sich gegen mich, zauste das Haar, bauschte den Mantel, trieb mir Tränen in die Augen: Ich besiegte ihn immer. So eroberte ich binnen kurzem alle Straßen des Stadtbezirks und eine mir umständehalber bis dahin vorenthalten gebliebene Lustbarkeit des Lebens. Ich pries sie, wo sich Gelegenheit bot. Die meisten Erwachsenen fanden sie wie gesagt komisch. Mitleidig oder auch froh über die unverhoffte Abwechslung sahen sie auf mich herab. Anfangs. Die Kinder hörten mir zu. Alle lachten. Am fünften Tag nach dem Kauf standen, als ich meinen Roller bestieg um zum Dienst zu fahren, einige Frauen und Männer vor der Haustür. Als ich wiederkehrte, versperrte eine Menschenmenge den Torweg. Ich fragte, ob man gestatten würde, man gestattete, zögernd, eine Frau verlangte Auskunft über den Zweck, zu welchem ich mich derartig benähme. Ich erläuterte den Zweck der Fortbewegung. Man fragte nach dem Sinn des Spaßes. Die Menschenmenge sah misstrauisch zu mir hinauf. Am anderen Morgen besuchte mich ein Herr in meiner Wohnung und protestierte im Namen[5] gegen derartige Provokationen[6], die einer Verächtlichmachung des Radsports, das heißt einer olympischen Sportart, das heißt der olympischen Idee gleichkäme. Ich versicherte ihn meiner Loyalität[7]. Er versicherte mir, nicht zu ruhen. Als ich gegen Mittag den Roller im Straßenbahndepot an seinen Platz stellte, wurde ich zu Betriebsarzt Lauritz gerufen. Er schrieb mir eine Überweisung für die psychiatrische Abteilung[8] der Charité[9]. Auf dem Weg zur Charité merkte ich, dass die Fußbremse defekt war. Da ich den Laden in der Nähe wusste, fuhr ich einen kleinen Umweg und wandte mich vertrauensvoll an den Fachmann, bei dem ich den Roller gekauft hatte. Der Fachmann wechselte sofort einen Blick mit dem Ladenmeister. Dieser winkte die anderen beiden Verkäufer zur Kasse. Ich stand vor der Kasse und erläuterte mein Anliegen. Als keiner von den vier Herren die bedrohte Kasse, wie später in der Anzeige formuliert war, verließ um den Schaden in Augenschein zu nehmen, führte ich den Schaden vor. Ich stellte den rechten Fuß aufs Trittbrett, stieß mich mit dem linken

5 Die sonst übliche Angabe, in wessen Namen dieser Protest erhoben wird, wurde von der Autorin bewusst weggelassen. Sie will dadurch diesen aufgeblasenen Herrn mit seinen hohlen Phrasen als Funktionär einer nicht näher bezeichneten Organisation besonders charakterisieren.
6 *Provokation:* Herausforderung
7 *Loyalität:* Gesetzestreue, aufrichtige Gesinnung
8 *psychiatrische Abteilung:* Abteilung für Geistes- und Gemütskranke im Krankenhaus
9 *Charité:* „Barmherzigkeit", Name eines Berliner Krankenhauses

zweimal kräftig ab, trat mit dem linken Absatz mehrmals auf den Bremsknopf, vergebens, ich fuhr zwei Runden durch den weiträumigen Laden, alle anwesenden Käufer konnten bestätigen, dass die Fußbremse nicht funktionierte. Der Ladenmeister nahm meine Personalien auf, händigte mir einen Reparaturzettel aus und behielt den Roller. Kurz darauf bekam ich die Mitteilung, dass gegen mich eine Anzeige wegen groben Unfugs sowie Erregung öffentlichen Ärgernisses vorläge.

Da machte ich mich zum dritten Mal auf den Weg, betrat den Laden kurz vor der Mittagspause, stellte mich in einer Entfernung von zirka zwei Metern vor dem Ladenmeister auf, gab die Bedingungen bekannt, verzichtete auf einen Sekundanten, gewährte ihm drei, nahm die Schultern zurück, zählte, holte tief Luft und lachte ihn tot.

Erfinde eine Geschichte, in der ein Kind die Erwachsenenwelt durcheinander bringt.

Beowulf

Das Heldenepos Beowulf ist im 8. Jahrhundert in England entstanden. Der Verfasser verwendete dazu sehr viel ältere Sagenstoffe aus Skandinavien. Bei dem hier abgedruckten Text handelt es sich um Auszüge aus einer Nacherzählung des altenglischen Versepos. Diese Auszüge geben zwei der wichtigsten Ereignisse und Höhepunkte im Leben Beowulfs, eines gautischen[1] Königssohns, wieder: den Kampf mit dem Unhold Grendel und den Kampf mit dem Drachen.

Der Unhold Grendel

Während dies alles in Schweden und Gautland geschah, herrschte in Dänemark König Hrodgar. Tapferkeit und Kriegsglück begründeten Ruhm und Macht des Königs, der auch über einen reichen Schatz verfügte, aus dem er an seine tapferen Gefolgsmannen als Lohn für ihre Hilfe und Treue freigebig Spenden verteilte.

Auf der Höhe seines Ruhmes stehend beschloss Hrodgar, als fernhin erkennbares Zeichen seiner Machtfülle eine herrliche Halle zu erbauen, die weit über das Land hinweg sichtbar sein sollte und mit einer Pracht ausgestattet war, wie sie bisher nie geschaut worden war. Diese Halle nannte er Heorot, das heißt Hirsch, und dort saß nun der König Tag um Tag beim Mahl auf dem Hochsitz, umgeben von seinen Gefolgsmannen. Dort verteilte er froh seine Gaben, umjubelt von den Seinen, und zur Harfe erklang das Lied des Sängers, der den aufhorchenden Zechgenossen Kunde aus ferner Vorzeit, ja selbst vom Werden der Welt gab. Wenn dann die Nacht hereinbrach, wurde den Mannen in der Halle selbst das Lager bereitet, auf dem sie bis zum Anbruch des neuen Tages Ruhe fanden.

Nicht lange aber konnte sich Hrodgar des fröhlichen Lebens erfreuen. Nicht weit von der glänzenden Königshalle dehnte sich sumpfiges Gewässer und dort hauste in einer Höhle ein furchtbarer Unhold von gewaltiger Kraft und riesiger Größe, Grendel genannt. Bis in seine düstere Behausung tönte der Klang der Harfe und das erregte ebenso wie der Lärm des Lebens und Treibens in der Halle Heorot seine Wut. In finsterer Nacht, während alles ahnungslos in tiefem Schlaf lag, kam Grendel aus seiner Höhle hervor und suchte die Halle auf, wo er nicht weniger als dreißig von Hrodgars Mannen ergriff und mit sich schleppte. Über diese Untat empfanden Hrodgar und die Seinen schweres Leid, und als man bei Tag die mächtigen Spuren des Unholds sowie den Weg erkannte, den er mit seiner Beute genommen hatte, sank den Dänen der Mut; sie alle wussten, dass niemand es wagen konnte, sich mit dem Räuber, der über mehr als menschliche Kräfte verfügte, im Kampf zu messen.

Es blieb aber nicht bei diesem einen Überfall. Immer wieder suchte Grendel die Königshalle auf und niemals zog er ohne Beute von dannen. So kam es, dass die Dänen nicht mehr wagten nachts in der Halle zu verweilen, da sie sich vor Grendels Mordzügen nicht schützen konnten.

1 Die *Gauten* waren ein Volksstamm in Südschweden, dem heutigen Götland.

Zwölf Jahre schon währte diese Schreckenszeit, die König Hrodgar in tiefstes Leid stürzte und den Dänen schweren Kummer brachte. Als die Kunde davon auch zu den Gauten drang, war Beowulf sogleich entschlossen König Hrodgar in seinem Unglück zu helfen und Grendel unschädlich zu machen. Er ließ ein Schiff ausrüsten und versammelte vierzehn Gefährten um sich, die tapfersten, die er finden konnte. Einen Tag lang währte die Überfahrt, dann stiegen Beowulf und die Seinen an Land.

[...]

Freudig dankte Hrodgar seinem Gast dafür, dass er gekommen sei ihn von dem Unheil zu befreien, das über ihn und sein Gefolge hereingebrochen war. Voll Trauer erzählte er davon, dass schon mancher kühne Däne es versucht habe, gegen Grendel zu kämpfen, doch habe noch jeder, der es gewagt habe, dabei sein Leben eingebüßt. Nach diesen Worten gedachte Hrodgar seiner Pflicht als Wirt; rasch räumte man den Gauten einen geziemenden Platz auf den Bänken in der Halle ein, ein frohes Zechen begann und der Sänger ließ allen zur Freude sein Lied ertönen.

[...]

Erst als die Nacht hereinbrach, erhoben sich die Zecher, und nur Beowulf samt den Seinen blieb in der Halle zurück. König Hrodgar aber sprach: „Noch niemals habe ich einem Fremden den Schutz meines Hochsaales anvertraut außer dir allein! Nun gedenke deines Zieles und zeige deine Kraft! Gelingt es dir, Grendel zu besiegen, dann soll dir kein Wunsch versagt sein.“

Im Vertrauen auf seine gewaltige Kraft legte Beowulf Waffen und Rüstung ab, ehe er sich zur Ruhe legte. Zu seinen Gefährten aber sagte er, nicht mit dem Schwert wolle er Grendel besiegen, so leicht er das auch könnte, denn sein Gegner sei im Schwertkampf nicht erfahren. Komme Grendel ohne Waffen um ihn anzugreifen, so wolle er sich seiner auch ohne Waffen erwehren.

So kühn die Gauten auch waren, die gemeinsam mit Beowulf die Nacht in der Halle verbrachten, so hofften sie doch kaum ihre Heimat und ihre Gesippen wiederzusehen. Mit Grauen hatten sie erfahren, wie schlimm es schon so manchem Dänen in dieser Halle ergangen war. Ihre Sorge wich aber bald, denn das Schicksal fügte es, dass sie durch die Kraft Beowulfs gerettet wurden.

Als die Finsternis voll hereingebrochen war, kam Grendel geschritten. Das fest verschlossene Hallentor wich Grendels Kraft, kaum dass er es berührt hatte, und sogleich stürzte er sich auf einen der schlafenden Gauten, ergriff ihn und verschlang ihn mit Haut und Haaren. Der Nächste aber, den er packen wollte, war Beowulf selbst. Dieser hatte klug den Schlaf von sich fern gehalten, und als Grendel nach ihm griff, fasste er mit mächtiger Faust den Angreifer. Sogleich merkte der Unhold, dass er hier seinen Meister gefunden hatte, sein Mut wandelte sich in Furcht und er wäre gerne geflohen, hätte ihn Beowulf nur losgelassen. Dieser jedoch sprang vom Lager auf, und nun hob ein gewaltiges Ringen an, da Grendel mit aller seiner Kraft danach strebte, sich loszureißen, während Beowulf ihn nur noch fester umklammert hielt. Der Saal widerhallte von lautem Tosen, und als Grendel erkannte, dass er sich nicht befreien konnte, stieß er angst- und schmerzerfüllte Schreie aus. Das hörten die Dänen und gerieten in gewaltigen Schrecken. Die Gauten im Saal wollten Beowulf zu Hilfe eilen und griffen Grendel mit ihren Schwertern an, aber der Unhold war gegen Eisen fest, sodass die Waffen nicht bissen. So gewaltig aber riss und zerrte er in seiner Todesangst, dass Knochen und Sehnen der Achsel zerrissen und der ganze Arm in Beowulfs Hand blieb, während Grendel, furchtbar verstümmelt, entfloh.

Am nächsten Morgen strömten die Dänen in der Halle Heorot zusammen um den Schauplatz des nächtlichen Kampfes zu sehen und die blutige Fährte zu verfolgen, die den Weg von Grendels Flucht bezeichnete. Die Spur endete am Ufer des moorigen Gewässers, in dem die Höhle des Unholds verborgen war, und man sah das Wasser von Blut gerötet. Beowulfs kühne Tat aber wurde überall gerühmt, und ein sangeskundiger Däne schuf ein Preislied, in dem er Beowulfs Tat besang.

[Aber das Unheil ist für die Dänen noch nicht vorüber. Kurze Zeit später kommt Grendels Mutter nach Heorot um den Tod ihres Sohnes zu rächen. Beowulf folgt ihr in ihre Höhle und tötet sie in einem furchtbaren Kampf. Danach segelt Beowulf mit seinen Gefährten nach Gautland zurück.]

Der Kampf mit dem Drachen

Eine lange Friedenszeit brach nun für die Gauten an, denn Beowulfs Heldenruhm hatte sich weit verbreitet, und niemand wagte es, das Land anzugreifen, dessen Herrscher den Unhold Grendel und dessen Mutter überwunden und auch in zahllosen Kämpfen seine Kraft und seinen Mut bewährt hatte. Über die Gauten herrschte Beowulf mit Weisheit, und so stieg er, von seinem Volke wahrhaft geliebt und geehrt, zu hohem Alter auf. Fünfzig Jahre schon währte seine Herrschaft, da fand die glückliche Friedenszeit ein jähes Ende, und schwere Not brach über die Gauten herein.

Inmitten einer steilen, nur durch einen schmalen Pfad erreichbaren Felswand lag der Zugang zu einer Höhle, in der vor langen, langen Jahren ein Greis, der Letzte seiner Sippe, einen reichen Schatz verborgen hatte. Schließlich starb auch er und nahm sein Geheimnis mit ins Grab. Eines Tages jedoch wurde ein nachts umherstreifender Drache des Hortes gewahr und nistete sich in der Höhle ein. Unangefochten hütete er den Schatz schon dreihundert Jahre lang, bis der Zufall einen Flüchtling, der auf entlegenen Wegen dem Zorn seines Herren zu entgehen suchte, zu der Schatzhöhle führte. Als der Unglückliche die reichen Schätze sah, nahm er davon einen mit Edelsteinen besetzten goldenen Becher, ein herrliches Kunstwerk aus längst vergangenen Zeiten. Mit diesem Becher kehrte er zu seinem Herren zurück um damit dessen Huld wiederzugewinnen, und dieser, der noch nie ein Kleinod von so hohem Alter gesehen hatte, ließ ab von seinem Zorn und schenkte dem Bringer der kostbaren Gabe wieder seine Gunst.

Der Drache hatte sorglos geschlafen, während der Fremde den Becher aus der Höhle geholt hatte. Sobald er aber erwachte, entdeckte er sogleich, dass etwas von seinem Hort fehlte. Er geriet in furchtbare Wut und brach bei Nacht über die menschlichen Siedlungen herein. Das Feuer, das von ihm ausging, setzte die Höfe in Brand, sodass auflodernde Flammen seinen Weg bezeichneten. Des Morgens, wenn es dämmerte, zog sich das Untier in seine Höhle zurück, nachts aber setzte es sein Zerstörungswerk fort, und schließlich fiel selbst Beowulfs Behausung dem Wüten des Drachen zum Opfer.

Beowulf aber gedachte dem Unheil ein Ende zu machen. Mit elf seiner Mannen, geführt von dem, der das Kleinod aus dem Schatz entnommen hatte, zog er aus, um gegen den Drachen zu kämpfen. In kluger Voraussicht hatte er sich einen Schild aus Eisen schmieden lassen, denn er wusste, dass Holz dem Feuer zum Opfer fallen musste, das der Drache ausspie.

Bis in die Nähe der Höhle ritten die Gauten, dann lagerte sich Beowulf zur Rast am Felsen. Er sah voraus, dass sich nun sein Schicksal erfüllen werde. Zu seinen Begleitern sprach er: „Ungerüstet und ohne Schwert wie einst dem Unhold Grendel wollte ich dem Untier hier entgegentreten, wären nicht die Feuerflammen, die mich in diesem Kampf erwarten. Nur darum bin ich heute mit Schild und Harnisch gewappnet. Wyrd[2] selbst, die Herrin des Schicksals, soll nun den Kampf entscheiden. Denn mir allein steht er zu und allein will ich ihn auch ausfechten. Ihr harret hier auf den Ausgang des Kampfes und achtet darauf, wem der Sieg zufällt!“

Nach diesen Worten erhob er sich und schritt auf die Höhle zu. Mit lautem Ruf forderte er den Drachen zum Streit heraus, und alsbald strömte aus der Öffnung der Höhle wie ein heißer Schwall der Atem des Untieres. Es hatte die Herausforderung verstanden und stellte sich zum Kampf. Alsbald ward auch der Drache sichtbar. Während er sich zu einem Ring zusammenkrümmte, holte Beowulf, vor seines Gegners Feueratem durch den Schild gedeckt, mit dem Schwert zum Schlag aus. Aber wie hart er auch zuschlug, die Waffe glitt immer wieder vom Leib des Drachen ab und tat ihm keinen Schaden. Wohl geriet Beowulf, dessen Schwerthiebe seinen Gegner in immer wildere Wut versetzten, in höchste Not, doch hielt er stand. Seine Gefährten aber packte wildes Entsetzen, als sie sahen, dass der Feueratem des Drachen ihren Herrn immer mehr bedrängte. Für ihr Leben fürchtend eilten sie in den nahen Wald um sich dort zu verbergen. Nur ein Einziger blieb; das war Wiglaf, Weohstans Sohn. Er rief seinen Gefährten zu: „Nun denkt an das Gelöbnis, das ihr einst bei frohem Umtrunk in der Halle abgelegt habt! Ihr verspracht Beowulf seine reichen Gaben zu lohnen, wenn Gefahr ihn bedränge. Nun ist der Tag gekommen Wort zu halten! Wollt ihr euren Herren in der Not verlassen, vor dem Feind fliehen und mit Schmach bedeckt nach Hause ziehen? Wahrhaftig – das hat Beowulf nicht um euch verdient, dass er als einziger Gaute in diesem Kampf fällt!“ Wie sehr er aber auch das Gewissen seiner Gefährten aufzurütteln suchte, seine Worte blieben ergebnislos, denn keiner vermochte die Furcht abzuschütteln, die alle Tatkraft lähmte. So war es Wiglaf allein, der hinzueilte um Beowulf beizustehen. Sogleich aber verzehrte die Glut seinen Schild, und auch seine Rüstung bot ihm keinen Schutz vor den Flammen. Da barg er sich hinter Beowulfs Eisenschild. Mit aller Kraft führte der Gautenkönig eben einen Hieb gegen den Drachen, da zerbrach ihm sein Schwert und der

2 *Wyrd:* germanische Göttin

Drache blieb unversehrt. Der Wurm stieß nun gegen Beowulf vor und biss ihn in den Hals, dort wo die Rüstung ihn nicht deckte. Im selben Augenblick aber stieß Wiglaf, unbekümmert darum, dass das Feuer ihm die Hand verbrannte, sein Schwert dem Drachen in den Leib. Da ließen die Flammen sogleich nach, und so gewann Beowulf Zeit sich zu erholen. Er zog sein Hüftschwert und schnitt mit letzter Anstrengung den Drachen mittendurch. Damit war der Kampf zu Ende und das Untier tot.

Aber auch Beowulf fühlte, dass sein Leben zu Ende ging. Die Wunde am Hals begann zu schwellen, denn der Brand wütete darin. Es gab für den Helden keine Rettung mehr. Am Rand des Felsens ließ er sich nieder, Wiglaf aber mühte sich, ihn mit Wasser zu laben. Noch einmal gedachte Beowulf seines langen Lebens und seiner Taten; nur eines schmerzte ihn – dass ihm kein Erbe zuteil geworden war. Sonst gab es nichts, das er hätte bereuen müssen. Fünfzig Jahre lang hatte er geherrscht, von keinem Feind angegriffen. Sein Gut hatte er sicher und fest bewahrt, keine falsche Tat hatte er je verübt und nie einen seiner Gesippen verraten. Er bat Wiglaf, er möge den Schatz, den er in seinem letzten Kampf erstritten habe, aus der Höhle hervor ans Licht tragen. Sogleich gehorchte der treue Gefolgsmann. Von den vielen Kostbarkeiten, die er in der Höhle sah, raffte er schnell zusammen, was er tragen konnte, und eilte ans Licht zurück, voll Sorge, ob er seinen Herrn noch am Leben finden würde. Wohl war Beowulf dem Tode nah, aber noch konnte er sich des Anblicks der Kleinode freuen, die er an seinem Todestag für sein Volk errungen hatte. Seine letzte Anordnung galt seiner Bestattung. [...]

Als letzte Gabe reichte er Wiglaf seinen Halsring, denn jener war der Letzte aus Beowulfs Geschlecht; alle anderen Gesippen hatte das Schicksal schon hinweggenommen. Dann schlossen sich die Augen des greisen Helden, sein Mund verstummte für immer.

Nun, da alles vorüber war, wagten sich die Gefolgsmänner Beowulfs wieder aus dem Wald hervor. Am Kampfplatz sahen sie Wiglaf knien, der sich vergeblich bemühte Beowulf nochmals ins Leben zurückzurufen. Als er der Pflichtvergessenen ansichtig wurde, schalt er sie mit harten Worten. Besser, so rief er aus, wäre es, wenn sie gestorben wären, als dass sie nun ihr Leben in Schande hinbringen müssten. Dann befahl er ihnen das Geschehene zu verkünden: Beowulfs Sieg, zugleich aber auch seinen Tod.

1 Welche Leistungen machten Beowulf zu einem „Helden“?

2 Welche Beziehungen zwischen den Sagengestalten kannst du erkennen?

3 Was ist ein „Unhold“? Erkläre es mit Hilfe des Textes; versuche auch eine Worterklärung.

4 Die Welt der Germanen: Welchen Anforderungen waren die Menschen ausgesetzt? (Bedenke, was der Unhold und der Drache darstellen.)

5 Welchen Anforderungen sind die Menschen heute ausgesetzt? Was könnte also heute einen Menschen zum „Helden“ machen? Erzähle Beispiele.

Theseus – Die Rettungsfahrt nach Kreta

Um jene Zeit lastete schwere Bedrückung auf den Bewohnern Athens. Denn wieder war der Zeitpunkt gekommen, da die Abgesandten des Königs von Kreta in der Stadt eintrafen, den üblichen Tribut zu holen. Dies war schon die dritte Tributgabe, die der König Minos forderte. Vor Jahren hatte er die Stadt in einem schweren Krieg niedergeworfen, da sein Sohn auf der Jagd in Attika[1] getötet worden war. Als Lösegeld hatten die Athener nun alle neun Jahre sieben Jünglinge und sieben Jungfrauen nach Kreta zu schicken, wo diese dem furchtbaren Minotauros zum Fraße vorgeworfen wurden. Es war ein grässliches Geschöpf, halb Mensch und halb Stier, das in dem berühmten von Daidalos erbauten Irrgarten, dem kretischen Labyrinth, sein Unwesen trieb.

Nun also war die Zeit des dritten Tributes gekommen und schwere Sorge lag auf den Bürgern, die für ihre Söhne und Töchter fürchteten. Theseus selber war nicht vom Todeslos getroffen worden, aber der Königssohn erklärte sich freiwillig bereit die Fahrt nach Kreta mit anzutreten. Doch nicht als hilfloses Opfer wollte er dem Ungeheuer vorgeworfen werden – der Held gedachte es im Kampfe zu bestehen und die Vaterstadt für immer von der schweren Last zu befreien. „Sei unbesorgt", beruhigte er den bekümmerten Vater voller Zuversicht, „ich werde das Untier erlegen!"

Vor der Abreise begab sich Theseus zum delphischen Orakel[2] und gelobte Apollon[3], ihm jährlich ein Schiff mit Opfern und Weihgeschenken zu schicken, wenn er dem gefährlichen Wagnis zum Erfolg verhelfe. Die Antwort des Gottes schien günstig: „Glücklicher Ausgang wird deinem Unternehmen beschieden sein", verhieß er dem Helden, „wenn du die Liebe zur Führerin wählst."

Vor der Abfahrt verabredete der kühne Jüngling mit seinem Vater, er werde bei erfolgreicher Beendigung seines Zuges die schwarzen Trauersegel mit Freude verkündenden weißen vertauschen.

Theseus führte nun die ausgelosten Opfer nach Kreta. Eingedenk der Weisung des Orakels, die Liebe zum Geleit zu wählen, opferte er der Liebesgöttin Aphrodite. Der Erfolg schien die Weissagung zu erfüllen, denn als Theseus den Königshof des Minos betrat, zog ihn dessen schöne Tochter Ariadne, die den Jüngling auf den ersten Blick lieb gewann, sogleich in ihren Bann. Sie erklärte ihm die Irrwege des Labyrinths und händigte ihm ein Knäuel Wolle aus, das er am Eingang festbinden und durch alle Irrgänge ablaufen lassen solle, bis er auf den Minotauros stoße. Zugleich gab sie ihm ein geweihtes Schwert, das allen Zauber des Untieres abhalten würde.

1 *Attika:* griechische Landschaft mit Athen als Hauptort
2 *delphisches Orakel:* Stätte der Weissagung, dem Gott Apoll geweiht, in der altgriechischen Stadt Delphi; *Orakel:* hier geheimnisvolle, durch Priester gedeutete Weissagung Apolls
3 *Apoll:* griech.-röm. Gott des Lichts, der Dichtkunst, der Heilkunst, der Weissagung

Getrosten Mutes ließ sich der Held nun mit den todgeweihten jungen Menschen von Minos in die unterirdischen Gewölbe weisen. Mit der Zauberwaffe der Königstochter überwand er das furchtbare Untier und fand dann mit Hilfe des abgespulten Fadens den Weg wieder in die Freiheit zurück. Auf Ariadnes Rat zerhieb er sodann den Boden der kretischen Schiffe und hinderte so den König Minos, ihn, Ariadne und die befreiten Geiseln auf ihrer Flucht zu

Theseus und Ariadne besteigen das Schiff zur Abfahrt von Kreta (Fußbodenmosaik, 2. Jh. n. Chr.)

verfolgen. Doch auf der Insel Naxos, auf der sie landeten, gebot Gott Bakchos[4] dem Helden im Traume, ihm die schöne Ariadne zur Gemahlin zu überlassen. Voll Trauer gehorchte Theseus der göttlichen Weisung und ließ die wehklagende Königstochter auf der einsamen Insel zurück.

In seinem Schmerze um den Verlust der Geliebten verging dem Befreier alle Freude an der Rettung der athenischen Landsleute; tief bekümmert saß Theseus am Heck des Schiffes und achtete nicht darauf, dass man unterlassen hatte die weißen Segel aufzuziehen.

Mit Spannung wartete indessen der alte König Aigeus auf die Rückkehr des Sohnes. Sollte es diesem gelungen sein, das gefährliche Unternehmen zu glücklichem Ende zu führen und die Vaterstadt von der furchtbaren Bedrückung zu befreien? In seiner Besorgtheit erstieg der Greis Tag für Tag selber das Vorgebirge, das den Blick über die offene See freigab. Da endlich tauchten am Horizont die Masten des lang ersehnten Schiffes auf, und – es führte schwarze Segel! Schwarze Segel als Zeichen der Trauer!

In seinem grenzenlosen Schmerze über den vermeintlichen Tod des Sohnes stürzte sich der verzweifelte König vom Felsen ins Meer, das seit jener Zeit nach ihm das Aegaeische heißt.

Als Theseus dann im Hafen landete und seinen Herold mit der Botschaft von dem glücklichen Ausgang der Fahrt zur Königsburg schickte, fand dieser alles in tiefer Trauer. Betrübt kehrte er zu dem Helden zurück, der am Hafen den Göttern sein Dankopfer darbrachte. Theseus wollte die Nachricht, dass er den Tod des geliebten Vaters verschuldet habe, in seinem großen Schmerze kaum glauben; wie vom Blitze getroffen stürzte er zu Boden.

So hatte der Orakelspruch sich erfüllt: Die Liebe, die er nach der Götter Geheiß zur Führerin gewählt hatte, brachte ihm den Erfolg – aber welchen Preis hatte er zahlen müssen!

Die Athener empfingen mit lautem Jubel den jungen Helden, dem sie die Rettung der Vaterstadt und die Befreiung vom Tribut verdankten.

1 Löse die Aufgaben zur Beowulf-Sage auch für die Theseus-Sage.

2 Welche Gemeinsamkeiten ergeben sich?

3 Welche Unterschiede treten hervor?

4 *Bakchos,* auch *Bacchus:* griech.-röm. Gott der Fruchtbarkeit und des Weins

Gottfried August Bürger Münchhausen im Feldzug gegen die Türken

Der berühmte Lügenbaron ist keine lügenhafte Erfindung, er hat wirklich gelebt. Er hieß mit vollem Namen Karl Friedrich Hieronymus Freiherr von Münchhausen und hat von 1720 bis 1797 auf dem Gut Bodenwerder im Weserbergland gelebt. Die Geschichten, die er erzählte, wurden von anderen aufgeschrieben und als Buch herausgegeben. Der Originaltitel des Buches von Gottfried August Bürger aus dem Jahre 1786 lautet:

> Wunderbare
> **Reisen**
> zu
> **Wasser und Lande,**
> Feldzüge und lustige Abentheuer
> des
> **Freyherrn von Münchhausen,**
> wie er dieselben bey der Flasche im Cirkel
> seiner Freunde selbst zu erzählen pflegt.

Der folgende Text ist eine Geschichte aus diesem Buch.

Einst, als wir die Türken in Oczakow hineintrieben, ging's bei der Avantgarde[1] sehr heiß her. Mein feuriger Litauer[2] hätte mich beinahe in des Teufels Küche gebracht. Ich hatte einen ziemlich entfernten Vorposten und sah den Feind in einer Wolke von Staub gegen mich anrücken, wodurch ich wegen seiner wahren Anzahl und Absicht gänzlich in Ungewissheit blieb. Mich in eine ähnliche Wolke von Staub einzuhüllen wäre freilich wohl ein Alltagspfiff gewesen, würde mich aber ebenso wenig klüger gemacht als überhaupt der Absicht näher gebracht haben, warum ich vorausgeschickt war. Ich ließ daher meine Flankeurs[3] zur Linken und Rechten auf beiden Flügeln sich zerstreuen und so viel Staub erregen, als sie nur immer konnten. Ich selbst aber ging gerade auf den Feind los um ihn näher in Augenschein zu nehmen. Dies gelang mir. Denn er stand und focht nur so lange, bis die Furcht vor meinen Flankeurs ihn in Unordnung zurücktrieb. Nun war's Zeit, tapfer über ihn herzufallen. Wir zerstreueten ihn völlig, richteten eine gewaltige Niederlage an und trieben ihn nicht allein in seine Festung zu Loche, sondern auch durch und durch, ganz über und wider unsere blutgierigsten Erwartungen.

1 *Avantgarde:* Vorhut
2 *Litauer:* Pferdeart aus Litauen
3 *Flankeurs:* Truppen, die die Flanken einer militärischen Einheit schützen

Weil nun mein Litauer so außerordentlich geschwind war, so war ich der Vorderste beim Nachsetzen, und da ich sah, dass der Feind so hübsch zum gegenseitigen Tore wieder hinausfloh, so hielt ich's für ratsam, auf dem Marktplatz anzuhalten und da zum Rendezvous blasen[4] zu lassen. Ich hielt an, aber stellt euch, ihr Herren, mein Erstaunen vor, als ich weder

Trompeter noch irgendeine lebendige Seele von meinen Husaren um mich sah. – ‚Sprengen sie etwa durch andere Straßen? Oder was ist aus ihnen geworden?', dachte ich. – Indessen konnten sie meiner Meinung nach unmöglich fern sein und mussten mich bald einholen. In dieser Erwartung ritt ich meinen atemlosen Litauer zu einem Brunnen auf dem Marktplatz und ließ ihn trinken. Er soff ganz unmäßig und mit einem Heißdurste, der gar nicht zu löschen war. Allein das ging ganz natürlich zu. Denn als ich mich nach meinen Leuten umsah, was meint ihr wohl, ihr Herren, was ich da erblickte? – Der ganze Hinterteil des armen Tieres, Kreuz und Lenden waren fort und wie rein abgeschnitten. So lief denn hinten das Wasser ebenso wieder heraus, als es von vorn hineingekommen war, ohne dass es dem Gaul zugute kam oder ihn erfrischte. Wie das zugegangen sein mochte, blieb mir ein völliges Rätsel, bis endlich mein Reitknecht von einer ganz entgegengesetzten Seite angejagt kam und unter einem Strome von treuherzigen Glückwünschen und kräftigen Flüchen mir Folgendes zu vernehmen gab. Als ich pêle mêle[5] mit dem fliehenden Feinde hereingedrungen wäre, hätte man plötzlich das Schutzgatter fallen lassen und dadurch wäre der Hinterteil meines Pferdes rein abgeschlagen worden. Erst hätte besagter Hinterteil unter den Feinden, die ganz

4 *zum Rendezvous blasen:* zum Sammeln blasen
5 *pêle mêle:* untergemischt

blind und taub gegen das Tor angestürzet wären, durch beständiges Ausschlagen die fürchterlichste Verheerung angerichtet, und dann wäre er siegreich nach einer nahe gelegenen Weide hingewandert, wo ich ihn wahrscheinlich noch finden würde. Ich drehte sogleich um, und in einem unbegreiflich schnellen Galopp brachte mich die Hälfte meines Pferdes, die mir noch übrig war, nach der Weide hin. Zu meiner großen Freude fand ich hier die andere Hälfte gegenwärtig ...

Da ich so unwidersprechliche Beweise hatte, dass in beiden Hälften meines Pferdes Leben sei, so ließ ich sogleich unsern Kurschmied[6] rufen. Dieser heftete, ohne sich lange zu besinnen, beide Teile mit jungen Lorbeersprösslingen, die gerade bei der Hand waren, zusammen. Die Wunde heilte glücklich zu; und es begab sich etwas, das nur einem so ruhmvollen Pferde begegnen konnte. Nämlich die Sprossen schlugen Wurzel in seinem Leibe, wuchsen empor und wölbten eine Laube über mir, sodass ich hernach manchen ehrlichen Ritt im Schatten meiner sowohl als meines Rosses Lorbeern tun konnte.

Der Titel des Buches von Bürger (vgl. S. 193) gibt Hinweise darauf, wie wir uns die Entstehung der Lügengeschichten Münchhausens vorstellen müssen. Eine besondere Rolle spielte dabei die gesellige Umgebung. Vielfach griff Münchhausen auf ältere Vorlagen zurück, die er je nach Laune und Echo beim Publikum ausschmückte. Vorlagen sind u. a. die Geschichten des Lügenschmieds von Cannstatt, überliefert in einer Schwanksammlung von Heinrich Bebel aus dem Jahr 1486:

Der Nagelschmied, dessen wir [...] als eines Lügenschmieds Meldung getan haben, erzählte, wie er einmal zu Kriegszeiten den Seinigen hätte nachzueilen vermeint und reitend gar vors Tor eines Städtleins kommen wär; und als er hätte hineinwollen, hätte man den Schutzgatter auf ihn herab lassen fallen und ihm damit seinen Gaul hinterm Sattel abgeschlagen. Er aber wäre mit dem halben Teil des Ross' bis auf den Markt des Städtleins hinfürgesprenget und hätt ihrer nicht wenig erwürget; als er aber vor der großen Mengen Feinden endlich hätt weichen wollen, wär sein Pferd unter ihm gestürzt und er wär also gefangen worden.

(aus: Deutsche Schwänke, hg. von Günter Albrecht. Aufbau-Verlag, Berlin und Weimar 1962, S. 24 f.)

1 Erläutere, wie Münchhausen seine Vorlage um- und ausgestaltet:
Wie erzeugt er Spannung? Wie arbeitet er den Höhepunkt heraus? Wie verbindet er das Mögliche mit dem Fantastischen?

2 Wenn du noch andere Münchhausen-Geschichten kennst, erzähle sie.

6 *Kurschmied:* Hufschmied, zugleich Pferdearzt

Die aufrichtige Lüge

Ein Spitzbube wurde gefangen. Der Amtmann wollte ihn hängen lassen. Als der Mann ihn aber bat, sagte er ihm das Leben zu, wenn er eine aufrichtige Lüge erfinden könne. Der Spitzbube sagte, es wäre nichts leichter als das. „Ein altes Weib", fing er an, „pflanzte auf den Misthaufen drei Körner, ein Weizenkorn, ein Haferkorn, ein Buchweizenkorn; da verging das Weizenkorn, da verschwand das Haferkorn, aber eine Buchweizenstange wuchs und wuchs, bis in den Himmel. Da stieg sie dran hinauf und ging durch den Himmel und ging durch die Hölle, sah mancherlei Freude und mancherlei Pein, sah da auch den Teufel, der hatte dem Herrn Amtmann seine Mutter auf der Schiebkarre." – „Kerl", rief der Amtmann, „das ist nicht wahr!" – „Verzeihung, Herr Amtmann", antwortete er, „das ist eine aufrichtige Lüge."

Was ist in den Augen des Amtmannes eine „aufrichtige Lüge", was in den Augen des Spitzbuben?

Lügenwitze

Zwei Berliner Steppkes treffen sich und wetten um fünf Mark, wer von beiden besser lügen kann. Klaus fängt an: „Vorige Woche machte ich einen Bummel durch Berlin, stieg auf den Funkturm, breitete meine Arme aus und flog über die ganze Stadt." – Da steckt Berni die fünf Mark ein. „Warum steckst du denn das Geld schon ein?" Berni: „Ich hab dich doch fliegen sehen!"

Drei Maler erzählen sich von ihrer Arbeit. „Neulich", sagte der eine, „neulich hab ich ein kleines Holzbrett so täuschend ähnlich marmoriert, dass es später, als ich's in den Fluss warf, sofort untersank wie ein Stein." – „Pah", sagte der zweite, „gestern hängte ich ein Thermometer an meine Staffelei mit der Polarlandschaft. Das Quecksilber fiel sofort auf zwanzig Grad unter null." – „Das ist alles nichts", bemerkte der dritte Maler, „mein Porträt eines prominenten New-Yorker Millionärs ist so lebenswahr, dass es zweimal in der Woche rasiert werden muss."

Ein Mann ruft im Tierasyl an. Meldet sich ein Hund: „Wau." – Der Mann verwirrt: „Wer ist dort?" – Hund: „Wau." – Der Mann: „Verzeihung, ich verstehe nicht ganz ..." – Hund: „Wilhelm – Anton – Ulrich."

Kennst du andere Lügenwitze?

Peter Hacks Nachricht vom Leben der Spazoren

Peter Hacks wurde 1928 geboren. Er studierte in München und ging 1955 nach Ost-Berlin an das Theater Bert Brechts.
Wer mehr Gedichte von Hacks kennen lernen will, findet sie in dem Buch „Der Flohmarkt. Gedichte für Kinder“ gesammelt. Peter Hacks hat aber vor allem Theaterstücke geschrieben und arbeitete einige Jahre am „Deutschen Theater“ in Ost-Berlin.

Bei Asien gleich querfeldein,
Da leben die Spazoren.
Sie haben Rüssel wie ein Schwein
Und tellergroße Ohren.

Von Tokio bis nach Athen
Gibt's keine mehr wie diese.
Man sieht sie bloß spazieren gehn
Auf einer gelben Wiese.

Sie haben Rosen angebaut
Wohl auf dem gelben Rasen.
Sie schnobern am Lavendelkraut
Und pflücken's mit den Nasen.

Nie gibt es eine Hungersnot,
Und kein Spazor kann kochen;
Sie brauchen gar kein Abendbrot,
Wenn sie sich satt gerochen.

Kommt dort einmal ein Regen vor,
Vielleicht auf einer Kirmes,
Dann heben sie das linke Ohr
Statt eines Regenschirmes.

Und kommt ein harter Winter mal,
Und friert das Eis und prickelt,
Dann gehn sie, statt in einen Schal,
Ins rechte Ohr gewickelt.

So brauchen sie zu darben nicht
Und brauchen nicht zu frieren
Und gehen ledig jeder Pflicht
Spazoren, nein spazieren.

Einst kam ein Doktor hochgelahrt
Zum Lande der Spazoren.
Sie wünschten ihm vergnügte Fahrt
Und winkten mit den Ohren.

Unsinn für Kinder! Was hältst du davon?

Lewis Carroll Der Zipferlake

(übersetzt von *Christian Enzensberger*)

Verdaustig wars, und glasse Wieben
Rotterten gorkicht im Gemank;
Gar elump war der Pluckerwank,
Und die gabben Schweisel frieben.

„Hab Acht vorm Zipferlak, mein Kind!
Sein Maul ist beiß, sein Griff ist bohr!
Vorm Fliegelflagel sieh dich vor,
Dem mampfen Schnatterrind!“

Er zückt' sein scharf gebifftes Schwert,
Den Feind zu futzen ohne Saum,
Und lehnt' sich an den Dudelbaum
Und stand da lang in sich gekehrt,

In sich gekeimt, so stand er hier:
Da kam verschnoff der Zipferlak
Mit Flammenlefze angewackt
Und gurgt' in seiner Gier.

Mit eins! und zwei! und bis aufs Bein!
Die biffe Klinge ritscheropf!
Trennt er vom Hals den toten Kopf,
Und wichernd sprengt er heim.

„Vom Zipferlak hast uns befreit?
Komm an mein Herz, aromer Sohn!
O blumer Tag! O schlusse Fron!“
So kröpfte er vor Freud.

Verdaustig wars, und glasse Wieben
Rotterten gorkicht im Gemank;
Gar elump war der Pluckerwank,
Und die gabben Schweisel frieben.

Das Gedicht steht in der Geschichte „Alice hinter den Spiegeln“ von Lewis Carroll, der Fortsetzungsgeschichte von „Alice im Wunderland“. Alice hat die gleichen Verständnisschwierigkeiten mit dem Gedicht wie die Leser heute und holt sich deshalb Rat bei Goggelmoggel, einem merkwürdigen Wesen, das aussieht wie ein Ei:

„Sie sind doch geschickt darin, Wörter zu erklären, Herr Goggelmoggel“, sagte Alice. „Könnten Sie nicht da freundlicherweise sagen, was das Gedicht ‚Der Zipferlake‘ bedeutet?“

„Nur heraus damit“, sagte Goggelmoggel. „Ich kann alle Gedichte erklären, die jemals erdacht worden sind – und außerdem noch eine ganze Menge, bei denen das Erdenken erst noch kommt.“

Das klang recht vielversprechend und Alice sagte also die erste Strophe auf:

Verdaustig wars, und glasse Wieben
Rotterten gorkicht im Gemank;
Gar elump war der Pluckerwank,
Und die gabben Schweisel frieben.

„Das reicht fürs Erste“, unterbrach sie Goggelmoggel; „da kommen schon recht viele schwere Wörter vor. ‚*Verdaustig*‘ heißt vier Uhr nachmittags – wenn man nämlich noch *verdaut*, aber doch schon wieder *durstig* ist.“

„Das passt sehr gut“, sagte Alice; „und ‚*glass*‘?“

„Nun, ‚*glass*‘ heißt ‚glatt und nass‘. Das ist wie eine Schachtel, verstehst du: Zwei Bedeutungen werden dabei zu einem Wort zusammengesteckt.“

„Jetzt versteh ich's schon“, sagte Alice nachdenklich. „Und was sind ‚*Wieben*‘?“

„Also, ‚*Wieben*‘ sind so etwas Ähnliches wie Dachse – und wie Eidechsen – und so etwas Ähnliches wie Korkenzieher.“

„Das müssen aber sehr merkwürdige Geschöpfe sein.“

„Das wohl“, sagte Goggelmoggel; „sie bauen außerdem ihre Nester unter Sonnenuhren und außerdem fressen sie nur Käse.“

„Und was ist ‚*rottern*‘ und ‚*gorkicht*‘?“

„‚*Rottern*‘ ist das Gleiche wie ‚rotieren‘, das heißt: sich schnell drehen. ‚*Gorkicht*‘ heißt alles, was sich in Kork einbohrt.“

„Und ein ‚*Gemank*‘ ist dann wohl der freie Platz um eine Sonnenuhr von der Art, wie sie oft in einem Park stehen?“, fragte Alice, über ihre eigene Scharfsinnigkeit verwundert.

„Freilich. Dieser Platz heißt ein ‚*Gemank*‘, denn *man k*ann rechts darum herumgehen, *man k*ann links darum herumgehen –“

„Aber darunterweg kann *man k*eineswegs“, schloss Alice.

„Genau das. Nun also: ‚*elump*‘ heißt ‚elend und zerlumpt‘ (schon wieder ein Schachtelwort, wie du siehst). Ein ‚*Pluckerwank*‘ ist ein magerer, unansehnlicher Vogel, bei dem die Federn kreuz und quer durcheinander wachsen – er sieht etwa aus wie ein lebendiger Mopp.“

„Und die ‚*gabben Schweisel*‘?“, fragte Alice, „wenn es Ihnen nicht zu viel wird.“

„Nun, ein ‚*Schweisel*‘ ist eine Art grünes Schwein; aber bei ‚*gabben*‘ bin ich nicht ganz sicher. Ich glaube aber, es ist abgekürzt und heißt ‚vom Weg ab‘ – so viel wie ‚verirrt‘, verstehst du?“

„Und was heißt ‚*sie frieben*‘?“

„Nun, ‚*frieben*‘ ist ein Mittelding aus Bellen und Niesen, begleitet von Gepfeif; vielleicht hörst du einmal, wie etwas freibt – dort drüben im Wald etwa –, und dann fragst du bestimmt nicht weiter.“

1 Trage zunächst das Gedicht laut vor. Versuche durch deine Betonung dem Gedicht einen bestimmten Sinn zu unterlegen. Erkläre deinen Vortrag nachher den Zuhörern.

2 Probiere aus, ob die Erklärung mit den Schachtelwörtern den gewünschten Schlüssel zur Entzifferung des Gedichts liefert.

3 Wenn du damit zu keinem Ergebnis kommst: Kannst du wenigstens sagen, wo der „Knoten“ liegt?

Christian Morgenstern Das große Lalulā

Kroklokwafzi? Semememi!
Seiokrontro – prafriplo:
Bifzi, bafzi; hulalemi:
quasti bast bo ...
Lalu lalu lalu lalu la!

Hontraruru miromente
zasku zes rü rü?
Entepente, Leiolente
klekwapufzi lü?
Lalu lalu lalu lalu la!

Simarar kos malzipempu
silzuzankunkrei (;)!
Marjomar dos: Quempu Lempu
Siri Suri Sei []
Lalu lalu lalu lalu la!

Welches Gedicht bereitet größere Verständnisschwierigkeiten, „Das große Lalulā" oder „Der Zipferlake"? Begründe deine Meinung.

Hans Arp er kommt abhanden

er kommt abhanden mit der hand
er kommt abfußen mit dem fuß
und trägt in seinem taschenfleisch
den aufgerollten redefluss

in acht und bann und neun und zehn
so übermannt und überfraut
dass keiner je sich je und je
und an der tafel nacktes kaut

sonst triptycht das grammatikkreuz
stanniolverpackt als schwarzer spaß
als einzahl mehrzahl rübezahl
als faselhans am faselfass

Hans Arp wurde 1887 in Straßburg geboren. Er lebte meist in Frankreich und starb 1966 in Basel. Arp war Schriftsteller, Maler und Bildhauer. Auf allen drei Gebieten suchte er neue künstlerische Wege.

Gotthold Ephraim Lessing Der kriegerische Wolf

Mein Vater, glorreichen Andenkens, sagte ein junger Wolf zu einem Fuchse, das war ein rechter Held! Wie fürchterlich hat er sich nicht in der ganzen Gegend gemacht! Er hat über mehr als zweihundert Feinde, nach und nach, triumphiert und ihre schwarzen Seelen in das Reich des Verderbens gesandt. Was Wunder also, dass er endlich doch einem unterliegen musste!

So würde sich ein Leichenredner ausdrücken, sagte der Fuchs; der trockene Geschichtsschreiber aber würde hinzusetzen: Die zweihundert Feinde, über die er, nach und nach, triumphieret, waren Schafe und Esel; und der Feind, dem er unterlag, war der erste Stier, den er sich anzufallen erkühnte.

James Thurber Die Kaninchen, die an allem schuld waren

Es war einmal – selbst die jüngsten Kinder erinnern sich noch daran – eine Kaninchenfamilie, die unweit von einem Rudel Wölfe lebte. Die Wölfe erklärten immer wieder, dass ihnen die Lebensweise der Kaninchen ganz und gar nicht gefalle. (Von ihrer eigenen Lebensweise waren die Wölfe begeistert, denn das war die einzig richtige.) Eines Nachts fanden mehrere Wölfe bei einem Erdbeben den Tod, und die Schuld daran wurde den Kaninchen zugeschoben, die ja, wie jedermann weiß, mit ihren Hinterbeinen auf den Erdboden hämmern und dadurch Erdbeben verursachen. In einer anderen Nacht wurde einer der Wölfe vom Blitz erschlagen, und schuld daran waren wieder die Kaninchen, die ja, wie jedermann weiß, Salatfresser sind und dadurch Blitze verursachen. Die Wölfe drohten die Kaninchen zu zivilisieren, wenn sie sich nicht besser benähmen, und die Kaninchen beschlossen auf eine einsame Insel zu flüchten.

Die anderen Tiere aber, die weit entfernt wohnten, redeten den Kaninchen ins Gewissen. Sie sagten: „Ihr müsst eure Tapferkeit beweisen, indem ihr bleibt, wo ihr seid. Dies ist keine Welt für Ausreißer. Wenn die Wölfe euch angreifen, werden wir euch zu Hilfe eilen – höchstwahrscheinlich jedenfalls."

So lebten denn die Kaninchen weiterhin in der Nachbarschaft der Wölfe. Eines Tages kam eine schreckliche Überschwemmung und viele Wölfe ertranken. Daran waren die Kaninchen schuld, die ja, wie jedermann weiß, Mohrrübenknabberer mit langen Ohren sind und dadurch Überschwemmungen verursachen. Die Wölfe fielen über die Kaninchen her – natürlich um ihnen zu helfen – und sperrten sie in eine finstere Höhle – natürlich um sie zu schützen.

Wochenlang hörte man nichts von den Kaninchen, und schließlich fragten die anderen Tiere bei den Wölfen an, was mit ihren Nachbarn geschehen sei. Die Wölfe erwiderten, die Kaninchen seien gefressen worden, und da sie gefressen worden seien, handle es sich um eine rein innere Angelegenheit. Die anderen Tiere drohten jedoch sich unter Umständen gegen die Wölfe zusammenzuschließen, wenn die Vernichtung der Kaninchen nicht irgendwie begründet würde. Also gaben die Wölfe einen Grund an.
„Sie versuchten auszureißen", sagten die Wölfe, „und wie ihr wisst, ist dies keine Welt für Ausreißer."

Moral: Laufe – nein, galoppiere schnurstracks zur nächsten einsamen Insel.

1 Vergleiche die Sprache der Wölfe in beiden Geschichten.

2 Hältst du die „Moral" bei Thurber für berechtigt?

3 Du kennst diese Art von Geschichten. Wie nennt man sie? Woran erkennt man sie?

4 Erzähle weitere.

Vorschläge zum Weiterlesen

Roland Barry, Kunterbuntes Sprachspielbuch. Herder Verlag
Gottfried August Bürger, Wunderbare Reisen zu Wasser und zu Lande, Feldzüge und lustige Abenteuer des Freiherrn von Münchhausen. Insel Verlag
Lewis Carroll, Alice im Wunderland. Insel Verlag, it Nr. 42
Alice hinter den Spiegeln. Insel Verlag, it Nr. 97
Peter Hacks, Der Flohmarkt – Gedichte für Kinder. Der Kinderbuchverlag, Berlin
Peter Härtling (Hg.), Fundevogel. Geschichten zum Wieder- und Wiederlesen. Radius Verlag
Norton Juster, Verhext in Wörterstadt. Rowohlt Verlag, rororo rotfuchs Nr. 197
Siegfried Lenz, So zärtlich war Suleyken. Fischer Bücherei Nr. 312
Lügenmärchen aus alter und neuer Zeit, gesammelt von *Georg A. Narciß*. Fischer Bücherei Nr. 744
Otfried Preußler, Bei uns in Schilda. dtv junior 7258
Das Sprachbastelbuch. Ravensburger Taschenbücher Nr. 398

1. Lügengeschichten erfinden

1.1 Schüler als Münchhausen

1 Ihr habt Münchhausen-Geschichten gelesen und erzählt (s. S. 193 ff.). Wie wär's, wenn ihr selbst eine Münchhausen-Geschichte erfändet?
Eine 7. Klasse hat z. B. einmal diesen Text als Vorlage benutzt:

Vom Nagelschmied von Cannstatt

Als er wieder auf ein Zeit durch den Wald ginge, lief ein Wolf wider ihn mit aufgesperretem Rachen, gleich als wollt er ihn verschlingen; dass er sich nun der Gefahr entledigete, fuhr er mit der rechten Hand dem Wolf ungestümlich durch den Hals in den Leib, erwischet den Schwanz und kehret den Wolf gar um, wie der Schuster ein Schuh.

(aus: Deutsche Schwänke, hg. von Günter Albrecht. Aufbau-Verlag, Berlin und Weimar 1962, S. 31 f.)

Ein Schüler erzählte diese Geschichte so:

Erlebnis mit einem Wolf

Ich ging wieder einmal im Wald spazieren. Plötzlich sah ich, wie ein Wolf auf mich zulief. Das konnte nichts Gutes bedeuten. Schnell nahm ich meine Flinte zur Hand, doch das Schicksal wollte es, dass ein Sandkorn in den Lauf meines Gewehres flog und dieses unbrauchbar machte. So fasste ich die Schusswaffe um sie als Keule zur Abwehr des Wolfes zu benutzen. Auch diesmal hatte ich Pech: Der Abzug löste sich, das Zündblättchen entzündete das Pulver und die verstopfte Waffe explodierte mit einem lauten Knall: Wie durch Wunderhand war mir nicht ein Haar gekrümmt worden, obwohl im Umkreis von zehn Kilometern alle Bäume entwurzelt waren. Ohne mich über dieses merkwürdige Geschehen weiter zu wundern griff ich nach meinem Hirschfänger. Doch schon setzte ein Platzregen ein, sodass mein Messer auf der Stelle rostete und auseinander fiel. Der Regen hörte nach zehn Sekunden ebenso schnell wieder auf, wie er angefangen hatte. Nun war ich ganz ohne Waffen und hatte nur noch meine Fäuste zur Verteidigung. Der Wolf, durch diesen Umstand ermuntert, kam nun schnell heran. Er riss sein Maul dabei derartig weit auf, dass es wohl eine Spanne von einem halben Meter hatte. Meine langjährige Jägererfahrung wurde zu Rate gezogen und – natürlich, das war die richtige Lösung! Ich brach einen starken Ast eines neben mir stehenden Baumes ab und hielt ihn ähnlich einem Spazierstock in der Hand. Als nun der Wolf auf mich zustürmte, steckte ich ihm kurzerhand den Ast quer in das aufgerissene Maul. Doch was nun? Wieder überlegte ich – und wieder kam mir ein genialer Gedanke. Blitzschnell stieß ich meine Rechte in den Rachen des Tieres, schob sie durch dessen Leib, um auf der anderen Seite den Schwanz zu erfassen. Mit einem Ruck zog ich diesen auf demselben Weg zurück, den meine Hand gegangen war. Ehe der Wolf sich besann, hatte ich seinen Schweif an dem quer gestellten Ast in seinem Maul festgeknotet. So konnte er sich nicht mehr eine Handbreit aus eigener Kraft bewegen. In dieser sehr eleganten und wohl einmaligen Verpackung brachte ich meine Beute in die nächste Stadt. Man empfing mich mit großem „Hallo" und „Hurra" und ernannte mich zum Ehrenbürger, als man merkte, dass es sich bei dem Wolf um einen gefährlichen Einzelgänger handelte, der schon so manchen braven Bürger verschlungen hatte. Er wurde in den Zoo geschafft und dort aus seiner seltsamen Fesselung befreit. Noch heute verkriecht sich das sonst so mutige Tier in die äußerste Ecke seines Käfigs, wenn ich den Zoo betrete. *(P. P.)*

Macht selbst solche Versuche. Ihr könnt dieselbe Vorlage benutzen.

2 Aber auch die folgenden Geschichten sind dazu geeignet:

Vom Nagelschmied von Cannstatt

Als der Schmied von Cannstatt einmal mit seinem Junker, dem er der Zeit dienet, im Winter bei einem Fluss einherritte, sahe der Junker unter den Eisschollen ein Fischreusen treiben; saget er: „Ei, dass wir diese Reusen hätten, die ohne Zweifel ganz voller Fisch sein wird." Antwortet der Schmied, sie wär leichtlich zu überkommen, und sprenget mit freiem Lauf ins Wasser nach der Reusen. Da erwischet ihn ein Fisch von einer unerhört Größen mit aufgetanem Schlund und verschlucket ihn mit samt dem Pferd. Als nicht lang danach ein Fischer von ungefähr den Fisch hätt gefangen und man ihn auf der Fleischbank zum Verkauf bot und ausweidet, sprange der Schmied frisch und gesund mit seim Gaul heraus und zeiget dem Edelmann den neuen Handel an, darin er gewisslich nicht kärglich gelogen hat.

Auf ein Zeit begegnet dem Schmied, wie er durch ein Wald zog, ein Wildschwein von einer gräulichen Größen mit Hauern, die ein Ellen lang zum Maul herausrecketen; weil es ungestüm wider ihn anliefe, versteckete er sich hinter ein alten Eichbaum. Das grausam Schwein aber ließ nicht vom Schmied, sondern stieß sein Hauer durch den vieljährig Baum, so gar, dass der Spitz am anderen Ort heraussahe. Da der Schmied dessen gewahr ward, kam ihm, der sein Heil und den Handel bedachte, ein guter Gedanke in den Sinn; er schlug mit seines Dolchs Griff, wie es denn die Schmied machen, wann sie ein Truhen mit Nägeln beschlagen, den Spitz des Zahns krumm, auf dass er nicht Schaden nähme, wann das Schwein sollt den Hauer herausreißen. War das aber die einige Art seiner Rettung.

(aus: Deutsche Schwänke, a. a. O., S. 32 f.)

Wähle eine Geschichte des Lügenschmieds von Cannstatt aus und gestalte sie um oder aus.

3 Ausgangspunkt für eine Lügengeschichte könnte auch der folgende Anfang einer Erzählung sein:

Doktor Fürchterlich und sein Assistent Famulus arbeiteten bereits seit langem, aber ganz geheim, an einer schrecklichen Erfindung. Fürchterlich, wie schon sein Name zur Genüge sagt, war ein teuflischer Wissenschaftler. Er war ebenso kühn wie böse und hatte seine außerordentliche Begabung in den Dienst wahrhaft fürchterlicher Erfindungen gestellt.
„Du wirst sehen, Famulus, der atomare Superwagenheber, dem wir jetzt den letzten Schliff geben, wird die Überraschung des Jahrhunderts sein."
„Kein Zweifel, Herr Doktor. Ich kann mir jetzt schon vorstellen, wie verblüfft unsere lieben Landsleute sein werden, wenn dieser Wagenheber den Turm von Pisa auf den Montblanc transportiert." [...]

(aus: Doktor Fürchterlich, in: *Gianni Rodari,* Der Zaubertrommler. Übersetzt von Gunde Hernstedt-Steinmetz. Verlag Jugend und Volk, Wien)

Erzähle weiter.

4 Themen für eigene Lügengeschichten ohne Vorlage könnten sein:
- Der Hausaufgabencomputer
- Mein selbst gebasteltes Raketenmoped
- Das wild gewordene Auto
- Riesenreptil verunsichert die Wüste Gobi
- Auf Schatzsuche vor der Küste Floridas

1.2 Lügenbilder

Dieter Brembs
Scheinautoaugenwerfertier

1 Hast du schon einmal so ein seltsames Tier gesehen?
Erzähle, wo und wie es lebt, welche Abenteuer man mit ihm erleben kann.

2 Stattdessen kannst du auch ein Fantasietier erfinden, es zeichnen und davon erzählen.

3 Letzte Neuheit der diesjährigen Internationalen Automobil-Ausstellung in Frankfurt:
Das Auto in der Aktentasche!
Schreibe zu den Zeichnungen eine erläuternde Lügenreportage.

Zeichnungen: *Loriot*

1.3 Wir biegen die Balken: Lügengeschichten erzählen

Als Themen kommen in Frage:
Neues von Münchhausen – Seemannsgarn – Jägerlatein – Aus weiter Ferne – Zukunftsmusik – Rekorde: am größten, am kleinsten, am schnellsten, am weitesten, am höchsten ...
Die Ergebnisse werden zu einem eigenen Heft zusammengestellt oder der Schülerzeitung zum Abdruck angeboten. Beachtet:

- Die Lügengeschichten sollen in sich geschlossen sein.
- Sie sollen auf einen Höhepunkt hin angelegt sein.
- Die Übertreibungen ins Unglaubliche müssen scherzhaften Charakter haben, vor allem, wenn es sich um Geschichten handelt, die in der Zukunft spielen.

Der beste Prüfstein für die komische Wirkung einer Lügengeschichte ist das unmittelbare Echo des Publikums beim Vorlesen.

Zeichnungen: *Roman Armin Buresch*

2. Die neuesten Schildbürgerstreiche

Werkzeuge aus Schilda?
Schildbürger als Werkzeugmacher?

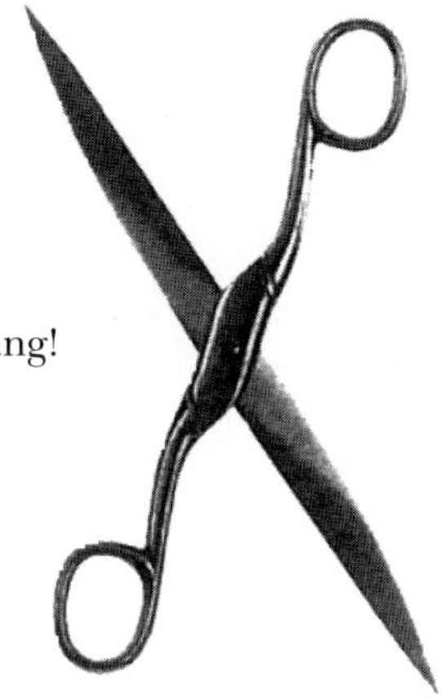

Schöne Bescherung!

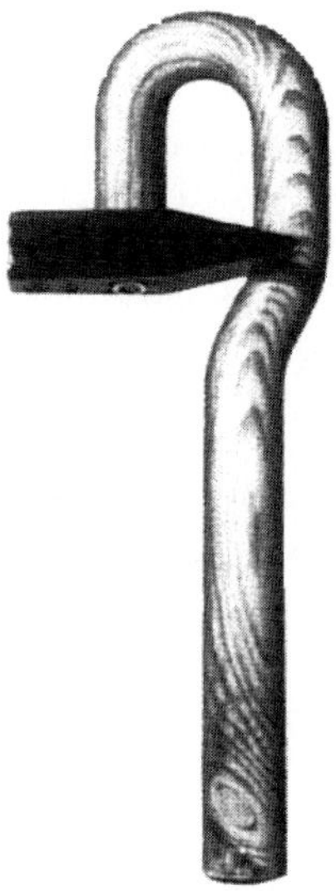

Kopf hoch!

1 Schreibe Schildbürger-Werbetexte zu den abgebildeten Werkzeugen.

2 Entwirf weitere Schildbürger-Werkzeuge und kommentiere sie im Schildbürger-Stil.

3. Textspiele mit dem Zufall

3.1 Sprache und Sprachfetzen überall

Du gehst durch die Stadt und fortwährend begegnest du irgendwelchen Texten oder Textfragmenten: Du liest den Namen eines Geschäftes, den Titel eines Films, in einem Aushängekasten eine Schlagzeile; eine Straßenbahn mit einer Reklametafel fährt an dir vorbei; Gesprächsfetzen springen dir entgegen. Währenddessen denkst du an irgendetwas und auch dadurch zieht Sprache durch dein Bewusstsein.
Du blätterst in einer Zeitschrift. Hier folgen die verschiedenartigsten Texte und Textstücke aufeinander: Werbeslogans, Artikelüberschriften, Produktnamen; nebenan sagt der Sprecher etwas im Radio; durch das offene Fenster hörst du jemanden rufen oder lachen.
All diese Sprachstücke, die du hintereinander aufnimmst, haben nichts miteinander zu tun, sie passen deshalb auch gar nicht zueinander. Aber sie wirken doch nacheinander auf dich ein: Sie verbinden sich in deinem Bewusstsein oder Unterbewusstsein, sie beeinflussen dich. Wir wollen solche Textmontagen einmal absichtlich herstellen. Das soll uns helfen auf die vielfältigen Einflüsse, denen wir ununterbrochen ausgesetzt sind, aufmerksam zu werden.

3.2 Flechttexte

Sicher hast du früher mit Hilfe farbiger Papierstreifen Flechtdeckchen hergestellt. Man schneidet in ein Blatt Papier zunächst eine Reihe senkrechter Linien ein und flicht dann Papierstreifen hindurch. Wenn wir nun die Papierstreifen sehr viel länger machen, können wir sie hin- und herschieben.

Nun blättern wir in einer Illustrierten und schreiben Wörter, Satzteile, Slogans auf, die uns zufällig in die Augen fallen. Auf jedes Feld kommt ein solches Sprachstück. Nun verschieben wir die horizontalen Streifen und erhalten wieder leere Felder, die wir ebenfalls beschreiben. Wenn wir fertig sind, lesen wir, was da zusammengekommen ist. Wir können senkrecht nach unten lesen oder waagerecht die Reihe entlang, wir verschieben einen Streifen, dann einen anderen und erhalten wieder neue Kombinationen. Wir können die Streifen auch austauschen. Auf diese Weise erhalten wir eine Fülle von Montagetexten.

So ist auch dieser Flecht- oder Montagetext entstanden:

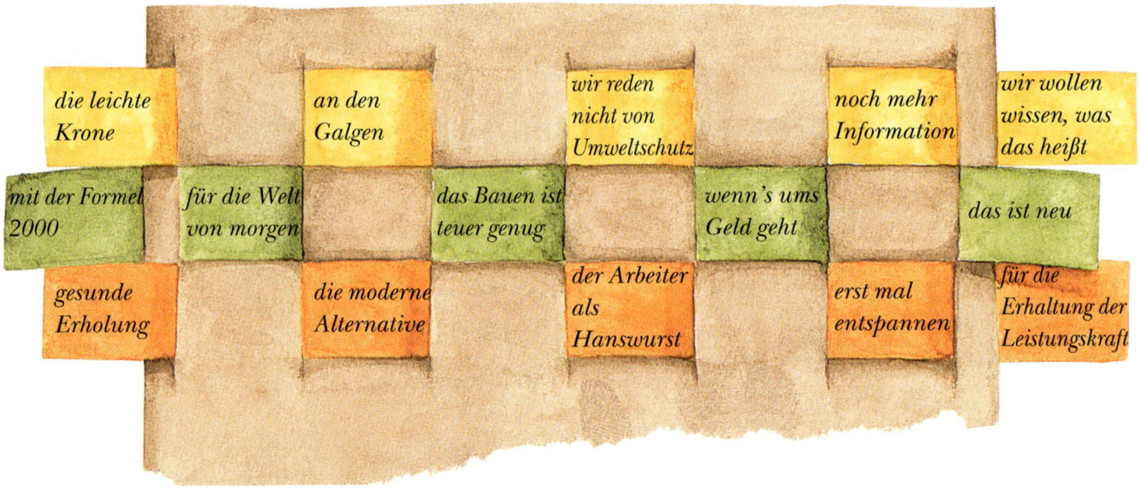

Nun könnte sich dieser Text ergeben:

Die leichte Krone:
gesunde Erholung
mit der Formel 2000
an den Galgen
für die Welt von morgen:
die moderne Alternative.

Oder dieser:

Mit der Formel 2000
die moderne Alternative:
der Arbeiter als Hanswurst.
Erst mal entspannen
für die Erhaltung der
Leistungskraft.

Wenn man einen Streifen verschiebt:

Die leichte Krone
für die Welt von morgen.
Wir reden nicht von
Umweltschutz,
wenn's ums Geld geht.
Wir wollen wissen, was
das heißt!

Ob man wie hier durch Satzzeichen noch zusätzliche Akzente setzt oder nicht, soll jedem überlassen bleiben.
Alle diese Sprachstücke hat der Zufall zusammengeführt. Aber ist das, was so entsteht, immer ganz und gar sinnlos?

3.3 Kreistexte

Wir zeichnen auf Zeichenkarton einen Kreis (Durchmesser 10 cm) und schneiden vier Sichtfenster heraus. Eine entsprechend große Scheibe wird drehbar von der Rückseite her angebracht (als Achse genügt ein Reißbrettstift).

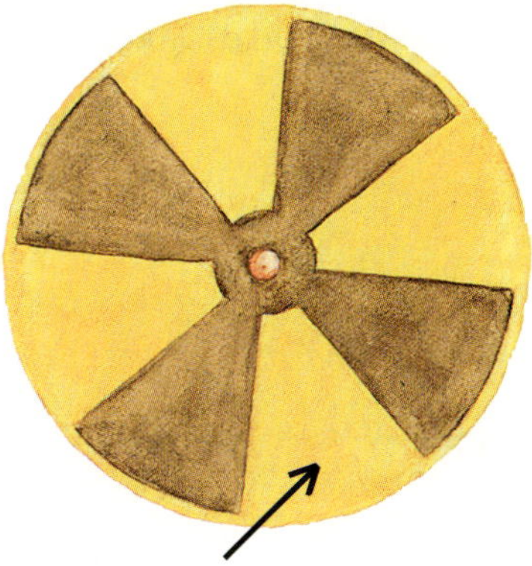

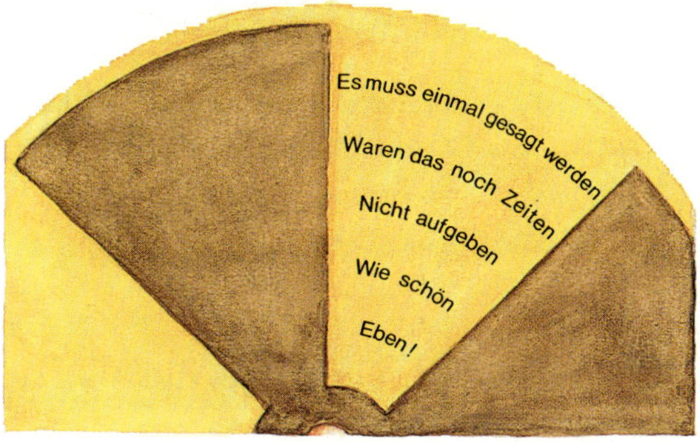

Sichtfenster

Auf die Scheibe, die durch die Fenster sichtbar wird, schreiben wir Phrasen, wie man sie immer wieder hören kann, Redeformeln, Ausrufe, Sprichwörter, und zwar in mehreren konzentrischen Ringen.
Auf die Stege zwischen den Sichtfenstern schreiben wir Werbeslogans und Produktnamen.
Wenn wir dann die Scheibe drehen, ergeben sich immer andere Kombinationen von Phrasen und Werbesprüchen.
Der Zufall stellte z. B. diesen Kreistext zusammen:
Morgenstund hat Gold im Mund. Nicht möglich!
Der Mensch denkt, Gott lenkt. Aber erst am Detail sieht man, wie gut er wirklich ist.
Nicht ärgern, nur wundern. Die Bahn fährt immer.
Müßiggang ist aller Laster Anfang. Am besten selber testen.

Die Stege halten noch vier weitere Werbeslogans bereit:
It's Shocker Time – 90 Bartfangschlitze mehr – Die maßgeschneiderte Sicherheit – Gelöste Kraft, die Kräfte schafft.

Welche Kombinationen ergeben sich, wenn man die Scheibe dreht?

4. Poesie des Unsinns: Vertauschte Verbindungen

Zur Erheiterung bei Regenwetter

Ein schauerlicher Lokalregen.
Ein lokaler Schauerregen.
Ein regnerisches Schauerlokal.
Ein schauerliches Regenlokal.
Ein regnerischer Lokalschauer.
Ein lokaler Regenschauer.

(aus: Seifenblasen zu verkaufen, hg. von James Krüss. Bertelsmann Jugendbuchverlag, Gütersloh 1972)

1 Lies aufmerksam dieses Sprachspiel und erkläre, wie der Verfasser vorgegangen ist.

2 Versuche das Spiel mit eigenen Kombinationen, z. B.
- *Wärmende Sonnenstrahlen ...*
- *Duftende Sonnenblumen ...*
- *Schulkindergartenlärm ...*

5. Sehgedichte: Gedichte, die man sehen kann?

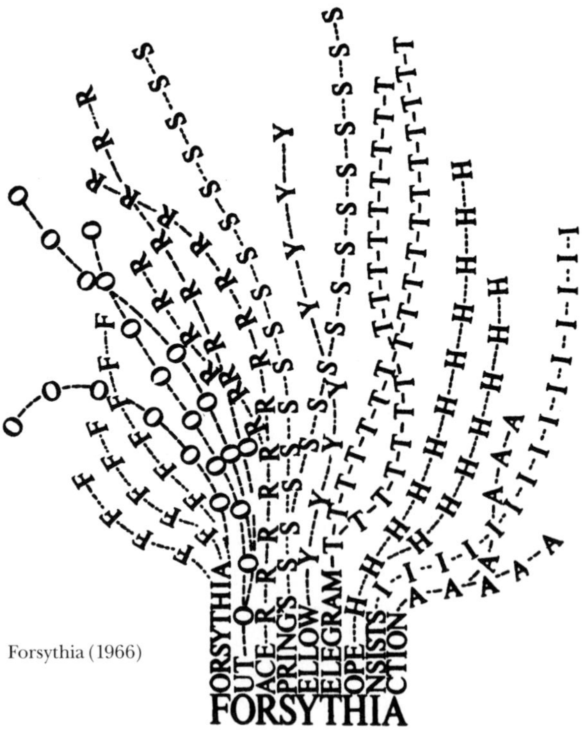

Mary Ellen Solt Forsythia (1966)

1 Buchstaben in krausen Linien, Wörter, der Name FORSYTHIA – was hat Mary Ellen Solt sich wohl dabei gedacht? Handelt es sich um einen Text oder um eine Zeichnung? Doch wohl um beides zugleich: Der Text ist Bestandteil der Zeichnung.

Die Buchstaben des Wortes FORSYTHIA sind zugleich die Anfangsbuchstaben anderer Wörter, die aus dem Namen hervorsprießen: Sie *sagen* etwas und sie *zeigen* etwas.

Sie zeigen die Forsythia und nennen zugleich Gedanken und Eindrücke, die mit ihr verbunden sind. Und *dass* sie mit ihr verbunden sind, lässt die Anordnung erkennen. Es ist ein Spiel mit Buchstaben, Wörtern und Formen aus der Wirklichkeit.

Eigentlich könnte man auch sagen, dass in Wörtern etwas aus der Wirklichkeit sichtbar wird.

Mary Ellen Solt hat noch eine andere reizvolle Idee gehabt: Seht euch einmal die Punkte und Striche zwischen den Buchstaben genauer an. Es sind Morsezeichen. Sie morsen den Namen des blühenden Strauches.

Zugegeben: ein Spiel. Aber kann man nicht seine Freude daran haben?

Warum sollen wir nicht auch einmal mit Wörtern, Sätzen und Formen spielen!

a) Wir nehmen ein Stück Papier und schreiben oben das Wort WOLKENRAND hin, natürlich nicht gerade, sondern so, dass es wie ein Wolkenrand aussieht. Darunter hängt die SONNE (oder auch der MOND), die Buchstaben im Halbkreis. Und nun gehen von der Sonne Strahlen aus. Wir formen sie aus Sätzen. Das erste Wort beginnt jeweils mit einem Buchstaben des Wortes „Sonne“. Es können Sätze sein, die die Leute sagen, wenn die Sonne scheint, ganz übliche Sätze, die man immer wieder hört, z. B. *S = Schrecklich, diese Hitze.*

b) Oder wir schreiben das Wort ZIGARETTE. Aus ihrem Ende, dem E, kräuselt Rauch nach oben:

Eigentlich wollte ich mir das Rauchen abgewöhnen.
Endlich kann ich mir wieder eine anstecken.
Entsteht daraus nicht Krebs?

Sicher fallen euch auch noch andere Sätze ein. Nach oben zu wird der Rauch natürlich immer dünner und blasser.

c) Wer hat eigene Ideen?

2 *a)* Sieh dir das folgende Gedicht an und halte deinen ersten Eindruck schriftlich fest.

```
              Worte Worte Worte
           Worte Worte Worte Worte
         Worte                Worte
       Worte                    Worte
     Worte                        Worte
ICH Worte                           Worte DU
```

(aus: Das Sprachbastelbuch, hg. von Hans Domenego. Verlag Jugend und Volk, Wien/München 1975)

b) Welcher Zusammenhang besteht zwischen dem *Inhalt* und der *Form*?

1. Wortbedeutungen: Spiele mit Ausdruck und Inhalt

1 *a)* In der Erzählung „Der fremde Planet“ von Paul Maar berichtet der Pilot Ama Bend von seinen Beobachtungen auf der Erde.

„Und wie sehen diese Lebewesen aus?“

„Sie haben einen ungegliederten, trockenen Rumpf, der sich an einem Ende stark verdünnt und dann in einem kugelförmigen Fortsatz endet. Außerdem gehen von diesem Rumpf vier plumpe Stängel ab, die einen kreisförmigen Querschnitt haben. Mit diesen Stängeln bewegen sie sich.“

„Sie sind also Vierfüßler?“, fragte der Koordinator.

„Es sind keine Füße in unserem Sinn“, überlegte Ama Bend. „Aber der Einfachheit halber können wir von Vierfüßlern sprechen. In der ersten Zeit ihres Lebens bewegen sie sich auf ihren vier Stempeln fort und halten den kugelförmigen Fortsatz nach vorn gestreckt. Später bewegen sie sich hauptsächlich auf zwei Stängelbeinen und halten die beiden anderen seitlich am Rumpf herunter. Sie tragen dann den kugelförmigen Fortsatz oben. Seitlich an dieser Kugel befinden sich zwei dünne Häutchen in einer halbkugelförmigen Vertiefung. Werden diese Häutchen durch auftreffende Luftwellen in Schwingung versetzt, so erzeugen diese Lebewesen ebenfalls Schwingungen in ihrem Rumpf und lassen sie durch eine Öffnung in der Kugel entweichen.“

„Hast du herausgefunden, warum sie das tun?“

„Mir scheint, sie verständigen sich auf diese Weise. Übrigens haben diese Lebewesen die Gewohnheit ihren Rumpf und Teile ihrer Beinstängel mit einem Gespinst zu überziehen. Dieses Gespinst nehmen sie zum Teil von der Oberfläche anderer vierfüßiger Lebewesen. Zum Teil stellen sie das Gespinst auch aus dünnen Fäden her, die sie aus Metallröhren pressen.“

(aus: Der fliegende Robert. Viertes Jahrbuch der Kinderliteratur, hg. von H.-J. Gelberg. Verlag Beltz & Gelberg, Weinheim und Basel 1977)

Was ist in Ama Bends Bericht gemeint? Stelle einander gegenüber:

Ama Bends Beschreibung =	bekannter Ausdruck
...	...

b) Marion und Ute haben sich für die Schülerzeitung dieses Kreuzworträtsel ausgedacht:

	1▶ ▼L	2 ▼A	U	3 ▼N	4 ▼E
	2▶ A	R	■	3▶ E	S
	4▶ B	A	H	R	E
	O	■	■	V	L
	5▶ R	5 ▼E	6 ▼G	E	7 ▼L
6▶ M	A	R	I	N	E
	7▶ T	E	E	■	H
	O	■	8▶ B	A	R
9▶ T	R	8 ▼A	E	N	E
	10▶ I	L	L	E	R
11▶ H	U	T	■	12▶ E	I
13▶ A	M	E	N	■	N

Senkrecht:

1. Forschungsstätte
2. …
3. …
4. …

…

Waagerecht:

1. …

…

„Jetzt müssen wir es noch vervollständigen", sagte Ute. „1. senkrecht: Laboratorium."
„‚Forschungsstätte' passt", meint Marion.
Was müssen Marion und Ute tun, damit sie ihr Kreuzworträtsel in der Schülerzeitung veröffentlichen können?
Führe Marions und Utes Aufgabe weiter.

c) Vergleiche die Aufgabe der Mädchen mit der des Raumfahrers „vom anderen Stern".

2 *a)* Versetze dich in die Rolle eines Wesens „von einem anderen Stern", das zum ersten Mal die Erdbewohner erlebt. Wähle eine Alltagssituation aus *(Essen zubereiten – in die Schule gehen – einen sportlichen Wettkampf austragen – verreisen)*, die du entsprechend beschreibst.

b) Zur Lösung solcher Aufgaben kannst du auch ein Bedeutungswörterbuch benutzen. Begründe, welches der beiden hier abgedruckten Beispiele aus Bedeutungswörterbüchern dir dabei eher hilft.

Schraubenschlüssel, der; -s, -: *Gerät, mit dem Schrauben und Schraubenmuttern fest angezogen oder gelockert werden* (siehe Bild).

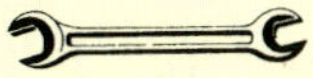

Schraubenschlüssel

Schraubenzieher, der; -s, -: *Gerät zum Anziehen oder Lockern von Schrauben* (siehe Bild).

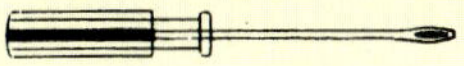

Schraubenzieher

(aus: Duden, Bildwörterbuch. Mannheim 1970)

Schrau|ben|schlüs|sel, der; -s, -: *Werkzeug, mit dem Schrauben und Schraubenmuttern fest angezogen oder gelockert werden.* **sinnv.:** Gabelschlüssel, Ringschlüssel, Steckschlüssel.
Schrau|ben|zie|her, der; -s, -: *Werkzeug zum Anziehen oder Lockern von Schrauben.* **sinnv.:** Schraubendreher.
Schre|ber|gar|ten, der; -s, Schrebergärten: *einzelner Kleingarten innerhalb einer Gartenkolonie am Stadtrand.* **sinnv.:** ↑Garten.

(aus: Duden, Bedeutungswörterbuch. Mannheim 1985)

3

a) Versuche einmal genauso „um die Ecke" zu denken wie der Comiczeichner: Was sind dann

ein Hosenträger – ein Flugzeugträger – ein Wagenheber – ein Frauenzimmer – ein Uhrzeiger – ein Brieföffner – ein Alleskleber – ein Dachstuhl – eine Baumschule?

Und was macht man mit einer *Laubsäge*?

Zeichne auch, wie du diese Wortformen jetzt verstehst.

b) Überlege: Was würde diesen absichtlich missverstandenen Begriffen ihre eigentliche Bedeutung zurückgeben?

c) Erkläre genau, wie die folgenden Missverständnisse zu Stande kommen:

a)

b)

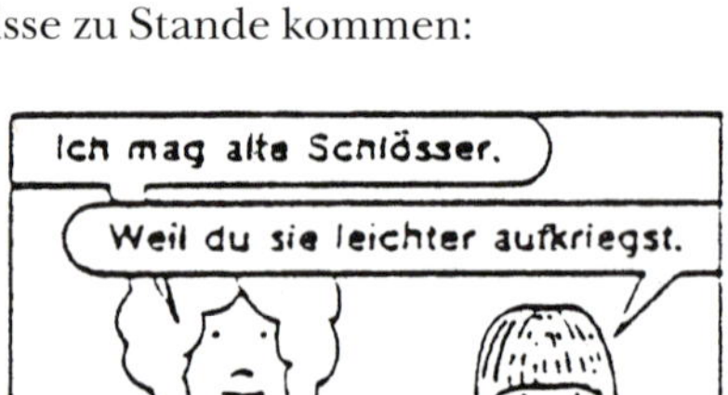

c) „Du bist erkältet?“ – Und wie! Ich habe gestern drei Stunden im Zug gestanden!“ – Na, dann besorge dir aber das nächste Mal eine Platzkarte!“

d) Ein Glühwürmchen in der Schule: „Ich kann nicht folgen, es ist so dunkel!“ – Lehrer: „Kein Wunder, wenn alle abschalten!“

e)

d) Erkläre mit Hilfe der Grafik zu dem Beispielsatz, wie es zu diesen – witzigen – Missverständnissen kommt:

„Hallo“, sagt der Hammer zum Daumen, „schön, dich mal wieder zu treffen.“

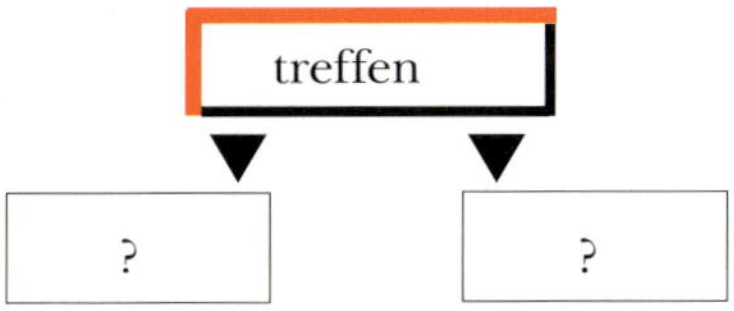

e) Versuche selbst solche Witze zu formulieren. Hier sind einige geeignete Wörter, die du benutzen kannst:

aufschneiden – laden – pumpen – aufgehen – dichten – türmen – Ton – Löffel – Mangel – Geist – Einlage – Dichtung – Rock – Takt – Römer

Dabei gehst du am besten so vor, dass du dir die doppelte Bedeutung zunächst klarmachst:

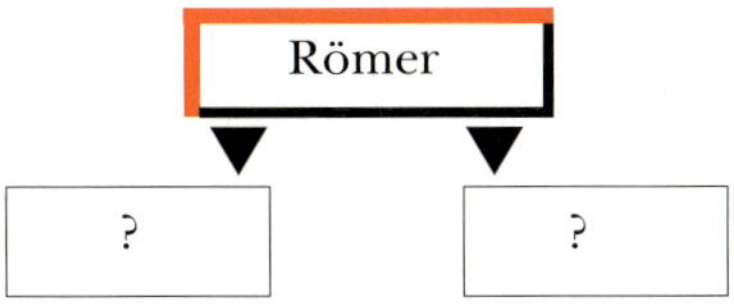

Anschließend formulierst du entsprechende Sätze:

Alle sechs Römer sind auf einmal hingefallen! – ...

Wörter, die mit *einem* Ausdruck unterschiedliche Wortinhalte bezeichnen, nennt man **Homonyme.**

4 *a)* Alle vier sprechen deutsch ... ▶

Lang mir doch eben mal ein Rundstück rüber.

Gib mir noch 'ne Semmel!

Möchtest du ein Brötchen?

Auf meiner Schrippe fehlt die Wurst!

▶ ... und doch kann es zu Verständigungsschwierigkeiten kommen. Warum?

b) Kennst du andere Bezeichnungen für
Blaubeere – Fleischer – Tischler – Bulette – Knödel – Rotwurst – Sonnabend – Rahm – Karotte – Schwarzbeere – Murmel – Semmelbrösel – Geiß – Tornister – Klempner – Schornstein(feger) – Marienkäfer?
Schreibe sie auf. (Ein ausführliches Beispiel findest du auf der Karte auf der nächsten Seite.)

Unterschiedliche Ausdrücke, die den gleichen Inhalt bezeichnen, heißen **Synonyme.**

Die Bezeichnungen für *Kartoffel* in den Mundarten des (heutigen und ehemaligen) deutschen Sprachgebiets

5 Ute schreibt in einer Nacherzählung des Schwankes „Der Maushund“ (s. S. 179 f.):
... Doch eines Tages hatte der Maushund alle Schildaer Mäuse gefressen, und die Schildbürger überlegten, wie sie ihn ernähren konnten. Wenn nun der Maushund ihnen um die Beine lief, bekamen sie es mit der Angst. Als er einmal ins Schloss lief, versperrten sie die Tür und zündeten es an. Doch die Katze war schlauer, sie lief durch ein offenes Fenster ins Freie und lief in das Haus des Bürgermeisters. Also zündeten sie dieses auch an. Die Katze aber lief aufs Dach und die Schildbürger liefen vor Angst davon und ließen das Feuer brennen, sodass schließlich das ganze Dorf bis auf ein Haus verbrannte.

a) Was sollte Ute an ihrem Text verbessern?

b) Suche gemeinsam mit deinem Partner/deiner Partnerin möglichst viele Bezeichnungen für „sich mit den Füßen vorwärts bewegen“. Wer in der Klasse findet die meisten?

6 Ein Spiel: Schneidet aus Illustrierten und Zeitschriften Fotos von Gegenständen und Situationen aus und klebt sie auf kleine Karteikarten. Diesen Stapel legt ihr verdeckt in die Mitte des Gruppentisches.
Die erste Karte wird nun aufgedeckt und jeder schreibt in einer Minute möglichst viele dazu passende Wendungen und Wörter auf. Beim anschließenden Vergleich gibt es für Mehrfachnennungen einen Punkt, für nur einmal genannte Ausdrücke fünf Punkte.

7 „Windige“ Äußerungen:

a) Ein kräftiger Nordost wühlte das Meer auf.

b) Die Regatta musste wegen Flaute abgesagt werden.

c) Bei diesem Lüftchen sollte man mal wieder Fahrrad fahren.

d) Das Ausmaß der Schäden, die der Orkan am letzten Wochenende angerichtet hat, ist noch nicht abzusehen.

e) Der Sturm machte das pünktliche Auslaufen der Schiffe unmöglich.

f) Eine stetige Brise machte die Hitze erträglich.

g) Ihm riss eine Bö den Hut vom Kopf.

Welche Bezeichnungen für *Wind* benutzen die Sprecher? Stelle sie zusammen und begründe die jeweilige Wahl. Überlege, wie du die Bezeichnungen ordnen kannst.

8 *a)* Welche Wörter kennst du, die *Wasserfahrzeuge – Wege – Wohnstätten – Behälter* bezeichnen? Schreibe sie auf.

b) Verwende jeweils drei der gefundenen Bezeichnungen in kurzen Texten, die deutlich machen, was die Wörter bedeuten.

Inhaltlich benachbarte Wörter oder Wendungen bilden ein **Wortfeld**. Sie gehören jeweils der gleichen Wortart an.

9 Wie kann man diese Wörter ordnen?

sprechen – wispern – säuseln – kreischen – sagen – raunen – zischeln – reden – murmeln – rufen – zischen – schreiben – gellen – hauchen – flüstern – brüllen – tuscheln – johlen – lispeln

10 *a)* Welche der folgenden Bezeichnungen drückt am besten aus, was jeweils in den Fotos gezeigt wird? Begründe deine Wahl.

anfassen – die Hand auflegen – betasten – berühren– festhalten – umarmen – umklammern – halten

b) Schreibe kurze Texte zu Situationen auf, in denen du die übrigen Wendungen und Verben benutzen könntest.

11 Kannst du den folgenden Text noch erweitern?
Viele Wörter für ein Wort: *Menschen*
Ein Pfarrer sagt:
„In meiner Gemeinde leben 5000 *Seelen.*“
Was sagen z. B. ein Lehrer, ein Vater, ein Statistiker?

12 *a)* Welche Bezeichnungen gebraucht der Reporter für die Person, über die er hier berichtet? Schreibe sie heraus.

Allein von Flensburg bis Passau gewandert

Großer Bahnhof für den 60-jährigen Hans Wahlen aus Nippes. Nach seinem sechswöchigen Solo-Fußmarsch quer durch die Bundesrepublik von Flensburg bis Passau kehrte der pensionierte Bahnangestellte jetzt per Zug in die Domstadt zurück. Auf dem Hauptbahnhof wurde er bereits sehnsüchtig von seiner Ehefrau Franziska, seinem Sohn Hans-Peter und Hund Axel erwartet. Riesengroß war die Freude, als der 1,98 Meter große Recke müde, aber braun gebrannt von seiner abenteuerlichen Wanderung heimkehrte.

„Auf ‚Schusters Rappen‘ einmal durch ganz Deutschland, das ist ein Jugendtraum von mir gewesen. Diesen Wunsch habe ich mir nun im Ruhestand erfüllt“, berichtet Hans Wahlen nach seiner Rückkehr stolz. Rund 25 Kilometer hatte der tapfere Wandersmann täglich auf seiner insgesamt 1200 Kilometer langen Tour[1] [...] zurückgelegt. Unterwegs übernachtete er in Jugendherbergen oder ganz einfach „am Busen von Mutter Natur“.

Auch seine Marschverpflegung bereitete sich der 60-Jährige auf einem Campingkocher selbst zu. „Wenn ich keine Lust zum Kochen hatte, habe ich auch schon mal ‚Kohldampf geschoben‘. Dadurch ist die Tour sehr billig geworden“, erklärt der Heimkehrer augenzwinkernd. Insgesamt 1000 Mark habe er während der sechswöchigen Wanderung ausgegeben.

Die Einsamkeit und das Marschieren mit 28 Kilo Gepäck sei ihm in den ersten Tagen sehr schwer gefallen, bekennt Franz Wahlen freimütig. Doch das unvergleichliche Naturerlebnis habe ihn zum Weitermachen angespornt: „Ich hatte jeden Tag viele schöne Erlebnisse.“

Auf die Frage, ob er die Strapazen einer solch langen Wanderung noch einmal auf sich nehmen würde, gibt es für Wahlen nur eine Antwort: „Ja natürlich, das würde ich nochmal machen.“ Neue Pläne hat der 60-Jährige allerdings noch nicht geschmiedet. Für ihn galt nach der Ankunft nur eins: „Ausruhen und in einem richtigen Bett schlafen.“ **gt**

(aus: Kölnische Rundschau vom 6. 5. 1988)

b) Wie beurteilst du diese „Abwechslung“ in der Wortwahl?

1 Die Wanderung ging entlang der damals noch bestehenden deutsch-deutschen Grenze.

2. Ober- und Unterbegriffe

1 Wer fragt am geschicktesten nach diesen Gegenständen?

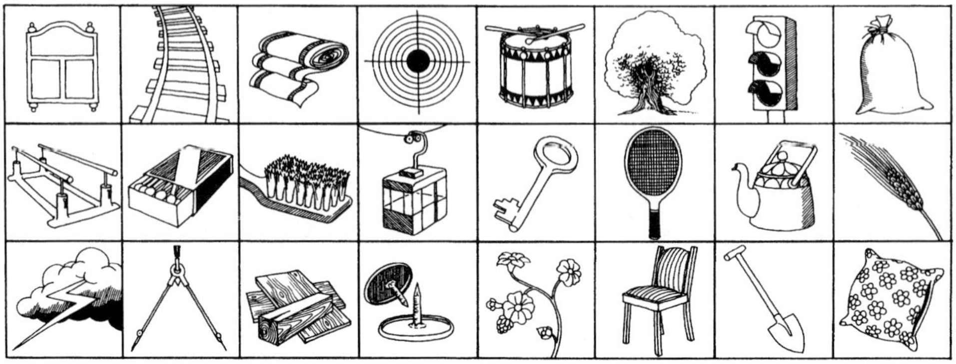

Am besten veranstaltet ihr ein Spiel. Spielmöglichkeiten:

a) Dein Partner/Deine Partnerin wählt einen Gegenstand auf der Bildtafel aus; du versuchst ihn mit möglichst wenigen Fragen (höchstens 10) zu ermitteln. Erlaubt sind nur Entscheidungsfragen, d. h. solche, die man mit „Ja“ oder „Nein“ beantworten kann.

b) Ihr bildet zwei Gruppen. Im Wechsel befragen die Mitglieder der Gruppe A einen Sprecher der Gruppe B nach dem Gegenstand, den Gruppe B vorher geheim ausgewählt hat. Welche Gruppe benötigt die wenigsten Fragen?

2 Zeichnet selbst solche Bildtafeln auf Folie und projiziert sie auf eine Leinwand. Nehmt einige Fragespiele mit dem Kassettenrekorder auf.
Anschließend hört ihr die Aufzeichnungen ab. Überlegt dabei:

- Woran liegt es, dass der eine Schüler weniger Fragen benötigte als ein anderer?
- Warum hat ein Schüler einen Gegenstand nicht ermitteln können?
- Wie fragt man am besten?

3 Wie heißt der Oberbegriff für jede Reihe?

a) Biene – Hummel – Fliege – Mücke
b) Fluss – Teich – Bach – See
c) Socken – Pullover – Schal – Hemd
d) Messer – Gabel – Löffel – Kaffeelöffel
e) Auto – Fahrrad – Bus – Motorrad
f) Tandem – Tourenrad – Rennrad – Klapprad
g) Tanne – Kiefer – Fichte – Lärche – Buche
h) Maus – Veilchen – Elefant – Mann
i) Hund – Forelle – Adler – Spinne
j) Mädchen – Junge – Mann – Frau
k) Rose – Eiche – Brennnessel – Roggen

4 *a)* Welchen Oberbegriff kennst du für die abgebildeten Gegenstände?

b) In welche Untergruppen kannst du die Gegenstände ordnen?

c) Kannst du jetzt noch feiner ordnen? Denke dabei an das Material, das bei der Herstellung verwendet wurde (z. B. *Kunststoffsessel*), und an den jeweiligen Verwendungszweck (z. B. *Fernsehsessel*). Findest du für jeden Gegenstand eine eigene Bezeichnung?

5 Man kann die Merkmale der abgebildeten Sitzmöbel auch so ordnen:

	1	2	3	4	5	6	7
sehr bequem	+	+	+	–	–	–	–
Rückenlehne	+	+	+	–	+	+	+
im Büro zu benutzen	–	+	–	–	–	–	–
mit Leder bezogen	–	–	–	+	–	–	+
...							

a) Vervollständige diese Merkmalsübersicht.

b) In welchem Fall treffen deine Merkmale nur auf wenige, wann auf mehrere Gegenstände zu?

c) Beschreibe, wie sich Ober- und Unterbegriffe im Hinblick auf diese Merkmale unterscheiden.

6 Ordne und beschreibe in einer ähnlichen Übersicht:

a) Barsch – Forelle – Hering – Delphin – Wal – Flunder – Hecht – Scholle

b) Dackel – Pudel – Schäferhund – Kreuzspinne – Libelle – Mücke – Taube – Amsel – Sperling – Meise – Bussard

c) Fohlen – Stute – Rappe

3. Bedeutungen kann man übertragen

1 Arme, Beine und Köpfe?

ein Brett vor dem Kopf haben – jemandem unter die Arme greifen – die Beine in die Hand nehmen – jemandem Beine machen – einen langen Arm haben – Kopf und Kragen riskieren – jemanden auf den Arm nehmen

a) Sammle noch mehr Redensarten, in denen die Begriffe *Kopf, Arm* und *Bein* vorkommen.

b) Verwende je zwei dieser Redensarten in kurzen Texten (mindestens zwei Sätze), sodass deutlich wird, was sie meinen.

2 *a)* Die Klassensprecherin sagt:

„Wenn ihr mir dauernd Knüppel zwischen die Beine werft, werden wir nie ein Klassenfest zu Stande bringen."

Was meint sie damit? Formuliere ihre Aussage, ohne die Redensart zu benutzen.

b) Ersetze auch in deinen Kurztexten der Aufgabe 1 *b)* die Redensarten. Beschreibe den Unterschied.

c) Erfinde selbst solche Textpaare.

3 Vielen Redensarten liegt ein Bild oder ein wirklicher Vorgang zu Grunde, z. B. *kein Blatt vor den Mund nehmen:* Ehe Masken erfunden waren, haben Schauspieler ihr Gesicht mit Feigenblättern verdeckt, wenn sie bei Stichelreden unerkannt bleiben wollten.

a) Informiere dich über den Hintergrund einiger Redensarten (z. B. in dem Buch von *Krüger-Lorenzen,* Deutsche Redensarten und was dahinter steckt. München 1986).

b) Zeichne das Bild, das in einer Redensart steckt. Können die übrigen Gruppenmitglieder die Redensart erraten?

c) Welche Redensarten meinten die Schüler, die diese Skizzen angefertigt haben?

4 *a)* Werbeanzeigen in Illustrierten oder Zeitschriften benutzen Text- und Bildmittel. Beschreibe und erkläre möglichst genau, wie diese in der folgenden Anzeige eingesetzt werden.

b) Findest du in Zeitschriften weitere Beispiele?

Redensarten enthalten oft Bilder. Man benutzt diese im übertragenen Sinn, meint also das, was man sagt, nicht wörtlich.

4. Bedeutungsmerkmale werden übertragen

1 *a)* Ordne diese Schlagzeilen auf einer Doppelseite in deinem Heft.
Auf der linken Seite stellst du die zusammen, die eine Redensart enthalten. Schreibe diese in der Grundform dazu.
b) Auf die rechte Heftseite schreibst du nun alle übrigen Überschriften. Erkennst du eine Gemeinsamkeit?

Über brennende Probleme von Chorweiler informiert

Frechen 20 weiter am „Drücker“

Schenker setzte 3:0-Schlusspunkt
BC Berrenrath endgültig weg vom Fenster

Neuer Stern am Luftfahrthimmel

Landschaftsverband verabschiedet Haushalt

„Verwaltung lässt Dinge schleifen“

VIELE DATEN SIND ALTE HÜTE.

Wir drücken die Teppich-Preise

Glasklare Lösung

BEI MEINEN TOMATEN SAH ER ROT

Mit Volldampf in den Bücherfrühling

Macht Liebe blind für die Risiken des Lebens?

Hier in der Klimakammer gewöhnen wir kalten Motoren das Stottern ab.

Das Rad in der EU vorwärts drehen

Die Deutschen fiebern den Ferien entgegen

Komfort-Flitzer: Kleiner Freund mit frischem Atem

Den Bürgern im Westen geht nun der Hut hoch

USA-Gäste haben Wurzeln in Berg

»In ein paar Jahren kräht kein Hahn mehr danach«

Die neue Regierung verzichtet auf Atomstrom

Rom steigt aus

Leichtathletik-Senioren hatten die Nase vorn

2 *a)* Auf diesem Foto siehst du die Vorderfront eines alten Berliner S-Bahn-Zuges. Beschreibe ihr Aussehen.

b) Vergleiche deine Beschreibung mit der folgenden von Dieter E. Zimmer:

Mein Reitpferd, die S-Bahn, hatte nichts Wildes und Rassiges ... Sie schien mir behäbig, irgendwie tantenhaft ... Unten ein wenig stumpfes Rot, oben ein schmutzig stumpfes Ockergelb. Die gerade, kantige Stirnwand, das Gesicht: leicht dümmlich mit seiner kleinen Nase, dem Scheinwerfer, oben über den Ecken den beiden hervorstehenden roten Ohren der Rücklichter, dazwischen ein Schopf aus Metallhaaren ...

(aus: ZEITmagazin vom 17. 2. 1984)

3 Auch hier gibt es gemeinsame Merkmale.
Um herauszufinden, was eine Insel im Atlantik mit einer Perle gemeinsam hat, überlegen wir uns die Merkmale, mit denen wir „Perle" umschreiben können:

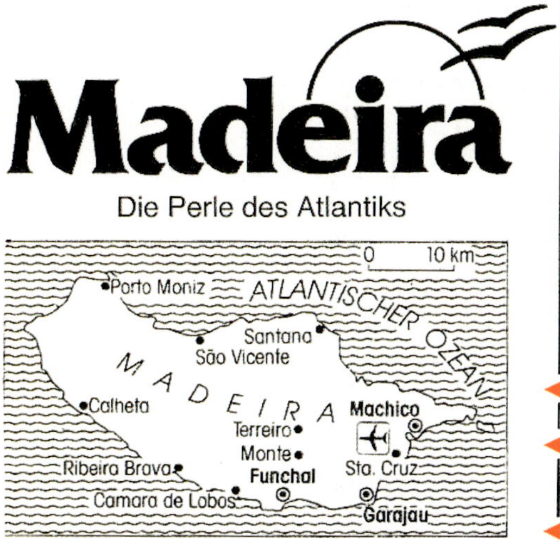

- kugelig oder birnenförmig
- aus Perlmutt
- wertvoll
- wächst sehr langsam in einer Muschel
- kommt in tropischen und subtropischen Gewässern vor
- wird zu Schmuck verarbeitet
- ist begehrt
- nur einmal (in jeder Muschel) vorhanden
- natürliches schönes Aussehen

Nur einige Merkmale eignen sich auch dazu, die Insel Madeira zu beschreiben. Sie werden **übertragen** und **veranschaulichen** so die Vorstellung des Lesers oder Hörers von der Schönheit und Einzigartigkeit dieser Insel.
Die Art, wie „Perle“ hier verwendet wird, nennt man **Metapher.** Erkläre deinem Partner diesen Begriff.

4 Wähle einige Überschriften der Aufgabe 1*b)* aus. Zeige die erfolgte Merkmalsübertragung und Veranschaulichung.

5 Welche Merkmale sind in den folgenden Metaphern übertragen worden?
Flussarm – Fingerhut – Zahnrad – Schiffsbauch – der Flug der Gedanken – die Spitze des Erfolgs – die Glut ihrer Augen – der Mantel des Schweigens – am Rand seiner Kräfte

Sechster Arbeitskreis: Theater spielen

1. Spielen

Schau	**Spiel**	**Rolle**
eine Schau abziehen	Spielmops	aus der Rolle fallen
Schaukampf	verspielt	Hauptrolle
Modenschau	Spielerei	eine Rolle spielen
…	…	…

1 Setzt diese Listen fort. Sucht dabei auch Wörter und Redewendungen aus der Umgangssprache und dem Dialekt eurer Gegend und erläutert ihre Bedeutungen.

2 Ersetzt in den folgenden Sätzen die unterstrichenen Wörter durch andere, die den gleichen Sinn ergeben:

a) Pferdekutschen spielen heute keine Rolle mehr.

b) Der junge Franzose spielt die Rolle des Prinzen von Homburg.

c) Jetzt kommt sie aus ihrer Haut nicht mehr heraus; sie muss ihre Rolle weiterspielen.

Wolf Biermann **Himmelfahrt in Berlin**

Die Kinder spielen im Hof so schön
Prinzessin, Mörder und Volkspolizist[1].
Sie müssen nicht zur Schule gehn,
weil heute Himmelfahrt ist.

Die Kinder spielen im Hof so laut,
behängt mit alten Lappen.
Sie spielen Braut und Kosmonaut
im Himmelsschiff aus Pappen.

Die Kinder spielen so laut und schön,
der Hof wird ein ganzes Theater.
Die dicken Frau'n aus den Fenstern sehn
und warten auf den Vater.

Kennt ihr Spiele von Kindern, in denen andere Personen nachgeahmt werden? Beschreibt sie möglichst genau.

1 *Volkspolizist:* Bezeichnung für einen Polizisten in der ehemaligen DDR

2. Ein Schauspieler erzählt

Charles Chaplin Mein erster Auftritt

Charles Chaplin wurde am 16. April 1889 in Walworth in England geboren. Als Junge lebte er mit seinem Bruder und seiner Mutter zeitweise im Armenhaus. Charlys Vater wohnte nicht mehr bei der Familie. Das Unglück der Kinder erreichte einen Höhepunkt, als der Mutter, die im Varieté als Sängerin auftrat, die Stimme versagte. Später wurde Charly ein weltberühmter Schauspieler und Filmregisseur. Seine größten Erfolge hatte er mit Pantomimen in Stummfilmen. Nach einem bewegten Leben in New York, London, Paris, Monte Carlo, Hollywood und Los Angeles starb Chaplin am 25. Dezember 1977 in Corsier am Genfer See.

Sie hatte Kummer mit ihrer Simme, die nie sehr kräftig gewesen war. Die kleinste Erkältung führte zu einer Laryngitis[1], die wochenlang anhielt; doch musste Mutter arbeiten und dadurch wurde ihre Stimme immer schlechter. Mutter konnte sich nicht mehr auf sie verlassen. Mitten in einer Gesangsnummer brach die Stimme oder sank plötzlich zu einem Flüstern herab, was zu Gelächter und Buhrufen im Publikum führte. Die Angst davor untergrub ihre Gesundheit und zerstörte ihre Nerven. Dies hatte zur Folge, dass sie immer seltener und schließlich überhaupt nicht mehr engagiert wurde.

Dem Zustand ihrer Stimme ist es zuzuschreiben, dass ich im Alter von fünf Jahren zum ersten Mal auf der Bühne stand. Mutter nahm mich für gewöhnlich lieber abends ins Theater mit, als mich in einem möblierten Zimmer zurückzulassen. Sie spielte damals in Aldershot in der Kantine, auf einer schmutzigen, widerwärtigen Bühne, die meist von Soldaten besucht wurde. Diese Soldaten waren grobschlächtige Kerle, die beim geringsten Anlass spotteten und höhnten. Für die Künstler war Aldershot eine Woche der Schrecken.

Ich weiß noch, dass ich in den Kulissen stand, als Mutters Stimme brach und zu einem Flüstern herabsank. Die Zuschauer begannen zu lachen, im Falsett[2] zu singen und zu krähen. Mir war nicht klar, was vorging. Aber der Lärm nahm zu, bis Mutter schließlich gezwungen war die Bühne zu verlassen. Sie ging sehr erregt ab und versuchte dem Direktor klarzumachen, dass sie nicht mehr auftreten könne. In dem lärmenden Durcheinander hörte ich, wie der Direktor, der meine kleinen Vorstellungen vor Mutters Freunden kannte, davon sprach, mich an ihrer Stelle auftreten zu lassen.

Ich erinnere mich, wie er mich in diesem Durcheinander auf die Bühne führte und dort nach einigen erläuternden Sätzen allein ließ. Und im grellen Rampenlicht, vor den in Rauch schwimmenden Gesichtern, begann ich zu singen, begleitet von dem Orchester, das eine Weile herumprobierte, ehe es meine Tonlage gefunden hatte. Es war ein bekannter Schlager mit dem Titel Jack Jones.

[...]

1 *Laryngitis:* Kehlkopfentzündung
2 *Falsett:* Fistelstimme, Kopfstimme

Ich war noch nicht halb zu Ende, da regnete es schon Geld auf die Bühne. Ich hörte sofort auf und verkündete, ich wolle erst das Geld aufsammeln und dann weitersingen. Dies rief großes Gelächter hervor. Nun erschien der Direktor mit einem Taschentuch und half mir das Geld einzusammeln. Ich glaubte, er wolle das Geld für sich behalten. Dieser Verdacht teilte sich offenbar den Zuschauern mit und verstärkte noch ihr Gelächter, besonders als der Direktor abging und ich ihm ängstlich folgte. Ich kehrte erst auf die Bühne zurück und fuhr fort zu singen, nachdem er Mutter das Geld ausgehändigt hatte. Ich fühlte mich ganz zu Hause, unterhielt mich mit den Zuhörern, tanzte und ahmte einige der anderen Schauspieler nach, einmal auch meine Mutter, wie sie ihren irischen Marsch sang [...].
Als ich den Refrain wiederholte, imitierte ich in aller Unschuld, wie Mutters Stimme brach, und ich war überrascht über die Wirkung, die das bei den Zuschauern hatte. Es gab Gelächter und Beifall und ein neuer Regen von Geldstücken prasselte auf die Bühne; und als Mutter auf die Bühne kam um mich fortzutragen, steigerte ihre Gegenwart den Applaus zu einem gewaltigen Sturm. In jener Nacht erschien ich zum ersten, meine Mutter zum letzten Mal auf der Bühne.

1 Wieso lachen die Zuschauer bei Charlys Auftritt?

2 Nenne Stellen, wo Charly wie ein Schauspieler auftritt, und führe andere Stellen an, wo er kein Schauspieler ist.

3 **Theater** ist
a) eine sichtbare,
b) vorher durchdachte,
c) künstlerische
d) Darstellung äußerer und innerer menschlicher Vorgänge
e) mit Hilfe von Figuren (Puppen-, Schattenspiel) oder durch Menschen selbst
f) auf einer Bühne
g) vor Zuschauern, die wissen, dass die Figuren oder Schauspieler „Schau machen".
h) Es wird oft nach einer Textvorlage gestaltet.

Welche dieser Merkmale treffen zu auf:
- Spiele kleiner Kinder, in denen sie Erwachsene oder bekannte Heldenfiguren nachahmen,
- Faxen, die Schüler im Unterricht machen,
- Charly Chaplins ersten Auftritt?

3. Spielen lernen

Bevor es auf Theaterbühnen zu Aufführungen vor einem Publikum kommt, haben Schauspieler, Bühnen- und Maskenbildner, Regisseure und Autoren gründlich nachgedacht und viele Vorbereitungen getroffen.

3.1 Masken

Diese einfachen Masken hat das Kinder- und Jugendtheater „Ömmes und Oimel" entworfen:

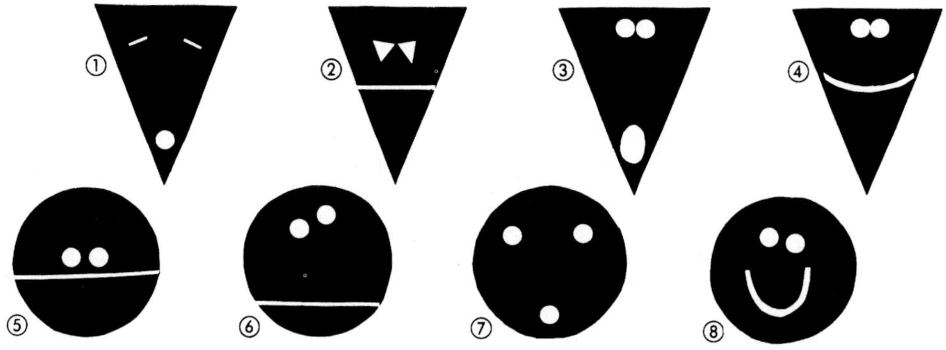

1 Die Masken „sprechen". Was drücken sie für dich aus?

2 Stellt mit hellen und dunklen Kartonstücken solche Masken her. Erfindet dabei neue Kombinationen.

3 Stelle dir Menschen in verschiedenen Situationen vor.
Welche Maske passt zu welcher Situation?

Ich bin der Lehrer Durchblick.

Ich bin das Burgfräulein Kunigunde.

Diese Masken wurden aus Eierschachteln hergestellt.

3.2 Gesichter

Masken sind starr. Gesichter sind lebendig und immer in Bewegung; sie verändern sich.

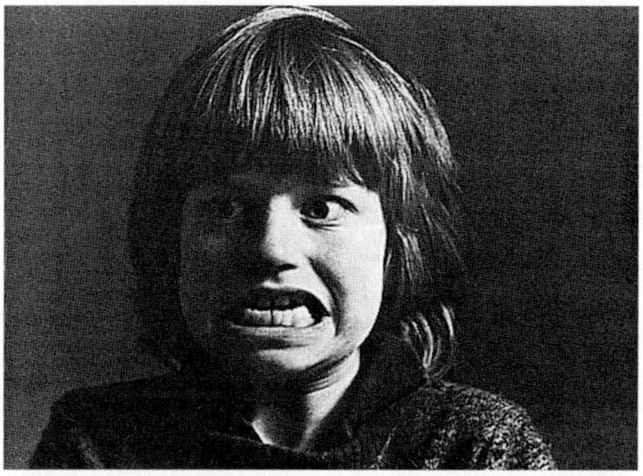

①

②

③

④

⑤

⑥

1 Welche Gefühle bringt das Mädchen nacheinander zum Ausdruck?

2 Beschreibe genau, wie sich der Mund und die Augen verändern.

3 Macht selbst solche Gesichter.

3.3 Pantomimen

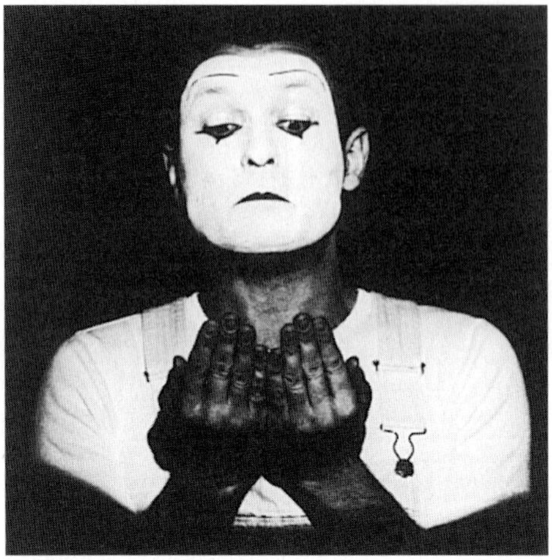

①

②

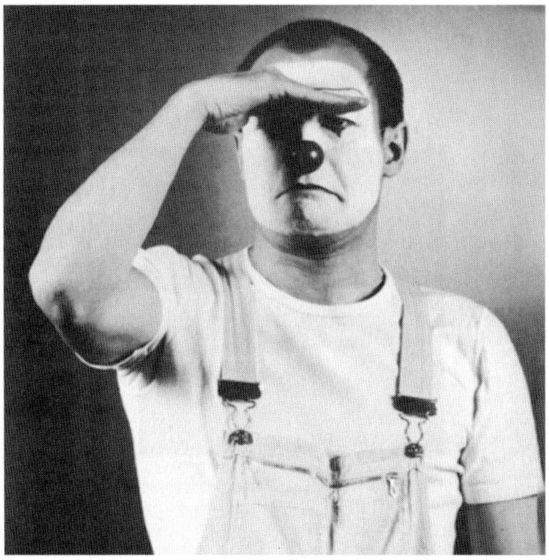

③

④

Ein anderes Wort für „etwas darstellen" ist: *„etwas mimen"*. Wenn ein Schauspieler mit seinem Körper etwas darstellt ohne ein Wort dabei zu sagen und wenn der Zuschauer sich Gegenstände, mit denen der Schauspieler hantiert, denken muss, so nennt man eine solche Vorführung eine **Pantomime**.

1 Was wird auf den Bildern gemimt?

2 Stellt pantomimisch dar:
- eine Nuss aufbeißen
- probieren, ob eine Konserve verdorben ist
- den ersten Löffel einer ganz und gar versalzenen Suppe essen

3.4 Clowns

Steffi Grau Schminke

Ein Pantomime schminkt meistens sein Gesicht. Er verwendet dabei viel Weiß. Es entsteht dann ein Zwischending zwischen Maske und Gesicht. Auch Clowns schminken ihre Gesichter in grellen Farben.

Mein Urgroßvater konnte sich seine Schminke noch nicht in der Drogerie kaufen. Er musste sie selber machen.

Weiß ist die Grundfarbe und gehört zum Charakter des Clowns. Dazu nahm er Mehl.

Schwarz brauchte er für die Augenbrauen und zur Umrandung des Mundes. Dazu zerrieb er Zeichenkohle oder benützte Kakao.

Mit *Rot* schminkte er die Lippen und malte sich groteske Flecken auf die Wangen. Kaum zu glauben, aber das hat er mit roter Bete oder Tomatenpüree gemacht.

Violett verwendete er für die Schatten im Gesicht. Dazu vermischte er Kirschen oder Heidelbeeren mit Kreide um die Farbe trocken auftragen zu können.

Das Wichtigste beim Clown ist die Nase. Dazu nahm er ein kleines Pappschächtelchen, malte es rot an und befestigte es mit einem Band.

Ich habe es da schon leichter. Mit einem Päckchen Faschingsschminke und Clown-Weiß aus der Drogerie kann ich mich gleich vor den Spiegel setzen. Auch der Lippenstift kommt zum Zuge. Vorher reibe ich das Gesicht mit Fettcreme ein, damit die Schminke hinterher besser abgeht.

3.5 Körperspiele

Bevor Schauspieler auf einer Bühne oder in einem Film spielen können, müssen sie lernen ganz kontrolliert mit ihrem Körper umzugehen; denn nicht nur Worte und nicht nur Gesichter drücken etwas aus. Auch die Haltung und die Bewegungen des ganzen Körpers haben Ausdruckskraft.
Für die folgenden Übungen benötigt ihr freien Raum. Räumt eventuell das Klassenmobiliar etwas beiseite.

1 **Spiegel-Pantomime**: Stellt euch jeweils zu zweit einander gegenüber. Einer bewegt sich nach Musik auf der Stelle; der andere hat die Aufgabe eines „Spiegels", er ahmt die Bewegungen seines Gegenübers bis in alle Einzelheiten spiegelverkehrt nach. Nach einiger Zeit wird die Musik ausgestellt. Wenn sie wieder beginnt, tauschen Darsteller und „Spiegel" ihre Rollen.

2 **Gehen und stehen**: Während Musik läuft, bewegen sich alle ungeordnet im freien Raum. Wenn die Musik aussetzt, sagt der Lehrer oder ein Schüler an, was dargestellt werden soll:
- Geht wie ein „Holzmännchen".
- Geht wie ein „Puddingmännchen".
- Führt einen schwerelosen Tanz auf dem Mond auf.
- Erstarrt zu Denkmälern. Setzt euch für drei Sekunden wieder in Bewegung. Erstarrt in neuer Pose.
- Verändert euer Gehen allmählich vom Schleichen über Waten zu Tippeln.
- Geht wie ein Betrunkener – ein schlecht gelaunter 15-Jähriger – ein Roboter – ein kleiner ängstlicher Junge ...

3 **Begrüßungen**: Auch bei dieser Übung läuft Musik. Alle gehen im Raum umher und begrüßen sich. Alle *fünfzehn* Sekunden wird die Musik kurz abgestellt, damit eine neue Begrüßungsart angesagt werden kann.
Die folgende Liste könnt ihr selbst ergänzen:
- Zwei dreizehnjährige Freunde/Freundinnen begrüßen sich.
- Zwei englische Lords begrüßen sich.
- Ein 40-jähriger Mann trifft nach zwanzig Jahren seinen alten Schulfreund wieder.
- Ein Händler trifft auf der Straße seinen Konkurrenten.
- Eine Frau betritt das Behandlungszimmer eines Zahnarztes.
- Eine Nachrichtensprecherin begrüßt ihr Publikum.

Thomas Mann aus: Bekenntnisse des Hochstaplers Felix Krull

Ich zählte acht Jahre, als ich und die Meinen einige Sommerwochen in dem benachbarten und so namhaften Langenschwalbach verbrachten. Mein Vater nahm dort Moorbäder gegen die Gichtanfälle, die ihn zuweilen plagten, und meine Mutter und Schwester machten auf der Promenade durch Übertreibungen in der Form ihrer Hüte von sich reden. Mit dem gesellschaftlichen Verkehr, der sich uns dort, wie an anderen Plätzen, bot, war wenig Ehre einzulegen. Die in der Umgegend Ansässigen mieden uns wie gewöhnlich, die vornehmen Fremden kargten mit sich und verhielten sich abweisend, wie das im Wesen der Vornehmheit begründet ist, und was sich uns zu Anschluß und Gemeinsamkeit darbot, war nicht vom Feinsten. Dennoch war mir wohl zu Langenschwalbach, denn ich habe stets den Aufenthalt an Badeorten geliebt und später den Schauplatz meiner Wirkungen wiederholt an solche Plätze verlegt. Die Ruhe, die sorglos geregelte Lebensführung, der Anblick wohlgeborener und gepflegter Menschen auf den Sportplätzen und in den Kurgärten entspricht meinen tiefsten Wünschen. Was aber die stärkste Anziehungskraft auf mich ausübte, waren die Konzerte, die täglich von einem wohlgeschulten Orchester dem Badepublikum dargeboten wurden. Die Musik entzückt mich, ja obwohl ich nicht Gelegenheit genommen habe, ihre Ausübung zu erlernen, besitzt diese träumerische Kunst einen fanatischen Liebhaber in mir, und schon das Kind konnte sich nicht von dem hübschen Pavillon trennen, worin die kleidsam uniformierte Truppe unter der Leitung eines kleinen Kapellmeisters von zigeunerhaftem Ansehen ihre Potpourris[1] und Opernstücke erklingen ließ. Stundenlang kauerte ich auf den Stufen des zierlichen Kunsttempels, ließ mein Herz von dem anmutig ordnungsvollen Reigen der Töne bezaubern und verfolgte zugleich mit eifrig teilnehmenden Augen die Bewegungen, mit denen die ausübenden Musiker ihre verschiedenen Instrumente handhabten. Namentlich das Geigenspiel hatte es mir angetan, und zu Hause, im Hotel, ergötzte ich mich und die Meinen damit, daß ich mit Hilfe zweier Stöcke, eines kurzen und eines längeren, das Gebaren[2] des ersten Violinisten aufs getreueste nachzuahmen suchte. Die schwingende Bewegung der linken Hand zur Erzeugung eines seelenvollen Tones, das weiche Hinauf- und Hinabgleiten aus einer Grifflage in die andere, die Fingergeläufigkeit bei virtuosenhaften Passagen und Kadenzen, das schlanke und geschmeidige Durchbiegen des rechten Handgelenkes bei der Bogenführung, die versunkene und lauschend-gestaltende Miene bei hingeschmiegter Wange – dies alles wiederzugeben gelang mir mit einer Vollkommenheit, die besonders meinem Vater den heitersten Beifall abnötigte. Dieser nun, gut gelaunt unter dem wohltuenden Einfluß der Bäder, nimmt das langhaarige und fast stimmlose Kapellmeisterchen beiseite und verabredet mit ihm die folgende Komödie. Eine kleine Violine wird billig erstanden und der zugehörige Bogen sorgfältig mit Vaselin[3] bestrichen. Während sonst für mein Äußeres nicht viel geschah, werden jetzt in einem Basar ein hübsches Matrosenhabit[4] mit Fangschnur

1 *Potpourri:* Tonstück, aus artverwandten Melodien zusammengesetzt
2 *Gebaren:* Verhalten
3 *Vaselin:* Fett. Ein fettiger Violinbogen entlockt dem Instrument keine Töne.
4 *Matrosenhabit:* Matrosentracht

und goldenen Knöpfen, dazu seidene Strümpfe und spiegelnde Lackschuhe fertig angeschafft. Und eines Sonntagnachmittags, während der Kurpromenade, stehe ich, so ansprechend ausstaffiert[5], zur Seite des kleinen Kapellmeisters an der Rampe des Musiktempels und beteilige mich an der Ausführung einer ungarischen Tanzpièce[6], indem ich mit meiner Fiedel und mit meinem Vaselinbogen tue, was ich vordem mit meinen beiden Stöcken getan. Ich darf sagen, daß mein Erfolg vollkommen war.

Das Publikum, vornehmes und schlichteres, staute sich vor dem Pavillon, es strömte von allen Seiten herbei. Man sah ein Wunderkind. Meine Hingebung, die Blässe meiner arbeitenden Miene, eine Welle Haares, die mir über das Auge fiel, meine kindlichen Hände, deren Gelenke von den blauen, an den Oberarmen bauschigen und nach unten eng zulaufenden Ärmeln kleidsam umspannt waren – kurz, meine ganze rührende und wunderbare Erscheinung entzückte die Herzen. Als ich mit einem vollen und energischen Bogenstrich über alle Saiten geendigt hatte, erfüllte das Geprassel des Beifalls, untermischt mit hohen und tiefen Bravorufen, die Kuranlage. Man hebt mich, nachdem der kleine Kapellmeister meine Geige nebst Bogen in Sicherheit gebracht, zur ebenen Erde nieder. Man überhäuft mich mit Lobsprüchen, mit Schmeichelnamen, mit Liebkosungen. Aristokratische Damen und Herren umdrängen mich, streicheln mir Haare, Wangen und Hände, nennen mich Teufelsbub und Engelskind. Eine alte russische Fürstin, ganz in veilchenfarbener Seide und mit gewaltigen weißen Ohrlocken, nimmt meinen Kopf zwischen ihre beringten Hände und küßt mich auf die feuchte Stirn. Hierauf nestelt sie leidenschaftlich eine große, funkelnde Diamantbrosche in Leiergestalt von ihrem Hals los und befestigt sie, unaufhörlich französisch redend, an meiner Bluse. Die Meinen traten herzu; mein Vater stellte sich vor und entschuldigte die Schwächen meines Spieles mit meinem zarten Alter. Man zog mich zur Konditorei. An drei verschiedenen Tischen bewirtete man mich mit Schokolade und Cremeschnitten. Edelbürtige, schöne und reiche Kinder, die kleinen Grafen Siebenklingen, nach denen ich oft mit Sehnsucht ausgeschaut, die mich aber bisher nur kalter Blicke gewürdigt hatten, baten mich artig, eine Partie Krocket mit ihnen zu spielen, und während unsere Eltern miteinander Kaffee tranken, folgte ich, meine Brillantnadel auf der Brust, heiß und trunken vor Freude ihrer Einladung. Es war einer der schönsten Tage meines Lebens, vielleicht der unbedingt schönste. Viele Stimmen wurden laut, dass ich mein Spiel wiederholen möchte, und auch die Kurdirektion kam in diesem Sinne bei meinem Vater ein. Allein mein Vater erklärte, daß er nur ausnahmsweise seine Erlaubnis gegeben habe und daß ein wiederholtes öffentliches Auftreten sich nicht mit meiner gesellschaftlichen Stellung vertrage. Auch näherte unser Aufenthalt in Bad Langenschwalbach sich seinem Ende ...

1 Felix ist ein Nachahmungskünstler. Ahmt selbst einmal verschiedene Instrumente nach. Stellt ein stummes Orchester zusammen.

2 Worin unterscheiden sich Hochstapler und Schauspieler?

5 *ausstaffiert:* ausgestattet
6 *Tanzpièce:* Tanzstück

3.6 Körperschatten

Wer die Teile eines Gesichtes nachbildet und interessante Kombinationen ausprobiert, kann eine erstaunliche Maske erfinden. In ähnlicher Weise kann jeder, der mit seinem Körper spielt, einen interessanten Schatten werfen.

Steffi Grau Schattenspiele

Die Schauspieler in meinem neuen Theater waren meine Hände, die Bühne war ein aufgespanntes weißes Tuch, das ich mit einer Nachttischlampe von hinten bestrahlte. Mit den Schatten, die meine Hände auf das Tuch warfen, konnte man wunderbare Tiergeschichten spielen. Wie man das macht, habe ich aus einem alten Buch gelernt:

Mit dieser Methode hatte ich nur ein Problem. Ich konnte keine Menschen spielen.

Jörg Ehni Menschenschatten

Ihr braucht eine möglichst lichtstarke Nachttischlampe, eine weiße Wand (aus einem Leintuch oder aus Papier) und einen dunklen Raum. Dann kann es auch schon losgehen. Bevor ihr jedoch eine richtige Szene spielt, solltet ihr die Darstellungsmöglichkeiten des Schattenspiels erforschen:

- Bewegt euch an der Leinwand und beobachtet euren Schatten. Bewegt euch langsam. Bleibt dicht an der Leinwand. Bewegt euch so deutlich wie möglich. Spielt im Profil. Macht ruhig lange Pausen.
- Geht auf die Lichtquelle zu und wieder zurück.
- Bleibt an der Leinwand stehen und bewegt die Lampe.
- Lasst euch von den Zuschauern sagen, was gut wirkt und was nicht.
- Jeder Spieler sollte immer wieder den anderen zuschauen.
- Macht Partner- und Gruppenübungen (Begrüßung, Streit, Versöhnung usw.).
- Benutzt Kostümteile: Hüte, Kappen, weite Tücher. Stopft euch dicke Bäuche, Hintern und Busen unter Hemd und Hose. Setzt eine Riesennase auf oder bindet einen wilden Wattebart um. Besonders wirkungsvoll sind durchsichtige und durchbrochene Materialien wie Schleier, Plastikfolie, Netze usw.

3.7 Verkleidungen und Requisiten

Schauspieler verstärken die Wirkung ihrer Körper, indem sie sich verkleiden und sich mit Requisiten (den für die Aufführung notwendigen Ausstattungsgegenständen) umgeben.

1 **Hüte**:

a) Bringt Hüte ganz unterschiedlicher Formgebung und Farbe mit und probiert sie wechselseitig aus.

b) Stellt euch Personen vor, die solche Hüte tragen könnten, und ahmt ihre Art zu gehen nach – den jeweiligen Hut auf dem Kopf.

2 **Kleider**:

a) Sammelt alte Kleider, probiert sie an und legt sie im Klassenschrank ab.

b) Wählt eine Maske aus (vgl. S. 232) und stellt dazu mit euren Kleidern ein passendes Kostüm zusammen.

c) Entwerft in Gruppenarbeit Fantasiekostüme, die Alter, Jugend, Nervosität, Ruhe, Freiheit usw. ausdrücken sollen.

3 **Gegenstände**:

a) Stellt einen Stuhl nacheinander

– isoliert an eine Wand,

– mit anderen zusammen an eine Wand,

·–· in eine Reihe von Stühlen, die hintereinander angeordnet sind,
·–· auf das Lehrerpult,
·–· unmittelbar neben den Eingang usw.

und stellt ohne große Vorbereitung jeweils eine Person dar, die auf diesem Stuhl sitzt. Welche Art von Person könnte das sein ? Wie verhält sie sich?

b) Legt eine Limoflasche, eine Fahrradkette oder den ungeordneten, offensichtlich ausgekippten Inhalt einer Schultasche in den Raum. Denkt euch in Gruppen eine Szene aus, die sich um diesen Gegenstand ranken könnte, und führt die Szenen nacheinander vor.

3.8 Erste Auftritte

Ihr habt jetzt so viel von der Darstellungskunst der Schauspieler kennen gelernt, dass ihr einen ersten Auftritt wagen könnt. Für ein Schulfest oder einen Elternabend könnt ihr vorbereiten und einstudieren:

1 **Eine Lehrerparade**: Sie zeigt, wie Lehrer eurer Schule in eurer Fantasie aussehen. Sucht dazu alte Hüte aus oder entwerft mit Krepppapier selbst fantasievolle Kopfbedeckungen, die eurer Meinung nach den Charakter der Lehrer treffen. Wählt dazu aus eurem Klassen-Kleiderschrank Kostüme aus, die Kleidergewohnheiten der Lehrer nachahmen oder übertreiben, ebenso Masken (vgl. S. 232). Vielleicht könnt ihr bei eurer Parade auch jeweils den Gang der Lehrer nachahmen. Zusätzlich könnt ihr jeden Lehrer eine für ihn typische Redensart sagen lassen. Ein Ansager kündigt jeweils an, welcher Lehrer gerade auf der Bühne erscheint.

2 **Ein Schattenspiel**: In ihm führt ihr Stimmungen und Situationen vor, die für die Schule typisch sind: *Angst – Freude – Hektik vor einer Arbeit – die gespannte Ruhe während einer Arbeit.* Was ihr ausdrücken wollt, teilt ihr durch die Bewegungen eurer Körper und durch unterschiedliche Gruppierungen im Raum mit.

3 **Ein Pantomimenorchester**: Spielt auf die Musik anderer (Schallplatte, Kassette, CD) mit vielen verschiedenen Instrumenten.

4 **Unterrichtspantomimen**: Führt pantomimisch Vorgänge aus dem Schulalltag vor wie:
·–· Peter isst heimlich ein Butterbrot in der Stunde und wird nach einiger Zeit erwischt.
·–· Klaus und Oliver spielen hinter dem Rücken der Vorderleute mit Plastikmännchen; Oliver soll schließlich eine Frage des Lehrers beantworten, die er gar nicht mitbekommen hat.
·–· Iris und Susanne treten sich unter der Bank auf die Füße; der Lehrer macht eine Mitschülerin für die Unruhe verantwortlich.

4. Szenen

4.1 Szenen aus dem Stegreif

Haben die Schauspieler nur eine Idee für ihr Spiel im Kopf, aber keinen festgelegten Text, dann spielen sie „aus dem Stegreif".

1 Für die folgende Szene braucht ihr einen Stuhl. Ihr könnt euch etwas verkleiden.

Ein König ist verrückt geworden. Er fällt dauernd aus der Rolle. Er sitzt auf einem Thron und eine Reihe von Gesandten aus aller Welt zieht an ihm vorbei. Sie begrüßen ihn in einigem Abstand voneinander mit „Guten Tag, Eure Hoheit!". Nach jedem „Guten Tag" zeigt der König eine neue Laune und reagiert entsprechend mit Worten und Gesten: höflich, verärgert, abweisend, albern, aggressiv, erfreut, überfreundlich, hochnäsig, kumpelhaft, bockig, unterwürfig, misstrauisch usw.

2 Denkt euch weitere Szenen aus, die ihr aus dem Stegreif spielen könntet. Gestaltet sie jeweils in einem zweiten und dritten Versuch weiter aus.

3 Eine „mimische Kette":

Babywickeln

Mehrere Teilnehmer werden vor die Tür geschickt. Der Spielleiter überlegt mit den übrigen eine kurze, in sich geschlossene Spielhandlung, z. B. Trockenlegen eines Babys oder Backen eines Kuchens. Von einer der anwesenden Personen soll dieser Vorgang dem ersten der hinausgeschickten Teilnehmer pantomimisch und ohne Zuhilfenahme von Requisiten vorgemacht werden. Dieser wird dann vom Spielleiter hereingerufen und gebeten Platz zu nehmen und genau Acht zu geben: Er bekomme jetzt eine kleine Soloszene vorgeführt, die er seinerseits dem nächsten draußen wartenden Mitspieler vorspielen müsse. Dieser habe dann wiederum die Aufgabe, sie in derselben Weise an den übernächsten weiterzugeben.

Die mimische Kette besteht also darin, dass jede der hinausgeschickten Personen die Szene einmal vorgespielt bekommt und sie dann der nächsten wiederholen muss. Natürlich kann jeder nur das weitergeben, was er selbst gesehen und im Gedächtnis behalten hat. Zur großen Freude der Zuschauer kommt es dabei oft zu den komischsten Abweichungen von der ursprünglichen Fassung.

Nachdem der letzte Teilnehmer die Szene nachgespielt hat, bleibt es dem Spielleiter überlassen, die einzelnen Spieler in rückläufiger Reihenfolge noch einmal zu fragen, was sie sich unter ihrem Tun vorgestellt haben. Zum Abschluss wiederholt dann der erste Spieler seine Originalfassung der Handlung.

(aus: Schwalbacher Spielkartei. Verlag Haus Schwalbach, Wiesbaden)

4.2 Eine Szene aus einer Textvorlage

Johann Nestroy aus: Die schlimmen Buben in der Schule

Schauspieler richten sich in der Regel nach der Textvorlage eines Autors. Der folgende Auszug ist der 10. Szene des Einakters „Die schlimmen Buben in der Schule" von Johann Nestroy (1801–1862) entnommen. Der österreichische Autor ließ dieses Stück erstmals 1847 aufführen.
In der 10. Szene erscheint Frau Schnabel mit ihrem Sohn Willibald in der Zwergschule des Aushilfslehrers Wampl um ihm mitzuteilen, dass Willibald soeben im Garten des Herrn von Wichtig Birnen gestohlen hat. Zugleich möchte sie dem Lehrer klarmachen, dass ihr Sohn ein guter Schüler sei. Weitere Schüler, die zu Wort kommen, sind Christoph Ries und Stanislaus von Wichtig.

Johann Nestroy in der Rolle des Willibald in der Posse[1] „Die schlimmen Buben in der Schule"

CHRISTOPH RIES *(ein sehr kleiner Junge, schleicht sich zur Mitteltür herein).*

WILLIBALD Der Ries hat mich dazu verführt!

STANISLAUS *(Ries verratend, welcher sich ungesehen in seine Bank schleichen wollte)* Da is er! Herr Magister, der Ries is da!

WAMPL *(grimmig)* Wo ist dieser entsetzliche Ries? Dieser – ! *(Ihn hervorziehend.)* Her da, Rädelsführer!

CHRISTOPH RIES Ich kann nix davor, der Willibald –

1 *Posse:* derbkomisches Bühnenstück

WAMPL (*zu Christoph*) Sie werden hier knien, sich selbst zur Straf und für alle andern zum schauderhaften Exempl!

CHRISTOPH RIES (*im Vordergrunde kniend*) Wann's nicht anders ist –

WAMPL Und der Willibald als der Verführte steht eine Stunde heraus!

FRAU SCHNABEL (*zu Willibald, der sich neben den knienden Ries hinstellt*) Siehst du, so geht's, wenn die Kinder unfolgsam sind.

CHRISTOPH RIES (*nimmt aus der Schultasche Birnen, isst davon und verteilt an die Zunächstsitzenden*).

WAMPL (*zu Stanislaus*) Der liebe Stanislaus werden es dem Herrn Papa rapportieren[2], wie sehr mir das Beste seines Obstes am Herzen liegt.

FRAU SCHNABEL So eine Aufführung gerad die Tag vor der Preisverteilung!

WILLIBALD (*zupft Ries an den Haaren*).

CHRISTOPH RIES (*Willibald mit der Faust ins Knie stoßend*) Wirst ein' Fried geben!

FRAU SCHNABEL (*vertraulich zu Wampl*) Unter uns gesagt, Herr Magister, ein g'scheiter Bub is er doch, ein pfiffiger Kopf!

WAMPL Wer? Ihr Willibald?

FRAU SCHNABEL Und ich hoffe, Sie werden ihm die heutige Sittennote bei der Preisverteilung nicht entgelten lassen!

WAMPL Was? Ich glaub gar, die Frau macht sich Hoffnung – ?!

FRAU SCHNABEL Na, soll er etwan keinen Preis kriegen? Für was zahl ich denn 's Schulgeld?!

WILLIBALD (*zupft Ries an den Haaren*).

CHRISTOPH RIES (*stoßt mit der Faust nach Willibald wie oben*) Wirst aufhör'n?!

WILLIBALD Der Ries stoßt mich!

WAMPL Für so einen ungezogenen Bengel einen Preis!?

FRAU SCHNABEL Den Preis kriegt er fürs Lernen!

WAMPL Mit 'n Patzenferl[3] kann er 'n haben!!

WILLIBALD (*zupft den Ries an den Haaren*).

CHRISTOPH RIES (*stoßt wie oben den Willibald*) Ich sag's dem Herrn Magister!

WILLIBALD (*verklagend*) Der Ries stoßt mich!

WAMPL (*zu Christoph*) Ja, was is denn das?! Mitten in der Straf geben Sie noch keine Ruh?

CHRISTOPH RIES Der Willibald –

WAMPL Das sind ja abscheuliche Jünglinge!

CHRISTOPH RIES Er reißt mich immer!

WILLIBALD Der Ries hat ang'fangt!

WAMPL (*zu Willibald*) Wie können Sie sich unterstehen – ?

2 *rapportieren* (frz.): berichten, melden
3 *Patzenferl:* Stock des Lehrers. *Patzen:* Schläge; *Ferl* (von lat. *ferula*): Rute

WILLIBALD	Ich riss ihn, den Ries, weil er mich stieß, ich tat es aus Notwehr, und Notwehr ist eine erlaubte Handlung.
FRAU SCHNABEL	Sehn Sie, zu antworten weiß er halt doch!
WAMPL	Ein vorlauter Bub is er, der gar nichts weiß, das will ich der Frau gleich beweisen! In Ihrer Gegenwart werd ich ihn examinieren[4].
FRAU SCHNABEL	Gut, da wird sich's zeigen –
WAMPL	*(zu Willibald, indem er das Katheder besteigt)* Her da vors Katheder und geantwortet auf meine Fragen!
FRAU SCHNABEL	*(zu Willibald, der vors Katheder tritt)* Laut und couragiert! Zeig, dass du mein Sohn bist!
WAMPL	Zuerst aus der Naturlehre! Wie nennt man alles Erschaffene mit einem Namen?
WILLIBALD	Man nennt es die Natur, und deswegen kann es auch keine Kunst gewesen sein, alles zu erschaffen, denn wenn es ein Kunstwerk wäre, so wär es keine Natur!
WAMPL	Keine Absprünge! Was versteht man unter dem Ausdruck „Firmament"?
WILLIBALD	Man versteht darunter den leeren Raum über uns.
WAMPL	Gefehlt! In der Natur gibt es keinen leeren Raum.
WILLIBALD	Man war lange Zeit der Meinung, dass es in der Natur gar keinen leeren Raum gäbe. Diese Behauptung jedoch wurde durch verschiedene Menschenköpfe widerlegt, in denen sich ganz leerer Raum vorgefunden. Auch hörte man die Theaterdirektionen, namentlich im Sommer, sehr häufig über leere Räume klagen!
WAMPL	Reden Sie nicht so albern! – Was ist die Erde?
WILLIBALD	Ein Himmelskörper, auf dem die Unglücklichen ein höllisches Leben haben.
WAMPL	*(ärgerlich den Kopf schüttelnd)* Was ist der Mond?
WILLIBALD	Auch ein Himmelskörper.
WAMPL	Wissen wir, ob der Mond ebenfalls von Geschöpfen bewohnt wird?
WILLIBALD	Der Mond ist von Geschöpfen bewohnt.
WAMPL	Wir vermuten es, aber wir wissen es nicht.
WILLIBALD	Ich weiß es, denn im Mond werden auch Häuser gebaut. Die Meteorsteine nämlich sind nichts anderes als Lunar-Ziegel, welche uns unvorsichtige Mond-Maurer auf d' Nasen fallen lassen. Ferner wissen wir auch, dass die Mondgeschöpfe viel größer sind als die bei uns. Zum Beispiel, ein Mondkalb ist schon ein enormes Viech, während ein irdisches Kalb nur von mittlerer Größe ist.
WAMPL	Sie sind selbst ein – ich mag mich nicht ärgern! – Zur Mathematik! Wie viel Rechnungsarten gibt es?

4 *examinieren:* prüfen

WILLIBALD Es gibt verschiedene Rechnungsarten. Die leichteste ist die algebraische, da schreibt man nur überall darunter: „Gleich x", und es is nie g'fehlt, weil „x" jede unbekannte Zahl ausdrückt: „x" ist nämlich die Abkürzung von: „Schmeck's[5]!"

WAMPL Keine Allotria! Kann man ungleichnamige Größen miteinander multiplizieren?

WILLIBALD Das kann man nicht.

FRAU SCHNABEL *(leise zu Willibald)* Warum nicht? Zeig justament[6], dass du alles kannst!

WILLIBALD *(zu Wampl)* Man kann es.

WAMPL So? Also multiplizieren Sie mir siebzehn Pfund mit drei Ellen, was kommt denn da heraus?

FRAU SCHNABEL *(leise zu Willibald)* Rasch antworten, er weiß's selber nicht.

WILLIBALD *(zu Wampl)* Siebzehn Pfund, multipliziert mit drei Ellen, das macht netto sechs Kilogramm, dreizehn Hektoliter, achtundzwanzig Millimeter, zweieinhalb Gallonen, sechs Yards.

WAMPL Sie wissen gar nichts!

WILLIBALD Rechnen S' nur nach! [...]

WAMPL Alles larifari! Ihre Antworten haben keine Hand und kein' Fuß.

FRAU SCHNABEL Wenn s' nur ein' Kopf haben!

WAMPL Zum Beschluss noch was aus der Naturgeschichte: Was ist der Mensch?

WILLIBALD Der Mensch ist das Wesen, welches die oberste Stufe in der sichtbaren Schöpfung einnimmt, welches sich sogar für das Ebenbild Gottes ausgibt, worüber sich jedoch Gott nicht sehr geschmeichelt fühlen dürfte.

WAMPL Grundfalsch! Der Mensch ist ein Säugetier!

WILLIBALD Der Mensch ist allerdings ein Säugetier, denn er saugt sehr viel Flüssigkeiten in sich, das Männchen Bier und Wein, das Weibchen Kaffee. Der Mensch ist aber auch ein Fisch, denn er tut Unglaubliches mit kaltem Blut und hat auch Schuppen, die ihm zwar plötzlich, aber doch – g'wöhnlich zu spät – von den Augen fallen. Der Mensch ist ferner auch ein Wurm, denn er krümmt sich häufig im Staube und kommt auf diese Art vorwärts. Der Mensch ist nicht minder ein Amphibium, welches auf dem Land und im Wasser lebt, denn mancher, der schon recht im Wasser is, zieht noch ganz nobel aufs Land hinaus. Der Mensch ist endlich auch ein Federvieh, denn gar mancher zeigt, wie er a Feder in die Hand nimmt, dass er ein Viech ist.

WAMPL Genug! – Dritte Klass', durchaus dritte Klass'!

FRAU SCHNABEL Was? Mein Sohn dritte Klass' – !?

WAMPL Ich werd ihm lernen, nach dem Schulbuch antworten!

5 *schmeck's* (wienerisch für): such selbst
6 *justament* (veraltet für): nun erst recht

1 Lest den Szenenauszug mit verteilten Rollen vor.

Die *kursiv* (= schräg) gedruckten Teile einer Textvorlage werden von Schauspielern nicht gesprochen:

FRAU SCHNABEL *(vertraulich zu Wampl)* Unter uns gesagt, Herr Magister, ein g'scheiter Bub is er doch, ein pfiffiger Kopf!

Die Schauspielerin, die Frau Schnabel darstellt, erhält hier einen Hinweis, wie sie zu sprechen hat. Es handelt sich also um eine **Sprechanweisung**. Außerdem wird die Schauspielerin darauf hingewiesen, wen sie ansprechen soll. Sie muss dies durch eine **Bewegung** ihres Körpers zum Ausdruck bringen.

Hinweise für Schauspieler, wie sie sprechen und sich bewegen sollen, aber auch andere Hinweise, z. B. für die Gestaltung des Bühnenraumes, nennt man **Regieanweisungen**. Ein **Regisseur** übt mit den Schauspielern das Sprechen und die Bewegungen ein; er führt **Regie.**

2 Spielt Szenenteile in der Klasse nach. Beachtet dabei die Regieanweisungen. Während eures Spiels könnt ihr aus dem Buch ablesen. Eventuell könnt ihr den Lehrer Wampl, Frau Schnabel und Willibald mit Kostümen und Requisiten ausstatten.

Früher erhielt ein Schauspieler nur diejenigen Textteile ausgehändigt, die er selbst sprechen musste. Sie waren auf einer Papierrolle aufgeschrieben. Er lernte diese **Rolle** dann auswendig und spielte sie. So entstand die Redewendung „eine Rolle spielen".
In den ersten Proben eines Theaterstücks konnten die Schauspieler ihre Rollen ablesen. Einen vollständigen Überblick über das Theaterstück gab ein Rollenbuch, über das der Regisseur verfügte.

3 Überlegt und probiert, wie die Personen an verschiedenen Stellen der Handlung gehen und sich bewegen könnten und welche Gesichter sie wohl machen. Lernt diese Stellen des Textes auswendig und führt die Szenenausschnitte vor.

4.3 Szenen selbst schreiben

Schreibt die folgende Geschichte in eine Textvorlage für Schauspieler um. Gestaltet auch diejenigen Teile der Handlung aus, die der Erzähler in einem Satz rafft. Vergesst die Regieanweisungen nicht. In eurer Textvorlage könnt ihr den Dialekt eurer Gegend verwenden.

Karl Valentin Die Liesl – Theater in der Straßenbahn

Einmal kaufte sich meine Partnerin Liesl Karlstadt am Viktualienmarkt ein Pfund Zwetschgen. Wir stiegen dann zusammen in die Straßenbahn, taten aber so, als ob wir uns nicht kennten. Auf einmal sprach sie mich an: „Da schauen S' her, Herr Nachbar, da habe ich mir auf dem Markt soeben Birnen kaufen wollen. Nun hat sich die Obstfrau geirrt und hat mir statt Birnen Äpfel geben."

„O mei, Fräulein", habe ich gesagt, „des sind doch keine Äpfel, des sind so eine Art Aprikosen." – „Ach woher", sagte sie, „Aprikosen habe ich ja gar nicht verlangt." – „Wissen S'", meinte ich darauf, „ich bin zwar a schlechter Obstkenner, vielleicht san's Ananas oder Bananen, aber dazu san sie mir wieder zu kurz."

Sie darauf: „Ach was, Bananen sind's auf keinen Fall; jetzt weiß ich's. Stachelbeeren sind's." – „Na", entgegnete ich, „Stachelbeeren haben doch Stacheln, und das, was Sie da in der Tüte drinnen haben, ist ja ganz glatt." – „Ja, die Stacheln sind halt durch das viele Umladen abgebrochen."

Und so ging der absichtlich saudumm geführte Diskurs immer weiter. Auf einmal erhob sich eine ältere Frau, bestimmt eine Münchner Händlerin, welche einen großen Marktkorb vor sich auf dem Schoße hatte, von ihrem Platz und sprach: „Naa, jetzt muss i geh, jetzt halt i's

Karl Valentin und Liesl Karlstadt in „Kirschen in Nachbars Garten"

nimmer aus, zwoa solche Rindviecher hab i meiner Lebtag noch nicht gsehn, de kenna net amal Zwetschgn.“ Sie stieg aus, murmelte noch vor sich hin, ich rannte ihr sofort nach und rief ihr von der Plattform aus nach: „Sie, Frau, jetzt wissen wir's, was es ist – a Kartoffelsalat.“ Sie wurde starr, sie hat mir einen Blick zugeworfen, der mir noch heute unvergesslich ist.

5. Theaterstücke

5.1 Ein Überblick: Stücke für Kinder und Jugendliche

Die am meisten gespielten Kinder- und Jugendstücke der Saison 1992/93 waren:

Lfd. Nr.	Titel und Autor/Autorin/Autorengruppe	Aufführungen	Bühnen	erfasste Besucher
1	Pippi Langstrumpf (*Lindgren*)	446	15	180 281
2	Was heißt hier Liebe? (*Rote Grütze*)	406	22	53 948
3	König Drosselbart (n. *Grimm*)	314	5	73 105
4	Dussel und Schussel (*de Bont*)	277	6	8 768
5	Der Zauberer von Oos (*Baum, L.*)	266	6	82 652
6	Das tapfere Schneiderlein (n. *Grimm*)	244	8	112 488
7	Das Dschungelbuch (*Kipling*)	238	9	80 856
8	Oh, wie schön ist Panama (n. *Janosch*)	223	8	20 922
9	Aschenputtel (n. *Grimm*)	223	4	72 666
10	Der Lebkuchenmann (*Wood*)	214	8	85 921
11	Der satanarchäolügenialkoholische Wunschpunsch (*Ende*)	214	6	84 464
12	Schneewittchen und die sieben Zwerge (n. *Grimm*)	209	6	80 370
13	Rotkäppchen (n. *Grimm*)	196	1	o. Angabe
14	Aladin u. die Wunderlampe (n. *Tausendundeine Nacht*)	181	2	67 790
15	Gewalt im Spiel (*Rote Grütze*)	178	10	16 080
16	Robinsons andere Insel (*Isherwood*)	145	4	11 438

(Angaben: Deutscher Bühnenverein, Bundesverband Deutscher Theater, Köln)

1 Welche dieser Stücke kennst du?

2 *a)* Fasse den Inhalt eines Stückes kurz zusammen.
b) Würdest du deinen Mitschülern empfehlen das Stück zu besuchen? Gib Argumente an.

5.2 Projektvorschlag: Ein Stück von uns

Die auf Seite 249 genannten Stücke wurden von Erwachsenen für Jugendliche oder Kinder geschrieben; sie werden in der Regel auch von Erwachsenen aufgeführt. In vielen Städten und an vielen Schulen gibt es jedoch auch Gruppen von Schülern oder ganze Klassen, die – mit der Hilfe von Lehrern – sich ein eigenes Stück, eine ganze Serie von Szenen, erspielen. Wie könnte das vor sich gehen?

1 **Eine Idee haben**:
Zunächst braucht ihr eine Idee. Was wollt ihr in eurem Stück zum Ausdruck bringen? Sammelt Ideen mit einer „Zettellawine": Schreibt in Gruppen von 4 bis 6 Schülern auf ein Blatt den Satzanfang „*Das Stück soll zeigen, wie ...*" und führt den Satz fort. Gestaltet eure Idee weiter aus. Wenn eure Fantasie vorerst erschöpft ist, tauscht ihr mit einer anderen Gruppe die Blätter aus. Spinnt dann deren Idee weiter und gebt das Blatt an eine dritte Gruppe weiter, die ebenfalls Ergänzungen anfügt usw. Nach und nach geht so eine „Lawine" von Blättern über euren Tisch. Nehmt jeden Vorschlag ernst und gestaltet ihn weiter aus. Am Ende könnt ihr alle Ideenskizzen in der Klasse verlesen.

2 **Auswählen**:
a) Ihr könnt wohl nur eine eurer Ideen in einem kleinen Theaterstück umsetzen. Einige eurer Ideen müssen vielleicht deswegen ausscheiden, weil sie sich mit den einfachen Mitteln, die euch zur Verfügung stehen, nicht verwirklichen lassen.

Hansjörg Martin, ein Krimi- und Jugendbuchautor, der in Schulklassen Theaterstücke entwickelt hat, schreibt über eine Klasse:

Sie erkannten, dass es schwierig sein würde, das ganze Theater unter Wasser zu setzen, nur um ein glaubhaftes Unterseeboot-Stück aufzuführen. [...] Sie sahen ein, dass eine 30-köpfige Horde reitender Cowboys nicht gut auf der Bühne unterzubringen wäre. Sie gaben zu, dass sie sich nicht ausmalen könnten, wie man einen Zusammenstoß der Weltraumfähre Galaxis 12 mit dem Meteoren Alpha-Xenophon technisch bewerkstelligen könnte ...

(aus: *Hansjörg Martin,* Macht doch mal selber Literatur ...; Agentur für wissenschaftliche Texte. Cornelsen Verlag, Berlin 1981)

b) Eine Lawine von Zetteln hat euch viele Ideen gebracht; ein „Lawinengespräch" kann euch nun helfen ein gemeinsames Arbeitsziel zu finden: Zunächst setzt ihr euch jeweils zu zweit zusammen, überlegt Vor- und Nachteile einiger Ideenskizzen, die euch interessieren, und einigt euch schließlich auf einen Vorschlag. Nach zehn Minuten schließen sich jeweils zwei Zweiergruppen zusammen und verfahren ebenso. Nach weiteren zehn Minuten werden Gruppen mit etwa acht Personen gebildet. Haben diese sich auf einen Vorschlag geeinigt, diskutiert die ganze Klasse noch einmal zusammenfassend Vor- und

Nachteile der zuletzt vorgeschlagenen Themen für euer Stück. Schließlich fällt die Entscheidung für einen Vorschlag.
Überlegt in allen euren Gesprächen, ob die Ideen, die ihr in die engere Wahl nehmt, mit euren Mitteln zu verwirklichen sind.

3 **Mit dem Spiel beginnen**:
a) **Improvisation mit Masken und Kostümen**: Holt Masken und Kostüme hervor, die ihr vorher (vgl. S. 232 und 240) angefertigt habt. Lest euch die Ideenskizze, für die ihr euch entschieden habt, noch einmal gründlich durch und improvisiert (= erfindet) dann in Gruppen kleine Szenen. Wiederholt die besten mehrmals, verbessert sie und schreibt sie auf (Dialoge, Regieanweisungen, Kostümbeschreibungen).
b) **Figuren und Handlungsgerüst festlegen**: Alle Gruppen führen ihre Szenen vor und überlegen, welche Figuren in dem gemeinsamen Stück eine Hauptrolle, welche eine Nebenrolle spielen sollen. Legt anhand eurer Kurzszenen auch einen vorläufigen Handlungsverlauf fest. Habt ihr später gute Einfälle für andere oder zusätzliche Ereignisse, so könnt ihr die Handlung des Stücks jederzeit neu diskutieren.
c) **Ideen aus Büchern**: Erinnert euch an Bücher, die ihr gelesen habt und die – ganz oder in einzelnen Kapiteln – von eurem Thema handeln. Nutzt die Ideen, die in solchen Büchern stecken, um euer Handlungsgerüst aufzufüllen. Eine *Lesegruppe* sucht kurze Stellen aus, die sich darstellen lassen. Die Gruppe übergibt solche Stellen laufend einer *Schauspielergruppe*. Diese soll die Stellen sofort probeweise inszenieren, abwandeln und ergänzen. Interessante Ergebnisse, die in den Handlungsablauf eures Stückes passen, werden von einer *Protokollgruppe* dokumentiert (Dialog, Regieanweisungen usw.).
d) **Sprechblasen**:Vielleicht seid ihr gegen Ende eurer Arbeit an dem Stück mit einzelnen Dialogteilen noch nicht ganz zufrieden. Wählt dann solche kurzen Handlungsausschnitte aus, die ihr noch verbessern wollt, und lasst den bisher dazu gefundenen Dialog einmal weg. Führt den Ausschnitt pantomimisch vor. Während einige stumm spielen, konzentrieren sich die anderen auf jeweils eine der beteiligten Figuren. In einer Sprechblase notieren sie mögliche Sätze, die diese Figur in der gespielten Situation gesagt haben könnte.
Verfahrt mit allen für euch noch unbefriedigenden Szenenteilen so. In Gruppen könnt ihr später die Sprechblaseninhalte arbeitsteilig prüfen und die interessantesten Vorschläge zu den neuen Dialogstücken zusammenstellen.

4 **Die Aufführung**:
Zum Schluss könnt ihr entscheiden, wo ihr euer Stück aufführen wollt. In anderen Klassen? Während eines Elternabends? In der Stadt?

Überlegt, wie ihr für eure Aufführung werben könntet.

Plakat einer Aufführung des Freiburger Kinder- und Jugendtheaters

Einige Kontaktstellen interessieren sich für Stücke von Schülern und helfen bei Problemen weiter. Ihre Adressen könnt ihr über folgende Zentralen erfahren:

Arbeitskreis der Landesarbeitsgemeinschaften
für darstellendes Spiel
Klarastraße 9
45663 Recklinghausen
Tel.: (02361) 8 16 01 und 2 47 01

Bundesarbeitsgemeinschaft für das
darstellende Spiel in der Schule
Gärtnerstraße 35
23562 Lübeck
Tel.: (0451) 59 60 08

Vorschläge zum Weiterlesen und Weiterspielen

Theater für Kinder und Jugendliche. Einakter, Kurzstücke, Spielentwürfe, Stücke mit offenem Ende. 2 Bände, hg. von Barbara Deimel. Greifenstein Verlag

P. Mergast/G. Mihlenkamp, Das neue Fünfzehnminuten-Theater. Don Bosco Verlag

Anton Tschechow, Der Bär, Der Heiratsantrag, Die Hochzeit. Reclams Universalbibliothek Nr. 4454

Waldemar Werner/Marion Zerbst, Theater spielen. Spieltipps für Kinder von 6 bis 12 Jahren. Orell Füssli Verlag

Thornton Wilder, Einakter und Dreiminutenspiele. Fischer Taschenbuch Nr. 7066

Siebter Arbeitskreis: Gedichte und Balladen

1. Was ist ein Gedicht?

Die achtjährige Renate macht ihrer Mutter oft kleinere schriftliche Mitteilungen. Eines Tages schiebt sie den folgenden Zettel unter der Badezimmertür durch:

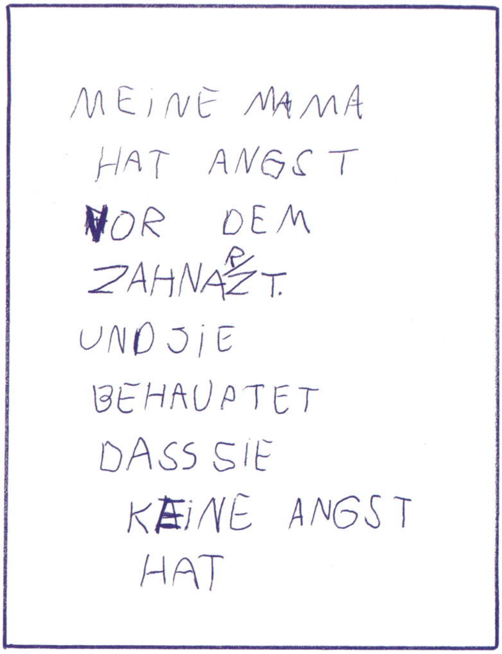
MEINE MAMA
HAT ANGST
VOR DEM
ZAHNARZT.
UND SIE
BEHAUPTET
DASS SIE
KEINE ANGST
HAT

Die Mutter denkt: „Das ist ja beinahe ein Gedicht."
Wie kommt sie auf diese Idee? Was ist ein Gedicht?

Die folgenden Texte sind eigentlich Gedichte. Man sieht es ihnen aber in dieser Form nicht an.

- Die Jungen werfen zum Spaß mit Steinen nach Fröschen. Die Frösche sterben im Ernst.
- Das ist die weiße Mittagskatze! Über die glühenden Dächer des Sommers wandert sie lautlos auf nackten Zehen. Manchmal hebt sie die samtne Pfote und schlägt den Rauch aus dem Schornstein zu Boden.

1 Versucht sie in „richtige" Gedichte zu verwandeln. Vergleicht eure Lösungen und überlegt, was jetzt anders geworden ist.

2 Die Originalform dieser „Gedichte" findet ihr auf der Seite 256. Vergleicht damit die Lösungen, die ihr gefunden habt. Wo hat der Autor sich anders entschieden als ihr und warum hat er das vermutlich getan?

3 Auf die Frage „Was ist ein Gedicht?“ haben Schülerinnen und Schüler ganz spontan so geantwortet:

Gedichte brauchen viel
Platz um sich herum.
Bei Gedichten
weiß man nicht gleich,
was alles drinsteckt.

Im Gedicht ist
Musik drin

In ein Gedicht
muss man sich
viel mehr hinein-
denken.

Verse machen die Wörter
wichtiger und interessanter.

Gedichte brauchen
keinen Reim.

Gedichte wirken geheimnisvoll.

Was meint ihr zu diesen Aussagen? Ergänzt eigene Gedanken.

Johann Wolfgang Goethe

Gedichte sind gemalte Fensterscheiben

Gedichte sind gemalte Fensterscheiben!
Sieht man vom Markt in die Kirche hinein,
Da ist alles dunkel und düster;
Und so sieht's auch der Herr Philister.
Der mag denn wohl verdrießlich sein
Und lebenslang verdrießlich bleiben.

Kommt aber nur einmal herein!
Begrüßt die heilige Kapelle;
Da ist's auf einmal farbig helle,
Geschicht und Zierrat glänzt in Schnelle,
Bedeutend wirkt ein edler Schein.
Dies wird euch Kindern Gottes taugen,
Erbaut euch und ergetzt die Augen!

2. Was in einem Gedicht „drinsteckt“

Erich Fried Humorlos

Die Jungen
werfen
zum Spaß
mit Steinen
nach Fröschen
Die Frösche
sterben
im Ernst

1 Das Gedicht von Erich Fried klingt zunächst wie eine ganz normale Aussage.
a) Wodurch erhält aber dieser kurze Text seine besondere Wirkung?
b) Wie lässt sich die *Versordnung* des Gedichts begründen?
(Vergleicht sie mit der von euch vorgeschlagenen Zeilenfolge.)

Linus Kefer Lautlos

Das ist die weiße Mittagskatze!
Über die glühenden Dächer
des Sommers
wandert sie lautlos
auf nackten Zehen.
Manchmal hebt sie
die samtne Pfote und schlägt
den Rauch aus dem Schornstein
zu Boden.

2 *a)* In diesem Gedicht gibt es einige typisch „dichterische Ausdrücke“ (Wendungen, die man normalerweise nicht gebrauchen würde, wenn man über eine Katze spricht).
Welche Ausdrücke sind das?
b) Solche dichterischen Ausdrücke nennt man **sprachliche Bilder** oder **Metaphern**.
(Vgl. auch S. 224 ff.)
Versucht zu erklären, was die einzelnen „Bilder“ bedeuten könnten.
c) Versucht einige Wörter in dem Gedicht gegen andere auszutauschen, die euch passend erscheinen. Was ändert sich dadurch?

Die Gedichtform kann man benutzen um den Leuten allerhand vorzumachen.
Diese Reklametexte wollen den Eindruck erwecken, dass der von ihnen angepriesene Artikel ein „wahres Gedicht“ ist.

Mit dem neuen ***
wird es noch ein bisschen
schwieriger zu sagen,
wie viele Jahre eine Frau zählt.

Sich mit Schönem
verwöhnen.

***** in Bloom '82, ein einziges Fest der Farben,**
der Anfang eines neuen, frischen Looks.
Alles erwacht in den schönsten Frühlingsfarben:
Blütenblattfarben für Ihre Augen,
heißblütige Blütenknospen
für Ihre Lippen und Nägel.

Erleben Sie den Frühling
in den neuen, aufregenden Farben.
Lassen Sie Ihre Schönheit erblühen.
So schön wie nie zuvor.
Mit ***
In den Farben:
Confident Peach •
New Woman Rose •
Orchids in Bloom

Der Deutsche mit dem
trockenen Akzent.
Ausschließlich aus
Rheingau-Riesling-Weinen
eines Jahrgangs.

3 *a)* Überprüft, welche *Darstellungsmittel* in den Werbetexten verwendet werden um die Wirkung der Sprache zu erhöhen.

b) Versucht die Texte an einigen Stellen geringfügig zu verändern. Welche Wirkung geht verloren? – Welche neue Wirkung ergibt sich?

c) Sammelt ähnliche Beispiele und stellt sie wie in dem Beispiel oben zu einer „dichterischen“ Collage zusammen.

3. Verschiedene Arten von Gedichten

3.1 Ein Gedicht zu einem Bild

Pieter Breughel der Ältere Das Gleichnis von den Blinden (1568)

Gisbert Kranz Breughels Blinde

l
i
n
ks
liegen
lässt die kirche

augenlos, der sich
hält am stab von
augenlos, der sich
hält am leib von
augenlos, der sich
hält am leib von
augenlos, der sich
hält am stab von
augenlos, der sich
hält am leib von
augenlos, der
stürzt
boden-
los

Das Gedicht von Gisbert Kranz ist im Jahre 1973 entstanden. Beschreibt und erklärt das seltsame Druckbild.

Ein Bild beschreiben

1 Beschreibe genau den Vorgang, der auf dem Gemälde von Breughel dargestellt ist.

2 Was soll durch den Vorgang ausgedrückt werden?

3 Verfasse eine Bildbeschreibung, in der der dargestellte Vorgang und eine andere Wirklichkeit, auf die er verweist, wiedergegeben wird.

4 Breughel dachte an eine Stelle aus dem Matthäusevangelium. Dort nehmen Pharisäer und Schriftgelehrte Anstoß daran, dass Jesus die gewohnten Auffassungen nicht anerkennt. Seine Jünger haben Angst. „Er aber antwortet ihnen: Jede Pflanze, die nicht mein himmlischer Vater gepflanzt hat, wird ausgerissen werden. Lasst sie nur, sie sind blinde Blindenführer. Wenn aber ein Blinder den anderen führt, werden sie beide in die Grube stürzen.“ (Mt. 15,14)
Vergleiche diese Aussage mit der Bedeutung, dem Sinn, den du in dem Bild siehst.

3.2 Jahreszeiten-Gedichte

Ludwig Uhland Frühlingsglaube

Die linden Lüfte sind erwacht,
Sie säuseln und weben Tag und Nacht,
Sie schaffen an allen Enden.
O frischer Duft, o neuer Klang!
Nun, armes Herze, sei nicht bang!
Nun muss sich alles, alles wenden.

Die Welt wird schöner mit jedem Tag,
Man weiß nicht, was noch werden mag,
Das Blühen will nicht enden.
Es blüht das fernste, tiefste Tal:
Nun, armes Herz, vergiss der Qual!
Nun muss sich alles, alles wenden.

1 In diesem Gedicht und in den folgenden werden Jahreszeiten in ihrer besonderen Wirkung dargestellt. Welche sprachlichen Bilder (Metaphern) werden benutzt, damit das Besondere der Jahreszeit lebhaft empfunden werden kann?

2 Sucht Gedichte aus, die euch besonders ansprechen, und versucht euren Eindruck in farbigen Bildern wiederzugeben. Erklärt eure Bilder in einem kurzen Vortrag.

Wassily Kandinsky Frühling (1905)

Eduard Mörike Er ist's

Frühling lässt sein blaues Band
Wieder flattern durch die Lüfte;
Süße, wohl bekannte Düfte
Streifen ahnungsvoll das Land.
Veilchen träumen schon,
Wollen balde kommen.
– Horch, von fern ein leiser Harfenton!
Frühling, ja, du bist's!
Dich hab ich vernommen!

Eduard Mörike (1804–1875) lebte zurückgezogen in Stuttgart und der näheren Umgebung, zunächst als Pfarrer, später als Lehrer für Literatur am Katharinenstift. Öffentliche Anerkennung und gesellschaftliche Ehrungen erfuhr er erst spät (1855 Hofrat, 1856 Professor). Neben Gedichten und Balladen schrieb Mörike Novellen, z.B. „Mozart auf der Reise nach Prag".

Rose Ausländer April

Da kommt er
wirft Luftlappen ins Gesicht
drückt Sonne auf den Rücken
lacht überlaut wickelt den
Park in grünen Taft zerreißt
ihn wieder stellenweise
pufft die Kinder spielt mit den
Röcken erschreckter Gouvernanten
drückt alle Regenhebel
macht los die Nordhunde von den Ketten und
lässt sie laufen nach Windlust
Ein toller Geselle
eine Art Eulenspiegel
auch gangsterhafte Gesten hat er
        (jaja mein Lieber du

        machst es uns nicht leicht
        dich lieb zu haben)

und doch und doch
im Großen und Ganzen
ein prächtiger Kerl
dieser April

Rose Ausländer wurde 1901 im damals österreichisch-ungarischen Czernowitz geboren. Als Mitglied einer jüdischen Familie hatte sie unter den Verfolgungen durch die Nationalsozialisten zu leiden. Sie wanderte zweimal nach Amerika aus, wo sie jeweils für längere Zeit lebte. Ihren Lebensunterhalt verdiente sie u. a. als Bankangestellte, Redakteurin, Englischlehrerin. Ab 1965 wohnte sie in Düsseldorf, wo auch dieses Gedicht entstand. Sie starb dort 1988. Bekannt geworden ist sie als bedeutende Lyrikerin.

Georg Britting **Der Sommer ist fürchterlich**

Der Sommer ist fürchterlich:
Seht ihn nur toben!
Wie kann man ihn loben,
Der seine Lanzen wirft,
Uns zu erstechen –
Und dass sie aus Gold sind
Und nicht aus Eisen
Wie sonst die Messer,
Macht es nicht besser!

Wie kann man ihn preisen,
Den blauen Himmel
Mit seinen weißen
Wolken im Freudentanz?
Er tut den Augen weh,
All dieser Glanz!

Die wilden Blumen sind
Wie Feuerräder
Über dem Gras im Wind.
Später, am Abend, glüht
Wie sie der Mond.

Es blitzen die Schlangen
Durch Dorn und Gesträuche,
Und die Kreuzotter
Im spiegelnden glatten
Kleid darfst du erschlagen –
Grün surren die Fliegen dann
Über dem Aas bald!

Hätt er nicht den schwarzen
Schatten, der Wald,
Und die Quelle froschkalt,
Wär nicht zu ertragen
Die hitzige Zeit.

Ulla Hahn

Verregneter Sommer

Diesen Sommer seh ich
wie der Regen wirklich vom
Himmel fällt und strömt über
Bäume übern Farn übers Moos übers
Schneckenhaus bis ins Erdinnere.

Hahnenklee, Schwertlilien, Dotterblumen
plustern sich um verfächerte Bäche
und Tümpel. Überall drängen Flüsse und
Ströme an ihre Ufer und über
die Ufer hinaus.

In den Vorstädten laufen die Dächer
nach wie vielen Jahren ziegelrot an. Wetter
Hähne schalten die Flügel ein dass
die Tropfen stieben wie Tropfen stieben. Mit
Diamanten gar kein Vergleich.

Alle Wiesen grasgrün. Raben raben
schwarz. Rosen rot. Alles wie sich's gehört.
Wie jedes sich selbst gehört. Prall gefüllt
mit tief fliegenden Mücken drohen die
Schwalben zu platzen vor Glück.

Elisabeth Borchers

Ende des Sommers

Wir haben uns lange genug
herumgetrieben
jetzt fällt die Sonne
in Ohnmacht
sie kann nicht mehr

Die Bäume hören auf
die Welle kommt nicht mehr
wie gewöhnlich sind die Dinge geworden
wie gewöhnlich

Die Wette war ich eingegangen
dass dieser Sommer bliebe

Unbekannter Verfasser

Es ist ein Schnee gefallen

Es ist ein Schnee gefallen,
Und ist es doch nit Zeit,
Man wirft mich mit den Ballen,
Der Weg ist mir verschneit.

Mein Haus hat keinen Giebel,
Es ist mir worden alt,
Zerbrochen sind die Riegel,
Mein Stüblein ist mir kalt.

Ach Lieb, lass dich's erbarmen,
Dass ich so elend bin,
Und schließ mich in dein Arme,
So fährt der Winter hin.

Joseph von Eichendorff

Winternacht

Verschneit liegt rings die ganze Welt,
Ich hab nichts, was mich freuet,
Verlassen steht der Baum im Feld,
Hat längst sein Laub verstreuet.

Der Wind nur geht bei stiller Nacht
Und rüttelt an dem Baume,
Da rührt er seinen Wipfel sacht
Und redet wie im Traume.

Er träumt von künft'ger Frühlingszeit,
Von Grün und Quellenrauschen,
Wo er im neuen Blütenkleid
Zu Gottes Lob wird rauschen.

Joseph Freiherr von Eichendorff (1788–1857) verlebte seine Jugendzeit auf Schloss Lubowitz in Oberschlesien. Nach sprachlichen und juristischen Studien in Halle, Heidelberg, Berlin und Wien war Eichendorff von 1816 bis 1844 Beamter in preußischen Diensten. Nachdem durch den Tod der Mutter schon 1822 der Familie das heimatliche Schloss in Lubowitz verloren gegangen war, lebte Eichendorff am Ende seines Lebens bei seiner Tochter in Neisse, wo er 1857 starb.
Neben Gedichten, Romanen, Erzählungen und Dramen schrieb er auch wissenschaftliche Werke, z. B. eine Literaturgeschichte. Seine bekannteste Erzählung heißt „Aus dem Leben eines Taugenichts" (1826).

Monatsblatt Februar aus dem Stundenbuch des Duc de Berry (1416)
Buchmalerei der *Brüder von Limburg*

4. Gedichte vortragen

Gedichte haben so etwas wie einen Pulsschlag. Der ist manchmal sehr kräftig und beim Vortrag wie der Takt eines Musikstückes zu spüren. Anders als beim Musizieren dürft ihr euch beim Gedichtvortrag auf diesen Takt aber nicht allzu sehr einlassen, sonst entsteht das unschöne Leiern, über das die Zuhörer sich zu Recht lustig machen.
Ihr müsst versuchen, den Verführungen des regelmäßigen Verstakts zu entgehen und den **Rhythmus** des Gedichts – soweit es geht – einer natürlichen Sprechweise anzunähern.

Probiert das mal aus: Tragt dieses Gedicht zunächst so vor, dass es richtig „klappert".

Christian Morgenstern

Der Werwolf

Ein Werwolf eines Nachts entwich
von Weib und Kind und sich begab
an eines Dorfschullehrers Grab
und bat ihn: „Bitte, beuge mich!"

Der Dorfschulmeister stieg hinauf
auf seines Blechschilds Messingknauf
und sprach zum Wolf, der seine Pfoten
geduldig kreuzte vor dem Toten:

„Der Werwolf", sprach der gute Mann,
„des Weswolfs, Genitiv sodann,
dem Wemwolf, Dativ, wie man's nennt,
den Wenwolf – damit hat's ein End'."

Dem Werwolf schmeichelten die Fälle,
er rollte seine Augenbälle.
„Indessen", bat er, „füge doch
zur Einzahl auch die Mehrzahl noch!"

Der Dorfschulmeister aber musste
gestehn, dass er von ihr nichts wusste.
Zwar Wölfe gäb's in großer Schar,
doch „Wer" gäb's nur im Singular.

Der Wolf erhob sich tränenblind –
er hatte ja doch Weib und Kind!!
Doch da er kein Gelehrter eben,
so schied er dankend und ergeben.

1 Beim leiernden Lesen habt ihr sicher gemerkt, dass **Hebung** und **Senkung** in den Versen dieses Gedichts regelmäßig abwechseln:

Ein Wer-wolf ei-nes Nachts ent-wich
∪ – ∪ – ∪ – ∪ –
von Weib und Kind und sich begab
∪ – ∪ – ∪ – ∪ –

Hier habt ihr das **Metrum** des Gedichts vor Augen: den reinen, unveränderten Verstakt. Welche Betonungen dieses „mechanischen“ Verstakts stören euch beim Vortrag am meisten – und warum?

2 Sprecht die einzelnen Strophen des Gedichts so wirkungsvoll wie möglich. Schreibt sie – wenn ihr zufrieden seid – in einer Form nieder, die *eure* **Betonung** sichtbar macht, und lest das Ganze noch einmal laut vor. Die erste Strophe könnte folgendes Bild ergeben:

Ein Wer-wolf ei-nes Nachts ent-wich
– – –
von Weib und Kind und sich be-gab
– – –
an ei-nes Dorf-schul-leh-rers Grab
– –
und bat ihn: „Bit-te, beu-ge mich!“
– – –

3 Nicht nur Betonungen, auch die **Sprechpausen** müssen beim Gedichtvortrag der natürlichen Redeweise angepasst werden. Die Versenden (die oft durch den Reim noch besonderes Gewicht erhalten) verführen beim Lesen dazu, regelmäßig Pausen zu machen. In einigen Fällen sind diese Pausen sinnvoll, in anderen aber unterbrechen sie den natürlichen Redefluss. An solchen Stellen müsst ihr über das Zeilenende einfach hinweglesen **(Zeilensprung/Enjambement)** und eure Sprechpause dort setzen, wo sie euch sinnvoll erscheint (also eventuell in der Mitte des nächsten Verses):

Ein Werwolf eines Nachts entwich von Weib und Kind
und sich begab
an eines Dorfschullehrers Grab.

Probiert aus, welche Einteilung euch am ehesten überzeugt (wie weit also die **Sprechbögen** jeweils reichen). Lest die Strophen halblaut vor euch hin – bis ihr zufrieden seid, und schreibt das Ergebnis in der vorgeschlagenen Form nieder. Tragt das Gedicht dann noch einmal so vor, wie ihr es jetzt aufgeschrieben habt, und haltet euch dabei auch an die in der zweiten Übung erarbeitete natürliche Betonung.

5. Balladen

Die frühesten Erzählungen, die wir kennen, sind wie Lieder vorgetragen worden. Die großen Sagen der Völker, das griechische Heldenepos Homers ebenso wie das mittelalterliche Nibelungenlied, wurden in Versen überliefert und zu ihrer Zeit eher „gesungen" als gesprochen oder gar still gelesen.
Versepen von solch ungeheurem Ausmaß wie Homers Ilias (über 15 000 Verse) oder wie das Nibelungenlied (über 8000 Verse) werden heute nicht mehr hervorgebracht. In einer knapperen, aus der Volksliedtradition entwickelten Form sind erzählende Gedichte aber bis heute lebendig geblieben. Sie werden Balladen genannt und oft auch mit musikalischer Begleitung vorgetragen.

Der Liedermacher Wolf Biermann wurde 1936 in Hamburg geboren. Er übersiedelte 1953 in die damalige DDR, erhielt aber 1965 Auftrittsverbot und wurde im Jahre 1976 schließlich ausgebürgert. Heute lebt er in Hamburg.

Wolf Biermann

Die Ballade von dem Drainageleger[1] Fredi Rohsmeisl aus Buckow[2]

1

Das ist die Ballade von Fredi Rohsmeisl
Drainageleger auf den Äckern um Buckow
Gummistiefel hoch bis zum Bauch
Sein Häuschen links am Fischerkiez.
Bei Lene Kutschinsky war Tanz
Er hat auseinander getanzt
Mit seiner Verlobten – das war verboten
Na schön ...

Junge, ich hab Leute schon tanzen sehn
Junge, das war manchmal schon nicht mehr schön.
Aber schadet uns das?
Nein.

2

Und als er so wild auseinander tanzt
Die Musik war heiß und das Bier war warm
Da hatten ihn plötzlich zwei Kerle am Arm
Und schmissen ihn auf die Taubengasse.
Und schmissen ihn über den Lattenzaun
Und haben ihn in die Fresse gehaun
Und er hatte noch nichts getan
Und hatte den hellblauen Anzug an.

Junge, ich hab Leute schon schlagen sehn
Junge, das war manchmal schon nicht mehr schön.
Aber nützt uns das?
Nein.

1 *Drainageleger*: Fredi Rohsmeisl ist an Entwässerungsarbeiten beteiligt.
2 *Buckow*: ein kleiner Ort in der Märkischen Schweiz, östlich von Berlin

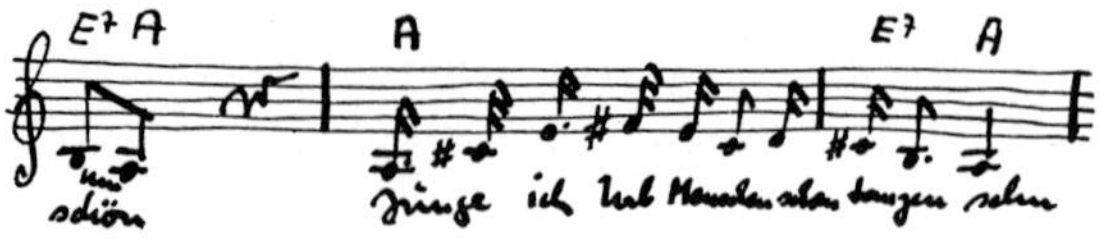

3

Da hat Fredi Rohsmeisl beide verrammt
Zwei links zwei rechts er traf genau
Und waren zwei große Kerle die zwei
Halb Buckow sah ihm zu dabei.
Das Überfallauto kam antelefoniert
Hat Fredi halb tot gehaun
Das haben die Buckower Männer gesehn
Und auch die Buckower Fraun.

Junge, ich hab Leute schon zusehn sehn
Junge, das war manchmal schon nicht mehr schön.
Aber nützt uns das?
Nein.

4

Dann kriegte er einen Prozess an Hals
Als Konterrevolutionär
Wo nahm der Staatsanwalt nur das Recht
Für zwölf Wochen Knast her?!
Seitdem frisst ihn ein stiller Zorn
Und nach dem zehnten Bier
Erzählt er dir seine große Geschichte
Von hinten und auch von vorn.

Junge, ich hab Leute schon weinen sehn
Junge, das war manchmal schon nicht mehr schön.
Aber nützt uns das?
Nein.

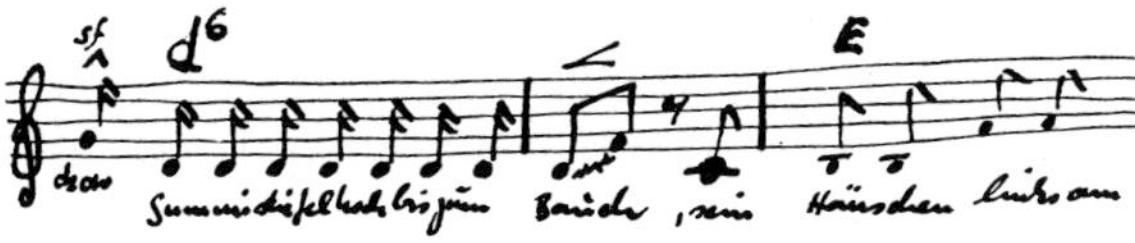

5

Und er findet noch kein Ende
Und er ist voll Bitterkeit
Und er glaubt nicht einen Faden
Mehr an Gerechtigkeit.
Er ist für den Sozialismus
Und für den neuen Staat
Aber den Staat in Buckow
Den hat er gründlich satt.

Junge, ich hab Leute schon fluchen sehn
Junge, das war manchmal schon nicht mehr schön.
Aber nützt uns das?
Nein!

6

Da gingen einige Jahre ins Land
Da gingen einige Reden ins Land
Da änderte sich allerhand
Dass mancher sich nicht wiederfand.
Und als der zehnte Sputnik[3] flog
Da wurde heiß auseinander getanzt
Der Staatsanwalt war selbst so frei.
Und Fredi sah ihm zu dabei.

Junge, ich hab Leute sich ändern sehn
Junge, das war manchmal schon einfach schön.
Aber nützt uns das? (Ja.)

3 *Der zehnte sowjet. Erdsatellit* wurde 1961 gestartet. Im selben Jahr erfolgte auf dem 22. Parteitag der KPdSU die offene Verurteilung des 1953 gestorbenen sowjet. Diktators Stalin. In den kommunistischen Staaten Osteuropas begann sich daraufhin der politische Zwang zu lockern. In dieser Situation entstand das Gedicht Wolf Biermanns.

Johann Wolfgang Goethe

Erlkönig

Wer reitet so spät durch Nacht und Wind?
Es ist der Vater mit seinem Kind;
Er hat den Knaben wohl in dem Arm,
Er fasst ihn sicher, er hält ihn warm.

Mein Sohn, was birgst du so bang dein Gesicht? –
Siehst, Vater, du den Erlkönig nicht?
Den Erlenkönig mit Kron und Schweif?
Mein Sohn, es ist ein Nebelstreif. –

„Du liebes Kind, komm, geh mit mir!
Gar schöne Spiele spiel ich mit dir;
Manch bunte Blumen sind an dem Strand,
Meine Mutter hat manch gülden Gewand."

Mein Vater, mein Vater, und hörest du nicht,
Was Erlenkönig mir leise verspricht? –
Sei ruhig, bleibe ruhig, mein Kind;
In dürren Blättern säuselt der Wind. –

„Willst, feiner Knabe, du mit mir gehn?
Meine Töchter sollen dich warten schön;
Meine Töchter führen den nächtlichen Reihn
Und wiegen und tanzen und singen dich ein."

Mein Vater, mein Vater, und siehst du nicht dort
Erlkönigs Töchter am düstern Ort? –
Mein Sohn, mein Sohn, ich seh es genau:
Es scheinen die alten Weiden so grau. –

„Ich liebe dich, mich reizt deine schöne Gestalt;
Und bist du nicht willig, so brauch ich Gewalt."
Mein Vater, mein Vater, jetzt fasst er mich an!
Erlkönig hat mir ein Leids getan! –

Dem Vater grauset's, er reitet geschwind,
Er hält in den Armen das ächzende Kind,
Erreicht den Hof mit Mühe und Not;
In seinen Armen das Kind war tot.

Johann Wolfgang Goethe, der 1749 in Frankfurt am Main geboren wurde und im Alter von 26 Jahren am Hof des Herzogs von Weimar Regierungsgeschäfte und kulturelle Aufgaben übernahm, war schon zu Lebzeiten ein angesehener Dichter. In seinen frühen Werken (vor allem in dem Roman „Die Leiden des jungen Werthers“, 1774) hat er den Eigenwillen, die Unruhe und die gefühlvolle Naturbegeisterung der damaligen Jugendbewegung („Sturm und Drang“) zum Ausdruck gebracht. In seiner Weimarer Zeit, in die die Bekanntschaft mit Schiller fiel, sind die großen „klassischen“ Werke entstanden. Neben zahlreichen Gedichten sind das vor allem die beiden Romane um „Wilhelm Meister“ und die beiden „Faust“-Dramen. Die Ballade hat Goethe aus einfachen, volkstümlichen Vorbildern zu höchster Kunst entwickelt. Goethe starb 1832 im Alter von 82 Jahren.

J. Schmeller
Goethe diktiert in seinem Arbeitszimmer (1831)

1 Diese Ballade verlangt nach einem wirkungsvollen, packenden Vortrag.

a) Versucht zunächst sie in einer Art „Stimmen-Spiel“ mit verteilten Rollen vorzutragen. Welche „Stimmen“ sind in der Ballade zu hören? – Wie können sie im „Spiel“ unterschieden werden?

b) Auch wenn ein einzelner Sprecher die Ballade vorträgt, muss er die verschiedenen „Stimmen“ unterscheiden. Hört euch auf Schallplatte, Tonband oder Kassette an, wie ausgebildete Schauspieler mit dieser Aufgabe fertig werden.

c) Versucht jetzt selbst die Ballade allein vorzutragen.

2 Die Ballade „Erlkönig“ hat im 19. Jahrhundert viele Komponisten zur Vertonung angeregt. Die berühmtesten Vertonungen stammen von Franz Schubert (1815) und Carl Loewe (1818). Vielleicht habt ihr Gelegenheit sie euch anzuhören und zu überprüfen, wie hier in der Musik das Schauerliche und die gesteigerte Angst dargestellt werden.

3 Wie wird bei Goethe selbst dieser Eindruck erzeugt?

a) Überprüft den Rhythmus des Gedichts. Wie hört er sich an? – Welche Wirkung ergibt sich?

b) Was erfahren wir – der Reihe nach – über den Vater, über den Erlkönig, über das Kind?

c) Wie verändert sich die Redeweise der Personen im Laufe des Geschehens?

4 Wie ist der von Goethe dargestellte Vorgang zu verstehen?

a) Wovor ängstigt sich der Knabe eigentlich?

b) Was meint ihr: Woran stirbt der Knabe?

c) Schreibt auf, was der Vater zu Hause vermutlich berichten wird, wenn er sich einigermaßen beruhigt hat. Wie wird er den Vorgang erklären?

Eugène Delacroix Wildpferd oder ein aufgeschrecktes Pferd, das aus dem Wasser springt (1828)

Friedrich Schiller Die Bürgschaft

Neben Goethe hat vor allem Schiller die Ballade zur vorbildlichen Kunstform entwickelt. „Die Bürgschaft" beginnt mit einer Szene im Palast des Tyrannen Dionysos von Syrakus, der im 4. Jahrhundert v. Chr. in Sizilien und Unteritalien herrschte.

Zu Dionys, dem Tyrannen, schlich
Damon, den Dolch im Gewande;
Ihn schlugen die Häscher in Bande.
„Was wolltest du mit dem Dolche, sprich!"
Entgegnet ihm finster der Wüterich.
„Die Stadt vom Tyrannen befreien!"
„Das sollst du am Kreuze bereuen."

„Ich bin", spricht jener, „zu sterben bereit
Und bitte nicht um mein Leben,
Doch willst du Gnade mir geben,
Ich flehe dich um drei Tage Zeit,
Bis ich die Schwester dem Gatten gefreit,
Ich lasse den Freund dir als Bürgen,
Ihn magst du, entrinn ich, erwürgen."

Da lächelt der König mit arger List
Und spricht nach kurzem Bedenken:
„Drei Tage will ich dir schenken.
Doch wisse! Wenn sie verstrichen, die Frist,
Eh du zurück mir gegeben bist,
So muss er statt deiner erblassen,
Doch dir ist die Strafe erlassen."

1 *a)* Was denkt Dionys sich bei seinem „listigen" Angebot?
b) Warum ist Damon die 3-Tage-Frist so wichtig?
c) Was geht in ihm vor, als er das Angebot des Tyrannen hört?
d) Wie könnte die Geschichte weitergehen?

2 Versucht diese Szene so vorzutragen, dass das *Dramatische* darin deutlich spürbar wird.

3 Wie müssen die Verse gelesen werden, damit sie möglichst natürlich klingen? (Achtet besonders auf die Versenden in der 1., 8., 11., 15., 18. und 19. Zeile.)

Die zweite Szene spielt im Haus des Freundes, der die Bürgschaft übernehmen soll.

Und er kommt zum Freunde: „Der König gebeut,
Dass ich am Kreuz mit dem Leben
Bezahle das frevelnde Streben,
Doch will er mir gönnen drei Tage Zeit,
Bis ich die Schwester dem Gatten gefreit,
So bleib du dem König zum Pfande,
Bis ich komme zu lösen die Bande.“

Und schweigend umarmt ihn der treue Freund
Und liefert sich aus dem Tyrannen,
Der andere ziehet von dannen.
Und ehe das dritte Morgenrot scheint,
Hat er schnell mit dem Gatten die Schwester vereint,
Eilt heim mit sorgender Seele,
Damit er die Frist nicht verfehle.

In den nächsten Strophen wird der Rückweg Damons nach Syrakus geschildert.

Da gießt unendlicher Regen herab,
Von den Bergen stürzen die Quellen,
Und die Bäche, die Ströme schwellen.
Und er kommt ans Ufer mit wanderndem Stab,
Da reißet die Brücke der Strudel hinab,
Und donnernd sprengen die Wogen
Des Gewölbes krachenden Bogen.

Und trostlos irrt er an Ufers Rand,
Wie weit er auch spähet und blicket
Und die Stimme, die rufende, schicket,
Da stößet kein Nachen vom sichern Strand,
Der ihn setze an das gewünschte Land,
Kein Schiffer lenket die Fähre,
Und der wilde Strom wird zum Meere.

Da sinkt er ans Ufer und weint und fleht,
Die Hände zum Zeus erhoben:
„O hemme des Stromes Toben!
Es eilen die Stunden, im Mittag steht
Die Sonne, und wenn sie niedergeht
Und ich kann die Stadt nicht erreichen,
So muss der Freund mir erbleichen.“

Doch wachsend erneut sich des Stromes Wut
Und Welle auf Welle zerrinnet,
Und Stunde an Stunde entrinnet.
Da treibt ihn die Angst, da fasst er sich Mut
Und wirft sich hinein in die brausende Flut
Und teilt mit gewaltigen Armen
Den Strom, und ein Gott hat Erbarmen.

Und gewinnt das Ufer und eilet fort
Und danket dem rettenden Gotte,
Da stürzet die raubende Rotte
Hervor aus des Waldes nächtlichem Ort,
Den Pfad ihm sperrend, und schnaubet Mord
Und hemmet des Wanderers Eile
Mit drohend geschwungener Keule.

„Was wollt ihr?“, ruft er für Schrecken bleich,
„Ich habe nichts als mein Leben,
Das muss ich dem Könige geben!“
Und entreißt die Keule dem Nächsten gleich:
„Um des Freundes willen erbarmet euch!“
Und drei mit gewaltigen Streichen
Erlegt er, die andern entweichen.

Und die Sonne versendet glühenden Brand,
Und von der unendlichen Mühe
Ermattet sinken die Kniee.
„O hast du mich gnädig aus Räubershand,
Aus dem Strom mich gerettet ans heilige Land,
Und soll hier verschmachtend verderben,
Und der Freund mir, der liebende, sterben!“

Und horch! da sprudelt es silberhell,
Ganz nahe, wie rieselndes Rauschen,
Und stille hält er zu lauschen,
Und sieh, aus dem Felsen, geschwätzig, schnell,
Springt murmelnd hervor ein lebendiger Quell,
Und freudig bückt er sich nieder
Und erfrischet die brennenden Glieder.

Und die Sonne blickt durch der Zweige Grün
Und malt auf den glänzenden Matten
Der Bäume gigantische Schatten;
Und zwei Wanderer sieht er die Straße ziehn,
Will eilenden Laufes vorüberfliehn,
Da hört er die Worte sie sagen:
„Jetzt wird er ans Kreuz geschlagen."

Und die Angst beflügelt den eilenden Fuß,
Ihn jagen der Sorge Qualen,
Da schimmern in Abendrots Strahlen
Von ferne die Zinnen von Syrakus,
Und entgegen kommt ihm Philostratus,
Des Hauses redlicher Hüter,
Der erkennet entsetzt den Gebieter:

„Zurück! du rettest den Freund nicht mehr,
So rette das eigene Leben!
Den Tod erleidet er eben.
Von Stunde zu Stunde gewartet' er
Mit hoffender Seele der Wiederkehr,
Ihm konnte den mutigen Glauben
Der Hohn des Tyrannen nicht rauben."

„Und ist es zu spät, und kann ich ihm nicht
Ein Retter willkommen erscheinen,
So soll mich der Tod ihm vereinen.
Des rühme der blut'ge Tyrann sich nicht,
Dass der Freund dem Freunde gebrochen die Pflicht,
Er schlachte der Opfer zweie
Und glaube an Liebe und Treue."

Und die Sonne geht unter, da steht er am Tor
Und sieht das Kreuz schon erhöhet,
Das die Menge gaffend umstehet,
An dem Seile schon zieht man den Freund empor,
Da zertrennt er gewaltig den dichten Chor:
„Mich, Henker!“, ruft er, „erwürget!
Da bin ich, für den er gebürget!“

4 *a)* Wie wirkt diese Darstellung auf euch? Welche Gefühle löst sie aus?
b) Mit welchen Mitteln erreicht Schiller diese Wirkung?
c) In welchem Zeitraum spielen sich die geschilderten Ereignisse ab?

5 Versucht den Text vorzutragen. Achtet dabei auf wirkungsvolle *Pausen,* auf „natürliche“ *Sprechbögen* und auf den ab und zu notwendigen *Zeilensprung.*

6 Wenn ihr beim Lesen oder Zuhören *Spannung* empfindet, dann fragt ihr euch: Wie wird das weitergehen? Wie wird das enden?
a) Welche Empfindungen, welche Erwartungen habt ihr jetzt – kurz vor dem Ende der Ballade?
b) Prüft, ob der Schluss des Gedichts euren Vorstellungen entspricht.

Und Erstaunen ergreifet das Volk umher,
In den Armen liegen sich beide
Und weinen vor Schmerzen und Freude.
Da sieht man kein Auge tränenleer,
Und zum Könige bringt man die Wundermär,
Der fühlt ein menschliches Rühren,
Lässt schnell vor den Thron sie führen.

Und blicket sie lange verwundert an.
Drauf spricht er: „Es ist euch gelungen,
Ihr habt das Herz mir bezwungen,
Und die Treue, sie ist doch kein leerer Wahn,
So nehmet auch mich zum Genossen an,
Ich sei, gewährt mir die Bitte,
In eurem Bunde der Dritte.“

7 An die Stelle der Spannung ist jetzt am Ende eine andere starke Gemütsbewegung getreten. Wie lässt sie sich beschreiben? Wodurch wird sie hervorgerufen?

8 Schiller hat den Stoff zu seiner Ballade einer alten Anekdotensammlung aus dem 2. Jahrhundert entnommen. Der Fortgang der Handlung wird hier folgendermaßen dargestellt (Damon tritt da unter dem Namen Moerus auf):

[...] Als dieser nach der Vermählung seiner Schwester sich auf dem Rückweg befand, schwoll ein Fluss durch plötzliches Unwetter und durch Regen so sehr an, dass er weder durchschritten noch durchschwommen werden konnte. Moerus setzte sich am Ufer nieder und begann zu weinen aus Angst, dass sein Freund für ihn sterben müsse. Als der Tyrann befahl, Selinuntius hinzurichten, weil schon die sechste Stunde des dritten Tages herangenaht und Moerus nicht gekommen sei, antwortete Selinuntius, der Tag sei noch nicht vorüber. Aber nachdem bereits die neunte Stunde angebrochen war, befahl der König, Selinuntius zur Hinrichtung zu führen. Als dieser abgeführt wurde, folgte im letzten Augenblick Moerus, dem der Fluss den Weg wieder freigegeben hatte, dem Henker und rief von weitem aus: „Halte ein, Henker, da bin ich, für den er gebürgt hat!“ [...]

(aus: Hyginus, Exempla, 257. Kapitel)

Vergleicht die Gedichtzeilen 36–126 mit diesem Text und stellt fest, was Schiller aus seiner Vorlage gemacht hat.

Friedrich Schiller (1759–1805) wurde in Marbach am Neckar geboren. Er studierte Rechtswissenschaft, später Medizin. Mit 21 Jahren entfloh er der autoritären Herrschaft des württembergischen Herzogs Carl Eugen. Nach wechselvollen Jahren wurde Schiller 1789 Professor für Geschichte in Jena und übersiedelte 1799 nach Weimar, wo er auch starb. In den letzten elf Jahren seines Lebens war er mit Goethe befreundet.
Schiller schrieb neben Gedichten und Balladen, Erzählungen und wissenschaftlichen Texten vor allem Dramen, die ihn weltberühmt machten, so z. B. „Die Räuber“, „Wilhelm Tell“, „Maria Stuart“, „Wallenstein“.

Annette von Droste-Hülshoff Die Vergeltung

1.

Der Kapitän steht an der Spiere[1],
Das Fernrohr in gebräunter Hand,
Dem schwarz gelockten Passagiere
Hat er den Rücken zugewandt.
Nach einem Wolkenstreif in Sinnen
Die beiden wie zwei Pfeiler sehn,
Der Fremde spricht: „Was braut da drinnen?" –
„Der Teufel", brummt der Kapitän.

Da hebt von morschen Balkens Trümmer
Ein Kranker seine feuchte Stirn,
Des Äthers Blau, der See Geflimmer,
Ach, alles quält sein fiebernd Hirn!
Er lässt die Blicke, schwer und düster,
Entlängs dem harten Pfühle[2] gehn,
Die eingegrabenen Worte liest er:
„Batavia[3]. Fünfhundertzehn."

Die Wolke steigt, zur Mittagsstunde
Das Schiff ächzt auf der Wellen Höhn.
Gezisch, Geheul aus wüstem Grunde,
Die Bohlen weichen mit Gestöhn.
„Jesus, Marie! wir sind verloren!"
Vom Mast geschleudert der Matros',
Ein dumpfer Krach in aller Ohren,
Und langsam löst der Bau sich los.

Noch liegt der Kranke am Verdecke,
Um seinen Balken fest geklemmt,
Da kommt die Flut, und eine Strecke
Wird er ins wüste Meer geschwemmt.
Was nicht geläng der Kräfte Sporne[4],
Das leistet ihm der starre Krampf,
Und wie ein Narwal[5] mit dem Horne
Schießt fort er durch der Wellen Dampf.

1 *Spiere*: Seemannsausdruck für Segelstange
2 *Pfühl*: älterer dichterischer Ausdruck für Ruhelager
3 *Batavia*: Stützpunkt und Handelszentrum der Holländer auf der Insel Java (seit 1619). Die Stadt heißt heute Djakarta.
4 *Sporn*: gemeint ist: Ansporn
5 *Narwal*: Er besitzt einen 2–3 m langen, zu einem Horn entwickelten Stoßzahn.

Wie lange so? – er weiß es nimmer,
Dann trifft ein Strahl des Auges Ball,
Und langsam schwimmt er mit der Trümmer[6]
Auf ödem[7] glitzerndem Kristall.
Das Schiff! – die Mannschaft! – sie versanken.
Doch nein, dort auf der Wasserbahn,
Dort sieht den Passagier er schwanken
In einer Kiste morschem Kahn.

Armsel'ge Lade! sie wird sinken,
Er strengt die heisre Stimme an:
„Nur grade! Freund, du drückst zur Linken!"
Und immer näher schwankt's heran,
Und immer näher treibt die Trümmer,
Wie ein verwehtes Möwennest;
„Courage[8]!", ruft der kranke Schwimmer,
„Mich dünkt, ich sehe Land im West!"

Nun rühren[9] sich der Fähren Ende,
Er sieht des fremden Auges Blitz,
Da plötzlich fühlt er starke Hände,
Fühlt wütend sich gezerrt vom Sitz.
„Barmherzigkeit! ich kann nicht kämpfen."
Er klammert dort, er klemmt sich hier;
Ein heisrer Schrei, den Wellen dämpfen,
Am Balken schwimmt der Passagier.

Dann hat er kräftig sich geschwungen
Und schaukelt durch das öde Blau,
Er sieht das Land wie Dämmerungen
Enttauchen und zergehn in Grau.
Noch lange ist er so geschwommen,
Umflattert von der Möwe Schrei,
Dann hat ein Schiff ihn aufgenommen,
Viktoria[10]! nun ist er frei!

6 *Trümmer:* Das Pluralwort Trümmer (Bruchstücke, Wrackteile) wird von Annette von Droste-Hülshoff hier auch im Singular verwendet.
7 *öde:* hier in der Bedeutung von grenzenlos, einsam, von Menschen verlassen
8 *Courage* (frz.): Mut
9 *rühren* gemeint ist: be-rühren
10 *Viktoria* (lat.): Name der Siegesgöttin; hier ein Ausruf der Freude und Erleichterung

2.

Drei kurze Monde[11] sind verronnen,
Und die Fregatte[12] liegt am Strand,
Wo mittags sich die Robben sonnen,
Und Bursche[13] klettern übern Rand,
Den Mädchen ist's ein Abenteuer,
Es zu erschaun vom fernen Riff,
Denn noch zerstört ist nicht geheuer
Das gräuliche Korsarenschiff.

Und vor der Stadt, da ist ein Waten,
Ein Wühlen durch das Kiesgeschrill,
Da die verrufenen Piraten
Ein jeder sterben sehen will.
Aus Strandgebälken, morsch, zertrümmert,
Hat man den Galgen, dicht am Meer,
In wüster Eile aufgezimmert.
Dort dräut[14] er von der Düne her!

Welch ein Getümmel an den Schranken! –
„Da kommt der Frei – der Hessel jetzt –
Da bringen sie den schwarzen Franken,
Der hat geleugnet bis zuletzt." –
„Schiffbrüchig sei er hergeschwommen",
Höhnt eine Alte, „ei, wie kühn!
Doch keiner sprach zu seinem Frommen[15],
Die ganze Bande gegen ihn."

Der Passagier, am Galgen stehend,
Hohläugig, mit zerbrochnem Mut,
Zu jedem Räuber flüstert flehend:
„Was tat dir mein unschuldig Blut?
Barmherzigkeit! – so muss ich sterben
Durch des Gesindels Lügenwort,
Oh, mög die Seele euch verderben!"
Da zieht ihn schon der Scherge[16] fort.

11 *drei Monde:* drei Monate
12 *Fregatte* (frz./span.): Bezeichnung für ein schnell segelndes Kriegsschiff
13 *Bursche:* alte Pluralform für „Burschen"
14 *dräuen:* alter Ausdruck für „drohen"
15 *zu seinem Frommen:* zu seinen Gunsten
16 *Scherge:* Henkersknecht

Er sieht die Menge wogend spalten –
Er hört das Summen im Gewühl –
Nun weiß er, dass des Himmels Walten
Nur seiner Pfaffen Gaukelspiel!
Und als er in des Hohnes Stolze
Will starren nach den Ätherhöhn,
Da liest er an des Galgens Holze:
„Batavia. Fünfhundertzehn."

Annette von Droste-Hülshoff
(Daguerreotypie[1]; um 1845)

Annette von Droste-Hülshoff (1797–1848) wurde als Tochter eines westfälischen Adligen auf dem Wasserschloss Hülshoff bei Münster geboren. Ihre streng katholische Erziehung hat sie zu einem frommen, zurückgezogenen Leben veranlasst, wie man es damals von einer allein stehenden adeligen Frau erwartete. In Naturgedichten und Balladen (z. B. „Der Knabe im Moor") stellte sie eine bedrohlich wirkende Natur dar, in der verborgene Ängste und Schuldgefühle sichtbar werden. Als das erzählerische Meisterwerk gilt die Novelle „Die Judenbuche" (1842). Die Dichterin hat das Ende ihres Lebens auf Schloss Meersburg am Bodensee verbracht, wo sie 1848 starb.

1 Tragt zusammen, was ihr verstanden habt, und versucht gemeinsam den Handlungsverlauf zu klären – soweit euch das nach dem ersten Lesen gelingt.

2 Schreibt die befremdlichen Ausdrücke und Wendungen heraus und versucht eigene Formulierungen dafür zu finden (z. B. Zeile 7: „Was braut sich da zusammen?").

3 Beim Schreiben des Gedichts hat Annette von Droste-Hülshoff in der Sprache ihrer Zeit nach überzeugenden Ausdrucksmöglichkeiten gesucht. Wo hat sie – nach eurer Meinung – besonders eindrucksvolle Lösungen gefunden?

1 *Daguerreotypie:* ein nach seinem Erfinder Daguerre in der Mitte des 19. Jahrhunderts verwendetes Verfahren Fotografien herzustellen

4 Mit den folgenden Fragen könnt ihr jetzt noch einmal überprüfen, ob ihr die in der Ballade erzählte Geschichte in allen Einzelheiten verstanden habt.

a) Ist die „Batavia" ein Piratenschiff?

b) Ist der schwarz gelockte Passagier ein Seeräuber?

c) Wer ist der Kranke, der an Deck liegt?

d) Welche Bedeutung hat für ihn die in den Balken geschnitzte Inschrift?

e) Was geschieht zwischen dem ersten und dem zweiten Teil des Gedichts?

f) Wofür wird der „schwarze Franke" hingerichtet?

5 Wie beurteilt ihr den in der Ballade dargestellten Rechtsfall?

a) Wie ist die Überschrift des Gedichts zu verstehen?

b) Ist der „schwarze Franke" zu Recht verurteilt worden? Diskutiert darüber.

c) Spielt eine Gerichtsszene mit Anklage und Verteidigung. Sucht, wenn alles herausgekommen ist, nach einem gerechten Urteil.

Foto von
Frank M. Sutcliffe
Morning (um 1880)

6. Projektvorschlag: Eine Ballade als Film

Die Erzählweise der Ballade „Die Vergeltung" erinnert in manchem an einen **Film** . Ihr könnt das nachprüfen, indem ihr versucht das Gedicht in ein **Drehbuch** zu verwandeln.
Stellt euch vor, das Geschehen werde mit einer Kamera aufgenommen. Die Bilder, die ihr beim Lesen vor Augen habt, verwandeln sich dann in *Kameraeinstellungen.*
Dabei ergeben sich z. B. folgende Möglichkeiten:

Überblick über eine Landschaft **Totale**	Person in einem Zimmer **Halbtotale**	Person in voller Größe **halbnah**
Person bis zum Knie **amerikanisch**	Oberkörper der Person **Nahaufnahme**	Gesicht oder Teil davon **Großaufnahme**

1 Euer Drehbuch gliedert sich in eine Folge solcher Einstellungen.
Achtet bei der Wahl dieser Einstellungen möglichst auf die Blickrichtung und auf die Betrachtungsweise der Dichterin.

2 Überlegt, an welchen Stellen die Einstellungen durch einen *Schnitt* voneinander getrennt sind und wo sie eventuell „fließend" ineinander übergehen *(Kameraschwenk, Kamerafahrt, Zoom, Überblendung).*

Das Drehbuch könnte folgendermaßen beginnen:

Die Vergeltung
ein Film nach der Ballade von Annette von Droste-Hülshoff

Einstellung		**Bild**	**Ton**
1.	Halbtotale Die Kamera nähert sich.	An Deck eines Segelschiffes. Zwei Männer stehen hoch aufgerichtet an der Segelstange und blicken in den Himmel, an dem sich dunkle Wolken zusammenziehen.	
2.	amerikanisch	Vorn der Kapitän, der in der gebräunten Hand ein Fernrohr hält. Schräg hinter ihm ein Passagier mit schwarzen, lockigen Haaren.	Der Passagier (besorgt): „Was braut sich da zusammen?" Der Kapitän (mit dumpfer Stimme): „Das ist der Teufel!"

Zum Üben

1. Gleich und ähnlich klingende Laute

1.1 Vokale

1 *a)* Ordne die unterstrichenen Wörter des folgenden Textes in die entsprechenden Tabellenspalten (s. unten) ein. (Übertrage die Tabelle in dein Heft.)

Biber, diese Nager mit der breiten Kelle – dem beschuppten Schwanz –, sind völlig harmlose Pflanzenfresser. Sie können also nicht als Nahrungskonkurrenten des Menschen gelten. Und die Hölzer, über die sie sich mit ihren gelben Zähnen knabbernd und nagend hermachen, sind auch nicht wertvoll. Schaden in der Natur richten sie nicht mit ihren großen Bauwerken an, mit den Dämmen und Biberburgen. Ja, auch ihre Fähigkeit, Flüsse und Bäche zu stauen, hat keine schlimmen Folgen für die Umwelt. In dieser Hinsicht kann es also keine Rechtfertigung für ihre Verfolgung geben!
Aber dass es sie kaum noch gibt, liegt daran, dass sie wirklich durch Jahrhunderte hindurch getötet wurden. Biber haben ein sehr dichtes Fell und überall wurden von reichen Leuten Biberpelze getragen. Biberfleisch ist schmackhaft, also wurde es gegessen. Und nicht zuletzt galt Bibergeil als ein Heilmittel: Es ist das Produkt, stark riechend, aus einer Drüse des Tieres. So kam es, dass Biber überall, in Europa ebenso wie in den Vereinigten Staaten und in Kanada, in Fallen gefangen und auf viele andere Arten getötet wurden.
(aus: treff. Schülermagazin, Heft 10/1988. Velber Verlag, Seelze

Lang gesprochener Vokal		Kurz gesprochener Vokal	
mit Dehnungszeichen	ohne Dehnungszeichen	mit verdoppeltem Konsonanten	mit mehreren Konsonanten
…	…	…	…

b) Ordne auch die Wörter des folgenden Gedichtes in deine Tabelle ein.

Jürgen Spohn Ich bin „guten Tag“ der Kragenknopf

Ich bin
„guten Tag“
der Kragenknopf
und wohne
dort oben
unter dem Kopf
Die Aussicht da
ist kolossal
Besuch mich mal
Sieh mal Perlmutt
geht nicht kaputt
außer: mit Hammer
Das wäre ein Jammer
Meine Löcher
die sind schön rund
Ach so ja und
an trüben Tagen
schließ ich den Kragen

2 Aus den Wörtern
empfinden – wachsen – Furcht – irren – arbeiten – altern – dulden – eigen – folgen – brauchen – erreichen – heilig – bezahlen – zerstören– beweisen – verzichten – verletzen– überschauen

und den Suffixen | *-bar* | | *-tum* | | *-sam* |

kannst du neue Wörter bilden. Schreibe sie in dein Heft. Achte dabei auf die Groß- und Kleinschreibung.

3 *Wider* oder *wieder*?
a) Ordne die folgenden Wörter nach ihrer Schreibung. Überlege dabei jeweils auch die Bedeutung.
widerlich – wiederkommen – Wiederbeginn – Wiedergabe – zuwider – wiederbringen – anwidern – erwidern – widrig – Widerhall – Wiedersehen – widerlegen – wiederholen – widerrufen – wiedergeben – wiederbekommen – Widersacher – Wiederkehr – widerspenstig – widersprechen
b) Diktiert euch die Wörter vermischt als Partnerdiktat.
c) Setze passende Wörter aus der Wortliste in die folgenden Sätze ein und schreibe sie vollständig in dein Heft:
a) Der ... der Schule ist am 1. August.
b) Der Verteidiger konnte die Anklage in allen Punkten ... .
c) Ein berühmtes Theaterstück heißt „Der ... Zähmung“.
d) Die ... des Konzerts litt unter einigen technischen Störungen.
e) Ich gratuliere dir zur 13. ... deines Geburtstages.
f) Der Angeklagte hat sein bereits abgelegtes Geständnis ... .
g) Trotz ... Umstände hoffen wir auf ein ... im nächsten Jahr.
h) Ich habe den letzten Satz nicht verstanden, ... ihn bitte.
i) Es ist mir wirklich ..., in diese glitschige Masse fassen zu müssen.

4 Partnerdiktat

Das Testament

Manchmal stirbt einer so schnell, dass er für seine Hinterbliebenen noch gar nicht testamentarisch gesorgt hat. So ging es auch einmal einem Bauern und seiner Familie. Doch die wussten sich zu helfen: Sie schleppten den Gestorbenen in eine Rumpelkammer, und in das noch nicht erkaltete Bett legten sie einen vertrauten Knecht. Sie setzten ihm die Nachtkappe des Toten auf und holten den Notar.
Als dieser dann eintraf, ächzte und stöhnte es wieder und wieder im dunklen Zimmer hinter dem Vorhang und eine schwache Stimme fragte, ob man nicht bald anfangen könne. Der Schreiber nahm hastig die Feder und die schwache Stimme diktierte hustend das Testament. Alle hörten freudig, wie viel sie erben würden, aber dann erblichen sie, als die Stimme sagte: „Meinem treuen Knecht, der mir so lange ohne Widerwillen gedient hat, vermache ich 10 000 Mark.“

1.2 Konsonanten

1.2.1 Der /f/-Laut

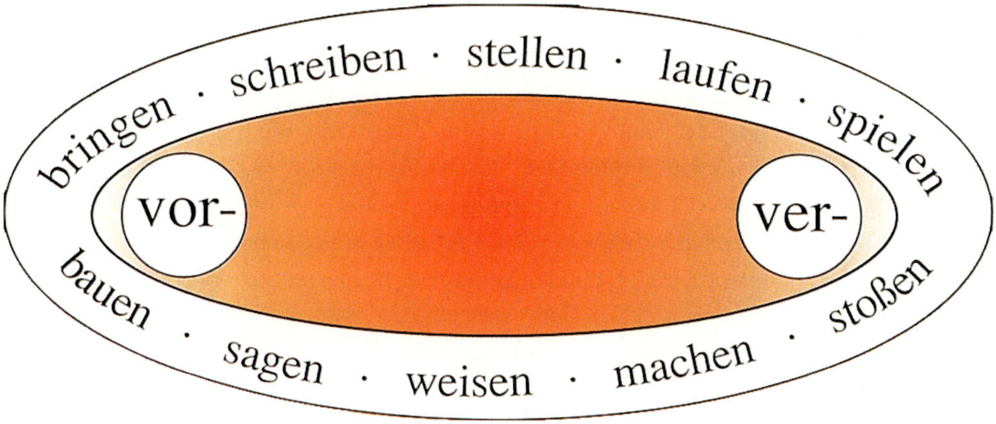

1 *a)* Bilde mit Hilfe der Präfixe *ver-* und *vor-* neue Verben und schreibe sie in zwei Spalten geordnet auf.
b) Erweitere die Bandschleife auf fünfzehn Verben und trage die entstehenden Wörter in die jeweilige Tabellenspalte ein.
c) Verwende je fünf dieser Verben in Sätzen.

2 Durch die Verbindung mit dem Präfix *vor-* erhalten die folgenden Substantive eine neue Bedeutung:
Sicht – Fahrt – Tag – Lage – Gabe – Feld – Druck – Teil – Recht – Stadt
Schreibe die neuen Wörter mit ihrem Artikel in dein Heft.

3 Bei deutlichem Sprechen kannst du hören, dass alle gesuchten Wörter mit „Pf" beginnen. Achtung, ein Wort wird kleingeschrieben!

a) Gerät zur Herstellung von Spiegeleiern
b) Wird von bestimmten Jugendgruppen gefunden
c) Äußerst eitles, buntes männliches Hühnervieh
d) Geht immer einher mit seinem Partner „Salz"
e) Besser hundert davon als gar keine Mark
f) Lilafarbene Frucht, die leider auch Maden gut schmeckt
g) „Hand" von Katze, Maus, Hund ...
h) Verbotene Nothandlung bei Klassenarbeiten
i) Schillert umso bunter, je dreckiger sie ist

a) Schreibe die Lösungswörter in dein Heft.
b) Suche für folgende Wörter ähnliche Umschreibungen:
Pfand – Pflicht – Pflanze – Pflaster – Pfund

4 Schreibe den folgenden Text ab und umkreise die Schreibung des /f/-Lautes mit verschiedenen Farben. Welche Schreibweisen für den /f/-Laut findest du?

Jürgen Spohn Schwein

Ein kluges Schwein wollte nicht so gerne Kotelett werden. Viel lieber wäre ihm ein geruhsamer Lebensabend gewesen. Also dachte sich das Schwein: Wenn du Schwein hast, kommst du hier irgendwie raus. Es sagte Ade zu seinen Mitschweinen, verkleidete sich als Bauer und verließ unbemerkt den Stall.
Die Leute wunderten sich über das neue Gesicht im Dorf.
Bald danach fühlte das Schwein eine Versuchung. Es wälzte sich im Sonntagsanzug nach Schweineart in einem Tümpel. Da kam gerade der Bürgermeister vorüber und sagte: Du Schwein!
Da fühlte sich das arme Schwein erkannt und ging vorsichtshalber in seinen Stall zurück.

5 Viele Wörter, die aus dem Griechischen stammen und ursprünglich mit *ph* geschrieben wurden, schreibt man heute meistens mit *f*, z. B.

Telefonbuch

Schreibe die folgenden Wörter in alter und neuer Schreibweise auf:
*Gra*ik – Mikro*on – *otoapparat – *otogra*ie – Stenogra*ie – telegra*ieren – tele*onisch – *antasie – *antastisch*

6 Einige Wörter werden aber nach wie vor mit *ph* geschrieben:
Phantom – Physik – Asphalt – Alphabet – Katastrophe – Zellophan – Phosphor – Xylophon – Strophe – Apostroph – Triumph – Phase – Philosophie – Phänomen
a) Schreibe die Wörter in dein Heft und präge dir die Schreibung ein.
b) Diktiert sie euch nun in Partnerarbeit. Wer hat die meisten Wörter richtig geschrieben?

7 In den folgenden Fremdwörtern wird der Buchstabe *v* nicht als /f/-, sondern als /w/-Laut gesprochen:
Verb – Veranda – Vampir – vibrieren – Vulkan – Advent – Konserve – Revier – Proviant – Video
Verwende diese Wörter in einigen Sätzen, die von erstaunlichen Dingen berichten, z. B. *Ein Vampir fliegt im Advent auf eine Veranda.*

8 Partnerdiktat

Das Kipprotor-Flugzeug

Auch senkrecht startende Flugzeuge sind keine Vorstellungen der Fantasie (Phantasie) mehr. Amerikanische Physiker haben bereits zwei Flugzeugtypen mit Kipprotoren entwickelt. Ein solches Flugzeug vereinigt die Vorzüge des Hubschraubers, senkrecht starten zu können, mit denen eines Tragflächenflugzeugs. Für den Start werden zwei riesige Propeller am Ende der Tragflächen vertikal gedreht. Ist das Flugzeug in der Luft, werden sie nach vorne geschwenkt und es fliegt dann „normal" weiter. „Wir sind mit dieser Erfindung so etwas wie die Pfadfinder des modernen Luftverkehrs", meinte einer der Wissenschaftler.

1.2.2 Der /s/-Laut

1 *a)* Übertrage die folgenden Gedichte in dein Heft und kennzeichne alle /s/-Laute.

Jürgen Spohn Vorrang

Als ich in
einem Käse saß
und
weil ich
Käse gern esse
Käse aß
da kam so ein
gieriger Konsument
den man
an Messer & Gabel
erkennt

Er blickte verschreckt
und sagte:
Schade
in diesem Käse
ist eine Made
Er ließ ihn stehen
als er mich sah
Ich war ja schließlich
vor ihm da

Alfred Könner Der Trick

Niegel nagel niegel,
Knut isst Eis nur vor dem Spiegel,
denn davor, denkt er verfressen,
kann ich es stets doppelt essen.

b) Ordne die Wörter, die einen /s/-Laut enthalten, nach Aussprache und Schreibung in eine Tabelle ein. Versuche mit Hilfe der Wörter in jeder Tabellenspalte Regeln zur Schreibung des /s/-Lautes zu formulieren.

2 Ordne die folgenden Wörter in deine Tabelle aus Aufgabe 1 ein:
Gräser – speisen – Seife – meistens – (er) fasst – gemessen – (ich) vergaß – lassen – bis – bremsen

3 Schreibe die folgenden Sätze vollständig auf. Wenn du nicht sicher bist, wie jeweils der /s/-Laut geschrieben wird, schlage das Wort in einem Wörterbuch nach.
a) Du mu∗t deinen Rei∗verschlu∗ noch schlie∗en.
b) Der Genu∗ von E∗ig i∗t morgen∗ mei∗ten∗ nicht angenehm.
c) Die Bu∗e ∗ollen auch nacht∗ fahren.
d) Er lie∗t mit gro∗em Mi∗mut von die∗em ärgerlichen Ereigni∗.
e) Kein anderer Schlü∗el pa∗t auf die∗e∗ ∗icherheit∗schlo∗.
f) Mu∗t du wirklich ∗o viel ∗o∗e e∗en, e∗ kann doch auch ein bi∗chen weniger ∗ein!

4 Schreibe die folgenden Substantive in der Singularform auf und begründe jeweils die Schreibung des /s/-Lautes. Ordne sie anschließend zu Reimpaaren:
Klöße – Genüsse – Grüße – Schüsse – Risse – Stöße – Schlösser – Bisse – Füße – Rösser

5 *a)* Bilde mit dem Präfix *miss-* und den folgenden Wörtern neue Wörter und schreibe sie in dein Heft. Beachte dabei die Großschreibung der Substantive.
billigen – deuten – verstehen – achten – handeln – raten – Geschick – Ernte – Ton – Gunst – Mut – Klang
b) Verwende diese Wörter in Sätzen.

6 Eine Übungshilfe – nicht nur zur Schreibung des /s/-Lautes:
Oft hast du beim Üben die Schwierigkeit an neues Wortmaterial zu kommen. Was tun? Schneide aus der Tageszeitung einen nicht zu langen Artikel aus und klebe ihn auf eine kleine Karteikarte. Nun streichst du mit einem schwarzen Filzstift alle Wörter durch, die den Laut, dessen Schreibung du üben willst – hier z. B. den /s/-Laut –, nicht enthalten:

Preise [redacted]

[redacted] Nachwuchsjournalisten [redacted] besten [redacted] ausgeschrieben. Das [redacted] ist [redacted] möglichst [redacted]. Als Hauptpreis [redacted] Presse-Reise [redacted] Außerdem [redacted] Fernsehanstalten [redacted] Preisverleihung [redacted] Presseclub [redacted]. Bewerbungsunterlagen [redacted].

a) Die Wörter, die du jetzt noch lesen kannst, schreibst du ab.

b) Vielleicht kannst du sie nach Rechtschreibregeln ordnen; s. Aufgabe 1 *b)*.

c) Ergänze die Wörter, wenn möglich, durch andere Wortformen: Singular/Plural, Infinitiv/Personalform.

d) Benutze das Material für Partnerdiktate.

Wenn du diese Karteikarten noch mit einem Vermerk versiehst, um welche Rechtschreibschwierigkeit es jeweils geht, kannst du dir in kurzer Zeit eine schnell einsetzbare Übungskartei aufbauen.

7 Partnerdiktat

Testfall

Ein Zahnarzt hatte in einer Kleinstadt seine erste Praxis eröffnet. Im weißen Kittel stand er, von den verschiedensten Instrumenten umgeben, draußen auf der Straße. Er wollte sein Praxisschild befestigen. Eine Frau blieb stehen und sah dem Ereignis zu. „Guten Morgen“, sagte sie. „Sind Sie selbst der neue Zahnarzt?“ – „Ja“, antwortete dieser und ließ sofort von seiner Arbeit ab. „Wollen Sie einen Termin ausmachen?“ – „Vielleicht“, meinte die Frau. „Aber zuerst muss ich mir mal ansehen, wie Sie das Loch in die Mauer bohren.“

1.2.3 *das* oder *dass*?

1 *a)* Wann schreibt man *das*, wann *dass*?
Formuliere die Regeln mit Hilfe des Beispiels und der Begriffe „Konjunktion“, „Artikel“, „Relativ- und Demonstrativpronomen“.

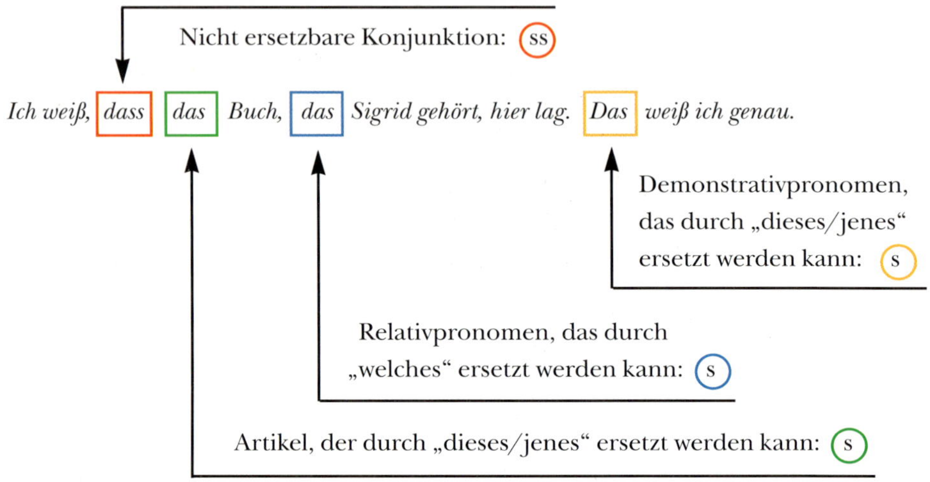

b) Schreibe die folgenden Texte vollständig in dein Heft und setze dabei *das* oder *dass* ein.

a) Unser Auto war in einem unübersehbar schlechten Zustand. Wie schlimm er aber wirklich war, ... wurde mir schlagartig bewusst, als ich an einer Tankstelle für 30 Mark Benzin verlangte und der Tankwart grinsend fragte: „Glauben Sie, ... Sie diese Menge noch verbrauchen werden?“

b) Das Flugzeug wird von heftigen Turbulenzen geschüttelt. Ein Passagier betet: „Herr, ... verspreche ich: Wenn ich hier heil herauskomme, gebe ich dir die Hälfte meines Vermögens.“ Nach der Landung legt ihm ein Geistlicher die Hand auf die Schulter. „Ich war auch in dem Flugzeug, ... Sie benutzten, und habe gehört, ... Sie gebetet haben. Ich komme jetzt wegen der Kollekte.“ – „Ich habe dem Herrgott inzwischen ein günstigeres Angebot gemacht. Ich habe ihm gesagt, ... er, wenn er mich noch einmal in einem Flugzeug erwischt, alles haben kann.“

c) Als mein Freund feststellte, ... der Keilriemen an seinem Wagen verschlissen war, entsann er sich eines alten Tricks und ersetzte ihn durch ein Paar Strumpfhosen seiner Frau. Ohne ... zu wissen fuhr sie zum Tanken und bat den Tankwart, auch ... Öl nachzusehen. Der Mann schlug die Motorhaube zu und trat zu ihr ans Wagenfenster. „... Öl ist in Ordnung“, sagte er, „aber Sie werden wohl Ihre Strumpfhose wechseln müssen.“
(nach: Das Beste aus Reader's Digest, Nr. 7/1987)

2 Auch in den folgenden Sätzen fehlen *das* oder *dass*:

a) * Haus, * neben der Post steht, soll abgerissen werden.

b) * hättest du mir ja auch eher sagen können, * du * Fahrrad verliehen hast.

c) Ich sehe, * Petra * Kleid, * Tante Helga genäht hat, noch immer trägt.

d) Herr Meier hat dafür gesorgt, * * alte Fahrrad, * schon drei Wochen im Hof stand, zum Fundbüro gebracht wurde.

e) Hast du dir schon einmal überlegt, * Millionen Kinder * gerne zu essen hätten, was du wieder einmal ablehnst?

f) Es ist immer * Gleiche: Alle haben gern, * gefeiert wird, doch * Aufräumen besorgen nur wenige.

g) Ich habe gehört, * es in Zukunft keine Schwierigkeiten mehr gibt, * als Konjunktion zu erkennen und mit ... zu schreiben.

3 Partnerdiktat

Bauer Clemens fand, dass es an der Zeit sei, sich eine neue Säge zuzulegen um sein Waldstück abzuholzen. Ein Verkäufer zeigte ihm das neueste Kettenmodell und versicherte ihm, dass das spielend 15 Festmeter pro Tag schlage.

Doch am ersten Tag zeigte es sich, dass Clemens nur knapp dreieinhalb Festmeter schaffte. Am nächsten Morgen stand er eine Stunde früher auf. Am Abend stand das Ergebnis fest: vier Festmeter. Am dritten Tag kroch er noch früher aus den Federn; das jedoch nützte auch nichts. Am Tag darauf brachte Clemens die Säge zurück und erklärte dem Verkäufer, dass sie nicht funktioniere. „Das wollen wir mal sehen", sagte der. Er schaltete die Säge ein, der Motor sprang an. Clemens machte einen Satz rückwärts: „Um Himmels willen, was ist das für ein Geräusch?" (nach: Das Beste aus Reader's Digest, Nr. 6/1988)

1.2.4 *g* oder *k/ck*, *b* oder *p*, *d* oder *t*?

1 Aus der Praxis eines Werbetexters

Du has• eine Banane, die gol•gel•, fle•frei und mit einem Markenzeichen versehen ist, und diese solls• du bewerben. Ihren Nachteil kenns• du: Sie is• völli• überzüchte• und schme•t längst nicht so gut, wie sie aussieht. Aber das bege•net dir tä•lich, du bis• als Werber gewohn• aus Nachteilen durch Bekräftigung von Vorurteilen Vorteile zu machen. Du behau•test daher: Was gu• aussieht, schme•t auch gu•. Irgen•wann ist deine Werbebo•schaft dann gelern• und du wa•st dich an den nächsten Schritt ...

(aus: *R. Ganter*, Die Sprüchemacher. rororo rotfuchs Nr. 246)

a) In allen Wörtern mit einem • fehlt einer der Buchstaben aus der Überschrift. Bevor du ihn einsetzt, überlege, ob es eine verlängerte oder verwandte Wortform gibt, bei der du die Lösung hörst. Schreibe sie zunächst auf, daneben das Wort aus dem Text.

b) Geh beim folgenden Text genauso vor:

Es ist Donnersta•morgen. Auf der Autobahn A 8 herrsch• normaler Wochenta•sverkehr. Die Männer von der Autobahnmeisterei sin• schon sei• einigen Stunden auf der Strecke. Kurz vor Augsbur• hat sich ein Stau gebilde• . Die Autokolonne rollt an dem orangefarbenen Sicherhei●sfahrzeu● vorbei, das die Baustelle a●sichert. Ein Autofahrer hat für die morgen●liche Behinderung überhau●t kein Verstän●nis. Wüten● kurbel● er sein Fenster herunter und schnauzt: „Ha●t ihr nichts Besseres zu tun? Ihr sei● wohl blin● ?“

(nach: ADAC motorwelt 11/1988)

2 *a)* Verfahre mit dem Wortmaterial in den zwei Kästen, wie es das Beispiel zeigt:

weben	*haben*	*treiben*	*schrauben*
reiben	*toben*	*schreiben*	*schieben*
stauben	*färben*	*rauben*	

Mord	*Gier*	*Stoff*	*Stuhl*
Stoff	*Lehre*	*Sauger*	*Sucht*
Heft	*Stock*	*Eisen*	

reiben → reib~~en~~ + Eisen = Reibeisen

b) Diktiere deinem Partner/deiner Partnerin die zusammengesetzten Substantive.

3 *a)* Ordne die folgenden Wörter nach ihrer Schreibung in eine Tabelle. Wie viele Tabellenspalten brauchst du und welche Überschriften gibst du ihnen?
Haupt – Betrieb – Abend – eigentlich – entführen– endlich – Bank – Hengst – du benötigst – hoffentlich – Korb – Konzept – du schraubst – nächst – augenblicks – tags – Keks – Pfingsten – Rezept – Klecks – Drechsler – wöchentlich – morgendlich – Quark – du backst – wachsen

b) Zu welchen Wörtern findest du verlängernde Wortformen? Schreibe sie dazu.

c) Diktiere deinem Partner/deiner Partnerin zehn Wörter, möglichst aus verschiedenen Tabellenspalten.

4 Bilde die 2. Person Singular (*du* ...) von folgenden Verben:
stülpen – pumpen – bleiben – kleben – fegen – pflügen – beruhigen – hupen – erben – leben

5 Partnerdiktate

a) Zu einem Bauernhof, der recht einsam liegt, kommt eines Tages ein Staubsaugervertreter. Er entschuldigt sich bei der Bäuerin für die Störung, springt schnurstracks in sein Auto, bringt eine Tüte Staub zum Vorschein, schüttelt diesen auf den Teppich und sagt: „Ich schwöre Ihnen, dass ich diesen Dreck aufesse, wenn unser Super-Handstaubsauger ihn nicht augenblicks beseitigt.“ – „Dann mal los“, sagt die Bäuerin, „hier gibt es nämlich keinen Strom.“

(nach: treff. Schülermagazin, Heft 6/1986. Velber Verlag, Seelze)

b) Auch das können Polizisten erleben: Ein Beamter stoppte einen Trecker, der etwas „flatterig“ fuhr: Der betrunkene Fahrer konnte den Trecker nicht verlassen, sein linkes Bein war eingegipst, er konnte deshalb die Kupplung nicht treten. Auch an dem Traktor gab es etwas zu beanstanden: Er hatte schon seit zwölf Jahren keine TÜV-Plakette mehr. Wo hätte die auch angebracht werden sollen; denn ein Nummernschild suchten die Beamten vergeblich. Der Trecker war weder versichert noch versteuert.

(nach: Hamburger Abendblatt vom 17. 10. 1985)

2. Groß- und Kleinschreibung

2.1 Großschreibung von Substantiven, Namen und Satzanfängen

notruf

bei einem einbruch in einem vorort von london wurde john smith von den heimkehrenden hausbewohnern überrascht. diese machten sofort jagd auf ihn. in die enge getrieben flüchtete der einbrecher in das benachbarte haus. dort alarmierte er telefonisch die funkstreife um sich festnehmen zu lassen. „das ist mir immer noch lieber, als meinen verfolgern in die hände zu fallen“, sagte er.

1 *a)* Dieser Text soll in Groß- und Kleinschreibung ausgedruckt werden. Schreibe ihn richtig in dein Heft und unterstreiche die Stellen, an denen du Großbuchstaben eingesetzt hast.

b) Schreibe alle Substantive mit ihrem Artikel aus dem Text heraus. Zu jedem kannst du ein verwandtes Verb finden, das du natürlich kleinschreiben musst.

2 Schreibe die folgenden Telegrammtexte in Groß- und Kleinschreibung auf. (Bedenke dabei auch, dass an einigen Stellen SS in ß verwandelt werden muss. Da es für ß keinen Großbuchstaben gibt, wird es in Texten, die in Großbuchstaben geschrieben sind, durch SS ersetzt.)

a) LIEBER FRANZ * KOMME SONNTAG NICHT * KATER ENTLAUFEN * ICH AUCH * GRUSS FELIX

b) LEOPOLD LEICHT ERKRANKT * BEERDIGUNG DONNERSTAG * GRUSS ALWINE

c) LIEBE INGE * GRENZENLOSES PECH * FRITZ HAT SICH NUN IN DIESEM JAHR DAS DRITTE BEIN GEBROCHEN * KOMME BALD * AGNES

Ordne in deinem Heft die Wörter der Telegrammtexte in die folgende Tabelle ein.

Substantive/Namen	Adjektive	Verben	sonstige Wörter
...	...	...	...

3 *a)* Setze die folgenden Wörter bei * sinnvoll in die Sätze ein:
Angst – Freude – Glück – Liebe – Lust – Mut – Schreck

a) Nachdem das Auto an ihm vorbeigerast war, war der Fußgänger wie gelähmt vor *.
b) Vor Gespenstern hat Marion keine *.
c) Man braucht schon etwas * um vom 10-Meter-Brett zu springen.
d) Als sie ihn endlich wiedersah, hätte sie vor * weinen können.
e) Der gerettete Bergsteiger konnte sein * gar nicht fassen.
f) Petra hat die * am Gitarrespiel verloren.
g) Mit viel * hat Sara das kranke Kätzchen aufgepäppelt.

b) Diktiere deinem Partner/deiner Partnerin drei dieser Sätze; anschließend diktiert er/sie dir die übrigen vier.

4 Wenn ein Adjektiv als Attribut zwischen Artikel und Substantiv steht, musst du aufpassen: Der Artikel gehört zum Substantiv, das Adjektiv musst du kleinschreiben:

Marc kennt die besten Witze.

a) Schreibe die folgenden Zeilen aus Werbetexten vollständig in dein Heft.

b) Schneide aus Werbetexten in Illustrierten solche Formulierungen aus, klebe sie auf und diktiere sie deinem Partner.
c) Verbinde die Aussagen der Werbetexte aus Aufgabe 4 *a)* zu einem kurzen Unsinnstext. So könntest du beginnen:
Kommen Sie auf den natürlichen Geschmack, benutzen Sie das neue Haarspray ohne Treibgas für die neuen Herbstpullover ...
Markiere anschließend Artikel und Substantiv jeweils mit gelbem Farbstift, das Adjektivattribut umkreise rot.

2.2 Substantivierungen

1 Über das Leben auf einer mittelalterlichen Burg schreibt im Jahr 1518 der Reichsritter Ulrich von Hutten:

Man hört das Blöken der Schafe, das Brüllen der Rinder, das Bellen der Hunde, das Rufen der Arbeiter auf dem Felde, das Knarren und Rattern von Fuhrwerken und Karren. Ja, wahrhaftig, auch das Heulen der Wölfe wird im Haus vernehmbar, da der Wald so nahe ist.

a) In diesem Text werden sieben Verben als Substantive gebraucht und deshalb großgeschrieben. Übertrage den Text in dein Heft und unterstreiche diese Substantive mit ihrem Artikel.

b) Auch die folgenden Sätze enthalten als Substantiv gebrauchte Verben:

a) EIN KNAPPE LERNTE DAS STRIEGELN UND AUFZÄUMEN DER PFERDE.
b) BESONDERS GESCHÄTZT WURDE MUTIGES KÄMPFEN MIT SCHWERT UND LANZE.
c) DIE AUSBILDUNG IM REITEN ERFOLGTE STETS IN VOLLER RÜSTUNG.
d) SCHREIBEN UND LESEN BRAUCHTE EIN RITTER NICHT ZU KÖNNEN.
e) BEI HOFE VERTRIEB MAN SICH DIE ZEIT MIT JAGEN UND SPIELEN.

Schreibe die Sätze in Groß- und Kleinschreibung in dein Heft. Unterstreiche die substantivierten Verben. In welchen Verbindungen kommen sie vor?

2 Auch Adjektive können als Substantive gebraucht werden:

Das Rittertum gab auch Pflichten in der Gemeinschaft der Besten und Auserwählten auf: Der wahre Ritter hilft den Unterdrückten, er setzt sich für Schwache und Kranke ein, er gibt immer nur sein Bestes, alles Ungerechte bekämpft er. Die Farben Weiß, Rot und Schwarz, die er auf seinem Gewand trägt, erinnern ihn an diese Tugenden.

a) Schreibe diesen Text in dein Heft und unterstreiche die zehn substantivisch gebrauchten Adjektive.
b) Diktiere deinem Partner/deiner Partnerin diesen Text.
c) Schreibe den folgenden Text in Groß- und Kleinschreibung in dein Heft.

DAS TURNIER WAR DER BELIEBTESTE WETTKAMPF IM MITTELALTER. ALLE ADLIGEN UND VORNEHMEN NAHMEN ALS ZUSCHAUER VON EINER TRIBÜNE AUS TEIL. DIE PFERDE WURDEN MIT BUNTEN DECKEN GESCHÜTZT, IHR ROT, GELB UND GRÜN LEUCHTETE ÜBER DEN TURNIERPLATZ. DIE RITTER GABEN IHR BESTES. DER SIEGER KONNTE SICH NICHTS BESSERES WÜNSCHEN, ALS DEN SIEGERKRANZ AUS DER HAND EINER DAME ZU ERHALTEN.

3 *Für die Bauern war im Mittelalter ein besonderes Ereignis der Jahrmarkt. Dort wurde allerlei Neues und Unbekanntes, manches Seltene und viel Billiges angeboten.*

a) Schreibe mit Hilfe der Wörter in den beiden Körben in Sätzen auf, was die Bauern dort noch sahen.

Die Bauern sahen

4 Auch heute noch werden viele sportliche Veranstaltungen als „Turnier" bezeichnet. In den folgenden Schlagzeilen aus dem Sportteil der Tageszeitung kannst du verschiedene Substantivierungen entdecken.

Das Wichtigste aus der Zweiten Fußball-Bundesliga

Abbruchniederlage
Gies ist auch mit Bronze zufrieden

Ein Unentschieden knapp verpasst

Bezirksklasse 5
Ein Tag der Unentschieden

Tischtennis
Doppeltes Aus für Jörg Roßkopf

Zweier mit Glück des Tüchtigen im Endlauf

Beim Elfmeterschießen hatte die Olympia-Elf Blei in den Beinen

Die Deutschen standen auf keiner Rechnung

Holland beklagt das frühe „Aus" von Ajax

Elf Freunde jubeln über Bronzemedaille
Jürgen Klinsmann: „In sportlicher Hinsicht das Tollste, was ich erlebte"

Skandal beim Boxen
Das Ende wie gehabt

VfR brachte Favorit Union arg ins Wanken

Säbelfechter Sechste
Medaillensammler machten Pause — Ungarn gewann

Olympisches Programm hat Wachstumsgrenze erreicht — Streichen des Boxens wird diskutiert *a)* Übertrage diese Überschriften in dein Heft und markiere substantivierte Verben rot und substantivierte Adjektive oder Numerale (Zahlwörter) grün. Ein substantiviertes Wort gehört ursprünglich einer anderen Wortart an.

b) Suche selbst in einer Tageszeitung Überschriften, in denen substantivierte Wortarten enthalten sind. Schneide sie aus und klebe sie in dein Heft. Einige diktierst du deinem Partner/deiner Partnerin.

5 In der Überschrift des folgenden Sportberichts findest du wieder das substantivierte Wort aus Aufgabe 4*a)*, das weder ein Verb noch ein Adjektiv ist. Es gehört zur Wortart „Präposition“. Präpositionen können genauso wie auch Konjunktionen und Adverbien als Substantive gebraucht werden und werden dann großgeschrieben:
Unter das Gestern zogen sie ohne Wenn und Aber einen Schlussstrich.

a) Füge bei * in den Sportbericht folgende Wörter ein, die alle substantivisch gebraucht werden können:
weh – ach – auf – ab – gestern – morgen – heute – jetzt – aus – hin – her – drum – dran – aus – wenn – aber – warum – weshalb – jenseits – diesseits

Holland beklagt das frühe „Aus“ von Ajax

Da hilft kein * und *: Der 0:4-Schock von Düsseldorf steckte den Bayern tief in den Knochen. Zwar erreichten sie nach einem mehrmaligen * und * des Spielstandes doch noch die zweite Runde im Europapokal. Doch Trainer L. muss seiner Mannschaft wohl noch deutlicher machen, dass zwischen dem ruhmreichen * und dem hoffnungsvollen * das *, das * liegt – und das zählt! Bei fast sicheren Torchancen ging der Ball ins *; das Auswechseln W.s führte zu einem fürchterlichen * und * in der Abwehr. Dagegen stand der Einsatz der niederländischen Mannschaft: Sie zeigte Fußball mit allem * und *. Schade, dass für sie das * unwiderruflich ist. Ohne * und * war sie die bessere Mannschaft im Spiel. Die Bayern täten gut daran, das * und * ihrer schwachen Leistung recht bald zu ergründen – die Hoffnungen auf den Pokalgewinn sind schon jetzt mehr im * als im * einzuordnen …

b) Schreibe aus dem Zeitungstext die substantivierten Wörter mit ihrem Begleiter heraus. Meistens werden sie als Doppelausdruck gebraucht.

c) Verwende diese Ausdrücke in kurzen Sätzen, die du aufschreibst.

6 Partnerdiktat

Zum Sieg reichte ein Unentschieden

Mit dem Glück des Tüchtigen stieg die Elf des Mündener Sportvereins in die Bezirksliga auf. Zwar war sie zu Beginn der Spielzeit nur als Sechste in der Tabelle angetreten, doch durch hartes Trainieren und geschicktes Ausnutzen von Torchancen hat sich die Elf nach oben gespielt. Als bei der Begegnung mit Kassel 04 Schwarzer nach mehreren Fouls die rote Karte sah, glaubte auch der Zuversichtlichste nicht mehr an einen Sieg. Doch das Aus war noch nicht endgültig; die Zähen aus Münden trainierten doppelt hart und wurden belohnt. Auch für Trainer Schuller kann es nichts Schöneres geben, als seine Jungen jetzt auf Bezirksebene zu betreuen.

2.3 Kleinschreibung von Substantiven

1 In Verbindung mit den Verben *sein, bleiben, werden* werden die Wörter
Angst – Schuld – Bange – Gram – Leid – Pleite
wie Adjektive gebraucht und deshalb kleingeschrieben.
Kleingeschrieben werden auch die Wörter *Recht – Unrecht – Wert – Schade(n)* in Verbindung mit dem Verb *sein*.
In Verbindung mit anderen Verben werden diese Wörter großgeschrieben.
Beispiel: *Kommissar Kniepel wird Recht behalten. Er findet heraus, wer am Tod Tassos schuld ist.*

a) Schreibe die Texte zu den Bildern in dein Heft und beachte dabei diese Rechtschreibregel.

a) Frau Krummhübel, die reiche Witwe eines Bankiers, ist verzweifelt. Tasso, ihr vierbeiniger Liebling, ist tot. Vergiftet. Sie gibt ihrem Nachbarn SCHULD am Tod Tassos. „Sie werden sehen, dass ich RECHT habe. Vor Herrn Heinrich ist mir schon immer ANGST und BANGE gewesen.“ – „Das wäre natürlich sehr SCHADE, unter Nachbarn“, meint Kniepel. „Ich besuche jetzt Heinrich, mal sehen, ob es UNRECHT ist, ihn zu verdächtigen.“

b) „Wissen Sie, dass der Hund Ihrer Nachbarin vergiftet worden ist?“, fragt Kniepel Herrn Heinrich. „Das ist ja das Neueste“, sagt der, „bestimmt meint die Alte, dass ich daran SCHULD bin. Aber sie hat UNRECHT, ich besitze kein Gift und Wurst habe ich auch nicht, weil ich kein Fleisch esse.“ – „Das tut mir ja nun LEID“, sagt Kniepel, „aber die alte Dame, der Sie so GRAM sind, hat doch RECHT behalten: Sie haben SCHULD an Tassos Tod“, sagt Kniepel.
Wieso hat Frau Krummhübel RECHT?

(aus: treff, Schülermagazin, Heft 6/1975. Velber Verlag, Seelze)

b) Bilde Satzpaare, in denen jeweils eines der Wörter aus der Wortliste einmal groß- und einmal kleingeschrieben werden muss, z. B.

RECHT: *Ist es dir recht, dass ich dich morgen besuche?*
Herr Müller hat wieder einmal Recht.

2 Stimmengewirr

DIE FIRMA MEIER SOLL
PLEITE SEIN ...

DAS IST MIR DIE SACHE WERT ...

MIR WIRD ANGST, WENN ICH AN DEN
ZAHNARZT DENKE ...

AN ALLEM HAT NUR
DIE BANK SCHULD ...

DU TUST MIR UNRECHT, ICH
HABE DEINEN FÜLLER NICHT ...

ES IST SCHADE, DASS TANTE LISA
NICHT KOMMT ...

MEINE TANTE LEGT WERT
AUF MEINEN BESUCH ...

ICH HATTE DOCH RECHT:
DER KAI LIEBT DIE SANDRA ...

WENN IHR WEITERHIN
SO VERSCHWENDERISCH SEID,
WERDET IHR PLEITE GEHEN ...

SEI VORSICHTIG,
SONST WIRST DU
SCHADEN NEHMEN ...

a) Schreibe diese Gesprächsfetzen in Groß- und Kleinschreibung in dein Heft; unterstreiche jeweils das Substantiv aus der Wortliste (s. Aufgabe 1) und das zugehörige Verb farbig.
b) Diktiere deinem Partner/deiner Partnerin fünf dieser Sätze, er/sie diktiert dir anschließend die übrigen fünf.

3 Partnerdiktat

Der gierige Fuchs

Ein Fuchs zog den gefüllten Brotbeutel eines schlafenden Wanderers in seine Höhle und fraß ihn sofort völlig leer. Davon wurde er so dick, dass er nicht mehr aus seinem Loch herauskam. Ihm wurde angst und er jaulte um Hilfe. Ein anderer Fuchs hörte ihn, sah, was passiert war, und grinste: „Das ist recht. Wärest du nicht so gierig, hättest du die Beute geteilt. Du bist selbst schuld, dass du nun vier Wochen Diät leben musst. Das ist wirklich sehr, sehr schade!"

2.4 Anredepronomen

Die Regel für die Schreibung von Anredepronomen heißt:
Das Anredepronomen *Sie* und das entsprechende Possessivpronomen *Ihr* (sowie die dazugehörigen flektierten Formen) schreibt man groß.
Die Anredepronomen *du* und *ihr* sowie die entsprechenden Possessivpronomen *dein* und *euer* (und alle dazugehörigen Formen) schreibt man klein.

Diese Regel gilt auch für das Schreiben von Briefen.

1 Schreibe folgenden Brief einer unzufriedenen Kundin an eine Computerfirma in dein Heft; setze bei * passende Anredepronomen ein:

Helga Müller
Motzener Str. 5
12277 Berlin

Berlin, den 05.09.19..

COMPUTER-EX
Rheinstr. 15

12159 Berlin

Sehr geehrte Damen und Herren,

nachdem * mir meinen Rechner mit erheblicher Verzögerung ausgeliefert haben, muss ich leider feststellen, dass * den Fehler in gar keiner Weise behoben haben.

Es muss * doch während eines Probelaufes aufgefallen sein, dass weder Maus noch Schreibprogramm funktionieren!

Betrachten * dies als * übliche Art, * Kunden zu bedienen?

Ich erwarte von * umgehend eine Stellungnahme, wie * dieses Problem lösen wollen.

Bitte denken * dabei auch daran, dass ich * Firma unter den augenblicklichen Umständen nicht weiterempfehlen werde.

Mit nicht sehr freundlichen Grüßen

2 *a)* Den Antwortbrief der Firma „Computer-Ex" schreibe in Groß- und Kleinschreibung auf:

```
COMPUTER-EX                                    Berlin, den 10.09.19..
Rheinstr. 15
12159 Berlin


Frau
Helga Müller
Motzener Str. 5

12277 Berlin


SEHR GEEHRTE FRAU MÜLLER,

WIR BEDAUERN SEHR, DASS SIE MIT DER DURCHGEFÜHRTEN REPARATUR NICHT
ZUFRIEDEN SIND. LEIDER MÜSSEN WIR IHNEN ABER MITTEILEN, DASS SIE
IHREN URALTEN RECHNER IN DIESEM ZUSTAND ERTRAGEN MÜSSEN.

WIR KÖNNEN IHNEN LEIDER NUR DAZU RATEN, SICH VON IHREM GERÄT ZU
TRENNEN UND EIN NEUES ZU ERWERBEN.

BEI IHRER KAUFENTSCHEIDUNG WERDEN WIR IHNEN GERNE BEHILFLICH
SEIN.

MIT FREUNDLICHER EMPFEHLUNG
IHRE

FA. COMPUTER-EX
```

b) Formuliere den Antwortbrief so um, dass er an eine Freundin gerichtet sein könnte:

Liebe Helga,

wir bedauern sehr, dass du mit der durchgeführten Reparatur nicht zufrieden bist. ...

3. Getrennt- und Zusammenschreibung

3.1 Zusammengesetzte Verben

1 *a)* Ute und Sandra haben sich ein neues Spiel ausgedacht. Sie beschriften kleine Karten zur Hälfte mit Präpositionen, zur anderen Hälfte mit Verben:

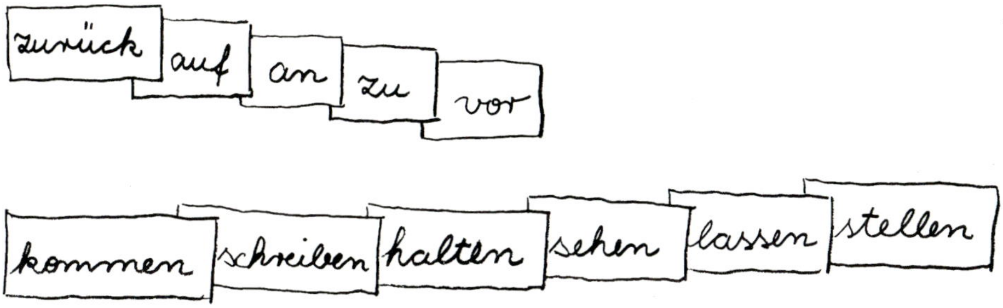

In jeder Spielrunde ziehen sie zwei Karten und müssen mit dem entstehenden zusammengesetzten Verb in drei Minuten einen Satz aufschreiben. Das Verb muss dabei im *Infinitiv* erhalten bleiben und zusammengeschrieben werden.

b) Nach einiger Zeit verfeinern sie das Spiel: Jetzt muss man noch eine dritte Karte ziehen, auf der *zu* steht:

Auch diese Verbformen werden zusammengeschrieben.

2 *a)* In den folgenden Sätzen fehlen Verben aus den „Kombinationswörtern“:

ab *vor* *mit* **+** *laufen* *bringen* *singen*

a) Ich möchte gerne ... um den Beginn des Fernsehfilms nicht zu verpassen.
b) Die Bauern hoben einen Graben aus, so konnte das Wasser ... .
c) Es ist gefährlich, wenn Hunde beim Fahrradfahren ... .
d) Angeklagter, was können Sie zu Ihrer Verteidigung ... ?
e) Wirst du mir auch etwas Schönes aus Berlin ... ?
f) Peter konnte seinen Freund von diesem gefährlichen Vorhaben ... .
g) Petra und Marion werden euch das Lied jetzt ... .
h) Die Jungen können ruhig auch kräftig ... !

b) Verändere die Sätze jetzt so, dass in das zusammengesetzte Verb jeweils ein *zu* eingeschoben wird, z. B.

Wirst du auch daran denken, mir etwas Schönes aus Berlin mitzubringen?

3 *a)* Welche Rechtschreibschwierigkeit liegt hier vor?

a) Ich habe wirklich keine Lust zu laufen.
Eines Tages wird mir ein Hund zulaufen.

b) Dieser wackligen Brücke ist nicht mehr zu trauen.
Du solltest dir viel mehr zutrauen.

Formuliere mit Hilfe der Beispielsätze eine Regel. Beachte auch die Betonung.

b) Verwende die folgenden Verben in Satzpaaren. Du solltest sie jeweils einmal getrennt und einmal zusammenschreiben müssen.

zu/fassen – zu/reden – zu/geben – zu/wenden – zu/nicken – zu/steigen – zu/spitzen – zu/nehmen

c) Die Verben

zu/schließen – zu/sagen – zu/schneiden – zu/bauen – zu/ziehen – zu/schreiben – zu/sehen

fehlen in den folgenden Sätzen. Setze sie richtig ein und beachte, ob du getrennt oder zusammenschreiben musst.

a) Am Strand begannen wir sofort eine große Sandburg … .

b) Wenn du weggehst, musst du die Haustür … .

c) Ich hatte wirklich keine Lust, Tante Lina aus den Ferien … .

d) Die meisten Menschen können nicht …, wenn ein Tier getötet wird.

e) Petra will sich eine Hose nähen und Mutter wird ihr den Stoff … .

f) Früher war es für die Pferde sehr schwer, den Pflug durch den Acker … .

g) Sollte Ihnen das Buch …, können Sie es behalten.

3.2 Wortgruppe oder Zusammensetzung?

1 *a)* Vergleiche:

a) Du musst die Kamera fest halten.

Du musst die Kamera fester/sehr fest halten.

Du musst die Kamera gerade halten.

aufschreiben

b) Das wollen wir einmal schriftlich festhalten.

Formuliere eine Regel für die Getrennt- und Zusammenschreibung. Nutze die Begriffe Steigerung/Erweiterung und Ersatz.

b) Führe bei den folgenden Satzpaaren jeweils die Steigerungs- oder Erweiterungsprobe und die Ersatzprobe durch und entscheide danach, ob du getrennt oder zusammenschreiben musst.

a) Der Schulsprecher wird seine Rede frei/halten.
Darf ich dich heute im Café frei/halten?

b) Man muss das Tau fest/nehmen, wenn das Schiff anlegt.
Der Polizist muss den Dieb fest/nehmen.

c) Auf dem Bürgersteig kannst du sicher/gehen.
Man kann nicht sicher/gehen, dass das Vorhaben gelingt.

d) Du musst die Schnürsenkel fest/binden, damit du die Schuhe nicht verlierst.
„Ach“, stöhnte die Mutter, „ich kann die Kinder doch nicht fest/binden.“

2 *a)* Zu den folgenden Verben sind dir jeweils zwei Bedeutungen vorgegeben. Bei welcher musst du getrennt, bei welcher zusammenschreiben?

a) gleich/kommen:	1. sofort kommen	2. entsprechen
b) zusammen/fahren	1. erschrecken	2. gemeinsam fahren
c) wieder/bringen:	1. zurückgeben	2. noch einmal bringen
d) zusammen/tragen	1. gemeinsam tragen	2. sammeln
e) da/bleiben	1. nicht weggehen	2. dort bleiben

b) Verwende die Verben a) – e) in Satzpaaren.

3 *a)* Ziehe die unterstrichenen Substantive und Verben in den folgenden Sätzen jeweils zu einem Verb zusammen.

a) Er kann mit dem Bauch reden.

b) Eulenspiegel wollte auf dem Seil tanzen.

c) Du solltest dich zum Schutz gegen Grippe impfen lassen.

d) Klaus kann gut auf dem Rücken schwimmen.

e) Wer lässt sich schon gerne an der Nase führen?

f) Man hat ihn zur Strafe dorthin versetzt.

g) Beim Militär wird man zum Dienst verpflichtet.

h) Im Urlaub will unser Lehrer auf die Berge steigen.

i) Es ist eine Krankheit, im Schlaf durchs Haus zu wandeln.

j) Es stimmt nicht, dass Jungen besser im Kopf rechnen können als Mädchen.

b) Schreibe die Sätze mit den zusammengezogenen Verben in dein Heft.

4 Partnerdiktat

Herr Kluge schlendert durch ein Warenhaus; viele Menschen versuchen noch etwas Preiswertes zu kaufen. Doch jetzt wird Herrn Kluges Blick an etwas hängen bleiben, was auf dem Boden liegt: ein Fünfmarkstück! Verstohlen beginnt Herr Kluge sich umzusehen, ob es auch niemand entdeckt hat. Sein Blick begegnet einem Mann an einem Stand, der ihm zuzusehen scheint. Herr Kluge stellt seinen Fuß auf das Geldstück, doch als er sich bückt um es aufzuheben, scheint es am Boden hängen zu bleiben.
Herr Kluge blickt auf, da steht sein Mitwisser neben ihm: „Darf ich Ihnen unseren Klebstoff anbieten? Sie sehen selbst, wie gut er klebt.“ Aus Verlegenheit bleibt Herrn Kluge nichts übrig, als zu kaufen. So hat er sich schon lange nicht mehr nasführen lassen!

(nach: *Hans Arnold*, Trick im Warenhaus. Hueber Verlag, München o. J.)

4. Fremdwörter

1 Täglich begegnen uns Wörter aus anderen Sprachen:

a)

b) ... Margarine, Zucker, ein achtel Liter Apfelsinensaft und Mehl in die Schüssel der Küchenmaschine geben. Vermengen und zum Schluss die Rosinen oder Sultaninen unterheben ...

a) Kennst du die Bedeutung der Bezeichnungen auf dem Radio-Kassetten-Kombi?
Benutzt du sie, wenn du dich mit deinem Freund/deiner Freundin unterhältst?

b) Schreibe den Rezeptausschnitt in dein Heft und unterstreiche die (6) Fremdwörter.
Welche Gemeinsamkeit in der Schreibung haben sie?

2 *a)* Ordne den folgenden Umschreibungen das richtige Fremdwort zu:

a) Wohn- und Schlafraum auf Schiffen
b) kleines, gefülltes Stück Schokolade
c) Stoffart
d) Streichinstrument
e) unterirdisches Erzvorkommen
f) Blütenpflanze
g) Fenstervorhang
h) Überrest eines verfallenen Bauwerkes
i) lebenswichtige Wirkstoffe
j) festgesetzte Zeitpunkte

Gardine – Kabine – Lupine – Mine – Popeline – Praline – Ruine – Termine – Violine – Vitamine

b) Diktiere deinem Partner/deiner Partnerin diese Wörter. Den gemeinsamen Wortteil umkreise anschließend mit Farbstift.

3 *a)* Mit Hilfe des Wortteils *-ieren* kann man die folgenden Substantive zu Verben umformen. Schreibe die Wortpaare in dein Heft.
Diktat – Elektrizität – Export – Dirigent – Frisur – Funktion – Information – Kritik – Musik – Studium – Telefon

b) Findest du zu einigen Wortpaaren auch ein verwandtes Adjektiv? Schreibe es dazu.

4 *a)* Ordne die Wörter der folgenden Wortliste nach ihren Endungen. Schreibe sie in Tabellenform auf.
diskutieren – informativ – interessant – Fabrik – speziell – Adresse – Fabrikant – Aktion – isoliert – experimentieren – industriell – Hektik – Information – Restaurant – Interesse – negativ – rasiert – probieren – alarmieren – Musik – poliert – Delikatesse – Situation – passiert – gratulieren – interessieren – positiv – Passiv – Diskussion – illustriert – charakterisieren – Produktion – Detektiv – zensieren – Politik

b) Stelle Wortfamilien zusammen, z. B. *interessieren – interessant – Interesse.*
Du kannst so die Wortliste oben noch erweitern; schlage die Wörter in einem Wörterbuch nach, bevor du sie aufschreibst.

5 *a)* Ordne die Wörter dieser Wortliste zu Reimpaaren und schreibe sie auf:
Abitur – Alphabet – Apparat – Artikel – Automat – Benzin – Fabrik – Figur – Garage – Gelee – Idee – Kamin – Klarinette – Paket – Physik – Radio – Spionage – Studio – Vehikel – Zigarette

b) Partnerarbeit: Diktiert euch gegenseitig je fünf dieser Reimpaare.

6 *a)* Setze die in diesem Kasten enthaltenen Silben zu Fremdwörtern zusammen, die folgende Bedeutung haben:

In	dat	stro	Ther
set	pri	Gy	rent
fee	ta	mo	Kan
kur	te	ter	Rhyth
me	di	Kaf	mus
vat	Kas	ter	Kon
Ka	view	phe	ros

1. Befragung
2. Mitbewerber
3. schreckliches Ereignis
4. Bewerber um ein Amt
5. Magnetband in flachem Kunststoffgehäuse
6. nicht öffentlich, persönlich
7. Messgerät
8. aus gerösteten Bohnen bereitetes Getränk
9. gegrillte Fleischstückchen
10. Gliederung des Zeitmaßes in der Musik

b) Die gefundenen Wörter passen in die folgenden Sätze. Schreibe sie vollständig auf:

a) Der Abgeordnete gab bekannt, dass er nicht mehr als * für die nächste Wahl zur Verfügung stehe.
b) Im Anschluss an diese Sendung können Sie das vollständige * sehen.
c) Das * zeigte nur 5 Grad Celsius.
d) Heftige Regenfälle haben in Indien zu einer * geführt.
e) Der Sprinter konnte alle * aus dem Feld schlagen.
f) Tausende klatschten begeistert im * der Musik.
g) Das ist meine ganz * Meinung.
h) Die *- und Teepreise werden wieder steigen.
i) Im griechischen Restaurant essen wir gerne *.
j) Man hatte die Gespräche auf * aufgezeichnet.

7 Deine Fragen zu „fremden" Wörtern beantwortet dir ein Fremdwörterbuch. Zum Wort *Ingenieur* findest du z. B. im Fremdwörter-Duden folgende Angaben:

Wie schreibe ich das Wort?

Was bedeutet das Wort?

Wie wird das Wort getrennt?

[...] **In|ge|ni|eur** [*in~~sch~~eniö̲r; lat.-fr.*] *der;* -s, -e: auf einer Hoch- od. Fachhochschule ausgebildeter Techniker; Abkürzungen: Ing. (grad.), Dipl.-Ing., Dr.-Ing. [...] **in|ge|ni|ö̲s** [*in-g* ...]: erfinderisch, kunstvoll erdacht; scharfsinnig, geistreich. **In|ge|ni|o|si|tä̲t** *die;* -: a) Erfindungsgabe, Scharfsinn; b) von Ingenium zeugende Beschaffenheit. **In|ge|ni|um** [*lat.*] *das;* -s, ...ien [*...iᵉn*]: natürliche Begabung, [schöpferische] Geistesanlage, Erfindungskraft, Genie. **In|ge|nu|i|tä̲t** *die;* -: 1. (hist.) Stand eines Freigeborenen, Freiheit. 2. (veraltet) Freimut, Offenheit, Natürlichkeit im Benehmen.

Wie spricht man das Wort aus?

Aus welcher Sprache kommt es?

Welche verwandten Wörter gibt es?

(aus: Duden, Band 5: Das Fremdwörterbuch. Bibliographisches Institut & F. A. Brockhaus AG, Mannheim 1997, S. 360)

Beantworte mit Hilfe eines Fremdwörterbuchs die Fragen, die zum Stichwort *Ingenieur* gestellt werden, für die unterstrichenen Wörter im folgenden Comic:

8 Partnerdiktat

Kurz bevor es explodierte, konnten sich auf einem Feld bei München der Pilot und sein Kamerad aus ihrem brennenden Flugzeug retten. Die beiden Männer, beide Manager einer großen Maschinenfabrik, waren auf dem Rückflug von Hamburg. Sie gratulierten sich gerade zum positiven Verlauf einer Diskussion um neue Produktionsstandorte, als der Pilot den Ausfall eines Motors bemerkte.
Er alarmierte sofort die nächste Rettungsstelle. Als der Funktionsausfall passierte, befand sich die Maschine gerade über einem großen Industriegelände mit vielen Fabriken und einem Elektrizitätswerk. Nur dem mutigen Einsatz der beiden Männer ist es zu verdanken, dass eine Katastrophe verhindert wurde.

5. Zeichensetzung

5.1 Wörtliche Rede

1 Schreibe den Witz in dein Heft.
In der Garderobe wird ein Gast von einem kleinen unauffälligen Herrn angesprochen: „Verzeihung, sind Sie zufällig Herr Schraube?“ – „Nein“, knurrt der Angesprochene. „Sehen Sie“, lächelt der kleine Herr schüchtern, „aber ich bin Herr Schraube, und was Sie gerade anziehen, ist sein Mantel.“
(aus: treff. Schülermagazin, Heft 1/1976. Velber Verlag, Seelze)
Unterstreiche die wörtliche Rede (auch direkte Rede genannt) und den jeweils zugehörigen Begleitsatz farbig. Beschreibe die drei Möglichkeiten, wörtliche Rede und Begleitsatz miteinander zu verknüpfen.

2 Denke dir zu den Texten im folgenden Comic passende Begleitsätze aus und schreibe das Gespräch auf. Benutze alle drei Verbindungsmöglichkeiten von wörtlicher Rede und Begleitsatz.

3 Forme die wörtliche Rede in dem folgenden Text so um, dass der Begleitsatz eingeschoben ist:
Müller sitzt im Zugabteil. Plötzlich sagt er zu einem Mitreisenden: „Also, diese Gleisbauarbeiter, die sind wirklich faul.“ – „Wie kommen Sie denn darauf?“, fragt der Angesprochene. Herr Müller entrüstet sich: „Ich fahre diese Strecke jede Woche, und immer stehen sie untätig herum, wenn der Zug vorbeifährt.“

4 *a)* Ergänze den folgenden Dialog durch passende Begleitsätze. Du solltest alle drei Möglichkeiten der Redeverknüpfung verwenden.
„Ist dieser Brief von Napoleon auch echt?“ – „Ja, dafür garantiere ich.“ – „Tja, wissen Sie, ich bin etwas skeptisch, weil er hier ‚Kino‘ mit ‚ie‘ schreibt.“
b) Diktiere deinem Partner/deiner Partnerin den Text ohne die Satzzeichen der wörtlichen Rede.

5.2 Das Komma zwischen Satzteilen

1 Während eines Zeltlagers spielt eine Gruppe „Kofferpacken". In der zweiten Spielrunde heißt es:
„Ich packe in meinen Koffer eine Zahnbürste, ein Radio, ein Paar Socken, fünf Flaschen Coca-Cola, mein Bett, meinen Hamster, eine Schlafmütze, zehn Portionen Pommes frites, mein Mofa, zehn Filzstifte, ein Nachthemd und ein Kopfkissen."
Welche Kommasetzungsregel wurde hier beim Aufschreiben angewendet?

2 Wende diese Kommaregel auch im folgenden Text an:

MANCHESTER (AP). Ein Weihnachtsessen für acht Personen hat ein Hund in England ganz allein verschlungen. Während die Familie schlief, verzehrte „Sandy" die Garnelen den Lachs den Truthahn Würste Schinken gekochte Kartoffeln Karotten und Rosenkohl Pudding Schlagsahne und eine Schachtel Pralinen. Dem Hund ging es elend. Die Familie war verzweifelt und lud die Gäste aus.
(aus: Der Tagesspiegel vom 27. 12. 1995)

3 Schreibe die folgenden Sätze in dein Heft und wende die bei Aufgabe 1 formulierte Kommasetzungsregel an:
a) Felix hat einen Hund eine Katze sowie mehrere Goldfische.
b) Kai wünscht sich Indianerbücher ein Taschenmesser einen Elektrobaukasten oder einen Chemiebaukasten.
c) Sandra liest weder Comics Kriminalgeschichten noch Abenteuerromane.
d) Mein Onkel war schon in Spanien Frankreich Portugal in der Türkei und in den USA.
e) Du kannst entweder Gitarre lernen Fußball spielen oder zum Judotraining gehen.

4 In diesen Sätzen kannst du eine Regel für die Kommasetzung bei nachgestellten Attributen erkennen.
Das Auto meiner Schwester, eine klapprige Kiste, wird nicht mehr lange durchhalten.
Oliver, frech und gerissen wie immer, hatte diesen Streich ausgeheckt.

Formuliere die Regel und wende sie in den folgenden Sätzen an:
a) Unser Max ein alter Schäferhund wird wohl nicht mehr lange leben.
b) Meine kleine Schwester ein vergnügtes Kind mochte die Tante auf Anhieb nicht.
c) Ein König betagt und krank rief seine Söhne zu sich.

5 Setze auch in diesen Kleinanzeigen die fehlenden Kommas:

a) Haben Sie nicht Interesse an meinem Wohnwagen fast neu und kaum benutzt?

b) **Zeitungszusteller** möglichst Frühaufsteher für sofort gesucht!

c) Mickymaus-Comics alle Jahrgänge seit 1963 vollständig in sehr gutem Zustand und gebunden gegen Höchstgebot zu verkaufen.

d) Hole Ihr Auto fahrbereit oder nicht sofort ab.

6 Kommasetzung gleichgültig? – Immerhin kannst du durch ein Komma mehr eine Person verschwinden lassen. Schreibe den folgenden Satz zweimal auf, einmal sind zwei, einmal drei Personen gemeint.
Onkel Fritz der Bruder meines Vaters und Tante Inge sind gestern angekommen.

5.3 Das Komma zwischen Sätzen

5.3.1 Das Komma in der Satzreihe

1 a) Das Licht wird dunkler, die Musik setzt ein und der Film beginnt.
b) Möchtest du ins Kino, möchtest du spazieren gehen oder möchtest du Eis essen?

a) Formuliere die Regel für die Kommasetzung bei Satzreihen, die mit *und, oder (beziehungsweise, weder ... noch, entweder ... oder)* verbunden sind.
b) Bilde aus dem folgenden Wortmaterial Satzreihen, schreibe sie auf und achte auf die Kommasetzung:
a) Buch lesen, fernsehen, alte Fotos sortieren
b) Hausaufgaben machen, Gitarre üben, Zimmer aufräumen
c) Nach Italien fahren, nach Kreta fliegen, unser Hausdach reparieren lassen
d) Eine Geschichte erzählen, ein Gedicht schreiben, ein Lied komponieren
e) Schnee fallen, frieren, regnen

2 Manchmal sind selbstständige Sätze ineinander geschoben:

An diesem Abend, es war mitten im Oktober, fiel der erste Schnee.

a) Schreibe die folgenden Sätze mit richtiger Kommasetzung in dein Heft:
a) Onkel Max er ist ein alter Schulfreund meines Vaters besitzt eine Farm in Texas.
b) Die neue Lehrerin sie hat flammend rotes Haar fährt einen Porsche.
c) Alle Bücher es waren bestimmt fünfhundert Stück mussten sorgfältig verpackt werden.
d) Der neue Computer es ist wirklich eine Schande ist schon wieder außer Betrieb.
e) Montags und das passiert jede Woche fällt nachts der Strom aus.

b) Diktiere deinem Partner/deiner Partnerin die Sätze ohne Satzzeichen.

3 *a)* Schreibe den folgenden Text in dein Heft. Unterstreiche: Aufzählungen = gelb, Satzreihen = grün, eingeschobene Sätze = rot. Setze die Kommas.
Wie fängt man einen Bären? Ganz einfach. Man braucht dazu nur eine Telefonzelle ein Fahrrad ein Fernglas und eine Streichholzschachtel. Damit geht man in den Wald man stellt die Telefonzelle auf eine Lichtung und nun setzt man sich aufs Fahrrad. Unaufhör-

lich klingelnd fährt man um die Telefonzelle herum. Der Bär hört das er denkt: „Telefon für mich!“ und er geht in die Zelle. Nun macht man die Tür des Telefonhäuschens schön fest zu man holt sein Fernglas aus der Tasche und sieht verkehrt herum hinein. Den Bären steckt man mitsamt der Zelle das ist jetzt ganz einfach in die Streichholzschachtel und kann ihn so bequem nach Hause tragen.

(nach: *Kahlert/Kohlsaat*, Witzekiste; rororo rotfuchs Nr. 253)

b) Diktiere deinem Partner/deiner Partnerin den Text ohne die Kommas. Nach der Hälfte wechselt ihr euch ab.

5.3.2 Das Komma im Satzgefüge

1 *a)* Zeige an dem folgenden Beispiel, was ein Satzgefüge ist, und formuliere eine Regel für die Zeichensetzung.

Konjunktion ↓

Es ist kaum vorstellbar **,** dass so etwas passiert.

Hauptsatz — Nebensatz

b) Vier Sätze dieses Zeitungsberichtes sind Satzgefüge. Schreibe sie heraus und kennzeichne sie wie im Beispiel oben.

Als Diebe ihm in Casablanca die Aktentasche mit den Autopapieren gestohlen hatten, ging ein Autofahrer sofort zur Polizei. Sein falsch geparktes Auto wurde abgeschleppt, während er den Diebstahl meldete. Im Abschleppdepot bekam er den Wagen nicht zurück, da er keine Papiere hatte. Als er mit einer Ersatzbescheinigung der Polizei zum Depot zurückkam, war der Wagen weg. Die Diebe hatten ihn mit Hilfe der Originalpapiere bereits abgeholt. (nach: Neue Osnabrücker Zeitung vom 15. 2. 1986)

c) Vertausche nun die Stellung von Haupt- und Nebensatz und schreibe die Satzgefüge so auf.

2 Schreibe die folgenden Texte ab und setze die fehlenden Kommas:

a) Obwohl er bereits fast taub war dirigierte Beethoven eines seiner Konzerte. Er selbst übernahm den Klavierpart. Als alle Instrumente im Fortissimo erklingen sollen springt er mit einem Ruck auf. Er dirigiert mit weit ausgreifenden Bewegungen beider Arme sodass die auf dem Klavier aufgestellten Leuchter polternd zu Boden fallen. Allgemeines Gelächter und Beethoven klopft ab.

Bei der Wiederholung werden zwei Jungen neben das Klavier gestellt damit sie die Leuchter festhalten. Als die kritische Fortissimostelle kommt duckt sich reaktionsschnell der eine Knabe. Der andere erhält eine schallende Backpfeife weil der Meister wiederum sehr hektisch dirigiert. Der Saal birst vor Lachen. Beethoven haut auf die Tasten dass einige Saiten springen. Er tritt nie wieder öffentlich auf.

b) Beethoven arbeitete jederzeit und überall. Als er eines Tages in den „Schwan" kam setzte er sich und begann zu schreiben. Der Kellner kam. Doch weil er die Absonderlichkeiten seines Gastes kannte verdrückte er sich schnell. Nachdem eine halbe Stunde vergangen war kam er wieder. Er fand den Komponisten jedoch noch immer in seine Arbeit vertieft. Damit er ihn nicht störe wartete er nochmals. Eine Stunde war vergangen als plötzlich Beethovens Stimme dröhnte: „Zahlen!"

(nach: Lachen in Dur und Moll, hg. von S. Peinecke. Salzer Verlag, Heilbronn 1985)

3 Verbinde jeweils die Hauptsätze mit einer passenden Konjunktion zu einem Satzgefüge und schreibe sie in dein Heft.

a) Ich komme gern. Du holst mich am Flughafen ab.
b) Dieser Mann hat so viel Geld. Er kann das bezahlen.
c) Ulrich fehlt so häufig. Er wird das Klassenziel nicht erreichen.
d) Sie konnte kein Wort herausbringen. Sie hatte sich auf das Gespräch so gut vorbereitet.
e) Die Schüler konnten es nicht einsehen. Die Klassenfahrt musste aus diesen Gründen ausfallen.
f) Michael verhält sich wieder so. Er weiß wirklich schon alles.
g) Du hast es mir versprochen. Du besuchst mich. Du bist hier.
h) Viele Forscher möchten es wissen. Es gibt Leben auf dem Mars.
i) Wir sind in New York angekommen. Wir schreiben dir eine Postkarte.
j) Claudia hilft Aysun. Sie macht jeden Tag mit ihr Hausaufgaben.

4 Partnerdiktate

a) Wähle einen der Sätze aus Aufgabe 3 aus und diktiere ihn ohne Kommas.
b) Diktiere auch den folgenden Text ohne Kommas.

Wertsteigerung

Ein Mann geht täglich an einer Tierhandlung vorbei, weil dort eine reizende Katze im Schaufenster sitzt. Da sie jedoch 50 Mark kostet, kann der Mann sie nicht kaufen. Nachdem er so mehrere Wochen lang jeden Tag die Katze betrachtet hat, fasst er eines Tages einen Entschluss. Er will die Katze nun doch kaufen, auch wenn die Ausgabe seine Verhältnisse übersteigt. Als er in den Laden kommt, ist er jedoch entsetzt. „Wie kommt es, dass die Katze heute auf einmal 300 Mark kostet?", fragt er den Verkäufer. „Das ist so, weil das Vieh gestern den Papagei für 250 Mark gefressen hat!"

Zum Nachschlagen

1. Gleich und ähnlich klingende Laute

1.1 Konsonanten

1.1.1 Der /f/-Laut

Für den /f/-Laut gibt es verschiedene Schreibweisen:

- *f* ist die häufigste Schreibweise:
  im Anlaut, Inlaut und Auslaut, z. B. *Feld, helfen, Hanf;*
- *ff* steht nach kurzen (betonten) Vokalen, z. B. *Koffer, Begriff;*
- *v* ist relativ selten im Deutschen:
  nur im Anlaut, z. B. *viel, Vogel,*
  in den Präfixen *vor-* und *ver-*, z. B. *Vorgabe, verstellen,*
  in Suffixen von Fremdwörtern, z. B. *konstruktiv;*
- *ph* steht in Fremdwörtern, z. B. *Philosophie.*
  Häufig sind diese Wörter in ihrer Schreibweise dem Deutschen bereits angeglichen, z. B. *Telefon.* Manchmal stehen alte und neue Schreibweise nebeneinander, z. B. *Delphin/Delfin.*

1.1.2 Der /s/-Laut

Es gibt den stimmhaften /s/-Laut (z. B. in *reisen*) und den stimmlosen /s/-Laut (z. B. in *reißen*).

Unterschiedliche Schreibweisen hat der **stimmlose /s/-Laut:**
Man schreibt ihn (s)

- vor *-t*, z. B. *sie reist*; im Auslaut, z. B. *Haus*,
  wenn andere Formen dieser Wörter ein stimmhaftes /s/ haben, also *reisen* oder *Häuser*,
- in Wörtern, die aus einer anderen Sprache übernommen wurden (und in denen das *s* auf einen unbetonten Vokal folgt), z. B.
  Kürbis – Krokus – Zirkus – Atlas – Ananas – Omnibus,
- bei der Endsilbe *-nis*, z. B. *Zeugnis* (aber: *Zeugnisse*),
- in „kleinen“ Wörtern wie *bis – als – dies – es – nichts – rechts.*

Man schreibt ihn (ss)
nach einem kurzen (betonten) Vokal, z. B.
küssen – Risse – Nuss – Fass – ich muss – du musst – dass.

Man schreibt (ß)
nach einem langen Vokal und nach einem Diphthong (Doppel- oder Zwielaut), z. B. *Kloß – Klöße; beißen – er beißt.*

1.1.3 *g* oder *k/ck*, *b* oder *p*, *d* oder *t*?

So kannst du in vielen Fällen feststellen, mit welchen der in Frage stehenden Konsonanten das Wort richtig geschrieben wird:

- Infinitiv suchen:
  lebt → *leben*
  erfand → *erfinden*
- flektierte Form bilden, z. B. Plural:
  Kleid → *Kleider*
  Betrieb → *Betriebe*
- Steigerungsform beim Adjektiv bilden:
  jung → *jünger*
  bunt → *bunter*
- verwandtes Wort suchen:
  Leid → *leiden*
  Gold → *golden*

2. Groß- und Kleinschreibung

2.1 Großschreibung von Substantiven, Namen und Satzanfängen

Substantive, Namen und Satzanfänge schreibt man groß. Verben, Adjektive, Numerale, Adverbien, Präpositionen und Interjektionen werden in der Regel kleingeschrieben.

2.2 Substantivierungen

Verben, Adjektive, Numerale, Adverbien, Präpositionen und Interjektionen können auch als Substantive gebraucht werden. Man erkennt Substantivierungen am zugehörigen bestimmten oder unbestimmten Artikel (*der, die, das, ein, eine, ein*) oder am zugehörigen Indefinitpronomen (*mancher, viel* usw.).
Der Artikel kann gelegentlich auch „versteckt“ sein in Wörtern, die aus Präposition und einem Rest des Artikels zusammengesetzt sind, z. B. *beim* = *bei dem*.
Der Artikel kann auch nur gedacht sein, wie z. B. in (*das*) *Rot* oder (*ein*) *doppeltes Aus*.

3. Getrennt- und Zusammenschreibung

3.1 Zusammengesetzte Verben

Viele Verben können mit Präpositionen wie *zu* – *an* – *auf* zusammengesetzt werden.
In den finiten Formen werden sie wieder getrennt und bilden eine Satzklammer:
ablösen: *Ich löse dich ab.* zurufen: *Er rief mir etwas zu.*

Das Wort *zu*, das man oft zur Kennzeichnung des Infinitivs gebraucht, wird bei diesen Verben eingeschoben:
abzulösen: *Vergiss nicht mich abzulösen.* zuzurufen: *Er schien mir etwas zuzurufen.*

3.2 Wortgruppe oder Zusammensetzung?

Mit verschiedenen Proben kannst du feststellen, ob eine Verbindung mit einem Verb als Wortgruppe (getrennt geschrieben) oder als Zusammensetzung (zusammengeschrieben) verstanden werden muss.

Steigerungs-/Erweiterungsprobe: Eine Verbindung aus Adjektiv und Verb wird getrennt geschrieben, wenn das Adjektiv gesteigert/erweitert werden kann:
Du musst laut (lauter/sehr laut) reden, damit dich alle verstehen.

Bei der Entscheidung über Getrennt- oder Zusammenschreibung hilft oft auch die *Ersatzprobe.* Sie zeigt, dass bei Getrenntschreibung in der Regel das Verb erhalten bleibt und sich nur der erste Bestandteil ersetzen lässt, während bei Zusammenschreibung der gesamte Ausdruck ersetzt werden muss:
gut schreiben (= *leserlich, interessant* schreiben) – *gutschreiben* (= *anrechnen*)
zusammen fahren (= *gemeinsam* fahren) – *zusammenfahren* (= *erschrecken*)

4. Fremdwörter

Wir benutzen im Deutschen häufig Wörter, die ihren Ursprung in einer fremden Sprache, vor allem dem Lateinischen und Griechischen, haben. Man erkennt sie meist an

1. ihrer Schreibweise, z. B.
   Th, th *Theater, theoretisch* *Ph, ph* *Philosophie, physisch*
   Ch, ch *Chance, chemisch* *Rh, rh* *Rhetorik, rhythmisch*
   Bei vielen Fremdwörtern kann die Schreibung dem Deutschen angeglichen werden, z. B.
   Fantasie – Geografie – Biografie – Tunfisch – Schikoree
   Oft kann der Schreiber zwischen alter und neuer Schreibweise wählen.

2. typischen Suffixen, z. B.
   -ion: Kalkulation – -in(e): Benzin, Kabine – -at: Apparat (= Substantive)
   -ant: interessant – -iv: informativ (= Adjektive)
   -ieren: illustrieren – -isieren: automatisieren (= Verben)

5. Zeichensetzung

5.1 Wörtliche Rede

Es gibt drei Möglichkeiten, die wörtliche Rede und den Begleitsatz zu verknüpfen:
a) *Der Gast ruft im Restaurant: „Herr Ober, kennen Sie mich noch?“*
b) *„Nicht, dass ich wüsste“, antwortete der Angesprochene.*
c) *„Schade!“, sagte der Gast, „ich habe nämlich vor einer Stunde bei Ihnen ein Schnitzel bestellt.“*

5.2 Das Komma zwischen Satzteilen

Die einzelnen Bestandteile von Aufzählungen werden durch Kommas voneinander getrennt. Vor dem letzten Bestandteil einer Aufzählung steht entweder ein Komma oder Wörter wie *und, oder* (*sowie, beziehungsweise, entweder ... oder, weder ... noch*):
Auf der Geburtstagsfeier aß man reichlich Kuchen, Sahne, Gebäck, Eis und eine Menge Süßigkeiten.

Manchmal werden Teile eines Satzglieds, z. B. Attribute, nachgestellt. Sie werden in Kommas eingeschlossen: *Eine Prinzessin, jung und hübsch, war mit ihrem Leben sehr unzufrieden.*

5.3 Das Komma zwischen Sätzen

5.3.1 Das Komma in der Satzreihe

Unverbundene Hauptsätze trennt man durch Kommas voneinander ab. Mit *und – oder – sowie – bzw. – entweder ... oder – weder ... noch* verbundene Hauptsätze werden nicht durch ein Komma getrennt: *Die Musik wird leiser, der Vorhang hebt sich und das Spiel beginnt.*

Auch eingeschobene Sätze werden durch Kommas abgetrennt:
Mein Vater, er ist leider gerade nicht zu Hause, kann dir sicher bei deinem Problem helfen.

5.3.2 Das Komma im Satzgefüge

Im Satzgefüge werden Haupt- und Nebensatz durch ein Komma voneinander getrennt.

Gliedsätze (d. h. Nebensätze in der Rolle eines Satzglieds) werden häufig durch eine Konjunktion (z. B. *wenn, weil, sodass, obwohl*) eingeleitet und sind dann auch daran erkennbar. Für die Kommasetzung spielt es keine Rolle, ob der Gliedsatz auf den Hauptsatz folgt oder umgekehrt:

Ich freue mich	,	*wenn du mich anrufst.*
Hauptsatz		Gliedsatz

Wenn du mich nicht anrufst	,	*bin ich enttäuscht.*
Gliedsatz		Hauptsatz

Relativsätze werden durch ein Relativpronomen (z. B. *der, die, das*) eingeleitet. Auch sie werden vom Hauptsatz durch ein Komma getrennt:

Ihre Kleidung bestand aus Jacken	,	*die mit Wolle wattiert waren.*
Hauptsatz		Relativsatz

1. Wortarten

1.1 Das Substantiv

Substantive (auch Nomen genannt) benennen Dinge, Tiere, Pflanzen, Menschen:
Tasse, Tiger, Veilchen, Mädchen
Diese Substantive heißen **Konkreta** (Sg. das Konkretum).

Sie benennen auch, was man sich vorstellen oder fühlen kann:
Monat, Freude
Diese Substantive heißen **Abstrakta** (Sg. das Abstraktum).

Substantive können einen Begleiter, d. h. einen Artikel oder ein Pronomen, bei sich haben:
der Affe – eine Katze – mein Freund

Substantive haben ein bestimmtes **Genus** (Geschlecht):

Maskulinum	(männliches Geschlecht/Substantiv):	*der Füller*
Femininum	(weibliches Geschlecht/Substantiv):	*die Tür*
Neutrum	(sächliches Geschlecht/Substantiv):	*das Papier*

Dieses **grammatische Geschlecht** stimmt manchmal nicht mit dem **natürlichen Geschlecht** überein:
das Mädchen – der Mensch – die Geisel

Substantive stehen in einem bestimmten **Numerus** (Zahl):
Singular (Einzahl): *der Herr – die Dame – das Auto*
Plural (Mehrzahl): *die Herren – die Damen – die Autos*

1 *a)* Suche aus den folgenden Texten alle Substantive heraus.
b) Füge, wenn nötig, den Artikel hinzu und schreibe die Substantive nach dem Genus geordnet in eine Tabelle.

Warnung

An der gefährlichsten Stelle einer Skipiste steht ein Warnschild, auf dem zwei gekreuzte Knochen zu sehen sind. Darunter stehen der Name und die Telefonnummer des nächsten Krankenhauses.

(aus: Kölner Stadt-Anzeiger vom 19./20. 12. 1987)

Gelungene Werbung

Drei Monate hatte ein Mann in einer italienischen Großstadt vergeblich eine Wohnung gesucht. Dann kam er auf die Idee seinen weißen Pulli als Plakatwand für eine Suchanzeige mit Telefonnummer zu benutzen. Vier Tage später war die Wohnung gefunden. Jetzt will er auch andere Wünsche auf seinem Pulli inserieren. „Ich bin nämlich noch unverheiratet", deutet er mit verschmitztem Lächeln an ...

(aus: Kölner Stadt-Anzeiger vom 27./28.2.1988)

Irrtum

Vier Polizisten, die eine Verhaftung vornehmen sollten, blieben in einem blockierenden Aufzug stecken. Erst nach einer Stunde konnten sie von der Feuerwehr befreit werden. Anschließend stellten sie fest, dass sie sich in der Hausnummer geirrt hatten. Als sie am richtigen Ort eintrafen, war der „Vogel" ausgeflogen.

(aus: Kölner Stadt-Anzeiger vom 12./13.3.1988)

2 *a)* Schreibe auch aus dem folgenden Text die Substantive mit ihrem Begleiter heraus. Beachte, dass die Substantive großgeschrieben werden.

GEFANGEN

MIT EINER NEUARTIGEN FALLE OPERIEREN POLIZISTEN IN EINER ENGLISCHEN GRAFSCHAFT. ALS „KÖDER" DIENEN SPEZIELL AUSGERÜSTETE WAGEN MIT BRUCHSICHEREN SCHEIBEN. SOBALD DIE DIEBE IN DAS FAHRZEUG EINGEDRUNGEN SIND UND DEN MOTOR ANGELASSEN HABEN, WERDEN AUF GRUND EINES ALARMSIGNALS DIE TÜREN UND FENSTER PER FUNK BLOCKIERT. AUSSERDEM BRINGT MAN DEN MOTOR ZUM STILLSTAND. INNERHALB KÜRZESTER FRIST SIND POLIZISTEN ZUR STELLE UND NEHMEN DIE IN DER FALLE SITZENDEN AUTODIEBE IN EMPFANG.

(aus: Kölner Stadt-Anzeiger vom 12./13.3.1988)

b) Einige Substantive, die du herausgeschrieben hast, stehen im Singular, einige im Plural. Schreibe die jeweils fehlende Form dazu.

Substantive stehen in einem bestimmten **Kasus** (Fall):

Nominativ	(Wer-Fall):	*der Herr*	– *die Dame*	– *das Auto*
		die Herren	– *die Damen*	– *die Autos*
Genitiv	(Wessen-Fall):	*des Herrn*	– *der Dame*	– *des Autos*
		der Herren	– *der Damen*	– *der Autos*
Dativ	(Wem-Fall):	*dem Herrn*	– *der Dame*	– *dem Auto*
		den Herren	– *den Damen*	– *den Autos*
Akkusativ	(Wen-Fall):	*den Herrn*	– *die Dame*	– *das Auto*
		die Herren	– *die Damen*	– *die Autos*

Diese Formveränderung nennt man **Deklination.**

3 Bestimme, in welchem Kasus die unterstrichenen Substantive stehen. Forme dazu den Satz so zu einer Frage mit *wer?, wessen?, wem?* oder *wen?* um, dass das Substantiv die Antwort gibt, z. B.
Ich schenke meinem Freund Briefmarken.
Wem schenke ich Briefmarken? Meinem Freund. → Dativ

Eis-Geld

Mit einem ungewöhnlichen Trick überlisten Gauner in Neapel das öffentliche Telefon. Sie produzieren „Münzen" aus Eis in der vorschriftsmäßigen Größe und im erforderlichen Gewicht. Damit füttern sie die Fernsprechautomaten in den Zellen und führen so Gespräche zum Nulltarif. Der Verlust der Gebühreneinheiten wäre noch zu verschmerzen; das Eis in den Automaten schmilzt jedoch und verursacht häufig Kurzschlüsse und damit Störungen im öffentlichen Fernsprechnetz.
(aus: Kölner Stadt-Anzeiger vom 6./7. 2. 1988)

4 *a)* Füge in die folgenden Sätze ein passendes Substantiv mit einem Begleiter ein. Schreibe sie in dein Heft:
a) Das Fell ** glänzt in der Sonne.
b) Diese Kassetten gehören **.
c) Klaus bringt ** in die Werkstatt.
d) Heute haben ** frei.
e) Der Sattel ** ist ziemlich unbequem.

b) Bestimme nun den Kasus, in dem die eingefügten Substantive stehen.

1.2 Das Adjektiv

Adjektive kennzeichnen Merkmale von Personen, Dingen oder Handlungen. Mit Adjektiven können wir Vergleiche ausdrücken (**Komparation**). Es gibt drei Vergleichsformen:

Positiv	(Grundstufe):	*Klaus ist so alt wie ich.*	Alle sind gleich.
Komparativ	(Vergleichsstufe):	*Petra ist älter als ich.*	Sie sind ungleich.
Superlativ	(Höchststufe):	*Max ist am ältesten.*	Einer übertrifft alle.

Adjektive haben eigene Formen der Deklination: *den hohen Turm – dem kleinen Kind*

1 *a)* Bilde die Vergleichsformen von:
gut – viel – hoch – nahe – teuer – sauer – blass – schmal
b) Verwende diese Vergleichsformen in Sätzen.

2 *a)* Können die folgenden Adjektive einen Komparativ bilden? Erkläre:
schriftlich – viereckig – rund – tot – stumm – weiß – erstklassig – unrettbar – kinderlos – oliv
b) Ergänze die Liste um Adjektive dieser Art.

c) Der Superlativ kann auch durch andere sprachliche Mittel ausgedrückt werden. Suche dafür einige Beispiele.

3 *a)* Bei Wortgruppen aus Adjektiv + Adjektiv/Partizip setzt man den ersten Teil in die Vergleichsform:
ein schwer verständlicher Text – der schwerer verständliche Text – der am schwersten verständliche Text
Bilde die Vergleichsformen und beachte die getrennte Schreibung:
leicht löslich – nahe liegend – lang gestreckt – dicht bevölkert – leicht verletzt – gut gelaunt

b) Bei zusammengesetzten Adjektiven setzt man in der Regel den zweiten Teil in die Vergleichsform:
Sie trug altmodische Schuhe, (noch) altmodischere Hüte, überhaupt: die altmodischste Kleidung.
Bilde jeweils die Vergleichsformen und verwende sie in Sätzen:
leichtsinnig – großartig – langweilig – gutmütig – altklug

Adjektive können im Satz unterschiedlich verwendet werden:

attributiv:	*Das alte Haus hat winzige Fenster.*
prädikativ:	*Die Dachziegel sind hellrot.*
adverbial:	*Das Haus steht still in einer Gasse der Altstadt.*

Suche aus dem folgenden Text (vgl. S. 68) Beispiele für die unterschiedliche Verwendung von Adjektiven.
Luzy ist sichtlich aufgebracht. Ich muss daran denken, wie ich meinerseits mit der sprichwörtlichen Unpünktlichkeit der Peruaner kämpfen musste. Oft bin ich vor Wut fast geplatzt, wenn mich meine peruanischen Freunde stundenlang warten ließen oder gar nicht zum verabredeten Zeitpunkt erschienen. Nun gut, ich kannte die chaotischen Verkehrsverhältnisse, aber darauf konnte man sich doch einrichten, ich war ja auch immer pünktlich!

1.3 Das Numerale

Numerale (Zahlwörter) machen Angaben über die Anzahl oder Menge oder über die Reihenfolge. Wir unterscheiden:

Kardinalzahlen (Grundzahlen):	*Das kostet zehn Mark.*
Ordinalzahlen (Ordnungszahlen):	*Sie sind der erste Kunde.*
Unbestimmte Zahlwörter:	*Dort findet man viele Pilze.*

Verwende diese unbestimmten Zahlwörter als Adjektive in Sätzen:
viel – wenig – sonstig – übrig – halb – gesamt – ganz – sämtlich

1.4 Das Adverb

Adverbien geben an, unter welchen Umständen etwas existiert oder eine Handlung geschieht. Sie bestimmen den Ort, die Zeit, den Grund oder die Art und Weise genauer:

Wo?	*Das Buch liegt dort.*
Wann?	*Gestern kam er zu spät.*
Warum?	*Ich kann deshalb nicht schreiben.*
Wie?	*Wir schwimmen gern.*

1 Suche in den folgenden Texten die Adverbien und ordne sie nach den oben genannten Gesichtspunkten in eine Tabelle.

a) Ein kräftiger Arbeiter holte gestern aus der Seine in Paris einen Selbstmordkandidaten heraus. Dieser setzte sich zur Wehr, deshalb schlug er ihn k. o. und trug ihn danach auf den Schultern ans Ufer. Dort stellte sich heraus, dass der Gerettete keineswegs Selbstmord verüben wollte, sondern im Auftrag des Gesundheitsamtes Wasserproben entnehmen sollte. (nach: Kölner Stadt-Anzeiger vom 28. 11. 1987)

b) „Hände hoch!", rief ein maskierter Bankräuber in Caracas. Was dann folgte, war ein ziemlich undeutliches Gurgeln und ein halb erstickter Hilferuf. Dem Bankräuber war nämlich seine lockere Zahnprothese in den Schlund gerutscht. Er wurde vor dem Ersticken gerettet und darauf verhaftet. (nach: Kölner Stadt-Anzeiger vom 21. 11. 1987)

2 *a)* Ordne auch diese Adverbien in deine Tabelle ein.
dorthin – darum – bald – sehr – daher – danach – dorther – nachher – morgen – demnach – eilends – halbwegs – sonst – außerdem
b) Verwende zehn Adverbien in Sätzen.

Mit manchen Adverbien kann man auch Sätze verknüpfen:
Ralf ist krank. Er geht nicht in die Schule.
Ralf ist krank, deshalb geht er nicht in die Schule.

3 Verknüpfe die Sätze mit einem passenden Adverb. Nutze zur Lösung die in Aufgabe 2 genannten Adverbien.
a) Ich gehe am Samstag in den Zoo. Du kannst mitgehen.
b) Klaus hat seine Hausaufgaben vergessen. Er zittert vor der Mathematikstunde.
c) Ich räume mein Zimmer auf. Ich gehe reiten.
d) Am Wochenende besucht uns Tante Lilli. Sie bringt auch ihren frechen Dackel mit.
e) Bald hast du Geburtstag. Du bekommst in dieser Woche kein Taschengeld.

1.5 Das Verb

Verben benennen
eine **Handlung** *(schreiben, lesen)*,
einen **Vorgang** *(wachsen, blühen)*,
einen **Zustand** *(passen, sitzen)*.

1.5.1 Die Personalformen

Verben geben über die *Sprecherrolle* Auskunft:

		Singular	Plural
Jemand spricht.	= 1. Person	*ich lese*	*wir lesen*
Jemand wird angesprochen.	= 2. Person	*du liest* *Sie lesen*	*ihr lest* *Sie lesen*
Über jemanden wird gesprochen.	= 3. Person	*er (sie, es) liest*	*sie lesen*

Die Formveränderung beim Verb heißt **Konjugation.**
Die konjugierten Formen nennt man **Personalformen** oder **finite Formen.**

1 Schreibe die folgenden Sätze in dein Heft, unterstreiche die Verben und schreibe jeweils dazu, ob dieses Verb eine Handlung, einen Vorgang oder einen Zustand bezeichnet.
   a) Die Ameise sammelte fleißig Vorräte.
   b) Die Grille sang den ganzen Sommer.
   c) Der Sommer ging vorüber.
   d) Die Blätter fielen von den Bäumen.
   e) Da hungerte die Grille.
   f) Sie ging zur Ameise und bat um Nahrung.
   g) Doch diese blieb hart.
   h) „Wer im Sommer singt, tanzt im Winter.“

2 Was bezeichnen folgende Verben? Ordne sie in eine Tabelle.
arbeiten – erfrieren – erkranken – sich befinden – bewegen – erwachen – liegen – essen – helfen – fallen – sein – stehen – gehen – sterben – öffnen – umgeben – turnen – verfaulen – wohnen

3 Bilde die Personalformen von
werfen – schlafen – geben – helfen – nehmen.

4 Bestimme die Personalformen der Verben im folgenden Text:
In einem Dorf erwischten die Leute einmal einen Mann, der ein Huhn gestohlen hatte, und sie prügelten ihn grün und blau. Darauf schrie er: „Ihr könnt mit mir machen, was ihr wollt, aber ich bitte euch, mich um Gottes willen nicht über den Zaun zu werfen.“ Als die Dörfler merkten, wie sehr er sich davor fürchtete, dachten sie: „Das ist für ihn wohl das Schrecklichste, also werden wir das tun.“
Sie warfen ihn über den Zaun und riefen: „Du Halunke, du meinst wohl, wir schonen dich auch noch!“ Als der Dieb drüben zu Boden fiel, lachte er schallend und rannte davon.

1.5.2 Die infiniten Formen

Bei den infiniten Verbformen ist keine Sprecherrolle erkennbar.
Es gibt

den **Infinitiv**	(Grundform):	*wachsen – bleiben – suchen*
das **Partizip I**	(Verlaufsform):	*wachsend – bleibend – suchend*
das **Partizip II**	(Vollzugsform):	*gewachsen – geblieben – gesucht*

1 *a)* Schreibe die infiniten Verbformen aus dem folgenden Text heraus.
Was die Gießener Polizei am 6. Dezember erlebte, ist für viele gutgläubige Bürger beunruhigend: Das alte Vorurteil, Nikoläuse seien in dieser Nacht mit der Verteilung süßer Sachen beschäftigt, haben nämlich zwei Männer in Wetzlar widerlegt. Sie wurden auf frischer Tat ertappt, als sie ein Pelzgeschäft berauben wollten. Einer der beiden festgenommenen Frankfurter heißt mit Vornamen, der andere mit Nachnamen „Nikolaus“. Die Polizei konnte die beiden vorbestraften Männer am Tatort verhaften, weil die Alarmanlage ausgelöst worden war.

b) Trage die infiniten Verbformen in eine Tabelle ein und schreibe die jeweils fehlenden Verbformen dazu.

2 *a)* Wie heißt das Partizip II folgender Verben?
befehlen – studieren – bringen – hängen – winken – betrügen – stechen – erkennen – pfeifen – helfen – meiden – gießen – bleichen – genießen – finden – reiten – misslingen – sinken – stehen – zerreißen
b) Welche Zeitformen kannst du mit diesen Partizipien bilden?

3 Durch eine *Ersatzprobe* kannst du feststellen, ob es sich bei gleichen Verbformen um den Infinitiv oder eine Personalform handelt, z. B.

	Maria und Ute [*schwimmen*].	*Maria und Ute können* [*schwimmen*].
Ersatzprobe: Singular	*Ute schwimmt.*	*Ute kann schwimmen.*
	↓	↓
	Personalform (finite Form)	Infinitiv (infinite Form)

Überprüfe ebenso:

a) Alle Schüler können gut turnen.

b) Nicole und Sandra schreiben gerne Gedichte.

c) Wir können deine Musik im ganzen Haus hören.

d) Doris und Stefan werden im Herbst umziehen.

e) Pinguine leben am Südpol.

f) Werden alle Schüler diese Aufgabe lösen können?

1.5.3 Die Tempora

Die Personalform (finite Form) des Verbs kann in unterschiedlichen Zeitformen (**Tempus** [Sg.] / **Tempora** [Pl.]) stehen. Wir unterscheiden:

Einteilige Zeitformen

Das **Präsens**	
– zeigt an, was jetzt geschieht:	*Er sucht sein Heft.*
– bezeichnet, was immer gilt:	*Silber ist ein Metall.*
– drückt oft aus, was noch sein wird:	*Wir kommen morgen.*
Das **Präteritum**	
– bezeichnet, was vergangen ist und keinen direkten Bezug mehr zur Gegenwart hat *(Erzählzeit):*	*Es war einmal ein Prinz, der lebte in einem Land, das im Osten lag.*

Zweiteilige Zeitformen

Das **Perfekt**	
– drückt aus, was vergangen ist, aber zum Sprecher jetzt in der Gegenwart noch eine Beziehung hat:	*Der Lehrer ist in die Klasse gekommen. Wir haben ihn gar nicht bemerkt.*
– zeigt an, was noch geschehen wird:	*Bald hast du es geschafft.*

Das **Plusquamperfekt** – bezeichnet, was *vor* einem im Präteritum erzählten Ereignis geschah:	*Sie weinte, weil ein Auto ihre Katze überfahren hatte.*
Das **Futur** – zeigt an, dass noch etwas geschehen wird:	*Ich werde das in Ordnung bringen.* (Futur I) *Bald wirst du es geschafft haben.* (Futur II)
– drückt oft eine Vermutung aus:	*Er wird schon schlafen.* (Futur I) *Er wird geschlafen haben, als du angerufen hast.* (Futur II)

1 *a)* Bestimme die Tempora der Verben in den Sätzen der Aufgabe 3 auf Seite 330.
b) Bilde je zwei Beispielsätze für jedes der möglichen Tempora.

2 Unterscheide möglichst genau, was das Tempus der Verben in den folgenden Sätzen ausdrückt.
a) Eines Tages traf der Esel einen Hund, der auch auf dem Weg nach Bremen war.
b) Morgen beginnen die Sommerferien.
c) Jörg hat in kurzer Zeit das Gitarrenspiel erlernt.
d) Weil alle Schüler dagegen gestimmt hatten, fand die Weihnachtsfeier nicht statt.
e) Alle Schüler werden die Versetzung schaffen.
f) Der Mount Everest ist der höchste Berg der Erde.
g) Petra wird krank sein, denn sie fehlt heute.
h) Nächstes Jahr hast du die Schule beendet.
i) Zu viele Süßigkeiten schaden den Zähnen.

3 Bestimme die Personalform und das Tempus der Verben in den folgenden Texten:
a) Am „Tag des Tieres“ schreiben die Kinder einen Aufsatz zum Thema „Wie ich einmal einem Tier half“. Jürgen schreibt: Vorige Woche habe ich einen Jungen aus der Nachbarschaft verhauen, weil der seinen Hund geschlagen hat.
b) Eine Grille, ein Frosch und ein Tausendfüßler verabredeten sich einmal in einem Restaurant. Grille und Frosch sind pünktlich da, aber der Tausendfüßler kommt und kommt nicht. Endlich, nach Stunden, geht die Tür auf und er erscheint.
„Wo warst du denn so lange?“, fragen die beiden. „Ach“, seufzt der Tausendfüßler, „ich konnte doch nicht eher rein. Draußen hängt ein Schild: Bitte Füße abtreten.“

4 Setze das Verb in das in Klammern angegebene Tempus:
a) Der Vogel sitzt auf einem Ast. (Präteritum)
b) Anja hat sich ein Loch in die Hose gerissen. (Präsens)
c) Mark reibt die Kartoffeln. (Futur I)
d) Er floh vor seinen Feinden. (Plusquamperfekt)
e) Der Baum wuchs über einen halben Meter. (Perfekt)

1.5.4 Aktiv und Passiv

Eine Handlung oder ein Geschehen kann auf zwei Weisen dargestellt werden:
1. der *Urheber/Täter* steht im Mittelpunkt; das Verb steht im **Aktiv:**
   Theo backt eine Pizza.
2. Das *Geschehen* steht im Mittelpunkt; das Verb steht im **Passiv:**
   Eine Pizza wird gebacken.

Von Verben, die kein Akkusativobjekt bei sich haben können, kann auch kein Passiv gebildet werden:
Ich gehe nach Hause. Blumen wachsen hier nicht.

1 Schreibe aus den folgenden Texten die Verben, die im Aktiv stehen, und die Verben, die im Passiv stehen, heraus. Schreibe sie jeweils untereinander.

Feuerwehrmann musste Schläfer wecken

Von der Arbeit rechtschaffen müde hat John Myfsud aus Wales gewöhnlich einen gesunden Schlaf. Dies wurde ihm jetzt fast zum Verhängnis. Erst als ihm von einem freundlichen Feuerwehrmann auf die Schulter geklopft wurde, wachte er auf: „Entschuldigung, Sir, Ihr Haus brennt", meinte der Helfer. Durch eine Implosion im Fernseher wurde der Brand ausgelöst. Zum Glück wurden die Rauchwolken rechtzeitig von einer Nachbarin bemerkt und die Feuerwehr alarmiert.

Tierheim leiht Hunde aus

Ein Berliner Tierheim hat sich einen neuen Service ausgedacht: Hunde werden zum Ausleihen angeboten. Jeder Großstädter, dem verboten wird selbst einen Hund zu halten, kann sich einen der 250 Leihhunde aussuchen. Ob der Hundeleiher den Hund nur kurz zum „Gassi-Gehen" abholt oder ob der Hund übers Wochenende behalten wird – Kosten entstehen keine. Mit der Aktion werden zwei Ziele verfolgt: Menschen bekommen wieder Kontakt zu Tieren, und den Heimhunden wird die Möglichkeit geboten wieder mal „einen Baum zu beschnuppern".

2 Überprüfe, welche der folgenden Sätze du ins Passiv umformen kannst:
a) Der Beamte stellt einen Pass aus.
b) Die Stadtverwaltung schließt im November die Stadtbücherei.
c) Frau Wagner geht im Oktober in Pension.
d) Zitrusfrüchte versorgen uns im Winter mit den nötigen Vitaminen.
e) In den letzten zwei Jahren ist Herr Schubert auffällig gealtert.
f) Gunnar kommt mit allen Klassenkameraden gut aus.
g) Unmittelbar nach dem ersten Schneefall räumte der Schneepflug die Straße.

Die Passivformen kann man so unterscheiden:

Das **täterabgewandte Passiv**
nennt den Handelnden: *Eine Pizza wird von Theo gebacken.*

Das **täterlose Passiv**
verschweigt den Handelnden: *Eine Pizza wird gebacken.*

Das **Vorgangspassiv**
berichtet vom Ablauf des Geschehens: *Der Teig wird geknetet.*

Das **Zustandspassiv**
teilt das Ergebnis mit: *Der Käse ist bereits gerieben.*

3 Schreibe den folgenden Text in dein Heft und kennzeichne die verschiedenen Passivformen farbig.

Ein Autounfall im Schlafzimmer der Studentin Victoria Camardo wurde von der Polizei in Oxford aufgenommen. Das Ende der Sackgasse, an der Victoria wohnt, war von einem Autofahrer offenbar nicht bemerkt worden, sodass dieser durch die Hausmauer bis ins Schlafzimmer der jungen Frau gerast war. Der Aufprall wurde jedoch abgefedert, da Victoria in einem Wasserbett schlief. Sie wurde nur leicht verletzt, Auto und Hauswand sind jedoch völlig zerstört.

4 Forme die Sätze aus Aufgabe 2, bei denen du das Passiv bilden kannst, in die vier möglichen Passivformen um.

5 *a)* Welche Gemeinsamkeit kannst du in folgenden Sätzen feststellen?
a) Jemand hat Ottos Tasche versteckt.
b) Ich habe einen Brief bekommen.
c) Die Stuhlhöhe lässt sich verstellen.
d) Alle Lampen sind ausgeschaltet.
e) Die Vorhänge wurden zugezogen.
f) Das Chaos in dieser Klasse ist unvorstellbar.

b) Beschreibe genau, welche sprachlichen Mittel es gibt, den Täter nicht zu nennen.

1.5.5 Die Modi

Mit der Verbform drückt man auch aus, welche Geltung eine Aussage haben soll. Die Aussageweise heißt **Modus** (Pl. Modi). Es gibt folgende Möglichkeiten:

Imperativ (Befehls-/Aufforderungsform): So soll es sein.	*Öffne die Tür!* *Schließt die Fenster!* *Lesen Sie Ihren Bericht vor!*
Indikativ (Wirklichkeitsform): So ist es wirklich.	*Sie ist gesund.* *Der Zug fährt nach Köln.*
Konjunktiv I (Möglichkeitsform): Man nimmt an, dass es so ist.	*Sie sagt, sie sei gesund.* *Er meint, der Zug fahre nach Köln.*
Konjunktiv II (Möglichkeitsform): Man kann sich etwas nur wünschen oder vorstellen.	*Sie wünscht sich, sie wäre gesund.* *Er dachte, der Zug führe nach Köln.*

Die Formen des Konjunktivs I sind von den Präsensformen, die des Konjunktivs II von den Formen des Präteritums abgeleitet.

Oft ersetzt man den Konjunktiv II: *Ich würde auch gerne nach München fahren.*

Wenn man eine Information weitergibt, deren Richtigkeit man nur annimmt, benutzt man für diese Form der **indirekten Red**e in der Regel den Konjunktiv I:
Felix behauptet, er sei bestohlen worden.
Kleine Kinder glauben, es gebe den Osterhasen.

Wenn sich die Form des Konjunktivs I jedoch nicht vom Indikativ unterscheidet, benutzt man den Konjunktiv II.

Also nicht: *Die Schüler sagten, sie haben keine Lust zum Wandern.*
Sondern: *Die Schüler sagten, sie hätten keine Lust zum Wandern.*

1 Setze jeweils die richtige Verbform ein:
   a) Mein Vater sagt, er ... auf sein Auto verzichten. (können)
   b) Ihre Freunde meinten, sie ... gern zum Sportfest. (gehen)
   c) Herr Kramer versicherte, er ... die Diktate bis morgen. (korrigieren)
   d) Er versprach, er ... ihr etwas Schönes von seiner Reise mit. (bringen)
   e) Alle versprachen, sie ... ihr etwas Schönes mit. (bringen)
   f) Klaus behauptet, er ... hundert CDs. (besitzen)
   g) Petra und Nina behaupten, sie ... zweihundert Kassetten. (besitzen)

2 Forme die folgenden Texte in die indirekte Rede um. Beginne so:
Die Rednerin sagte, ...

a) Die Bauern sprühen noch immer zu viel Pflanzenschutzmittel auf die Felder. Die Giftstoffe sickern mit dem Regen in das Grundwasser und gelangen über Bäche und Flüsse ins Meer. Man findet heute schon Pflanzenschutzmittel in der Leber der Pinguine am Südpol.
Aus Schiffen und Fabriken wird immer wieder unerlaubt altes Öl abgelassen. Millionen von Seevögeln sind schon durch die Ölpest umgekommen.
Die Abgase der Autos und Schornsteine führen zur Luftverpestung in den Großstädten. An manchen Tagen können die Menschen unter der Dunstglocke den Himmel nicht mehr sehen. In London sind in den letzten Jahren bereits viertausend Menschen an Smog gestorben.

b) Die Polargebiete sind die einsamsten Gegenden der Welt. Während selbst in heißen Wüsten noch Menschen hausen, ist das Leben am Nordpol und am Südpol nur mit besonderen Schutzeinrichtungen auszuhalten. In der Arktis wohnen nördlich des Polarkreises nur noch die Eskimos. Und in der Antarktis halten sich nur die Polarforscher auf. Flugzeuge bringen Fertighausteile für Polarstationen. Manchmal werden diese tief in das Eis gebaut, damit sie von den gefährlichen Stürmen nicht weggerissen werden.

3 Was hat der Redner wörtlich gesagt? Forme um:
Immer wieder seien Forscher und Entdecker in das Eismeer vorgedrungen und hätten dabei den Tod gefunden. Der berühmteste unter ihnen sei der Engländer Scott gewesen, der im Wettlauf mit dem Norweger Amundsen nur als Zweiter den Südpol erreicht habe. Er und seine Mannschaft seien auf dem Rückweg an Hunger und Kälte gestorben. Auch mit den heutigen Hilfsmitteln bleibe eine Polarexpedition ein gefährliches Abenteuer. Die Polarforscher führen meist mit Eisbrechern durch das Polarmeer. Dann gehe es mit Schneetraktoren über das Inlandeis weiter.
(nach: *H. P. Thiel,* Erklär mir die Erde. R. Piper Verlag, München 1980)

4 Wie könnte ein Schultag im Jahr 2089 aussehen? Schreibe es auf.

5 Lies die folgenden Satzpaare sehr genau und beschreibe den inhaltlichen Unterschied, indem du die Sätze erweiterst, z. B.
Max sagt, er komme gern und sei um acht Uhr am Bahnhof.
Max sagt, er käme gern, wenn er nicht krank geworden wäre.

a) Die Kundin behauptete, sie habe genug Geld ...
Die Kundin behauptete, sie hätte genug Geld ...

b) Alle meinen, Carola fahre mit ...
Alle meinen, Carola führe mit ...

c) Vater sagt, er fahre mit dem Auto nach Hause ...
Vater sagt, er führe mit dem Auto nach Hause ...

1.5.6 Die Modalverben

Mit den Verben
können – mögen – sollen – wollen – dürfen – müssen
beschreiben wir eine Handlung oder ein Geschehen genauer:
Petra will eine Postkarte schreiben.

Durch den Gebrauch eines solchen Modalverbs wird das Prädikat zweiteilig:
Ich kann zu Fuß gehen.

Das zweiteilige Prädikat bildet eine **Satzklammer.**

1 *a)* Schreibe die folgenden Sätze in dein Heft und unterstreiche die Satzklammern.

a) Für Fremde mochte sich der Streit ernst anhören, aber im Grunde war er harmlos.
b) Die Brücke darf man nicht mehr betreten.
c) Fritz kann nur auf dem Sportplatz oder in der Turnhalle sein.
d) Es ist warm genug, wir können heute schwimmen gehen.
e) Du musst mir das Geld aber zurückgeben.
f) Ich soll dieses Paket bei Ihnen abgeben.
g) Ich möchte einmal in die Südsee reisen.
h) Wer mit der Arbeit fertig ist, kann nach Hause gehen.
i) Man kann sich überhaupt nicht vorstellen, dass in diesen Höhlen Menschen gelebt haben.
j) Du sollst mich so schnell wie möglich besuchen.

b) In welchem Satz wird mit Hilfe des Modalverbs Folgendes ausgedrückt:
eine Möglichkeit, eine Notwendigkeit, eine Erlaubnis, ein Verbot, ein Wunsch, eine Willensäußerung, eine Fähigkeit, eine Einräumung, ein Auftrag, eine Vermutung? Ordne zu.

2 Mit welchen Modalverben kannst du die in Aufgabe 1 *b)* festgestellten inhaltlichen Kennzeichnungen vornehmen? Erprobe dies in Sätzen, z. B.

Erlaubnis:	*Max darf ins Kino gehen.*	▶ dürfen
	Michaela, du kannst jetzt nach Hause fahren.	▶ können

3 Verändere die folgenden Texte durch den Gebrauch von Modalverben.

Vorgetäuschte Entführung

Um fünf Millionen Mark von seinen Eltern zu erpressen täuschte ein 18-jähriger Auszubildender seine eigene Entführung vor. Wie die Kölner Polizei am Donnerstag mitteilte, hatte der junge Mann am Sonntagnachmittag die elterliche Wohnung verlassen und war mit seinem Wagen weggefahren. Als er am nächsten Tag noch nicht wieder da war, verständigten die Eltern die Polizei. In einem Erpresserschreiben, das der Sohn selbst geschrieben hatte, wurden fünf Millionen Mark Lösegeld verlangt. Drei Tage später entdeckte eine Zivilstreife den angeblich Gekidnappten, der als Motiv für die inszenierte Entführung Konflikte mit den Eltern angab.

Hose hielt den Fensterputzer

Der feste Stoff seiner Hose rettete einen Mann vor dem Sturz aus dem sechsten Stock. Der junge Mann war beim Fensterputzen über das Fensterbrett gerutscht. Dabei blieb er mit einem Riss in seiner Hose hängen. Ein Polizist bemerkte den hilflosen Mann und brach die Wohnungstür auf. Währenddessen fuhr ein zufällig in der Nähe befindlicher Lastwagen, der Schaumstoff geladen hatte, unter das Fenster. Der Beamte rettete den bereits Bewusstlosen aus der lebensgefährlichen Situation.

1.6 Die Präposition

Präpositionen kommen in Verbindung mit Substantiven oder Pronomen, Adverbien und Adjektiven vor. Sie zeigen, in welcher Beziehung diese zur Aussage des Satzes stehen. Mit ihrer Hilfe bezeichnet man

den **Raum** oder **Ort**:	*Wir gehen <u>nach</u> rechts.*
die **Zeit**:	*Er wird erst <u>gegen</u> Abend kommen.*
den **Grund**/die **Ursache**:	*Der Lauf wurde <u>wegen</u> Regens abgesagt.*
die **Art und Weise**:	*Ich halte diesen Film <u>für</u> schlecht.*

1 *a)* Erprobe in Sätzen, in welchen Verbindungen folgende Präpositionen vorkommen: *an – auf – gegen – nach – entgegen – statt – anlässlich – laut – trotz – infolge – zu – während – für – zwischen – vor – aus – durch – über – mit – bei*

b) Vergleicht eure Lösungen und ordnet die Präpositionen in einer Tabelle. Welche muss man mehrmals auflisten?

2 *a)* Bestimme bei zehn Sätzen, in welchem Fall das mit einer Präposition verbundene Substantiv oder Pronomen steht. Welche Kasus (Fälle) kommen am häufigsten vor?

b) Beachte:

Fritz klettert <u>auf</u> den Baum.	Auf wen (wohin) klettert er?	▶ **Akkusativ**
Otto klettert <u>auf</u> dem Baum (herum).	Auf wem (wo) klettert er?	▶ **Dativ**

Welchen Bedeutungsunterschied drückt der Kasus (Fall) aus? Überprüfe dein Ergebnis auch bei den Präpositionen *an – hinter – neben – in – über – unter – vor – zwischen.*

1.7 Artikel und Pronomen

Artikel begleiten das Substantiv. Sie geben Auskunft über Kasus (Fall), Numerus (Zahl) und Genus (Geschlecht) des Substantivs:
der Hund: Nominativ, Singular, Maskulinum
den Hund: Akkusativ, Singular, Maskulinum

Man unterscheidet

bestimmten Artikel: *der, die, das*
unbestimmten Artikel: *ein, eine, ein*

Pronomen begleiten das Substantiv oder werden an seiner Stelle gebraucht:

Diese Tante schrieb meinem Vater, aber er konnte sich nicht an sie erinnern.

Diese	*meinem*	*er*	*sie*
▼	▼	▼	▼
Begleiter von „Tante“	Begleiter von „Vater“	Stellvertreter für „Vater“	Stellvertreter für „Tante“

Wir unterscheiden folgende Pronomen:

Personalpronomen (persönliche Fürwörter):	*ich – du/Sie – er – sie – es – wir – ihr/Sie – sie*
Possessivpronomen (besitzanzeigende Fürwörter):	*mein – dein – sein – unser – euer – ihr/Ihr*
Demonstrativpronomen (hinweisende Fürwörter):	*dieser – diese – dieses* *jener – derjenige – derselbe – selbst/selber*
Relativpronomen (bezügliche Fürwörter):	*der – die – das* *welcher – welche – welches* *wer – was – wessen*
Interrogativpronomen (fragende Fürwörter):	*welcher – welche – welches* *wer – was – wessen* *wozu – woran – worüber – wovon*
Indefinitpronomen (unbestimmte Fürwörter):	*all – ein bisschen/ein wenig/ein paar – einer – einige/ etliche – etwas – jeder/jedermann – jemand/niemand – kein – man – manch – mehrere – nichts – welch*
Reflexivpronomen (rückbezügliche Fürwörter):	*Wir treffen uns am Montag.* *Er hat sich gefreut.*

1 *a)* Schreibe die folgenden Texte in dein Heft. Unterstreiche die bestimmten Artikel rot, die unbestimmten Artikel grün und die Pronomen gelb.

a) Einst wurde eine Bärin auf den Markt geführt; sie war mit Perlen und Edelsteinen geschmückt und vor ihr wurde ausgerufen: Der Tapfere, der sich als Reiter auf sie schwingt, erhält ihren Schmuck zum Lohne. – Da war ein weiser Mann, der sprach zu den anderen: „Ihr schaut auf den Rücken des Tieres, ich auf seinen Rachen."

b) In Indien werden Affen mit Hilfe einer kleinen Kiste gefangen, in der sich eine Nuss befindet, die die Tiere gern fressen. Die Kiste hat eine Öffnung, die gerade so groß ist, dass der Affe seine ausgestreckte Hand hineinstecken, aber mit der Nuss nicht wieder herausziehen kann. Entweder lässt er sie los und bekommt seine Freiheit zurück oder er hält sie fest und gerät in Gefangenschaft.

Die meisten Affen lassen die Nuss nicht fallen und die Jäger haben leichtes Spiel. Bekanntermaßen gibt es auch Menschen, die in ähnliche Fallen gehen. Wer einen Köder in die Kiste legt, gewinnt die Macht über den, der nach ihm greift. Doch wer bereit ist auf den Köder zu verzichten, bleibt frei.

b) Kennzeichne die Pronomen, die als Begleiter gebraucht worden sind, mit einem B, die an Stelle eines Substantivs stehen, mit einem St.

c) Welche Arten von Pronomen kannst du feststellen?

In Briefen schreibt man nur das Anredepronomen *Sie* und das Possessivpronomen *Ihr* groß (vgl. S. 304):

Liebe Claudia,
vielen Dank für deinen/Ihren Brief. Sicher freust du dich/freuen Sie sich auch schon auf die Ferien, die bei euch/Ihnen ja noch früher beginnen als bei uns ...

2 *a)* Schreibe den Brief in Groß- und Kleinschreibung in dein Heft.

b) Formuliere ihn dann um, indem du für Katrin und Paul die Anrede *Sie* benutzt.

LIEBE KATRIN, LIEBER PAUL,
ENDLICH HABT IHR ES GESCHAFFT, AUCH OHNE MICH AUF EINE NEUE SPIELIDEE ZU KOMMEN. ICH BIN SEHR ZUFRIEDEN MIT EUCH! ICH HATTE NÄMLICH SCHON ANGST, DASS IHR EUCH SO AN MICH UND MEINE VORSCHLÄGE GEWÖHNT HABT, DASS IHR SELBST GAR NICHT MEHR DARÜBER NACHDENKT, WAS MAN SPIELEN KÖNNTE. UND DAS WÄRE DANN GENAU DAS GEGENTEIL VON DEM GEWESEN, WAS ICH EIGENTLICH VORHATTE.
WENN ICH EUCH NÄCHSTE WOCHE BESUCHE, DANN HABT IHR IN DER ZWISCHENZEIT BESTIMMT SO VIELE GUTE IDEEN GESAMMELT, DASS ZUR ABWECHSLUNG IHR VORSCHLAGEN KÖNNT, WAS WIR IN DEN FERIEN ZUSAMMEN UNTERNEHMEN.

EUER FREUND FLORIAN

Man kann Texte oft flüssiger formulieren, wenn man Pronomen benutzt:

Mein Bruder fährt ins Zeltlager. Das Fahrrad meines Bruders ist neu.

Sein Fahrrad

Mein Vater geht gerne angeln. Mein Vater hat dabei viel Geduld.

Er

Heute ist unser Hund gestorben. Unser Hund hat zehn Jahre bei uns gelebt.

Heute ist unser Hund gestorben, der zehn Jahre bei uns gelebt hat.

Im Garten wachsen viele Blumen. Einige (Blumen) sind bereits verblüht.

3 Formuliere die folgenden Texte flüssiger, indem du passende Pronomen benutzt. Es gibt jeweils mehrere Lösungen.

a) Meine Schwester kann gut zeichnen. Meine Schwester wird Grafikerin.
b) Ich gehe täglich mit meinem Hund spazieren. Meistens gehe ich mit meinem Hund in den Park.
c) Die Schüler haben einen weiten Schulweg. Jeden Tag müssen die Schüler mit dem Schulbus fahren.
d) Jens und Peter sind nicht mehr meine Freunde. Ich habe mich mit Jens und Peter gestritten.
e) Kai hat ein großes Aquarium mit vielen Zierfischen. Kai beobachtet die Fische stundenlang.
f) Ich habe die Katze meiner Nachbarin genau erkannt. Die Katze meiner Nachbarin hat nämlich einen schwarzen Fleck auf der Stirn.
g) Die Schwester meines Freundes fährt in den Ferien nach London. Die andere Schwester meines Freundes bleibt zu Hause.
h) Wir beobachten die Vögel in unserem Garten. Den Vogel haben wir noch nie gesehen.
i) Auf dem Campingplatz waren viele Kinder. Mit einigen Kindern haben wir uns schnell angefreundet.
j) Alle Schüler hatten den Fragebogen ausgefüllt. Bei einigen Fragebögen fehlte die Angabe des Geburtsdatums.

1.8 Die Konjunktion

Konjunktionen verbinden Wörter, Wortgruppen und Sätze miteinander:
Claudia hat einen Wellensittich und einen Hamster, aber keine Katze.
Klaus benimmt sich wie ein Erwachsener.
Ich schreibe dir, aber du musst mir antworten.
Du gewinnst, wenn du täglich trainierst.

Die Konjunktionen *aber – doch – jedoch – sondern – denn – nur – und – oder* verknüpfen selbstständige Sätze (Hauptsätze) zu *Satzreihen* (vgl. S. 354).
Sie heißen **nebenordnende Konjunktionen**. Vor ihnen steht ein Komma, außer vor *und* und *oder*.
Wir wollten ins Kino gehen. Wir bekamen keine Karten mehr.
Wir wollten ins Kino gehen, aber wir bekamen keine Karten mehr.
Dicke Wolken verdunkelten die Sonne. Es begann zu regnen.
Dicke Wolken verdunkelten die Sonne und es begann zu regnen.

1 *a)* Verbinde folgende Sätze zu Satzreihen. Achte beim Aufschreiben der verknüpften Sätze darauf, ob vor der Konjunktion ein Komma stehen muss.

a) Wir gehen ins Theater. Ihr bleibt zu Hause.
b) Klaus hatte geübt. Er hatte keinen Erfolg.
c) Du räumst dein Zimmer auf. Du hilfst beim Putzen.
d) Die Klasse fährt nicht nach Berlin. Sie fährt nach München.
e) Viele Besucher waren gestern im Zoo. Sie wollten alle die jungen Eisbären sehen.
f) Alle haben sich angestrengt. Michaela hat gewonnen.

b) Vergleicht eure Lösungen: Welche Möglichkeiten der Satzverknüpfung mit Konjunktionen gibt es jeweils? Wie unterscheiden sich die Aussagen der entstandenen Satzreihen voneinander?

2 Bei Aufzählungen setzt man statt der Konjunktion ein Komma:

Kai und Peter lesen das Rezept für Marmorkuchen. Sie schreiben die Zutaten heraus. Sie kaufen ein. Sie backen den Kuchen.

Kai und Peter lesen das Rezept für Marmorkuchen, schreiben die Zutaten heraus, kaufen ein und backen den Kuchen.

Ziehe die folgenden Sätze ebenso zusammen:

a) Ich kaufe mir ein Buch. Ich ziehe mich in mein Zimmer zurück. Ich lese den ganzen Nachmittag.
b) Felix bastelt verschiedene Geschenke. Er wickelt die Geschenke in buntes Papier. Er schreibt auf jedes Geschenk einen Namen. Er versteckt die Geschenke in seinem Bettkasten.

c) Der Schulbus kam mit Verspätung. Er hielt nur ganz kurz an der Haltestelle. Er nahm nicht alle wartenden Schüler mit.

d) Gestern Morgen öffnete Katrin die Haustür. Sie sah den ersten Schnee. Sie freute sich aufs Schlittenfahren.

e) An diesem Wochenende laden wir Familie Kramer ein. Wir packen unsere Badesachen ins Auto. Wir fahren zusammen ans Meer.

Eine andere Gruppe von Konjunktionen verknüpft Hauptsätze und Neben- oder Gliedsätze zu *Satzgefügen* (vgl. S. 355). Auch diese **unterordnenden Konjunktionen** benennen eine bestimmte inhaltliche Beziehung zwischen den Teilsätzen.

Ich helfe beim Spülen,	während obwohl falls weil damit	du dich ausruhst.	**Zeit (temporal)** **Einräumung (konzessiv)** **Bedingung (konditional)** **Grund (kausal)** **Absicht (final)**

Dies sind die wichtigsten unterordnenden Konjunktionen:

Grund (kausal)	*weil, da*
Bedingung (konditional)	*wenn, falls, sofern, soweit, außer*
Folge (konsekutiv)	*dass, sodass, als dass, ohne dass*
Zweck/Absicht (final)	*damit, dass, um ... zu*
Gegengrund/Einräumung (konzessiv)	*obwohl, obgleich, wenn auch*
Zeit (temporal)	*als, seit, sobald, solange, sooft, während, wenn, bis, bevor, ehe, kaum dass, nachdem, sowie*
Art und Weise (modal)	*indem, wie, als ob, ohne dass*
ohne eigene Bedeutung	*dass, ob* (bei Subjekt- und Objektsätzen)

3 Verknüpfe mit diesen Konjunktionen die folgenden Sätze (je zwei Lösungen). Beachte, dass sich die Wortstellung innerhalb des Satzes ändert, der von der Konjunktion eingeleitet wird.

a) Du hast im Lotto gewonnen. Du hast Glück gehabt.
b) Unser Nachbar reist nach Italien. Er hat kein Geld.
c) Wir fahren mit dem Bus nach Hause. Es regnet in Strömen.
d) Unsere Lehrerin war lange in Spanien. Sie kennt sich in dem Land aus.
c) Du rufst an. Ich fahre sofort los.
f) Auf dem Speicher ist es unheimlich. Mein kleiner Bruder fürchtet sich dort.
g) Wir öffnen das Garagentor. Mutter kann in die Garage fahren.
h) Die Hockeymannschaft der Schule trainiert fleißig. Sie kann Jugendmeister werden.

4 Schreibe folgende Texte in dein Heft. Übermale die Konjunktionen mit Farbstift: nebenordnende Konjunktionen rot, unterordnende gelb.

a) In Florida musste John Smith aus einem gemieteten Haus ausziehen, weil er mit dem Revolver auf brummende Fliegen zu schießen pflegte. Der Hauseigentümer fiel aus allen Wolken, als er die zahlreichen Einschüsse sah. John Smith kam auf die schwarze Liste der Hauseigentümer, aber er hat trotzdem inzwischen eine neue Bleibe gefunden. In Zukunft darf er nur eine Schleuder mit Gummigeschossen verwenden, denn sonst muss er eine hohe Strafe zahlen.

b) Weil er einen bei einem Einbruch erbeuteten Pelzmantel umtauschen wollte, stieg ein Dieb in Mailand zum zweiten Mal in dasselbe Pelzgeschäft ein. Als er den umgetauschten Mantel schon in der Hand hielt, wurde er erwischt. Vor Gericht gab er an, dass er nur auf das Nörgeln seiner Frau hin dem Geschäft einen zweiten „Besuch" abstattete. Der Richter hatte ein Einsehen und er setzte die Strafe zur Bewährung aus.

c) Der Zoodirektor von Boston schaffte sechs gewöhnliche Hausrinder an, nachdem sich beim Besuch von Schulklassen herausgestellt hatte, dass zwei Drittel dieser Schulkinder noch nie eine lebende Kuh gesehen hatten.

Die Wörter

bis – seit – während – wie – als

können als Präposition und Konjunktion benutzt werden:

Bis zu seiner Abreise will er sich die Stadt ansehen.

▼

Präposition

Bis er abreist, will er sich die Stadt ansehen.

▼

Konjunktion

5 Bilde selbst solche Satzpaare und schreibe sie auf. Markiere das als Präposition gebrauchte Wort grün, das als Konjunktion gebrauchte markiere rot.

1.9 Die Interjektion

Wörter wie

heißa – hurra – juchhe – pfui – puh – uh – au – aua – o weh – ätsch

drücken bestimmte Gefühle wie Furcht, Freude, Trauer usw. aus. Sie heißen **Interjektionen.** Sie stehen meist am Anfang von Ausrufesätzen und werden durch ein Komma abgetrennt:

„Au, du hast mir wehgetan!", rief Ute.

2. Satzbau

2.1 Satzglieder

Die Wörter oder Wortgruppen, die bei der *Umstellprobe* zusammenbleiben, heißen **Satzglieder:**

Unser Hamster Fritz	rumort	jede Nacht	in seinem Käfig.
In seinem Käfig	rumort	unser Hamster Fritz	jede Nacht.

1 Ermittle in folgenden Sätzen die Satzglieder.
Ein Adler saß auf einem Felsen. Er suchte nach Beute. Da schoss ein Bogenschütze nach ihm. Der Pfeil durchbohrte ihn; der befiederte Schaft ragte aus seiner Brust. Diesen sah der Adler. Er sprach zu sich selbst: „Das macht mir doppelten Schmerz. Ich muss durch meine eigenen Federn sterben."

2 Konjunktionen sind keine Satzglieder. Sätze, in denen Konjunktionen vorkommen, musst du deshalb erst umformen, bevor du die Satzglieder ermitteln kannst.
Als ein Wolf einen erlegten Hasen fraß, blieb ihm ein Knochen tief im Hals stecken.
Ein Wolf fraß einen erlegten Hasen. Ein Knochen blieb ihm tief im Hals stecken.

Forme die folgenden Sätze entsprechend um und ermittle die Satzglieder:

a) Er wollte dem Reiher einen hohen Lohn geben, wenn er ihn mit seinem Schnabel herausholte.
b) Der Reiher tat es und verlangte darauf seinen Lohn.
c) Der Wolf grinste tückisch und sagte zu ihm:
d) „Dein Bemühen ist hoch genug belohnt, denn du brachtest deinen Kopf heil aus meinem Rachen zurück."

2.1.1 Das Subjekt

Bei der *Infinitivprobe* fällt aus dem Beispielsatz ein Satzglied heraus:

Ein Rabe stahl ein Stück Käse.

↓

stehlen

ein Stück Käse stehlen ⟶ *Ein Rabe*

Das Satzglied ein Rabe kann nicht zum Infinitiv dazugenommen werden.

Dieses Satzglied steht im *Nominativ*:

Wer stahl ein Stück Käse? ⟶ Ein Rabe.

Das Satzglied, das im Nominativ steht und bei der Infinitivprobe herausfällt, heißt **Subjekt.**

1 Ermittle bei den folgenden Sätzen mit Hilfe der Infinitivprobe das herausfallende Satzglied. Bestimme anschließend den Kasus durch eine Frage vom Geschehen her.
a) Er setzte sich mit dem Käse im Schnabel auf einen hohen Baum.
b) Da kam ein gieriger Fuchs an dem Baum vorbei.
c) Dieser sprach listig:
d) „Dein Gefieder glänzt herrlich in der Sonne.
e) Dein Körper ist dem Adler gleich.
f) Eine Stimme zum Singen machte dich perfekt."
g) Sofort begann der eitle Rabe laut zu krächzen.
h) Der Käse aber fiel dem schlauen Fuchs ins Maul.

2 Bestimme die Subjekte im Text der Aufgabe 1, Seite 344.

3 Stelle zusammen: Welche Wortarten können das Subjekt bilden?

2.1.2 Das Prädikat

Das Prädikat bezeichnet das Geschehen oder die Handlung. Es hat als einziges Satzglied eine feste Position: Im Aussagesatz steht es an der 2. Satzgliedstelle; die anderen Satzglieder lassen sich um das Prädikat wie um eine Achse drehen. Wie man sie dreht, hängt davon ab, was man hervorheben möchte.

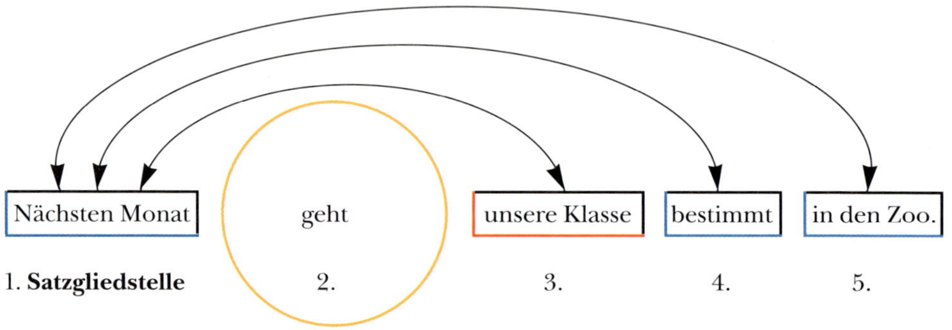

1 Bestimme mit Hilfe der Umstellprobe das Prädikat in folgenden Sätzen:
   a) Jede Schülergruppe bekommt von der Biologielehrerin ein Aufgabenblatt.
   b) Alle wünschen sich die Beobachtungsaufgaben bei den Affen.
   c) Die Affen machen uns nämlich den meisten Spaß.
   d) Sie schwingen sich im Affenhaus an langen Tauen von einem Revier ins andere.
   e) Vielleicht hat unsere Gruppe Glück.

Das Prädikat besteht oft aus mehreren Teilen. Es bildet eine **Satzklammer** bei

trennbaren Verben:	*Plötzlich fiel der Schrank um.*
mehrteiligen Tempusformen:	*Ich habe den Knall gehört.*
Verwendung von *sein* und *werden*:	*Maria ist noch immer krank.* *Sie wird hoffentlich bald gesund.*
Modalverben:	*Ich kann leider nicht kommen.*
Passivformen:	*Das Auto wird heute repariert.*

2 Schreibe den folgenden Text in dein Heft. Unterstreiche die Prädikate. Verbinde mehrteilige Prädikate durch Klammern.

Ein Elefant hat sich für sein Schläfchen versehentlich auf einen Ameisenhaufen gelegt. Zu Tausenden fallen die Ameisen über ihn her. Als der Elefant ausgeruht hat, steht er auf, schüttelt sich und alle Ameisen fallen von ihm runter. Bis auf eine, die hält sich mit aller Kraft an seinem Hals fest. Da rufen die Kollegen vom Boden herauf: „Würg ihn, Erwin, würg ihn!“

2.1.3 Subjekt und Prädikat

In einem Satz passen Subjekt und Prädikat dem *Sinn* und der *Form* nach zusammen:

Karin	pfeift.	Aber:	Die Jungen	pfeift.	Die Form ist falsch.
Der Wind	pfeift.		Das Buch	pfeift.	Der Sinn ist falsch.

Schreibe die folgenden Texte ab und unterstreiche die Subjekte rot und die Prädikate gelb.

Jürgen Spohn Ende

Zwischen zwei Buchdeckeln lebte eine Geschichte. Sie war noch nicht fertig. Draußen warteten ein trauriges und ein glückliches Ende auf Einlass. Jeder wollte rein. Die beiden gerieten in Streit. Geht jetzt diese Geschichte gut aus – oder nicht?

Christian Morgenstern Das ästhetische Wiesel

Ein Wiesel
saß auf einem Kiesel
inmitten Bachgeriesel.

Wisst ihr
weshalb?

Das Mondkalb
verriet es mir
im Stillen:

Das raffinier-
te Tier
tat's um des Reimes willen.

2.1.4 Das Objekt

Manche Sätze sind vollständig, wenn sie als Satzglieder nur Subjekt und Prädikat enthalten:

Die Kinder	*lachen.*
Subjekt	Prädikat

Bei anderen Prädikaten sind oft noch weitere Satzglieder notwendig um einen vollständigen Satz zu erhalten:

Die Kinder	*zerschneiden*	*das Buntpapier.*
Subjekt	Prädikat	**Akkusativobjekt**

Wen | Was zerschneiden die Kinder?

Sie	*geben*	*die Bilder*	*ihrem Lehrer.*
Subjekt	Prädikat	Akkusativobjekt	**Dativobjekt**

Wem geben sie die Bilder?

Einige Bilder	*bedürfen*	*der Verbesserung.*
Subjekt	Prädikat	**Genitivobjekt**

Wessen bedürfen einige Bilder?

1 Schreibe die folgenden Sätze ab, ermittle die Satzglieder und markiere die Akkusativobjekte gelbgrün, die Dativobjekte blaugrün und die Genitivobjekte braun.
a) Die CDs gehören meinem Bruder.
b) Eure Gruppe nimmt den Bus.
c) Du verschwendest dein Geld.
d) Wir gedenken unserer Verstorbenen.
e) Ein Freund verzeiht seinem Freund einen Fehler.
f) Die Schüler bepflanzen die Beete.
g) Die Maus entkommt der Katze nicht.
h) Vier Klassensprecher enthielten sich der Stimme.
i) Ihr gratuliert mir?
j) Petra verschenkt ihre alten Kinderbücher.

Verben, die im Infinitiv gemeinsam mit einer Präposition genannt werden, schließen im Satz ein Objekt mit dieser Präposition an.
Es heißt deshalb **Präpositionalobjekt**.

Klaus	*gibt*	*mit seinem Rollbrett*	*an.*	
Subjekt	Prädikat	**Präpositionalobjekt**	Prädikatsteil	▶ mit etwas angeben

2 *a)* Verben, die ein Präpositionalobjekt bei sich haben, sind z. B.
sich aufregen über – arbeiten an – anknüpfen an – sich kümmern um – sehen nach – stimmen für
Ergänze diese Liste auf 25 Verben.
b) Verwende 15 dieser Verben in Sätzen. Unterstreiche jeweils das Präpositionalobjekt.

3 Manche Verben gibt es mit einfachem Objekt *und* mit Präpositionalobjekt.

Ich zähle	*mein Geld.*	*Ich zähle*	*auf deine Hilfe.*
	Akkusativobjekt		Präpositionalobjekt

a) Erkläre, wie sich die Bedeutung des Verbs je nach angeschlossenem Objekt ändert.
b) Benutze folgende Verben in Satzpaaren, unterstreiche einfache Objekte und Präpositionalobjekte farbig und erkläre die jeweils auftretende Bedeutungsverschiebung.
a) haften – haften für
b) halten – halten auf
c) aufpassen – aufpassen auf
d) anstoßen – anstoßen an
e) eingehen – eingehen auf

Einige Verben verlangen zwei Akkusativobjekte, damit der Satz vollständig ist. Dieses zweite Objekt wird mit dem ersten Objekt gleichgesetzt. Man nennt es **Gleichsetzungsakkusativ.**

Sie hat — *mich* — *Verschwenderin* — *genannt.*

Akkusativobjekt (*mich*) — **Gleichsetzungsakkusativ** (*Verschwenderin*)

Wen hat sie Verschwenderin genannt? — Mich.

Was hat sie mich genannt? — Verschwenderin.

4 *a)* Schreibe die folgenden Sätze ab und umrahme das Akkusativobjekt und den Gleichsetzungsakkusativ.

a) Wir wählen dich als Klassensprecher.

b) Sein Gegner schimpft ihn einen Lügner.

c) Ich kenne ihn nur als Baby.

d) Michael betrachtet Robert als seinen Gegner.

b) Bilde mit den Verben

schätzen – nehmen – benutzen – lehren

Sätze, in denen ein Gleichsetzungsakkusativ enthalten ist.

Einige Verben verbinden das Subjekt mit einem Satzglied, das auch im Nominativ steht. Es heißt **Gleichsetzungsnominativ.**

Susanne ist — *meine Freundin.*

Gleichsetzungsnominativ (*meine Freundin*)

Wer ist Susanne? — Meine Freundin.

Als **Prädikatsnomen** vervollständigt der Gleichsetzungsnominativ den Satz.

5 *a)* Schreibe die folgenden Sätze ab. Umrahme den Gleichsetzungsnominativ.

a) Unser Hauswirt wird wohl immer ein Schnüffler bleiben.

b) Als Klassensprecher fühlst du dich dafür doch verantwortlich!

c) Meine Freundin wird jetzt doch Schlosserin.

d) Unsere Hunde heißen Leo und Hektor.

e) Dieses Buch scheint ein Erfolg zu sein.

b) Bilde Sätze, in denen ein Gleichsetzungsnominativ enthalten ist. Oft kannst du ihn mit den Wörtern *als* und *wie* anschließen, z. B. *Er fühlte sich als Held.*

6 Bestimme die unterstrichenen Satzglieder in den folgenden Texten.

a) Eine Zigarette hat einem Mann in Mailand das Leben gerettet. Arbeitslos und von seiner Frau verlassen wollte er sich mit Gas das Leben nehmen. Weil das zu lange dauerte, zündete er sich eine Zigarette an. Daraufhin flog er samt Zigarette durch die berstende Zimmerwand ins Freie, aber er blieb nahezu unverletzt. Jetzt will er ein neues Leben beginnen. (aus: Kölner Stadt-Anzeiger vom 6./7. 12. 1986)

b) Als in Chicago ein Löschzug der Feuerwehr an einer vermeintlichen Brandstelle eintraf, staunten die Feuerwehrleute nicht schlecht. Die Teilnehmer an einer Tagung hatten den Saal so dicht in Zigarettenqualm gehüllt, dass der automatische Feuermelder in Aktion trat. „Es sah aus wie bei einem Zimmerbrand“, sagte der Einsatzleiter.

2.1.5 Die adverbiale Bestimmung

Ort, Grund, Zeit sowie Art und Weise eines Geschehens werden durch die adverbiale Bestimmung gekennzeichnet:

Aus Berlin kommt heute mein Onkel.

▼ Woher? ▼ Wann?

Aus Freude laufen wir ihm schnell entgegen.

▼ Warum? ▼ Wie?

Die adverbiale Bestimmung kann ein *Adverb*, ein *Adjektiv* oder ein *Präpositionalgefüge* sein. Sie informiert den Leser oder Hörer zwar genauer, doch ist sie meistens nicht notwendig um einen grammatisch vollständigen Satz zu bilden.

So kannst du die adverbiale Bestimmung erfragen:

Frage	Adverbiale Bestimmung
Wie? Auf welche Weise? Wie viel? Wie sehr? Woraus?	Art und Weise
Wann? Wie lange? Seit wann? Bis wann?	Zeit
Wo? Wohin? Woher? Wie weit?	Ort
Warum? Weshalb? Wozu? Wodurch?	Grund

1 Schreibe die folgenden Sätze ab. Erfrage in jedem Satz die adverbiale(n) Bestimmung(en) und unterstreiche sie farbig: Art und Weise = blau, Zeit = grün, Ort = rot, Grund = gelb.

a) Das Sportfest findet heute auf unserem Sportplatz statt.
b) Alle Teilnehmer müssen sich zunächst ordentlich in Riegen aufstellen.
c) Jeder Riegenführer erhält zu Beginn des Wettkampfes eine Teilnehmerliste.
d) Danach gehen die Riegen geschlossen an die Wettkampfstätten.
e) Jeder muss sich sportlich verhalten, andernfalls wird er ausgeschlossen.
f) Bei Regen wird der Wettkampf unterbrochen.
g) Die meisten Teilnehmer kämpfen hart.
h) Viele werden bei der Siegesfeier durch eine Urkunde ausgezeichnet.

2 Schreibe aus den folgenden Zeitungsmeldungen die adverbialen Bestimmungen heraus. Ordne sie nach Form und Inhalt in ein Raster:

	Zeit	Ort	Grund	Art und Weise
Adverb				
Adjektiv				
Präpositionalgefüge				

a) Durch einen Sehfehler kam ein Italiener unversehens zu einem namhaften Lottogewinn. Da er die Brille verlegt hatte, füllte er den Lottoschein ohne Augengläser aus und wählte andere Zahlen als beabsichtigt. Als er am nächsten Tag den Irrtum entdeckte, war es zur Abgabe eines anderen Lottotipps schon zu spät. Er kassierte umgerechnet 40 000 Mark.

b) Der Inhaber einer kleinen Fabrik in Paris gab in einigen Zeitungen folgende Anzeige auf: „Nachtwächter erkrankt, Ersatzkraft dringend gesucht." Bereits in der nächsten Nacht gab es die erste Reaktion: In der Fabrik erschienen Einbrecher, die dort ansehnliche Beute machten.

c) Wegen Tätlichkeit gegen eine Nachbarin musste sich ein Metzger in Belgien vor Gericht verantworten. Er kam mit einer Geldstrafe davon, weil er nachweislich eine Hartwurst weggelegt und die Nachbarin mit einer Mettwurst angegriffen hatte.

3 *a)* Erweitere folgende Sätze durch adverbiale Bestimmungen:

a) Die Schüler machen ihre Hausaufgaben.
b) Wir bekommen hitzefrei.
c) Es gibt eine Schülerzeitung.
d) Unsere Klasse informiert sich über die Abfallbeseitigung.
e) Die 7b wählte Claudia und Peter zu Klassensprechern.
f) Jeder trägt etwas zur Umweltverschmutzung bei.

b) Vergleicht eure Lösungen: Hat sich die Aussage des Ausgangssatzes nach Einfügen der adverbialen Bestimmung(en) wesentlich geändert?

2.1.6 Das Attribut

Das Attribut bestimmt ein Bezugswort näher. Dieses Bezugwort ist in der Regel ein Substantiv. Das Attribut ist kein Satzglied, sondern nur *Teil* eines Satzgliedes.

Es gibt mehrere Möglichkeiten, Attribute zu bilden:

Adjektive als Attribut:

Die ▲ Katze | ist weggelaufen.
schwarze

Substantive als Attribut:

Das Genitivattribut

Die Katze ▲ | ist weggelaufen.
meiner Freundin

Die Apposition

Meine Freundin, ▲ | ist | sehr traurig.
ein kleines Mädchen,

Das Präpositionalattribut

An einem weißen Fleck ▲ | kann | man | die Katze | erkennen.
auf der Stirn

Die Freunde ▲ | helfen | beim Suchen.
im Haus

Sätze als Attribut:

Die Freunde ▲ | helfen beim Suchen.
die im Haus wohnen,

Attributsätze werden meistens von einem Relativpronomen eingeleitet. Auch Attributsätze stehen nicht für Satzglieder, sondern für Satzglied*teile*.

1 Erweitere die unterstrichenen Satzglieder durch Attribute. Nutze jeweils alle Möglichkeiten.

a) Pferde fressen gerne Heu.

b) Die Autos blieben im Schnee stecken.

c) Mein Bruder liest nicht gerne Bücher.

d) Im Sommer gehen wir ins Schwimmbad.

e) Igel überwintern in Laubhaufen.

2 Schreibe die folgenden Texte in dein Heft und unterstreiche die verschiedenen Attribute mit unterschiedlichen Farben.

a) Der längste Regenwurm, der je gemessen wurde, ist der Riesenregenwurm. Er wurde erstmals im Jahre 1868 in Brandy Creek, Victoria/Australien, entdeckt. Bei mittlerer Ausdehnung maß er 1,20 Meter. Die ausgestreckte Länge des Regenwurms betrug 2,10 Meter.

b) Das kleinste Gefängnis der Welt gibt es auf einer winzigen Kanalinsel. Das Eiland, das zu England gehört, besitzt eine Haftanstalt, die genau zwei Personen aufnehmen kann. Wenn das Gefängnis voll belegt ist, treten unlösbare Komplikationen auf: Die nur für einen Insassen vorhandene Bettwäsche muss dann geteilt werden.

c) Den Neujahrstag des Jahres 1907 konnte der amerikanische Präsident Theodore Roosevelt nie mehr vergessen. Bei der großen Neujahrsfeier im Weißen Haus schüttelte er 8513 Menschen die Hand. Das ist noch nicht überbotener Weltrekord.

2.2 Satzverknüpfungen

Sätze, die in einem bestimmten inhaltlichen Zusammenhang miteinander stehen, kann man verknüpfen.

Nebenordnende Konjunktionen und Adverbien verknüpfen Hauptsätze zu **Satzreihen** (vgl. S. 341 und 327).

Ich bleibe zu Hause. *Ich bin krank.*

Ich bleibe zu Hause, denn ich bin krank.

▼ Konjunktion (denn)

Ich habe Fieber. Meine Mandeln sind entzündet. Ich bleibe zu Hause.

Ich habe Fieber und meine Mandeln sind entzündet, deshalb bleibe ich zu Hause.

▼ Konjunktion (und) ▼ Adverb (deshalb)

1 Verknüpfe die folgenden Hauptsätze zu Satzreihen.

a) Ich wasche den Salat. Du schneidest die Zwiebeln.

b) Es regnet. Wir fahren mit dem Fahrrad.

c) Petra kann gut schwimmen. Sie kann gut Tennis spielen.

d) Markus spielt sehr gut Klavier. Er ist der Beste in Physik.
e) Hunde müssen jeden Tag mehrmals ausgeführt werden. Katzen benötigen nicht so viel Aufmerksamkeit.

2 Forme den folgenden Text so um, dass er Satzreihen aufweist.
In Caracas knackten Einbrecher den Tresor einer Firma. Dort fanden sie aber nur die Geschäftsbücher. Am nächsten Morgen lagen in dem Panzerschrank umgerechnet 108 Mark mit folgender Mitteilung der Tresorknacker: „Wir haben uns Ihre Geschäftsbücher angeschaut. Danach haben wir für Sie gesammelt. Viel ist es ja nicht. Es ist ein Zeichen des guten Willens.“ (aus: Kölner Stadt-Anzeiger vom 2./3.5.1987)

Zu **Satzgefügen** werden Sätze meist durch unterordnende Konjunktionen verknüpft (vgl. S. 342). Der Teilsatz, der von der Konjunktion eingeleitet wird, ist ein Gliedsatz, d. h. ein Nebensatz in der Rolle eines Satzglieds (vgl. S. 175). In ihm steht das Prädikat an letzter Stelle.

Wir machen einen Ausflug. *Heute scheint die Sonne.*
Wir machen einen Ausflug, *weil* *heute die Sonne scheint.*

Konjunktion ... Prädikat

Hauptsatz ... Gliedsatz

3 Verknüpfe die folgenden Satzpaare zu Satzgefügen:
a) Das Auto unseres Lehrers ist uralt. Es fährt immer noch.
b) Wir haben nicht geübt. Alle haben Angst vor dem Diktat.
c) Mein Bruder hörte mit der Gartenarbeit auf. Der Rasenmäher streikte.
d) Dein Onkel hat so viel Geld. Er kann diese Reise bezahlen.
e) Maria hilft Gülhan bei den Hausaufgaben. Sie lernt schneller die deutsche Sprache.
f) Ruf mich an! Ich weiß, dass es dir gut geht.

4 Schreibe den folgenden Text in dein Heft. Unterstreiche Satzgefüge grün, Satzreihen rot.

Einem Mann wurde es zu umständlich, jedes Mal vom Flugplatz zu seinem Landhaus das Auto zu nehmen. Er ließ an seiner kleinen Maschine Schwimmer anbringen, damit er auf dem See vor seinem Besitz wassern konnte. Als er auf seinem nächsten Flug wie gewohnt auf der Piste zur Landung ansetzen wollte, rief seine Frau entsetzt: „Bist du verrückt? Du hast doch kein Fahrgestell montiert!“ Erschreckt riss der Mann die Maschine nach oben, sodass er knapp einer Katastrophe entging. Danach wasserte er ohne Schwierigkeiten auf dem See. Sichtlich geschockt lehnte er sich zurück und meinte zu seiner Frau: „Wo hatte ich nur meine Gedanken, denn so etwas Blödes ist mir doch noch nie passiert!“ Darauf öffnete er die Tür und – fiel ins Wasser. (aus: Das Beste aus Reader's Digest, Nr. 7/1987)

3. Wortarten und Satzglieder

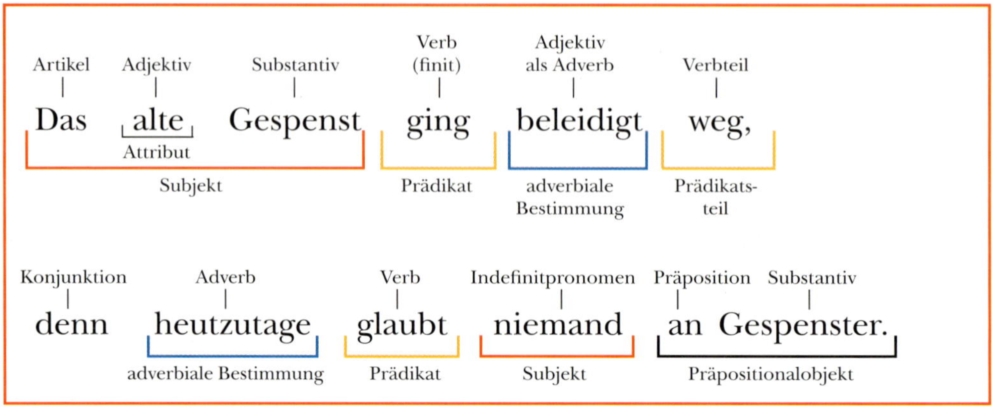

Schreibe die folgenden Sätze mit weitem Zeilenabstand in dein Heft und bestimme

- die Wortarten,
- die Satzglieder.

a) In das alte Schloss war ein neuer Besitzer eingezogen.

b) Seine zwei Söhne trieben jede Nacht ihren Unfug mit dem alten Gespenst.

c) Nur ihre hübsche Schwester hatte mit ihm Mitleid.

d) Durch ihr Vertrauen erlöste sie eines Tages das Schlossgespenst.

Literarische Fachbegriffe

Anekdote: Eine Anekdote ist eine kurze Prosaerzählung, die – ähnlich wie ein Witz – mit einer *Pointe*, d. h. einem plötzlichen und komischen Höhepunkt, endet. Anekdoten handeln meist von bekannten Persönlichkeiten oder denkwürdigen Ereignissen; durch die Pointe soll den Lesern schlagartig eine geistreiche, neue Sichtweise dieser Person/dieses Ereignisses eröffnet werden.

Auftritt s. Szene.

Autobiografie: Eine Autobiografie ist die literarische Darstellung des eigenen Lebens. Die Absicht der Verfasser kann dabei sehr unterschiedlich sein: Man kann die Leser in erster Linie unterhalten wollen, z. B. mit Geschichten über Streiche aus der Jugendzeit, man kann aber auch informieren oder die Motive seines Handelns erklären bzw. rechtfertigen wollen. Das gilt z. B. oft für die autobiografischen Darstellungen von Politikern und anderen Persönlichkeiten des öffentlichen Lebens. Manche Verfasser schaffen mit ihren Lebensberichten literarische Kunstwerke, so Goethe mit seiner Autobiografie, die den bezeichnenden Titel „Dichtung und Wahrheit" trägt.

Ballade: Eine Ballade ist ein Gedicht, das von einem oder mehreren Menschen in einer krisenhaften Ausnahmesituation, in der er/sie sich bewähren muss/müssen, handelt oder aber von Menschen erzählt, die an dämonische, geheimnisvolle und bedrohliche Gewalten ausgeliefert sind. – Balladen sind i. A. sehr spannend erzählt; die Handlung wird auf einen Höhepunkt zugeführt.

Bericht: Ein Bericht ist ein Gebrauchstext, der in erster Linie der sachlichen Information über einen Vorgang, ein Ereignis u. Ä. dient. Der Berichtende sollte sich deshalb persönlicher Wertungen und Beurteilungen enthalten und sich auf die klare und möglichst genaue Darstellung des Geschehens oder des Sachverhaltes beschränken (s. Vorgangsbericht). Da das Geschehen in der Vergangenheit liegt, wird der Bericht im Präteritum abgefasst.

Beschreibungen (Vorgangsbeschreibung oder Gegenstandsbeschreibung): Sie bringen in sachlicher Sprache die Darstellung eines Vorgangs oder eines Gegenstandes, indem sie Verlauf oder Aussehen und die Funktion (den Zweck) erklären (vgl. auch Vorgangsbeschreibung). Die Beschreibung wird im Präsens abgefasst.

Bild: „Bild" ist im Zusammenhang mit Texten ein Oberbegriff für die verschiedenen Arten bildlichen Sprechens im Alltag und in der Literatur. Durch Bilder werden Aussagen gefühlsbetonter und für den Hörer oder Leser intensiver wahrnehmbar (s. auch Metapher, Vergleich).

Bild(er)geschichte: Eine Bild(er)geschichte ist die Darbietung einer Geschichte durch ein Bild oder eine Reihe von Bildern. Der Text spielt dabei eine untergeordnete Rolle.

Bildgedicht (auch Figurengedicht): Ein Bildgedicht ist ein Gedicht, das drucktechnisch so auf der Buchseite angeordnet ist, dass der Umriss des gedruckten Gedichts einen bestimmten Gegenstand – der mit dem Inhalt i. A. in Beziehung steht – darstellt.

Dialog: Ein Dialog ist das Gespräch zweier oder mehrerer Personen, d. h. eine Abfolge von Rede und Gegenrede.

Diskussion: Eine Diskussion ist eine regelgeleitete Auseinandersetzung zwischen zwei oder mehreren Personen zur Klärung eines Standpunkts bzw. zur Herbeiführung einer Entscheidung bei strittigen Themen. Wenn eine größere Anzahl von Personen miteinander diskutiert, wird die Diskussion von einem *Diskussionsleiter* geregelt, der darauf achtet, dass die Rechte der einzelnen Diskussionsteilnehmer gewahrt werden und dass die Diskussion sachlich, argumentativ und konsequent verläuft.

Erzählerische Mittel sind solche Gestaltungsmittel, die in allen Formen des Erzählens (also sowohl im alltäglichen als auch im literarischen Erzählen) eingesetzt werden um das Erzählte für den Hörer bzw. Leser interessanter, anschaulicher oder beeindruckender zu machen. Wichtige erzählerische Mittel sind: Anschaulichkeit, Aufbau von Spannung, Höhepunkt, Rückblenden (vgl. Film) und Vorausweisungen (vgl. Film).
Anschaulich erzählen heißt so zu erzählen, dass die Hörer/Leser sich das Erzählte genau vorstellen können. Wichtiges Mittel dazu ist die Wahl des treffenden Wortes.
Aufbau von *Spannung* meint, dass die Erzählung klar in Erzählschritte gegliedert wird, die beim Leser ein immer gesteigertes Leseinteresse bis hin zum *Höhepunkt* wecken, auf den hin die Erzählung angelegt ist und um dessentwillen sie i. A. auch erzählt wird.

Erzählung: Der Begriff Erzählung ist nicht sehr scharf umrissen; letztlich umfasst er alle kürzeren erzählenden Texte, die nicht den eindeutig definierten und auf eine gewisse Knappheit hin angelegten Kurzformen (wie Kurzgeschichte, Anekdote u. a.) zuzuordnen sind.

Fabel: Die Fabel ist eine kurze Geschichte, in der mit Sprache und Vernunft begabte Tiere oder andere Lebewesen auftreten. Deren Tun und Sagen veranschaulicht beispielhaft menschliche Denkarten und Verhaltensweisen. Der Autor will mit dieser Form der Einkleidung den Menschen eine Lehre vermitteln.

Film: Der Film ist eine sehr umfassende Kunstform, die zu Beginn des 20. Jahrhunderts auf Grund neuer technischer Möglichkeiten, insbesondere natürlich der Fotografie bzw. des bewegten Bildes, entstanden ist. Im Film werden diese neuen technischen Möglichkeiten mit Elementen der Literatur, des Theaters besonders, der Musik, der Architektur usw. verbunden. – Ein Spielfilm erzählt auf neue Weise vom menschlichen Leben und verwendet dabei eine eigene Sprache (die sog. Filmsprache), d. h. bestimmte künstlerische Gestaltungsprinzipien. Diese gelten auch für die neuere Form des *Fernsehspiels* und für *Videofilme.*
Wesentliche Gestaltungsprinzipien sind zunächst die Einstellung bzw. die *Einstellungsgröße,* d. h. die Größe des abgebildeten Objekts innerhalb des Bildes. Diese Größe hängt vom Kameraabstand ab (z. B. weit, nah, Detailaufnahme). Auch die *Kameraperspektive* spielt eine wichtige Rolle, da durch sie der Blick des Zuschauers gelenkt wird (von oben, von unten usw.).
Die Bewegungen der Kamera auf das Objekt hin oder von dem Objekt weg nennt man *Kamerafahrt,* unter *Schwenk* versteht man die Bewegung der Kamera in Form von waagerechten Drehungen von einem festen Standpunkt aus.
Ein weiteres wichtiges Element ist die Zusammenfügung verschiedener Einstellungen zu einem Handlungszusammenhang; diese Zusammenfügung ist der sog. *Schnitt.*
Ein Film oder ein Fernsehspiel wird in Form eines *Drehbuchs* vorher schriftlich niedergelegt und geplant. Das Drehbuch enthält in paralleler Anordnung alle optischen und akustischen Elemente (Text, Ton, Beleuchtung, Requisiten, Aufnahmetechnik usw.).
Besonders typisch für den Film (wie übrigens auch für das Hörspiel) ist der Einsatz von *Rückblenden* (d. h. das Einblenden von zeitlich vor der eigentlichen Handlung liegenden Vorgängen) und *Vorausweisungen* (d. h. das Einblenden von zeitlich erst nach der eigentlichen Handlung liegenden Vor-

gängen). Durch Rückblenden und Vorausweisungen kann z. B. der innere Zusammenhang zwischen zeitlich auseinander liegenden Ereignissen verdeutlicht werden.

Gebrauchsanweisung s. Vorgangsbeschreibung

Gedicht: Gedichte sind durch ihre Gliederung in abgesetzte Zeilen gekennzeichnet. Um Stimmungen, Gefühle und Gedanken zum Ausdruck zu bringen verwendet der Verfasser von Gedichten gebundene und bildhafte Sprache.
Wesentliche Merkmale der gebundenen Sprache: Metrum (Versmaß), Reim, Rhythmus (Sprachmelodie), Vers, Strophe (s. auch Metrum, Reim, Vers, Strophe).
Bildhafte Sprache entsteht u. a. durch Verwendung von: schmückenden Beiwörtern (*linde* Lüfte, *tiefstes* Tal), Vergleich (Die wilden Blumen sind wie Feuerräder), Metapher (Blütenkleid), Bild (Frühling lässt sein *blaues Band* wieder *flattern durch die Lüfte*), Personifizierung (Da kommt er [der April]) (s. auch Vergleich, Metapher, Bild).
Der Fachausdruck für Gedichte heißt: *Lyrik.* Dieses Wort kommt von dem Wort Lyra, und eine Lyra ist ein Musikinstrument, mit dem die Griechen vor rund 2500 Jahren Lieder begleiteten. Der Zusammenhang zwischen Lied und Gedicht ist lange Zeit erhalten geblieben. Ältere Gedichte weisen auffällige formale Besonderheiten wie eine Anordnung in Strophen u. a. auf.

Gleichnis: Ein Gleichnis ist ein breit ausgemalter Vergleich, durch den bestimmte Vorgänge oder Ideen besonders einprägsam oder lehrreich veranschaulicht werden. Das Bildmaterial, das für das Gleichnis verwendet wird, stammt oft aus der Alltagswirklichkeit der Leser, so z. B. in der Bibel, in der Gleichnisse eine besondere Rolle spielen, aus dem Leben der Bauern, Fischer usw.

Inhaltsangabe: In der Inhaltsangabe wird der Inhalt eines Textes kurz wiedergegeben. Folgende Merkmale sind zu beachten:
1. Die Inhaltsangabe steht im Präsens.
2. Sie enthält keine wörtliche Rede.
3. Ausschmückende Textteile werden nicht wiedergegeben.

Je nach dem Umfang des Buches oder Films und nach dem Zweck der Inhaltsangabe kann sie kürzer oder länger sein. Zunächst nennt man den Titel des Buches oder des Films und den Autor. Wenn möglich gibt man auch die Zeit an, in der Buch oder Film entstanden sind oder in der sie spielen. Dann werden kurz die wichtigsten Personen vorgestellt und die Hauptschauplätze genannt.
Damit der Zuhörer rasch begreift, worum es überhaupt geht, fasst man die wichtigsten Abschnitte der Handlung zusammen. Man ordnet sie zeitlich oder nach Grund und Folge. Dazu braucht man die richtigen Konjunktionen: nicht immer nur „und", sondern auch „weil", „obwohl", „sodass", „nachdem", „denn" usw.

Interview: Ein Interview ist eine in Zeitungen, im Hörfunk und im Fernsehen häufige Textsorte, in der ein Fragender mit einem Antwortenden (z. B. einem Politiker, Sportler, Künstler) ein Gespräch führt um Informationen zu erhalten, die für Leser bzw. Hörer interessant sein könnten. Das Gelingen eines Interviews hängt vom Fragegeschick des Interviewers und der Aussagebereitschaft des Interviewten ab.

Kalendergeschichte: Kalendergeschichten haben ihren Namen daher, dass sie früher ein wichtiger Bestandteil in gedruckten Kalendern für das Volk waren. Sie sind folglich kurze und volkstümliche Erzählungen, die jedoch stets auch eine lehrhafte Absicht verfolgen.

Kurzgeschichte: Eine Kurzgeschichte ist im Unterschied zur breiter angelegten Erzählung ein kurzer Erzähltext, der bestimmten inhaltlichen und formalen Regeln folgt. Inhaltlich stellen Kurzgeschichten stets einen kurzen, aber entscheidenden Ausschnitt aus dem Leben eines Menschen dar. Die Kurzgeschichte verzichtet auf eine Einleitung und endet unvermittelt, wobei der Ausgang des Geschehens offen bleibt. Damit wird dem Leser das Nachdenken über die Probleme, die durch die Kurzgeschichte angesprochen werden, auferlegt.
In Deutschland sind Kurzgeschichten besonders nach dem Zweiten Weltkrieg entstanden; sie setzen sich deshalb oft mit der Bewältigung der Kriegs- und Nachkriegszeit auseinander.

Legende: Eine Legende stellt die Lebensgeschichte – oder zumindest Teile der Lebensgeschichte – eines Heiligen dar; dabei wird vor allem das Vorbildhafte im Leben des Heiligen herausgestellt. Des Weiteren spielen die Wunder, die sich im Heiligenleben ereignet haben, eine wichtige Rolle.

Lügengeschichte: Lügengeschichten sind volkstümliche Erzählungen, die den Leser unterhalten wollen. Lügengeschichten werden so erzählt, dass die Hörer bzw. Leser so gut wie der Erzähler wissen, dass das Dargestellte „gelogen", d. h. unwahr oder unwirklich, ist.

Metapher: Die Metapher ist eine vor allem in der Literatur, aber auch in der Alltagssprache sehr häufig vorkommende Art bildlichen Sprechens. Sie stellt eine Beziehung her zwischen den Merkmalen verschiedener Sachverhalte, Gegenstände oder Vorgänge; z. B. schildert William Beebe (vgl. S. 139, Z. 9f.) den Vulkanausbruch u. a. so: „Alle Gase im Innern dieser Bomben [...] schleuderten *einen Regen* halb flüssigen, halb festen Brandungsschaums ins Weite ..." [Hervorhebung durch Red.]
Die Metapher „Regen" stellt eine Beziehung her zwischen den dicht vom Himmel fallenden Wassertropfen des Regens und den an Regentropfen erinnernden Wasser- und Lavateilchen.

Metrum: Das Metrum ist das Versmaß, d. h. das den Rhythmus eines Verses prägende Gesetz. Es wird durch die regelmäßige Aufeinanderfolge betonter *(Hebungen)* und unbetonter Silben *(Senkungen)* bestimmt. So wechselt z. B. in dem Vers „Verschneit liegt rings die ganze Welt" (Eichendorff, Winternacht, S. 264) immer eine Senkung mit einer Hebung; dadurch entsteht der für dieses Gedicht typische *Rhythmus.* Dennoch kann man die Begriffe „Rhythmus" und „Metrum" nicht gleichsetzen: Zwar wird der Rhythmus vom metrischen Schema geprägt, er ist aber eine übergeordnete Größe, da er auch von dem natürlichen Sprechfluss sowie der Interpretation eines Verses abhängig ist.
Ein nur am metrischen Schema orientierter Gedichtvortrag würde zu unerträglichem „Leiern" führen (s. auch Gedicht).

Pantomime: Unter Pantomime versteht man die Darstellung eines Vorgangs, eines Charakters usw. allein mit Hilfe der Körpersprache (d. h. der Bewegungen, Gebärden und des Gesichtsausdrucks) eines Schauspielers. Dabei wird nicht gesprochen.

Regieanweisung: Hinweise für Schauspieler, wie sie sprechen und sich bewegen sollen, aber auch andere Hinweise, z. B. für die Gestaltung des Bühnenraumes, nennt man Regieanweisung (vgl. Theater).

Reim: Reim ist der Gleichklang von mindestens zwei Wörtern, vom letzten betonten Vokal an, am Ende zweier Verszeilen, z. B. *Hügel – Flügel.* Es gibt verschiedene Reimarten; so können sich z. B. Verse in einem Gedicht immer paarweise reimen, der Reim kann aber auch verkreuzt auftreten usw. (s. auch Gedicht).

Reisebericht: Ein Reisebericht dient der sachlichen Information über ein Land; diese Information wird auf der Grundlage eigenen Erlebens und Beobachtens gegeben.

Daneben gibt es auch solche Reiseberichte, die dichterisch ausgeschmückt sind oder eher autobiografischen Charakter haben.

Reportage: Die Reportage ist ein besonders lebendiger und anschaulicher Bericht über Ereignisse oder Sachverhalte in Zeitungen, Zeitschriften, Funk und Fernsehen.
In einer Reportage wählt der Berichterstatter aus, was ihm bei einem Sachverhalt oder Ereignis für seine Leser besonders interessant erscheint. Er schildert nicht nur, was er gesehen und gehört hat, sondern auch, wie er zu seinen Informationen gekommen ist. Der Reporter verbindet Erlebnisse, Beobachtungen, sachliche Informationen und Stellungnahmen anderer zu einem fesselnden Bericht, sodass der Leser/Hörer beinahe meint, selbst dabei gewesen zu sein.
Zu den Zeitungs- und Zeitschriftenreportagen gehören meistens auch Fotos. Große Zeitungen haben dafür eigene Bildreporter.

Sage: Eine Sage ist wie ein Märchen eine Volkserzählung. Im Unterschied zum Märchen geht die Sage oft auf einen historischen Kern zurück, der dann frei und fantasiereich ausgeschmückt wird. Dieser Kern kann ein Ereignis oder eine Person sein. Eine Sage kann aber auch an die Besonderheiten einer Landschaft, einer Stadt, eines Gebäudes usw. anknüpfen.

Schlagzeile: Unter Schlagzeile versteht man die Überschrift über einem Zeitungsartikel, die sich drucktechnisch von dem übrigen Artikel abhebt (Größe, Farbe). Schlagzeilen geben den Inhalt des Artikels in knappster Weise wieder und versuchen gleichzeitig als Leseanreiz zu wirken.

Schwank: Ein Schwank ist eine kurze, heitere Erzählung (auch als Theaterstück) aus dem Alltagsleben des Volks, die meist auf eine Pointe hin zugespitzt ist. Häufig wird ein Dummer, der gleichzeitig auch der Mächtige ist, durch einen Schlauen verspottet. Oft kreisen Schwänke um eine zentrale Figur, wie z. B. Till Eulenspiegel.

Strophe: Eine Strophe ist eine Einheit aus Versen oder Zeilen im Gedicht; in älteren Gedichten findet man meistens feste Strophen, d. h. Abschnitte mit gleicher rhythmischer Struktur und gleichem Reimschema (s. auch Gedicht).

Szene: Eine Szene ist die kleinste Einheit eines Theaterstücks, Films oder Hörspiels. Sie wird durch eine Veränderung des Ortes, der Zeit oder der Personenzahl begrenzt. Da sie – im Theater – in der Regel vom Auftritt einer Person bis zum Abgang einer Person dauert, nennt man eine Szene oft auch *Auftritt.*

Theater: Das Wort „Theater" bezeichnet sowohl den Ort einer künstlerischen Aufführung („Ich gehe heute ins Theater") als auch die Aufführung selbst („Mir hat das Theater gut gefallen"). Kennzeichnend für alle Theateraufführungen ist, dass dort ein Geschehen direkt durch Spieler und Spielerinnen dargestellt wird. Spieler können sowohl künstliche Figuren (z. B. im Puppentheater, Marionettentheater) als auch Menschen, die sich in die *Rolle* eines anderen versetzen, sein, also Schauspieler, Sänger oder Tänzer.
Das Geschehen im Theater kann ohne vorgegebene Texte gespielt werden; man spricht dann vom *Stegreiftheater.* Meist jedoch beruht die Aufführung auf einem *Textbuch,* das neben dem eigentlichen gesprochenen Text auch Hinweise zum *Bühnenbild* (der Ausgestaltung des Schauplatzes durch Kulissen u. Ä.), zu den *Requisiten* (den für die Aufführung notwendigen Ausstattungsobjekten wie Gläser, Tintenfässer u. Ä.), zu den *Kostümen* (den speziellen Kleidungsstücken der einzelnen Schauspieler) und zu vielem anderen mehr enthält (s. Regieanweisung).

Vergleich: Der Vergleich ist eine Grundform bildlichen Sprechens (vgl. Bild). Er stellt eine Beziehung zwischen zwei Gegenständen, Vorgängen oder Sachverhalten her und drückt diese Beziehung sprachlich i. A. durch das Wort „wie" aus.

Vers: Ein Vers wird i. A. mit einer Gedichtzeile gleichgesetzt, ist aber streng genommen nur die Zeile eines nach einem klaren rhythmischen Rahmen organisierten Gedichts (s. auch Gedicht).

Vorgangsbericht / Vorgangsbeschreibung: Man kann unterscheiden zwischen einem Vorgangsbericht und einer Vorgangsbeschreibung. Ein *Vorgangsbericht* ist die sachliche Darstellung eines einmal geschehenen Vorgangs und steht somit im Präteritum (vgl. Bericht); eine *Vorgangsbeschreibung* ist die sachliche Darstellung eines häufig sich ereignenden Vorgangs, eines häufig in derselben Weise sich vollziehenden Geschehens. Sie steht im Präsens (vgl. Beschreibung). Eine Sonderform der Vorgangsbeschreibung ist die *Gebrauchsanweisung,* die genaue Hinweise zur Funktion und Benutzung eines Gegenstands gibt.
Auch die Formulierung einer *Spielregel* gehört in diesen Zusammenhang. Eine Spielregel muss genau, knapp und eindeutig die Regeln für Spiele festlegen. Besonders wichtig ist die Eindeutigkeit der Formulierung, soll doch die Spielregel späteren Streit vermeiden helfen.

Zeilensprung (auch *Enjambement* genannt): In Gedichten stimmen i. A. Versende und Ende eines syntaktischen und/oder inhaltlichen Abschnittes überein; deswegen wird beim Gedichtvortrag am Ende eines Verses eine Sprechpause gemacht. Wenn jedoch ein Satz bzw. eine syntaktische Einheit in die nächste Zeile hineinreicht, wird diese Pause i. A. sehr abgeschwächt. Man spricht dann vom „Zeilensprung".
Beispiel:

> *Ein Werwolf eines Nachts entwich von Weib und Kind*
> *und sich begab*
> *an eines Dorfschullehrers Grab.*

Verfasser- und Quellenverzeichnis

Altendorf, Isolde
Zwei verschiedene Welten *67*
(aus: Ferne Grüße. Frauen erzählen von ihren Reisen, hg. von Annegret Meyer. Mai's Reiseführer Verlag, Buchschlag b. Frankfurt/M. 1986, S. 102–107)

Arp, Hans
** 1887 Straßburg, † 1966 Basel*
er kommt abhanden *200*
(aus: Gesammelte Gedichte, Bd. I. Limes Verlag, Wiesbaden 1963)

Ausländer, Rose
** 1901 in Czernowitz/Bukowina, † 1988 Düsseldorf*
April *261*
(aus: Gesammelte Werke, 7 Bde., hg. von Helmut Braun. S. Fischer Verlag, Frankfurt/M.)

Beebe, William
** 1877 New York/USA, † 1962 Trinidad*
Vulkanausbruch *139*
(zitiert nach: Irenäus Eibl-Eibesfeldt, Galápagos. Eine Arche Noah im Pazifik. R. Piper Verlag, München 1984, S. 182 ff.)

Biermann, Wolf
** 1936 Hamburg*
Himmelfahrt in Berlin *229*
(aus: Nachlass 1. Verlag Kiepenheuer & Witsch, Köln 1977)
Die Ballade von dem Drainageleger Fredi Rohsmeisl aus Buckow *269*
(aus: Die Drahtharfe. Verlag Klaus Wagenbach, Berlin 1965)

Borchers, Elisabeth
** 1926 Homburg/Niederrhein)*
Ende des Sommers *263*
(aus: Gedichte. Suhrkamp Verlag, Frankfurt/M. 1976; bs 509)

Brender, Irmela
** 1935 Mannheim*
Eine *30*
(aus: Menschengeschichten. 3. Jahrbuch der Kinderliteratur, hg. von H.-J. Gelberg. Verlag Beltz & Gelberg, Weinheim/Basel 1975)

Britting, Georg
** 1891 Regensburg, † 1964 München*
Der Sommer ist fürchterlich *262*
(aus: Gesamtausgabe in Einzelbänden. Bd. I, Gedichte 1919–1939. Nymphenburger Verlagshandlung, München 1957)

Bürger, Gottfried August
** 1747 Molmerswende/Harz, † 1794 Göttingen*
Münchhausen im Feldzug gegen die Türken *193*
(aus: Wunderbare Reisen zu Wasser und zu Lande, Feldzüge und lustige Abenteuer des Freiherrn von Münchhausen. Insel Verlag, Frankfurt/M. 1968)

Carroll, Lewis
** 1832 Daresbury/Cheshire, † 1898 Guildford/England*
Der Zipferlake *198*
(aus: Alice im Wunderland – Alice hinter den Spiegeln. Übersetzt von Christian Enzensberger. Insel Verlag, Frankfurt/M. 1963, S. 154, S. 220 ff.)

Chaplin, Charles
** 1889 London, † 1977 Corsier am Genfer See*
Mein erster Auftritt *230*
(aus: Die Geschichte meines Lebens. Fischer Taschenbuch Verlag, Frankfurt/M. 1977; Fischer Taschenbuch Nr. 1836, S. 15 f.)

Chen, Daxing
** 1944 in China*
Nein, danke *77*
(aus: In zwei Sprachen leben. Berichte, Erzählungen, Gedichte, hg. von Irmgard Ackermann. Deutscher Taschenbuch Verlag, München 1983; dtv Nr. 10189, S. 100 ff.)

Cordes, Alfred
Der erste Fotoapparat *107*
(aus: Caspar Coppenrath. Bertelsmann Verlag, Gütersloh 1987, S. 73 ff.)

Dodwell Christina
** 1951 Nigeria*
Eine Frau im Reich der Mitte *56*
(aus: Wo China noch unentdeckt ist. Erlebnisbericht einer ungewöhnlichen Frau, übersetzt von Angela Djuren. Frederking & Thaler GmbH, München 1989)

Drewitz, Ingeborg
** 1923 Berlin, † 1986 Berlin*
Aber wir müssen uns wehren *28*
(aus: Gestern war heute. Wilhelm Goldmann Verlag, München 1981, S. 67 ff. © Claassen Verlag GmbH, 1978)

Droste-Hülshoff, Annette von
** 1797 Schloss Hülshoff bei Münster, † 1848 Meersburg*
Die Vergeltung *281*
(aus: Sämtliche Werke, hg. von Clemens Heselhaus. Carl Hanser Verlag, München 1952)

Ehni, Jörg
Menschenschatten *240*
(aus: Friedrich Karl Waechter, Pustekuchen. Mit Materialien, zusammengestellt von Jörg Ehni. Ernst Klett Verlag, Stuttgart 1980, S. 7)

Eichendorff, Joseph von
** 1788 Schloss Lubowitz/Oberschlesien, † 1857 Neisse*
Winternacht *264*
(aus: Werke. Carl Hanser Verlag, München 1971)

El Hajaj, Mustapha
Die Deutschen *75*
(aus: Fünf Geschichten. Deutsch-türkisch. Ararat Verlag, Stuttgart [2]1982, S. 22)

Franklin, Benjamin
** 1706, † 1790*
Zweierlei Schulen *20*
(aus: Traktat über die Wilden Nordamerikas. Zitiert nach: Everett Reimer, Schafft die Schulen ab. Rowohlt Verlag, Reinbek b. Hamburg; rororo Nr. 6795)

Freund, Gisèle
** 1908 Berlin*
Vollkommener Fotojournalismus *103*
Fotos als Massenware *104*
(aus: Photographie und Gesellschaft. Verlag Rogner & Bernhard, München 1976)

Fried, Erich
** 1921 Wien, † 1988 Baden-Baden*
Humorlos *256*
(aus: Anfechtungen. Fünfzig Gedichte. Klaus Wagenbach Verlag, Berlin 1967)

Goethe, Johann Wolfgang
** 1749 Frankfurt/M., † 1832 Weimar*
Gedichte sind gemalte Fensterscheiben *255*
Erlkönig *272*
(aus: Goethes Werke. Hamburger Ausgabe, hg. von Erich Trunz. Verlag C. H. Beck, München 1974)

Grau, Steffi
** 1951 Hamburg*
Schminke *235*
Schattenspiele *239*
(aus: So einfach ist Theater, hg. von Eberhard Spangenberg und Hans Poppel. Ellermann Verlag, München 1979, S. 10, 28)

Günter, Janne und Roland
Eine seltsame Fotoszene *110*
(aus: Vorsicht, Foto! Was hinter Bildern

(aus: Ach so. C. Bertelsmann Verlag, München 1982)
Vorrang *291*
(aus: Drunter & Drüber. C. Bertelsmann Verlag, München 1980)
Ende *347*
(aus: darum; a. a. O.)

Thurber, James
** 1894 Columbus/Ohio, † 1961 New York*
Die Kaninchen, die an allem schuld waren *201*
(aus: Rabe, Fuchs und Löwe. Fabeln der Welt, hg. von Paul Alverdes. Ehrenwirth Verlag, München 1965, S. 374 f.)

Uhland, Ludwig
** 1787 Tübingen, † 1862 Tübingen*
Frühlingsglaube *259*
(aus: Werke, Bd. I: Sämtliche Gedichte, hg. von H. Fröschle und W. Scheffler. Winkler Verlag, München 1980)

Valentin, Karl
*Pseudonym für Valentin Ludwig Fey, * 1882 München, † 1948 Planegg bei München*
Die Liesl – Theater in der Straßenbahn *248*
(aus: Gesammelte Werke. R. Piper Verlag, München 1961)

Wassermann, Jakob
** 1873 Fürth, † 1934 Altaussee/Steiermark*
aus: Das Gold von Caxamalca *70*
(aus: Das Gold von Caxamalca. Verlag Philipp Reclam jun., Stuttgart, S. 16 ff.)

Weisenborn, Günther
** 1902 Velbert/Rheinland, † 1969 Berlin*
Zwei Männer *149*
(aus: Tausend Gramm. Sammlung neuer deutscher Geschichten, hg. von Wolfgang Weyrauch. Rowohlt Verlag, Hamburg/Stuttgart/Baden-Baden/Berlin 1949, S. 183 ff.)

Weiss, Peter
** 1916 Nowawes b. Potsdam, † 1982 Stockholm*
Nicht versetzt *12*
(aus: Abschied von den Eltern. Suhrkamp Verlag, Frankfurt/M. 1961, S. 49–50)

Wohmann, Gabriele
** 1932 Darmstadt*
Muränenfang *132*
(aus: Sieg über die Dämmerung. R. Piper Verlag, München 1960; Serie Piper 98, S. 118)

Ziegler, Ulf Erdmann
Schaut her, ich war da *111*
(aus: Die Zeit, Nr. 21 vom 20. 5. 1988)

Zopfi, Emil
** 1943 in der Schweiz*
Der Notenskandal *13*
(aus: Geschichten für die Zukunft, hg. von Uwe Wandrey. Rowohlt Verlag, Reinbek b. Hamburg)

Unbekannte Verfasser

Wie die Schildbürger einen Maushund und hiemit ihr endliches Verderben kaufen *179*
(aus: Deutsche Volksbücher, hg. von Karl Otto Conrady. Rowohlt Verlag, Reinbek 1968)

Beowulf-Sage *185*
(aus: Die Sagen der Germanen, hg. von Edmund Mudrak. Ensslin & Laiblin Verlag, Reutlingen 1961)

Theseus – Die Rettungsfahrt nach Kreta *190*
(aus: Gustav Schwab, Die schönsten Sagen des klassischen Altertums in einer Bearbeitung von Richard Carstensen. Ensslin & Laiblin Verlag, Reutlingen 1954)

Die aufrichtige Lüge *196*
(aus: Lügenmärchen aus alter und neuer Zeit, hg. von Georg A. Narciß. Steingrüben Verlag, Stuttgart; Fischer Taschenbuch Nr. 744)

Lügenwitze *196*
(aus: Lutz Röhrich, Der Witz. Metzlersche Verlagshandlung, Stuttgart 1977; dtv Nr. 1564, S. 123, 124, 127)

Es ist ein Schnee gefallen *264*
(aus: Echtermeyer, Deutsche Gedichte. Von den Anfängen bis zur Gegenwart. Auswahl für Schulen von Benno von Wiese. Das 20. Jh. durchgesehen und bearbeitet von Elisabeth Katharina Paefgen. Cornelsen Verlag, Berlin [18]1993, S. 71 f.)

Bildnachweis

11 *Werefkin, Marianne* (1860–1938), Herbst (Schule) (1907). Fondazione Marianne Werefkin, Ascona, c/o Museo Comunale d'Arte Moderna, Ascona. Foto: Artothek, Peissenberg
12 Peter Weiss. Foto: Isolde Ohlbaum, München
17 *Tresckow, Peter v.,* Cartoon. © IBM Deutschland GmbH, Stuttgart 1976
19 *Schlemmer, Oskar* (1888–1943), Unterricht, Folkwang-Gruppe I (1928). Staatsgalerie Stuttgart. © Familie Schlemmer/Fotoarchiv C. Raman Schlemmer, Milano, Italien
23 Luise Rinser als 14-Jährige. Foto aus: Den Wolf umarmen. S. Fischer Verlag, Frankfurt/M. 1981
25 Barbara König. Foto: Isolde Ohlbaum, München
38 *Wollmann, Jörg,* Hugos phantastische Reisebelege. Verlag Beltz & Gelberg, Weinheim
47 *Morez,* Tauchen. Zeichnung. © Idéréa, Paris
48 Foto: Katrin Schilling, Frankfurt/M.
50 Fotos oben: Gudrun Wietusch, Salzgitter
Fotos unten: Ostfriesische Beschützende Werkstätten GmbH, Emden
55 *Gauguin, Paul* (1848–1903), Zwei Tahitierinnen mit Hund (1893). Staatliche Ermitage, St. Petersburg. Foto: Archiv für Kunst und Geschichte, Berlin
60–66 Fotos: Carl-Axel Söderström. Aus: Söderströms Photo-Tagebuch, 1927–1929. Hg. von Michael Kuball und Clärenore Stinnes. W. Krüger Verlag, Frankfurt/M. 1981
70 Kolonialzeitliche Darstellung des Inka Atahuallpa. Foto: Lieselotte Engl, München
74 Indianische Zeichnungen (16. Jh.)
76 *Yeter, Hanefi* (* 1947), Picknick in Berlin (1975). Foto: Hanefi Yeter, Berlin
79 *Bas,* Zeichnung aus: Frankfurter Allgemeine Zeitung vom 9.2.1987, S. 2
82 Abbildung: Taten. Aus: Jugend, vom Umtausch ausgeschlossen. Rowohlt Taschenbuch Verlag, Reinbek bei Hamburg
84 Foto aus: Der Spiegel Nr. 21/1987, S. 128
89 Foto: Anzeige der Firma Texaco. Aus: ADAC Motorwelt 1/1989
91 Foto: Wort Steenmans, Korschenbroich
92 Foto oben links: dpa, Frankfurt/M. Foto oben rechts aus: treff. Schülermagazin Heft 7/1988. Velber Verlag, Seelze
Fotos unten: dpa, Frankfurt/M.
97 Fotoreporter und Kameramänner warten auf die Staatsmänner während der Konferenz auf den Bermuda-Inseln 1953. Foto: Hanns Hubmann, Wien
100/101 Fotos: Hannelore Schwenk. Aus: Die Kamera. Das Sachbuch, das dir Freude macht. Deutsche Verlagsanstalt GmbH, Stuttgart 1974
102 Foto oben: dpa, Frankfurt/M. Foto unten: Bongarts, Hamburg
105 Foto: André Disdéri, Cartes de visite (nach 1854), aus: Walter Koschatzky, Die Kunst der Photographie. Residenz Verlag, Salzburg und Wien 1984
110 *Verduyn, Jacques,* Kate und ihre Fotos. Objekt. Groningen-Museum, Brügge
112 *Chaval,* Zeichnung aus: Zum Lachen. Diogenes Verlag, Zürich 1974, detebe 20154
113 *Mucharski, St. v.,* Stahlstich um 1900. Photographisches Kabinett Uwe Scheid
114 Peter-Cornell Richter, Fotos aus: Das Arena Photobuch. Arena-Verlag, Georg Popp, Würzburg 1987
116 Back/Steinemann, Foto aus: Erfindern auf der Spur. Otto Maier Verlag, Ravensburg 1983. © Engelbert Verlag, Balve 1977
120 *Holzinger, Herbert,* Schutzumschlag zu: Willi Fährmann, Das Jahr der Wölfe. Arena Verlag, Würzburg 1983. Foto: K. O. Müller, Frankfurt/M.
131 *Turner, William* (1775–1851), Schiffbruch (um 1800). Tate Gallery, London. Foto: Archiv für Kunst und Geschichte, Berlin
136 Maria Sibylla Merian. Porträt-Kupferstich von *Johann Kaspar Eissenhardt* (1824–1896). Foto: Bildarchiv Preußischer Kulturbesitz, Berlin
138 *Merian, Maria Sibylla* (1647–1717), Zeichnung aus: Maria Sibylla Merian, Neues Blumenbuch. Insel Verlag, Leipzig 1966
140 Foto: Bildagentur Mauritius/Superstock, Frankfurt/M.
142 Marie Luise Kaschnitz. Foto: Erika Loos, Pforzheim/Schiller-Nationalmuseum, Marbach am Neckar
143 Foto: Rudolf Straub, Reutlingen
144 Foto: dpa, Frankfurt/M.
145 Landkarte: Globus-Kartendienst GmbH, Hamburg
146 Foto: Bilderdienst Süddeutscher Verlag, München
154 *Paolo, Giovanni di* (um 1403–1482), Der hl. Nikolaus rettet die Schiffbrüchigen. Gemälde. Johnson Collection, Philadelphia Museum of Art, Philadelphia
166 *Marcks, Marie,* Verkehrschaos. Aus: Die Zeit Nr. 49 vom 6.12.1968
171 Collage: Gudrun Wietusch, Salzgitter
176 Foto: Bildagentur Mauritius/Superstock, Frankfurt/M.
177 *Escher, M. C.* (1889–1972), Tag und Nacht. Holzschnitt (1938). Cordon Art, Baarn, Holland
178 *Miró, Joan* (1893–1983), Der Karneval des Harlekins (1924/25). Ölbild. Albright-Know Art Gallery, Buffalo, New York. © VG Bild-Kunst, Bonn 1996
181 Irmtraud Morgner. Foto: Isolde Ohlbaum, München
184 *Mordillo, Guillermo* (* 1932), Geschichte Nr. 32, aus: Mordillos Träumereien und andere wunderliche Geschichten. Insel Taschenbuch Nr. 108, Frankfurt/M. 1974. © 1970 Oli Verlag N. V.
191 Detail des Fußbodenmosaiks einer römischen Villa (2. Jh. n. Chr.). Foto: Kunsthistorisches Museum, Wien
194 Holzschnitt (um 1870). Foto: Bildarchiv Preußischer Kulturbesitz, Berlin
197 Peter Hacks. Foto: Interfoto, München
198 Illustration aus: L. Carroll, Alice hinter den Spiegeln. Insel Verlag, Frankfurt/M. 1963, S. 64
205 *Brembs, Dieter,* Collage: Scheinautoaugenwerfertier. Aus: Brembs Tierleben. Verlag Beltz & Gelberg, Weinheim/Basel 1974
206 oben: *Loriot* (* 1923), Das Auto in der Aktentasche. Aus: Loriot's kleiner Ratgeber. Diogenes Verlag, Zürich 1974, S. 72
unten: *Buresch, Roman Armin,* Zeichnungen aus: Knaurs lachende Welt. Droemersche Verlagsanstalt Th. Knaur Nachf., München
207 Werbeanzeigen aus: „Schöner wohnen". Verlag Gruner & Jahr, Hamburg
214 oben: *Schniebel, Jan P.* (*1946), Zeichnung aus: 15 Jahre Fuchs-Jux. Rowohlt Taschenbuch Verlag, Reinbek 1987

214 unten und 215 aus: Das Sprachbastelbuch. Otto Maier Verlag, Ravensburg. Taschenbuch Nr. 398
216 Fotos: dpa, Frankfurt/M.
217 Grafik von: *Hans Joachim Paul*, aus: Atlas zur deutschen Sprache. Deutscher Taschenbuch Verlag, München 1978, Nr. 3025, S. 206
218 Foto rechts: dpa, Frankfurt/M. Fotos Mitte und links: Axel Kretschmann, Kelkheim
220 Abbildung aus: Schüler sehen und sprechen. Pro Schule Verlag, Düsseldorf 1974
222 Schülerarbeiten
223 Anzeige des HUK-Verbandes, Hamburg
225 Foto: Wendelin Bottländer, Odenthal-Glöbusch
227 Foto: Hermann Seidl, Salzburg. Aus: Landa & Landa, Kinder machen Theater. Christophorus Verlag, Freiburg/Breisgau, S. 108/109
228 Foto aus: Norbert Erhard/Wolfgang Zacharias, Mach mit im Zirkus Pumpernudel, aus der Reihe Aktionsbuch. Otto Maier Verlag, Ravensburg 1980
229 Foto: Werner Waldmann/Marion Zerbst, Theater spielen. Orell Füssli Verlag, Zürich und Wiesbaden 1988, S. 55
230 Charles Chaplin. Foto: Interfoto, München
232 Abb. oben aus: Ömmes & Oimel, 3, Mach 'ne Fliege, Remlingen Fotos unten: Eberhard Spangenberg, in: So einfach ist Theater. Heinrich Ellermann Verlag, München 1979, S. 43
233 Fotos: Ossi Baumeister, in: So einfach ist Theater, a. a. O., S. 5
234 Fotos aus: Nemo. Spaß an Pantomime. Meyer & Meyer Verlag 1985. © Wolfgang Neuhausen (NEMO)
235 Foto aus: Norbert Erhard/Wolfgang Zacharias, Mach mit im Zirkus Pumpernudel, a. a. O.
239 Abbildung aus: Shadows. Dover Publications, Inc., New York 1967, und: Magic. Hg. A. A. Hopkins. Dover Publications, Inc., New York; in: So einfach ist Theater, a. a. O.
243 Johann Nestroy. Foto: Bildarchiv Preußischer Kulturbesitz, Berlin
248 Karl Valentin und Liesl Karlstadt. Foto: Interfoto, München
252 Plakat. Zur Verfügung gestellt vom Kinder- und Jugendtheaterzentrum der Bundesrepublik Deutschland, Frankfurt/M.
253 Foto: dpa, Frankfurt/M./Wöstmann
258 *Breughel d. Ä., Pieter* (um 1525–1569), Das Gleichnis von den Blinden (1568). Museo Nazionale di Capodimonte, Neapel. Foto: Bildarchiv Preußischer Kulturbesitz, Berlin
260 *Kandinsky, Wassily* (1866–1944), Frühling (1905). Gemälde. Städtische Galerie im Lenbachhaus, München. © VG Bild-Kunst, Bonn 1996
265 *Brüder Pol, Jehanequin und Hermand von Limburg*, Stundenbuch des Duc de Berry, Monatsblatt Februar (1416). Musée Condé, Chantilly. Foto: Archiv für Kunst und Geschichte, Berlin
266/267 *Crumb, Robert*, Zeichnungen aus: Head comic. Heyne Verlag, München 1986
268 oben: Zwei Mädchen mit Saiteninstrumenten, 3. Jh. v. Chr. Musée du Louvre, Paris. Foto: Archiv für Kunst und Geschichte, Berlin unten: Wolf Biermann. Foto: Isolde Ohlbaum
273 *Schmeller, J.*, Goethe und sein Schreiber John. Gemälde (1831). Foto: Nationale Forschungs- und Gedenkstätten der klassischen deutschen Literatur in Weimar
274 *Delacroix, Eugène* (1798–1863), Wildpferd oder ein aufgeschrecktes Pferd, das aus dem Wasser springt (1828). Lithographie. National Gallery of Art, Washington DC. Andrew W. Mellon Fund
280 Friedrich Schiller. Gipsbüste (1794) von *Heinrich von Dannecker*. Foto: Schiller-Nationalmuseum, Marbach am Neckar
284 Annette von Droste-Hülshoff. Daguerreotypie (um 1845). Foto: Westfälisches Amt für Denkmalpflege, Münster
285 Foto: Frank M. Sutcliffe (um 1880). The Sutcliffe Gallery, Whitby, England
287 Foto: Mauritius/Madersbacher, Frankfurt/M.
289 Grafik: Artbox, Bremen
300 Illustration: Artbox, Bremen
302/303 Abbildungen aus: treff. Schülermagazin Heft 6/1975. Velber Verlag, Seelze
308 Abbildung aus: treff. Schülermagazin Heft 8/1987. Velber Verlag, Seelze
310 Foto aus: Sony. mobile electronics Programm 1991, Köln
313 *Schniebel, Jan P.* (* 1946), aus: 15 Jahre Fuchs-Jux. Rowohlt Taschenbuch Verlag, Reinbek b. Hamburg 1987
314 Abbildung aus: treff. Schülermagazin Heft 1/1976. Velber Verlag, Seelze
317 Illustration: Artbox, Bremen

Textartenverzeichnis

Sachregister